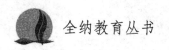 全纳教育丛书

高校自主招生考试物理通用教程

陆天明　编著

东南大学出版社
·南京·

内 容 简 介

自主招生考试的难度和范围介于高考与竞赛之间,大致可以分为三个层次:(1)范围与高考接轨,但难度比高考大;(2)范围与竞赛接轨,但难度并不大,仅个别题目达预赛难度;(3)范围和难度均与物理竞赛接轨,题目可作为预赛题。在考试的内容和难度上,不同大学的要求不一样。本书兼顾了以上三个层次,具有通用性。本书的例题和习题均配有参考解答,供学生研习时参考。

本书可供有意参加高校自主招生考试的学生选用,也可供选考物理的学生用于拓展学习。因为内容覆盖了物理竞赛的预赛考试范围,所以本书还可供那些想要在预赛中取得好成绩,从而取得自主招生资格的学生选用。

图书在版编目(CIP)数据

高校自主招生考试物理通用教程/陆天明编著. —南京:东南大学出版社,2017.11
(全纳教育丛书)
ISBN 978-7-5641-7470-5

Ⅰ. ①高… Ⅱ. ①陆… Ⅲ. ①中学物理课—高中—升学参考资料 Ⅳ. ①G634.73

中国版本图书馆 CIP 数据核字(2017)第 270640 号

高校自主招生考试物理通用教程

编 著	陆天明
责任编辑	宋华莉
编辑邮箱	52145104@qq.com
出版发行	东南大学出版社
出版人	江建中
社 址	南京市四牌楼 2 号
邮 编	210096
网 址	http://www.seupress.com
经 销	全国各地新华书店
印 刷	兴化印刷有限责任公司
开 本	787 mm×1092 mm 1/16
印 张	24.75
字 数	568 千字
版 次	2017 年 11 月第 1 版
印 次	2017 年 11 月第 1 次印刷
书 号	ISBN 978-7-5641-7470-5
定 价	56.00 元

(本社图书若有印装质量问题,请直接与营销部联系,电话:025-83791830)

前　　言

　　高校自主选拔又叫高校自主招生,启动于2003年,是部分高校组织考试,以选拔出具有一定学科特长和创新潜质的优秀高中毕业生。高校自主招生改变了以往一考定终身的大学录取模式,扩大了高校办学自主权,给学有所长的学生提供了一条个性化发展的通道。2015年起,在高考结束后高考成绩公布前,各高校进行自主招生考试,学生在取得优录权利后方可与高校签约。

　　总体上看,自主招生考试的难度和范围介于高考与竞赛之间,大致可以分为三个层次:(1)范围与高考接轨,但难度比高考大;(2)范围与竞赛接轨,但难度并不大,仅个别题目达预赛难度;(3)范围和难度均与物理竞赛接轨,题目可作为预赛题。在考试的内容和难度上,不同大学的要求层次不一样,所以,准备考试时,一定要了解报考大学的考试要求,做到有的放矢。本书兼顾了以上三个层次,具通用性。

　　本书供有意参加高校自主招生考试的学生选用,也可供选考物理的学生用于拓展学习。因为内容覆盖了物理竞赛的预赛考试范围,所以本书还可供那些想要在预赛中取得好成绩,从而取得自主招生资格的学生选用。本书的例题和习题均配有参考解答,为学生的自主研习提供了方便。

　　本书是在对部分优秀生所开设讲座的讲义基础上修订而成的,初稿早在2008年就基本完成,之后每年不断修订完善,并一直使用至今。在东南大学出版社宋华莉老师的帮助下,这两年又系统地对原稿进行了修订,增删了不少内容,并得以正式出版。

　　本书是物理全纳教育课程基地教材建设成果之一,"物理全纳教育"是江苏省"十二五"重点资助项目,本书的出版使物理全纳教育的教材在层次上更加丰富与完备,为物理全纳教育的高质量开展提供了便利条件。

陆天明
2017年9月于九龙湖

目 录

第一章　力和物体的平衡 ··· 1
　　第1节　力和共点力作用下物体的平衡 ·· 2
　　第2节　力矩的平衡与流体静力学 ·· 11

第二章　运动学 ·· 18
　　第1节　直线运动 ·· 19
　　第2节　曲线运动 ·· 27

第三章　运动定律 ··· 42
　　第1节　牛顿定律与曲线运动 ··· 43
　　第2节　天体的运动 ··· 53

第四章　功和能 ·· 62
　　第1节　功与动能定理 ·· 63
　　第2节　机械能守恒与功能关系 ·· 71

第五章　冲量和动量 ·· 81
　　第1节　动量定理 ·· 82
　　第2节　动量守恒 ·· 89

第六章　机械振动和机械波 ·· 99
　　第1节　机械振动 ·· 100
　　第2节　机械波 ··· 110

第七章　电场 ··· 124
　　第1节　电场的力的性质 ··· 125
　　第2节　电场的能的性质 ··· 134

第八章　电流 ··· 146
　　第1节　欧姆定律 ·· 147
　　第2节　电路的简化 ··· 161

第九章 磁场 177
第1节 磁场对电流的作用 178
第2节 磁场对运动电荷的作用 185

第十章 电磁感应和交流电 207
第1节 动生电磁感应 208
第2节 感生电磁感应 220
第3节 交变电流与电磁波 229

第十一章 热学 245
第1节 分子运动论和气体的性质 246
第2节 热力学定律 262
第3节 相变 276

第十二章 光学 298
第1节 几何光学的基本规律 299
第2节 球面折射与反射 311
第3节 透镜 321
第4节 波动光学 336

第十三章 近代物理学 355
第1节 量子论 356
第2节 相对论 377

第一章 力和物体的平衡

知识地图

力和物体的平衡
- 力
  - 万有引力 $F = G\dfrac{m_1 m_2}{r^2}$
  - 弹力 $F = kx$
  - 摩擦力
    - 静摩擦力 $f_{\max} = \mu_s N$
    - 滑动摩擦力 $f = \mu_k N$
  - 力的运算
    - 力的分解
    - 力的合成
- 平衡
  - 共点力作用下物体的平衡条件：$\sum\limits_i \vec{F}_i = 0$，即 $\begin{cases}\sum\limits_i F_{ix} = 0 \\ \sum\limits_i F_{iy} = 0 \\ \sum\limits_i F_{iz} = 0\end{cases}$
  - 有固定转动轴的物体的平衡 $\sum \vec{M} = 0$
  - 一般物体的平衡 $\begin{cases}\sum\limits_i \vec{F}_i = 0 \\ \sum \vec{M} = 0\end{cases}$
  - 平衡的稳定性
    - 平衡种类
      - 稳定平衡
      - 不稳定平衡
      - 随遇平衡
    - 质心 $\begin{cases} x = \dfrac{\sum m_i x_i}{\sum m_i} \\ y = \dfrac{\sum m_i y_i}{\sum m_i} \\ y = \dfrac{\sum m_i z_i}{\sum m_i}\end{cases}$
- 流体静力学 $\begin{cases}\Delta p = \rho g \Delta h \\ 浮心\end{cases}$

第1节　力和共点力作用下物体的平衡

考点梳理

1. 力

力是物体对物体的作用. 力的作用效果实际上有两个, 即: 使物体发生形变和改变物体运动状态. 力具有物质性、方向性(矢量性)、相互性. 力的三要素是: 大小、方向、作用点. 常用弹簧秤来测量力的大小. 力按性质可以分为: 重力、弹力、摩擦力、分子力、电磁力、核力等. 当然, 我们还可以从其他角度来对力进行分类如: 作用效果、是否接触、方向等.

2. 重力

宇宙间的一切物体都是相互吸引的, 两个物体间的引力大小跟它们质量的乘积成正比, 跟它们的距离的平方成反比, 引力方向沿两个物体的连线方向. 表达式为 $F = G\dfrac{m_1 m_2}{r^2}$, 其中 $G = 6.67 \times 10^{-11} \text{ N} \cdot \text{m}^2/\text{kg}^2$, 称为引力常量. 万有引力公式一般只适用于质点(即只有质量没有大小的点)之间引力大小的计算, 如果相互吸引的双方是标准的均匀球体, 则可将其视为质量集中于球心的质点, 即 r 为球心的间距. 如果是一个均匀球体和球外的质点, 万有引力也适用, 此时 r 为质点到球心的距离.

由于地球的吸引而使物体受到的力就是重力. 重力的大小与质量的比值为一个常数, $\dfrac{G}{m} = g$, 在地面附近 $g = 9.8 \text{ N/kg}$. 重力的方向竖直向下, 在地面附近, 可近似认为重力不变. 重力的等效作用点称为重心. 测得的地球表面上物体所受到的重力是地球对物体引力的一个分量, 由于地球严格上讲并不是个球体, 质量分布也不均匀, 加之地球的自转运动, 使得同一物体, 在地球表面不同位置处受到的重力略有不同.

3. 弹力

物体发生弹性变形后, 其内部原子相对位置改变, 从而对外部产生宏观的反作用力. 弹力的大小取决于形变的程度, 弹簧的弹力, 遵循胡克定律, 在弹性限度内, 弹簧弹力的大小与形变量(伸长或压缩量)成正比.

$$F = -kx$$

式中, x 表示形变量; 负号表示弹力的方向与形变的方向相反; k 为劲度系数, 由弹簧的材料、接触反力和几何尺寸决定.

4. 胡克定律

在弹性限度内, 弹力 F 的大小与弹簧伸长(或缩短)的长度 x 成正比, 即 $F = kx$, k 为弹簧的劲度系数. 两根劲度系数分别为 k_1、k_2 的弹簧串联后的劲度系数可由 $\dfrac{1}{k} = \dfrac{1}{k_1} + \dfrac{1}{k_2}$ 求得, 并联后劲度系数为 $k = k_1 + k_2$.

5. 摩擦力

滑动摩擦力: $F_f = \mu F_N$, μ 为动摩擦因数.

最大静摩擦力: 可用公式 $F_m = \mu_0 F_N$ 来计算. F_N 为正压力, μ_0 为静摩擦因数, 对于相同的接触面,应有 $\mu_0 > \mu$.

摩擦角:若令 $\mu_0 = \dfrac{F_m}{F_N} = \tan\varphi$,则 φ 称为摩擦角.

6. 力的合成

求几个力的等效力的方法就是力的合成. 求共点力的合力要用到平行四边形法则,如图 1.1(a) 所示,力 F_1、F_2 的合力 F 就是以 F_1 和 F_2 为邻边的所构成平行四边形的对角线,图 1.1(a) 所示的平行四边形法则可以衍化出三角形法则. 即:将 F_1、F_2 通过平移使其首尾相接,则由起点指向末端的力 F 即 F_1、F_2 的合力. 如图 1.1(b) 所示.

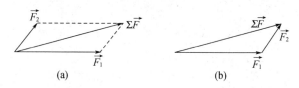

图 1.1

如果有多个共点力求合力,可在三角形法则的基础上,演化为多边形法则. 如图 1.2 所示,图 1.2(a) 为有四个力共点 O,图 1.2(b) 表示四个力矢首尾相接,从力的作用点 O 连接力 F_4 力矢末端的有向线段就表示它们的合力. 而图 1.2(c) 表示五个共点力组成的多边形是闭合的,即 F_1 力矢的起步与 F_5 力矢的终点重合,这表示它们的合力为零.

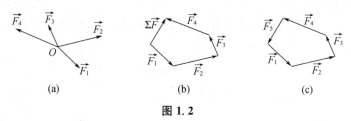

图 1.2

7. 力的分解

力的分解是力的合成的逆运算,也遵循力的平行四边形法则,一般而言,一个力分解为两力有多解答,为得到确定解还有附加条件,通常有以下三种情况:

① 已知合力和它两分力方向,求这两分力大小. 这有确定的一组解答.

② 已知合力和它的一个分力,求另一个分力. 这也有确定的解答.

③ 已知合力和其中一个分力大小及另一个分力方向,求第一个合力方向和第二分力大小,其解答可能有三种情况:一解、两解和无解.

8. 平面共点力系合成的解析法

如图 1.3 所示,任何一个力都可以分解为 x 方向和分力 F_x 和 y 方向上的分力 F_y. 这种将力向两个相互正交的方向上分解的方法称为正交分解法.

所以,显然在多力合成时,我们可以先建立坐标系,然后把所有的力均沿相互垂直的两个方向上分解,然后再把两个方向上的合力分别求出,从而有:

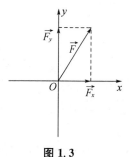

图 1.3

$$\sum F = \sqrt{\sum F_x^2 + \sum F_y^2}$$

合力的方向可用合力 $\sum F$ 与 x 轴所夹的角的正切值来确定:

$$\tan\alpha = \frac{\sum F_y}{\sum F_x}$$

图 1.4 是用三角形法则求合力时的情形. 由图也可以看出各力在两坐标轴上的投影的和与合力在坐标轴上的投影是相等的,即:合力在任意一轴上的投影,等于各分力在同一轴上投影的代数和.

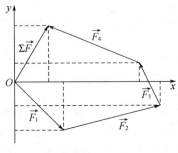

图 1.4

9. 空间中力的投影与分解

力在某轴上的投影定义为力的大小乘以力与该轴正向间夹角的余弦,如图 1.5 中的 $\vec{F}$ 力在 Ox、Oy、Oz 轴上的投影 X、Y、Z 分别定义为:

$$\begin{cases} X = F\cos\alpha \\ Y = F\cos\beta \\ Z = F\cos\gamma \end{cases}$$

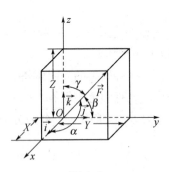

图 1.5

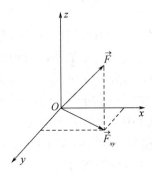

图 1.6

这就是直接投影法所得结果,也可如图 1.6 所示采用二次投影法. 这时:

$$|\vec{X}| = |\vec{F}_{xy}|\cos(\vec{F}_{xy}, x)$$

式中 $\vec{F}_{xy}$ 为 $\vec{F}$ 在 xOy 平面上的投影矢量,而:

$$|\vec{F}_{xy}| = |\vec{F}|\sin(\vec{F}, z)$$

力沿直角坐标轴的分解式:

$$\vec{F} = F_x\vec{i} + F_y\vec{j} + F_z\vec{k}$$

即力 $\vec{F}$ 可以被表示成在三个方向中的分力的合力(矢量和).

10. 共点力

几个力如果都作用在物体的同一点,或者它们的作用线相交于同一点,这几个力叫作共点力. 当物体可视为质点时,作用在其上的力都可视为共点力. 当物体不能视为质点时,作用于其上的力是否可视为共点力要看具体情况而定.

11. 平衡状态

我们把静止、匀速直线运动、匀速转动称为平衡状态. 物体的平衡包括静平衡与动平衡. 静平衡指的是物体处于静止状态; 动平衡指的是物体处于匀速直线运动或匀速转动这两种平衡状态.

共点力作用下物体的平衡条件是: 物体所受到的力的合力为零.

$$\sum_i \vec{F}_i = 0$$

或其分量式:

$$\sum_i F_{ix} = 0 \quad \sum_i F_{iy} = 0 \quad \sum_i F_{iz} = 0$$

如果在三个或三个以上的共点力作用下物体处于平衡,用力的图示表示,则这些力必组成首尾相接的闭合力矢三角形或多边形;力系中的任一个力必与其余所有力的合力平衡;如果物体只在两个力作用下平衡,则此二力必大小相等、方向相反,且在同一条直线上,我们常称其为一对平衡力;如果物体在三个力作用下平衡,则此三力一定共点、一定在同一个平面内,如图 1.7 所示,且满足

$$\frac{F_1}{\sin\alpha} = \frac{F_2}{\sin\beta} = \frac{F_3}{\sin\gamma}$$

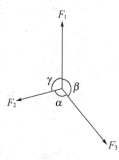

图 1.7

典型例题

例1 (复旦大学)如图 1.8 所示,竖直杆 AB 可绕 B 转动. 一根轻绳通过定滑轮与杆上 A 点水平相连,再由轻绳 AC 使杆处于平衡状态. 若 AC 加长,使 C 点左移,AB 仍保持平衡状态. 细绳 AC 上拉力 T 和杆 AB 受到的细绳的压力 N 与原先相比,下列说法正确的是 ( )

A. T 增大,N 减小 B. T 减小,N 增大
C. T 和 N 都减小 D. T 和 N 都增大

【答案】 C

图 1.8

【解析】 若 AC 加长,由于悬挂的重物质量不变,水平拉力不变. 分析 A 处受力情况,细绳 AC 上拉力 T 在水平方向分力大小等于悬挂的重物重力,在竖直方向分力等于 AB 受到的压力. 若 AC 加长,使 C 点左移,AB 仍保持平衡状态,显然,T 和 N 都减小,选项 C 正确.

例2 一木箱重 G,与地面动摩擦因数为 μ,现用斜向上的力 F 拉木箱使之沿水平地面匀速前进,如图 1.9 所示. 求拉力 F 与水平方向夹角 α 为何值时拉力最小?这个最小值多大?

【解析】 这是一个求极值问题. 一般有两种解题思路. 一是在受力分

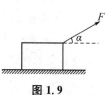

图 1.9

析基础上,建立力的平衡方程,求出 F 的函数表达式,然后利用三角函数知识得出 α 为何值时,F 有最小值. 第二是将支持力 N 与摩擦力 f 的合力设为 R,这样木箱受力转化为三个共点力平衡,然后利用力的矢量三角形作图可更简捷地求出极值.

解法一: 如图 1.10 所示木箱受力图,由于木箱匀速运动,故有以下平衡方程:

$$\sum F_x = F\cos\alpha - f = 0 \qquad ①$$

$$\sum F_y = F\sin\alpha + N - G = 0 \qquad ②$$

$$f = \mu N \qquad ③$$

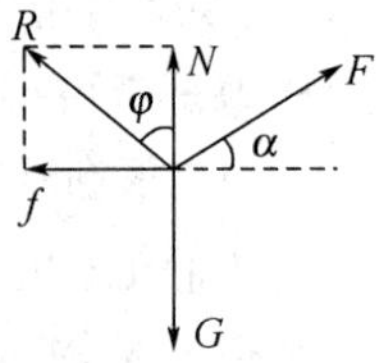

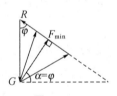

图 1.10

三式联立得出:

$$F = \frac{\mu G}{\mu \sin\alpha + \cos\alpha} \qquad ④$$

令 $\mu = \tan\varphi$ 代入 ④ 式

$$F = \frac{G\tan\varphi}{\tan\varphi\sin\alpha + \cos\alpha} = \frac{G\sin\varphi}{\cos(\varphi - \alpha)}$$

当 $\cos(\varphi - \alpha) = 1$ 时,F 有最小值. 故 $\alpha = \varphi$,即

$$\alpha = \arctan\mu$$

$$F_{\min} = F\sin\varphi = \frac{\mu G}{\sqrt{1+\mu^2}}$$

解法二: 令木箱所受支持力 N 和摩擦力 f 的合力为 R,它与竖直方向成 φ 角,则

$$\tan\varphi = \frac{f}{N} = \mu$$

木箱受三力 G、F 与 R 共点平衡,故三个力矢组成封闭的三角形. 如图 1.11 所示,因为 G 恒定,而 R 方向确定不变,显然当 F 与 R 方向垂直时,即 F 与水平方向夹角为 $\alpha = \varphi$ 时,F 有最小值,且

$$F_{\min} = G\sin\varphi = \frac{\mu G}{\sqrt{1+\mu^2}}$$

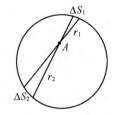

图 1.11

【点评】 利用封闭的力矢三角形讨论共点力平衡问题可能比解析法更简捷.

例3 试证明:一质量分布均匀的球壳对球壳内任一质点的万有引力为零.

【解析】 如图 1.12 所示,设想在一均匀球壳内的任一点 A 处置一质量为 m 的质点,在球面上取任一极小的面元 ΔS_1,以 r_1 表示 ΔS_1 与 A 点的距离,且设此均匀球面每单位面积的质量为 σ,则面元 ΔS_1 的质量 $\Delta m_1 = \sigma \Delta S_1$,它对 A 处质点的吸引力为

$$\Delta F_1 = \frac{Gm\Delta m_1}{r_1^2} = \frac{Gm\sigma \Delta S_1}{r_1^2} \qquad ①$$

图 1.12

又设想将 ΔS_1 边界上各点与 A 点的连线延长分别与 ΔS_1 对面的球壳相交而围成面元 ΔS_2,设 A 与 ΔS_2 的距离为 r_2,由于 ΔS_1 和 ΔS_2 都很小,可以把它们看成是一个平面图形,显然可以想象到它们是相似图形,因而其面积与边长的平方成比例,而其边长又与该处到 A 点的距离成比例,故有:

$$\frac{\Delta S_1}{\Delta S_2} = \frac{r_1^2}{r_2^2} \qquad ②$$

则面元 ΔS_2 对 A 处质点的吸引力为:

$$\Delta F_2 = \frac{Gm\Delta m_2}{r_2^2} = \frac{Gm\sigma\Delta S_2}{r_2^2} \qquad ③$$

由①、②、③式可得:

$$\Delta F_2 = \Delta F_1$$

注意到 ΔS_2 与 ΔS_1 对 A 处质点的吸引力方向相反,即 ΔF_2 与 ΔF_1 的方向相反,则其合力为零.显然,整个球面可以分成无数对像 ΔS_1 和 ΔS_2 这样的小面元,而每对小面元对 A 处质点的吸引力的合力都必须是零,则整个球壳对 A 处质点的吸引力也是零,即一均匀球壳对其内任一点处质点的吸引力都是零.

【点评】 本题所用的思维方法值得体会学习.结论建议记住,以后分析问题时可能会用到.

强化训练

1. 如图1.13所示,在倾角为 θ 的斜面上有一个质量为 m 的静止木块,现用与斜面底边平行的水平外力推动木块,使其在斜面上做匀速运动,若已知木块与斜面间的动摩擦因数 μ,求推力的大小和木块运动的方向.

【解析】 物体在重力、推力、斜面给的支持力和摩擦力四个力的作用下做匀速直线运动,受力平衡.但这四个力不在同一平面内,不容易看出它们之间的关系.我们把这些力分解在两个平面内,就可以将空间问题变为平面问题,使问题得到解决.这种减少空间维度数目的方法称为降维法.

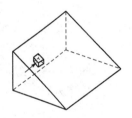

图 1.13

我们从斜面的侧面观察,如图1.14(a)所示.

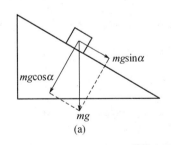

图 1.14

将重力沿斜面、垂直于斜面分解.重力沿斜面的分力为 $mg\sin\alpha$,木块与斜面的间的弹力为 $mg\cos\alpha$.

再从垂直于斜面的方向观察,所图1.14(b)所示.

$$F = \sqrt{(\mu mg\cos\alpha)^2 - (mg\sin\alpha)^2}$$

显然木块运动的方向和 F 的夹角 β 满足下式:

$$\sin\beta = \frac{\sin\alpha}{\mu\cos\alpha}$$

2. 如图 1.15 所示,原长 L_0 为 100 cm 的轻质弹簧放置在一光滑的直槽内,弹簧的一端固定在槽的 O 端,另一端连接一小球,这一装置可从水平位置开始绕 O 点缓缓地转到竖直位置. 设弹簧的形变总是在其弹性限度内,试在下述(1)、(2)两种情况下,分别求出这种装置从原来的水平位置开始缓缓地绕 O 点转到竖直位置时小球离开原水平面的高度 h_0.

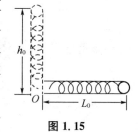

图 1.15

(1) 在转动过程中,发现小球距原水平面的高度变化出现极大值,且极大值 $h_m = 40$ cm.

(2) 在转动过程中,发现小球离原水平面的高度不断增大.

【解析】 弹簧在压缩状态下释放后,随着槽转动,与弹簧固连的小球在弹力、重力作用下运动,小球离水平面的高度是否有极值,能否不断增大取决于小球的合力. 由于缓缓地转动,故小球的每一个状态都可以视为平衡态,由平衡条件可列出小球距水平面的高度 h 与转过的角度 θ 的函数关系,这是求解本题的基本思路.

设小球质量为 m,弹簧劲度系数为 k,当槽转至倾角 θ 时,球的高度为 h,由胡克定律有

$$k\left(L_0 - \frac{h}{\sin\theta}\right) = mg\sin\theta \qquad ①$$

转到竖直位置时有

$$k(L_0 - h_0) = mg \qquad ②$$

解得 $h = -(L_0 - h_0)\sin^2\theta + L_0\sin\theta$.

改写为

$$h = -(L_0 - h_0)\left[\sin\theta - \frac{L_0}{2(L_0 - h_0)}\right]^2 + \frac{L_0^2}{4(L_0 - h_0)} \qquad ③$$

(1) 由 ③ 式可知,当 $\sin\theta = \dfrac{L_0}{2(L_0 - h_0)}$ 时,h 有极大值 h_m.

由此得

$$h_m = \frac{L_0^2}{4(L_0 - h_0)}$$

$$h_0 = L_0 - \frac{L_0^2}{4h_m}$$

代入数据,得 $h_0 = 37.5$ cm.

(2) 由 ③ 式可知,当 $\dfrac{L_0}{2(L_0 - h_0)} \geqslant 1$ 时,则在转动过程中,小球离原水平面的高度就随 θ 的增大一直不断地增大,由此得 $h_0 \geqslant \dfrac{L_0}{2}$,代入数据,可知

$$100 \text{ cm} > h_0 \geqslant 50 \text{ cm}.$$

3. (华约)明理同学平时注意锻炼身体,力量较大,最多能提起 $m = 50$ kg 的物体. 一重物放置在倾角 $\theta = 15°$ 的粗糙斜坡上,重物与斜坡间的动摩擦因数为 $\mu = \dfrac{\sqrt{3}}{3} \approx 0.58$. 试求该同学向上拉动的重物质量 M 的最大值?

【解析】 根据题意,拉力 $F = 500$ N.

设该同学拉重物的力 F 的方向与斜面夹角为 φ,分析重物 M 受力,如图 1.16 所示. 将各力

分别沿斜面方向和垂直斜面方向分解,由平衡条件得:
$$F_N + F\sin\varphi - Mg\cos\theta = 0$$

式中,F_N 是斜面对重物的支持力,其大小等于重物对斜面的正压力.

沿斜面方向:$F\cos\varphi - f - Mg\sin\theta = 0.$

又 $f = \mu F_N,$

联立解得 $M = \dfrac{F(\cos\varphi + \mu\sin\varphi)}{g(\mu\cos\theta + \sin\theta)}.$

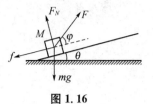

图 1.16

令 $\mu = \tan\alpha$,代入上式可得 $M = \dfrac{F\cos(\varphi + \alpha)}{g\sin(\theta + \alpha)}.$

要使该同学向上拉动的重物质量最大,上式中分子取最大值,即 $\cos(\varphi + \alpha) = 1$.
$$M_{\max} = \dfrac{F}{g\sin(\theta + \alpha)}$$

由 $\mu = \tan\alpha = \dfrac{\sqrt{3}}{3}$ 可得 $\alpha = 30°$,代入上式可得该同学向上拉动的重物质量 M 的最大值.
$$M_{\max} = \dfrac{F}{g\sin(15° + 30°)} = 50\sqrt{2} \text{ kg}$$

【点评】 本题可以用摩擦角并画出封闭的矢量三角形会非常方便.

4. 两个质量为 M、半径为 R 的相同圆球 A 和 B,用两根长为 $L(L = 2R)$ 的绳挂于 O 点,在两球上另有一个质量为 $m(m = nM)$、半径为 $r(r = R/2)$ 的圆球 C,如图 1.17 所示.已知三球的表面光滑,试讨论此系统处于平衡时,绳与竖直线的夹角 θ 与 n 的关系.

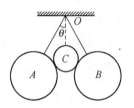

图 1.17

附几个平方根值如下:
$\sqrt{2} = 1.41, \sqrt{3} = 1.73, \sqrt{5} = 2.24, \sqrt{6} = 2.45, \sqrt{7} = 2.65, \sqrt{10} = 3.16.$

【解析】 设悬绳张力为 T,大、小球之间的相互作用力为 N,大、小球连心线与悬线间夹角为 φ,如图 1.18 所示,有:

在 $\triangle OAC$ 中:
$$\dfrac{\sin(\theta + \varphi)}{\sin\theta} = \dfrac{OA}{AC} = \dfrac{2}{1.5} \quad ①$$

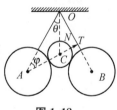

图 1.18

对 C 球:
$$2N\cos(\theta + \varphi) = mg = nMg \quad ②$$

对 B 球:
$$T\sin\theta = N\sin(\theta + \varphi) \quad ③$$
$$T\cos\theta = N\cos(\theta + \varphi)Mg \quad ④$$

由以上四式解得
$$\sin\theta = \sqrt{\dfrac{4 + 4n - 3n^2}{16(1 + n)}}$$

当 A、B 两球心距离为 $2R$ 时,有
$$\sin\theta = \sin\theta_{\min} = \dfrac{1}{3}$$

即应有:

$$\sqrt{\frac{4+4n-3n^2}{16(1+n)}} \geqslant \frac{1}{3}$$

所以 $n \leqslant \frac{10+8\sqrt{10}}{27} \approx 1.3$.

(1) 若 $n > 1.3$,系统不能平衡;

(2) 若 $n = 1.3$,系统平衡,$\sin\theta = \frac{1}{3}$,即 $\theta = \arcsin\frac{1}{3}$,此时 A、B 之间无相互作用力;

(3) 若 $n < 1.3$,则有两种可解的平衡状态:

第一种是 A、B 两球分开

$$\theta = \arcsin\sqrt{\frac{4+4n-3n^2}{16(1+n)}}$$

第二种是 A、B 两球互相接触且其间有相互作用力,此时:

$$\theta = \arcsin\frac{1}{3}.$$

5. 如图 1.19 所示,一个静止的圆锥体竖直放置,顶角为 α,质量为 m、分布均匀的链条环水平地套在圆锥体上. 忽略链条与圆锥面之间的摩擦力,求链条环的张力.

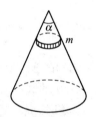

图 1.19

【解析】 设链条环半径为 R,在链条环中任取一小段 Δl,其质量为 $\Delta m = \frac{m}{2\pi R}\Delta l$,$\Delta l$ 作为研究对象,受力有:锥面支持力 N,其方向垂直于锥面,Δl 两端的张力 T 及重力 Δmg,如图 1.20(b) 所示. 平衡时在水平和竖直两个方向上的合力均为 0. 列方程即可求解.

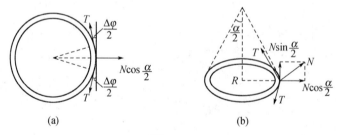

图 1.20

如图 1.20(a)、(b) 所示,设 Δl 对链条环中心的张角为 $\Delta\varphi$,根据共点力平衡条件知:Δl 在水平方向上受力平衡

$$2T\sin\frac{\Delta\varphi}{2} = N\cos\frac{\alpha}{2} \qquad ①$$

因 Δl 很短,$\Delta\varphi$ 很小,所以

$$\sin\frac{\Delta\varphi}{2} = \frac{\Delta\varphi}{2} \qquad ②$$

将 ② 式代入 ① 式有

$$T\Delta\varphi = N\cos\frac{\alpha}{2} \qquad ③$$

Δl 在竖直方向上也受力平衡

$$\Delta mg = N\sin\frac{\alpha}{2} \qquad ④$$

④ 式除以 ③ 式得

$$\tan\frac{\alpha}{2} = \frac{\Delta m}{T\Delta\varphi}g \qquad ⑤$$

⑤ 式中 $\Delta m = \frac{m}{2\pi R}\Delta l = \frac{m\Delta\varphi}{2\pi}$,

将其代入 ⑤ 式可得:

$$\tan\frac{\alpha}{2} = \frac{mg}{2\pi T}$$

所以链条环中的张力为

$$T = \frac{mg}{2\pi\tan\frac{\alpha}{2}}$$

【点评】 本题是空间力系,难度很大,而且利用了微元法,这种方法是一种比较难的方法,近似关系 $\sin\frac{\Delta\varphi}{2} = \frac{\Delta\varphi}{2}$($\Delta\varphi$ 取 rad) 是一种思想,更是一种技巧,建议记住.

第 2 节　力矩的平衡与流体静力学

考点梳理

12. 力矩

力与力臂的乘积称为力矩,记为 M,则 $M = Fd$. 力矩是改变物体转动状态的原因. 力的作用线与轴平行时,此力对物体绕该轴转动没有作用. 若力 F 不在与轴垂直的平面内,可先将力分解为垂直于轴的分量 $F_\perp$ 和平行于轴的分量 $F_\parallel$,$F_\parallel$ 对转动不起作用,这时力 F 的力矩为 $M = F_\perp \cdot d$. 通常规定:绕逆时针方向转动的力矩为正. 当物体受到多个力作用时,物体所受的总力矩等于各个力产生力矩的代数和.

13. 有固定转轴的物体,若处于平衡状态,作用于物体上各力的力矩的代数和为零.

$$\sum \vec{M} = 0$$

14. 一般物体的平衡条件

一般物体处于平衡时,要求物体所受合外力为零($\sum F_外 = 0$)和合力矩为零($\sum M_外 = 0$)同时满足,一般物体的平衡条件写成分量式为:

$$\begin{cases} \sum F_x = 0 \\ \sum F_y = 0 \\ \sum F_z = 0 \end{cases} \quad \begin{cases} \sum M_x = 0 \\ \sum M_y = 0 \\ \sum M_z = 0 \end{cases}$$

M_x, M_y, M_z 分别为对 x 轴、y 轴、z 轴的力矩.

由空间一般力系的平衡方程,容易导出各种特殊力系的独立平衡方程.如平面力系(设在 xOy 平面内),则 $\sum F_z = 0, \sum F_x = 0, \sum F_y = 0$ 自动满足,则独立的平衡方程为:

$$\sum F_x = 0 \qquad \sum F_y = 0 \qquad \sum F_z = 0$$

$\sum F_x = 0$ 这一方程中的转轴可根据需要任意选取,一般原则是使尽量多的力的力臂为零.

平面汇交力系与平面平行力系的独立方程均为两个,空间汇交力系和空间平行力系的独立平衡方程均为三个.

15. 物体受二力作用而平衡的充分必要条件

此二力大小相等,方向相反,作用线沿同一直线.受两个力的轻杆,此两个力必然大小相等,方向相反,并沿着杆的方向.

16. 三力平衡汇交定理

作用于刚体上的三个相互平衡但又不互相平行的力,若其中两个力的作用线汇交于一点,则此三力必在同一个平面内,且第三个力的作用线通过前两个力的汇交点.

17. 物体在 $n(n \geqslant 3)$ 个外力作用下处于平衡状态,若其中有 $n-1$ 个力为共点力,即它们的作用线交于 O 点,则最后一个外力的作用线也必过 O 点,整个外力组必为共点力.这是因为 $n-1$ 个外力构成的力组为共点(O 点)力,这 $n-1$ 个的合力必过 O 点,最后一个外力与这 $n-1$ 个外力的合力平衡,其作用线必过 O 点.

18. 物体平衡的种类

物体平衡包括稳定平衡、不稳定平衡和随遇平衡三种类型.稳度及改变稳度的方法:处于稳定平衡的物体,具有回复原来平衡位置的能力,叫稳度.降低重心高度、加大支持面的有效面积都能提高物体的稳度;反之,则降低物体的稳度.

19. 质心

质心是指物质系统的质量中心,质心被认为质量集中于此的一个假想点,质心是与物体(质点系)质量分布有关的一个点.与重心不同的是,质心不一定要在有重力场的系统中.质心的位置如下:

$$\begin{cases} x = \dfrac{\sum m_i x_i}{\sum m_i} \\ y = \dfrac{\sum m_i y_i}{\sum m_i} \\ z = \dfrac{\sum m_i z_i}{\sum m_i} \end{cases}$$

当重力场是均匀的,重心和质心是重合的.

20. 静止流体内部压强的大小

若静止流体表面处的压强为 p_0(通常即为与该流体表面相接触的气体的压强),流体的密度为 ρ,则此流体表面下深度为 h 处的压强为

$$p = p_0 + \rho g h$$

第一章 力和物体的平衡

21. 浮力与浮心

浮力是物体在流体中所受压力的合力. 浸没在静止流体内的物体受到的浮力等于它所排开流体的重量, 浮力的方向竖直向上. 这就是阿基米德定律, 可表示为:

$$F = \rho_{液} g V_{排}$$

浮力的作用点称为浮心, 浮心就是与浸没在流体中的物体同形状、同体积那部分流体的重心, 如果物体的密度均匀, 则浮心与物体的重心重合.

典型例题

例 4 （清华大学）如图 1.21, 一质量为 m 的均匀细棒一端用铰链固定, 初始时 $\theta = 30°$, 正方形木块以很小的恒定速度向正左方运动. 则细棒受到木块的力 （　　）

A. 一直增大　　　　　　　　B. 一直减小

C. 先增大后减小　　　　　　D. 先减小后增大

【答案】 C

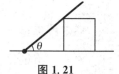

图 1.21

【解析】 设正方形木块的高度为 h, 细棒受到木块的力为 N, 则有:

$$N \cdot \frac{h}{\sin\theta} = mg \cdot \frac{L}{2}\cos\theta$$

$$N = \frac{mgL \sin 2\theta}{4h}$$

可得 $\theta = 45°$ 时 N 最大. 所以 C 正确.

例 5 （清华大学）质量为 m, 长为 L 的三根相同的匀质细棒对称地搁在地面上, 三棒的顶端 O 重合, 底端 A、B、C 的间距均为 L, 如图 1.22 所示.

(1) 求 OA 棒顶端所受的作用力 F 的大小.

(2) 若有一质量也为 m 的人（视为质点）坐在 OA 棒的中点处, 三棒仍然保持不动, 这时 OA 棒顶端所受的作用力 F 的大小又为多大?

(3) 在(2)的情况下, 地面与棒之间的静摩擦因数 μ 至少为多大?

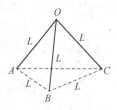

图 1.22

【解析】 (1) 对 OA 棒, 设 OA 与水平面的夹角为 θ, 以 A 点为固定转轴 (图 1.23), 由力矩平衡条件可得:

$$mg \cdot \frac{1}{2}L\cos\theta - FL\sin\theta = 0$$

由数学知识可知 $\cos\theta = \frac{\sqrt{3}}{3}$, $\sin\theta = \frac{\sqrt{6}}{3}$.

解得 OA 棒顶端所受力作用力 $F = \frac{\sqrt{2}}{4}mg$.

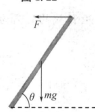

图 1.23

(2) 当一质量也为 m 的人（视为质点）坐在 OA 棒的中点处, 三棒仍然保持不动, 以 A 点为固定转轴 (图 1.24), 由力矩平衡条件可得:

$$2mg \cdot \frac{1}{2}L\cos\theta - F_x \cdot L \cdot \sin\theta - F_y \cdot L \cdot \cos\theta = 0$$

对 OB 杆或 OC 杆, 由力矩平衡条件可得:

$$mg \cdot \frac{1}{2}L \cdot \cos\theta - F_x \cdot L \cdot \sin\theta + \frac{1}{2}F_y \cdot L \cdot \cos\theta = 0$$

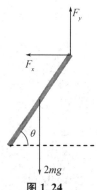

图 1.24

解得 OA 棒顶端所受的作用力

$$F_x = \frac{\sqrt{2}}{3}mg, \quad F_y = \frac{mg}{3}$$

$$F = \sqrt{F_x^2 + F_y^2} = \frac{\sqrt{3}}{3}mg$$

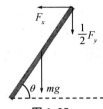

图 1.25

(3) 对 OA 棒,以 O 点为固定转轴,由力的平衡条件可得

$$f = F_x = \frac{\sqrt{2}}{3}mg$$

$$F_N = 2mg - F_y = \frac{5}{3}mg$$

细棒刚好不滑动的条件是 $f = \mu F_N$.

联立解得: $\mu = \frac{\sqrt{2}}{5} = 0.28$,即地面与棒之间的静摩擦因数 μ 至少为 0.28.

例 6 质量分布均匀、截面均匀、细而长的直棒 AB,其质量为 m,A 端用细绳悬挂在天花板上,B 端斜向浸没在平静的水池中,当它稳定静止时,直棒浸没在水中部分的长度是全长的 3/5,如图 1.26 所示,求:

(1) 直棒的密度.

(2) 细绳中的张力.

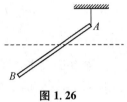

图 1.26

【解析】 设物质的体积为 V,长度为 l,密度为 ρ. 静止时,它受到三个竖直方向的力,张力 T、浮力 F 向上,重力 mg 向下(图 1.27).

(1) 根据平行力的平衡条件,三力绕 A 点的力矩为零,浮力 F 的作用点在排开水的重心(浮心)上,也就是在棒浸没在水中部分的中点处,它距 B 端的距离为 $\frac{3l}{10}$,因而有:

$$F \cdot \frac{7}{10}l\cos\theta - mg \cdot \frac{1}{2}l\cos\theta = 0$$

即:

$$\frac{3}{5}\rho_\text{水} gV \times \frac{7}{10}l\cos\theta - \rho g V \times \frac{1}{2}l\cos\theta = 0$$

所以:

$$\rho = \frac{21}{25} \times 10^3 \text{ kg/m}^3 = 0.84 \times 10^3 \text{ kg/m}^3$$

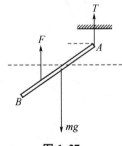

图 1.27

(2) 由 $\sum F = 0$,

$$T = mg - F = mg - \frac{3}{5}\rho_\text{水}gV = mg - \frac{3}{5} \cdot \frac{m}{\rho}\rho_\text{水}g$$

$$= mg\left(1 - \frac{3}{5} \times \frac{25}{21}\right) = \frac{2}{7}mg$$

6. (北京大学) 如图 1.28,一个质量为 M、棱边长为 L 的立方体放在粗糙的平面上,在左上棱施力,使立方体向前或向后翻转,立方体不与平

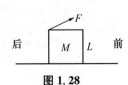

图 1.28

面发生相对滑动,求向前和向后施加力的最小值以及对应的动摩擦因数最小值.

【解析】 向后翻如图 1.29(a) 所示,向前翻如图 1.29(b) 所示.考虑拉力与重力的共同作用.要求施加的力最小,则力臂最大,以获得最大力矩.

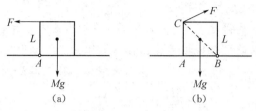

图 1.29

(1) 向后翻时,对 A 点,由力矩平衡条件,有
$$FL = \frac{MgL}{2}$$
解得 $F = \frac{Mg}{2}$.

此时摩擦力满足 $F = \mu Mg$,

解得 $\mu = 0.5$.

(2) 向前翻滚时,对 B 点,由力矩平衡条件,有 $F\sqrt{2}L = Mg\frac{L}{2}$,

解得 $F = \frac{\sqrt{2}}{4}Mg$,

此时摩擦力满足 $\mu(Mg - F\sin 45°) = F\cos 45°$,

解得 $\mu = \frac{1}{3}$.

7.(同济大学)如图 1.30 所示,无穷多个质量均匀分布的圆环,半径依次为 $R, R/2, R/4, \cdots$,相切一公共点,则该系统的质心距半径为 R 的最大圆环的圆心距离为 ( )

A. $\frac{2}{3}R$ B. $\frac{R}{3}$

C. $\frac{R}{4}$ D. $\frac{R}{2}$

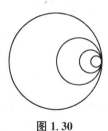

图 1.30

【答案】 B

【解析】 建立如图 1.31 所示 x 轴,从大到小各个圆环质量依次设为 $m, \frac{m}{2}, \frac{m}{4}, \cdots$ 根据质心坐标计算公式可得
$$x = \frac{mR + 0.5m \cdot 0.5R + 0.25m \cdot 0.25R + \cdots}{m + 0.5m + 0.25m + \cdots} = \frac{2R}{3}$$

该系统的质心距半径为 R 的最大圆环的圆心距离为
$$s = R - \frac{2R}{3} = \frac{R}{3}$$

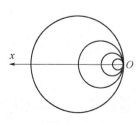

图 1.31

8. 如图 1.32 所示,半径为 R 的匀质半球体,其重心在球心 O 点正下方 C 点处,$OC = 3R/8$,半球重为 G,半球放在水平面上,在半球的平面上放一重为 $G/8$ 的物体,它与半球平面间的动摩擦因数 $\mu = 0.2$,求无滑动时物体离球心 O 点的最大距离是多少?

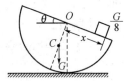

图 1.32

【解析】 物体离 O 点放得越远,根据力矩的平衡,半球体转过的角度 θ 越大,但物体在球体斜面上保持相对静止时,θ 有限度.

设物体距球心为 x 时恰好无滑动,对整体以半球体和地面接触点为轴,根据平衡条件有:

$$G \cdot \frac{3R}{8} \cdot \sin\theta = \frac{G}{8} \cdot x\cos\theta$$

得:$x = 3R\tan\theta$.

可见,x 随 θ 增大而增大,临界情况对应物体所受摩擦力为最大静摩擦力,则:

$$\tan\theta_m = \frac{f_m}{N} = \mu = 0.2$$

所以 $x = 3\mu R = 0.6R$.

9. 有一质量为 $m = 50 \text{ kg}$ 的直杆,竖立在水平地面上,杆与地面间静摩擦因数 $\mu = 0.3$,杆的上端被固定在地面上的绳索拉住,绳与杆的夹角 $\theta = 30°$,如图 1.33 所示.

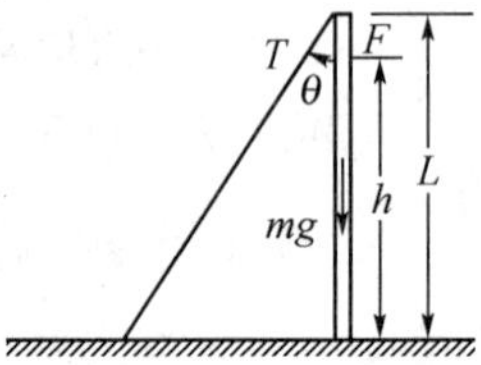

(1) 若以水平力 F 作用在杆上,作用点到地面的距离 $h_1 = 2L/5$(L 为杆长),要使杆不滑倒,力 F 最大不能超过多少?

(2) 若将作用点移到 $h_2 = 4L/5$ 处时,情况又如何?

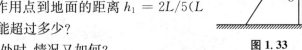

图 1.33

【解析】 杆不滑倒应从两方面考虑,杆与地面间的静摩擦力达到极限的前提下,力的大小还与 h 有关,讨论力与 h 的关系是关键.杆的受力如图 1.34 所示,由平衡条件得:

$$F - T\sin\theta - f = 0$$
$$N - T\cos\theta - mg = 0$$
$$F(L - h) - fL = 0$$

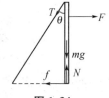

图 1.34

另由上式可知,F 增大时,f 相应也增大,故当 f 增大到最大静摩擦力时,杆刚要滑倒,此时满足:$f = \mu N$.

解得:
$$F_{\max} = \frac{mgL\tan\theta}{(L-h)\tan\theta/\mu - h}$$

由上式又可知,当 $(L-h)\tan\theta/\mu - h \to 0$ 时,$F \to \infty$,即当 $h_0 = 0.66L$ 时对 F 就没有限制了.

(1) 当 $h_1 = \frac{2}{5}L < h_0$,将有关数据代入 $F_{\max}$ 的表达式得:

$$F_{\max} = 385 \text{ N}$$

(2) 当 $h_2 = \frac{4}{5}L > h_0$ 时,无论 F 为何值,都不可能使杆滑倒,这种现象即称为自锁.

10. 如图 1.35 所示,用均匀材料制成的浮子,由两个半径皆为 R 的完全相同的球缺组成,像一粒豆子.浮子的厚度 $h < 2R$,质量为 m_1.沿浮子对称轴向浮子插入一细辐条,穿过整个厚度.

辐条长 $l > h$,质量为 m_2. 当将浮子辐条向下浸于水中时,浮子只有少部分没于水中,浮子的状态是稳定的吗?

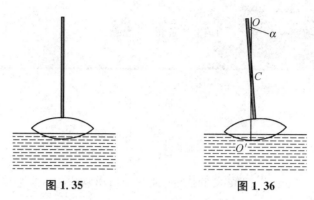

图 1.35　　　　　图 1.36

【解析】　如图 1.36 所示,研究辐条稍微偏离平衡位置 α 角的情况. 由对称性可明显看出,作用在浮子上的浮力沿竖直直线 OO', OO' 与辐条交于球冠的球心 C 处,则:

浮子重心 P 与 OO' 的距离为: $\left(R - \dfrac{h}{2}\right)\sin\alpha$.

而辐条重心与 OO' 的距离为: $\left(\dfrac{l}{2} - R\right)\sin\alpha$.

如果使浮子回到平衡位置的恢复力矩(浮力重力力矩)大于倾倒力矩(辐条重力力矩),浮子的平衡状态将是稳定的,由此得出结论,平衡状态的性质可由下式中 x 的正负确定.

$$x = R - \dfrac{m_1 h + m_2 l}{2(m_1 + m_2)}$$

$x > 0$,平衡是稳定的;$x = 0$,平衡是随遇的;$x < 0$,平衡是不稳定的.

第二章 运动学

○ 知识地图

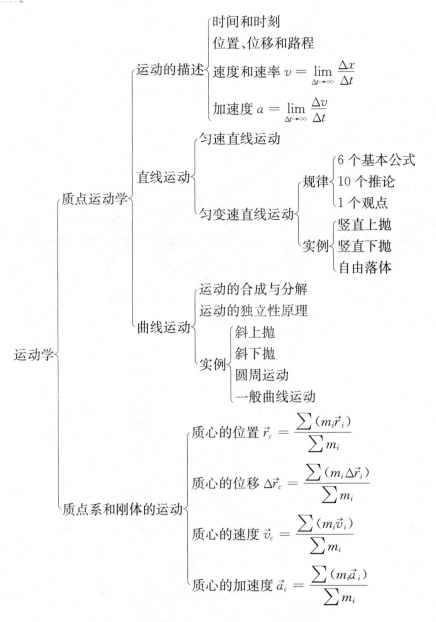

第1节　直线运动

考点梳理

1. 位置、位移和路程

位置是指运动质点在某一时刻的处所,在直角坐标系中,可用质点在坐标轴上的投影坐标 (x,y,z) 来表示. 在定量计算时,为了使位置的确定与位移的计算一致,人们还引入位置矢量(简称位矢)的概念,在直角坐标系中,位矢 r 定义为自坐标原点到质点位置 $P(x,y,z)$ 所引的有向线段,故有 $r=\sqrt{x^2+y^2+z^2}$, r 的方向为自原点 O 点指向质点 P. 位移是指质点在运动过程中,某一段时间 Δt 内的位置变化,它的方向为自始位置指向末位置. 路程指质点在某一段时间内通过的实际轨迹的长度.

2. 平均速度和平均速率

平均速度是质点在一段时间内通过的位移和所用时间之比 $v_\Psi=\dfrac{\Delta x}{\Delta t}$, 平均速度是矢量, 方向与位移 x 的方向相同.

平均速率是质点在一段时间内通过的路程与所用时间的比值,是标量.

3. 瞬时速度和瞬时速率

瞬时速度是质点在某一时刻或经过某一位置时的速度,它定义为平均速度的极限,简称为速度,即 $v=\lim\limits_{\Delta t\to 0}\dfrac{\Delta x}{\Delta t}$.

瞬时速度是矢量,它的方向就是平均速度极限的方向. 瞬时速度的大小叫瞬时速率,简称速率.

4. 加速度

加速度是描述物体运动速度变化快慢的物理量,等于速度对时间的变化率,即 $a=\dfrac{\Delta v}{\Delta t}$, 这样求得的加速度实际上是物体运动的平均加速度,瞬时加速度应为 $a=\lim\limits_{\Delta t\to 0}\dfrac{\Delta v}{\Delta t}$. 加速度是矢量.

5. 匀变速直线运动

加速度 $\vec{a}$ 不随时间 t 变化的直线运动称为匀变速直线运动. 若 $\vec{F}$ 与 $\vec{v}$ 同方向, 则为匀加速直线运动;若 $\vec{a}$ 与 $\vec{v}$ 反方向, 则为匀减速直线运动. 不难推导出匀变速直线运动的如下规律:

(1) 基本公式

$$a=\frac{v_t-v_0}{t}$$

$$v_t=v_0+at$$

$$\bar{v}=\frac{v_0+v_t}{2}$$

$$s=\frac{v_0+v_t}{2}\cdot t$$

$$s=v_0 t+\frac{1}{2}at^2$$

$$s = \frac{v_t^2 - v_0^2}{2a}$$

(2) 基本推论

等时划分

初速度为零

$$v_1 : v_2 : v_3 : \cdots : v_n = 1 : 2 : 3 : \cdots : n$$
$$s_1 : s_2 : s_3 : \cdots : s_n = 1^2 : 2^2 : 3^2 : \cdots : n^2$$
$$s_{\mathrm{I}} : s_{\mathrm{II}} : s_{\mathrm{III}} : \cdots : s_N = 1 : 3 : 5 : \cdots : (2N-1)$$

初速度不为零

$$\Delta s = aT^2$$
$$v_{\frac{t}{2}} = \frac{v_0 + v_t}{2} = \bar{v}$$

等位移划分

初速度为零

$$t_1 : t_2 : t_3 \cdots = 1 : \sqrt{2} : \sqrt{3} \cdots$$
$$t_{\mathrm{I}} : t_{\mathrm{II}} : t_{\mathrm{III}} : \cdots = 1 : (\sqrt{2}-1) : (\sqrt{3}-\sqrt{2}) : \cdots$$
$$v_1 : v_2 : v_3 \cdots = 1 : \sqrt{2} : \sqrt{3} \cdots$$

初速度不为零

$$v_1^2 - v_0^2 = v_2^2 - v_1^2 = \cdots = v_n^2 - v_{n-1}^2$$
$$v_{\frac{s}{2}} = \sqrt{\frac{v_0^2 + v_t^2}{2}}$$

值得注意的是，物体在某一个方向上的匀加速直线运动可以看成是相反方向的匀减速直线运动，这就是所谓的时空对称性.

6. 物体由静止开始，只在重力作用下的运动称为自由落体运动，它是加速度为 $g = 9.8 \text{ m/s}^2$ 的匀变速直线运动. 物体以某一竖直向上的初速度，并只在重力作用下的运动称为竖直上抛运动，竖直上抛运动的上升阶段是加速度为 $g = 9.8 \text{ m/s}^2$ 的匀减速直线运动，下降阶段是自由落体运动.

7. 追击和相遇问题是指两物体同时到达空间某一位置. 分析此类问题要认真审题，挖掘题中隐含条件，寻找两物体之间的位移关系和速度关系. 解答追击和相遇问题的基本思路是：先分别对两物体进行研究，弄清两物体的运动性质，画出运动过程示意图，然后找出时间关系、速度关系、位移关系，并列出相应方程，联立解得. 对于相向运动的物体，当两者发生的位移之和等于开始时两物体的距离时即相遇. 对于同向运动的物体，两者速度相等是能追上、追不上、两者距离有极值的条件.（1）速度大者减速（如物体做匀减速运动）追击速度小者（如物体做匀速运动）. 若两者速度相等时，追者位移与开始时二者之间距离之和小于被追者位移，则永远追不上，此时两者之间具有最小距离. 若两者速度相等时，追者位移与开始时二者之间距离之和等于被追者位移，则刚好追上，这也是它们避免碰撞的临界条件. 若追者位移与开始时二者之间距离之和等于被追者位移时，追者速度仍大于被追者速度，则追者速度继续减小到小于被追者速度后，被追者还有一次追上追者的机会（第二次相遇），期间速度相等时两者间距有一个极大值.(2) 速度小者加速(如物体做匀加速运动)追击速度大者(如物体做匀速运动).当两者速度相等时,有最大距离;当追者位移与开始时二者之间距离之和等于被追者位移时,则刚好追上.

8. 等时圆模型

(1) 物体沿同一竖直圆内的不同光滑弦(细杆)由静止下滑,如图 2.1(a) 所示,到达圆周最低点的时间相等.

(2) 若把图 2.1(a) 倒置为图 2.1(b) 的形式,同样可以证明,物体沿同一竖直圆内的不同光滑弦(细杆)由最高点 A 静止下滑,到圆周上各点的时间相等.

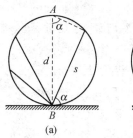
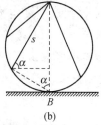

图 2.1

(3) 物体沿不同的弦轨道运动的时间相等,都等于物体沿竖直直径(d)做自由落体运动的时间,即

$$t_0 = \sqrt{\frac{2d}{g}} = \sqrt{\frac{4R}{g}} = 2\sqrt{\frac{R}{g}} \quad (\text{式中 } R \text{ 为圆的半径})$$

9. 求解直线运动的极值问题的方法

(1) 利用速度图像和位移图像;

(2) 列出物理量之间的函数表达式,利用数学知识;

(3) 类比光的传播;

(4) 利用等时圆规律.

典型例题

例1 (卓越)甲、乙两车在一平直公路上从同一地点沿同一方向沿直线运动,它们的 $v\text{-}t$ 图像如图 2.2 所示.下列判断正确的是（　　）

A. 乙车启动时,甲车在其前方 50 m 处

B. 运动过程中,乙车落后甲车的最大距离为 75 m

C. 乙车启动 10 s 后正好追上甲车

D. 乙车超过甲车后,两车不会再相遇

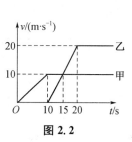

图 2.2

【解析】 乙车于 $t=10$ s 启动时,甲车位移为 50 m,即乙车启动时,甲车在乙车前方 50 m 处,选项 A 正确.

在 $t=15$ s 时,甲乙两车速度相等,甲乙两车之间距离最大,最大距离为 50 m+25 m=75 m,即运动过程中,乙车落后甲车的最大距离为 75 m,选项 B 正确.在 $t=20$ s 时,即乙车启动 10 s 后,甲车在乙前方 50 m 处,选项 C 错误.乙车超过甲车后,乙车速度大于甲车,两车不会再相遇,选项 D 正确.

【答案】 ABD

例2 （卓越）液体的黏滞系数是描述液体黏滞性大小的物理量.落球法测定蓖麻油的黏滞系数 η,通常是将蓖麻油装满长为 1 m 左右圆柱形玻璃筒,通过测得小球竖直落入蓖麻油后做匀速运动时的速度来获得.小球在蓖麻油中下落时受到重力、浮力和黏滞阻力 F 的作用,其中黏滞阻力 $F = 3\pi\eta v d$（其中 d、v 分别是小球的直径和速度）.当小球匀速运动时,利用受力平衡等条件便可求得 η,于是测得小球匀速运动的速度是这个实验的关键.若你手边只有秒表和毫米刻度尺可以利用,

（1）你怎样确定小球已经做匀速运动了;

（2）如何测得小球匀速运动的速度.

【解析】 （1）在玻璃筒下部选取一段距离,让小球贴近蓖麻油下落,测量其能通过这段距离的时间,然后再将小球从油面上某一高度处下落,测量其通过同样区域的时间,若两次时间在误差允许范围内相同,即可判断小球在该区域做匀速运动.

（2）小球匀速下落时,用刻度尺测量玻璃筒侧壁上选取的那段距离的长度,用秒表测量其通过的时间,其长度与时间之比即为小球的下落速度.

例3 如图2.3所示,声源 S 和观察者 A 都沿 x 轴正方向运动,相对于地面的速率分别为 v_S 和 v_A.空气中声音传播的速率为 v_P.设 $v_S < v_P$,$v_A < v_P$,空气相对于地面没有流动.若声源相继发出两个声信号,时间间隔为 Δt.请根据发出的这两个声信号从声源传播到观察者的过程,确定观察者接收到这两个声信号的时间间隔 $\Delta t'$.

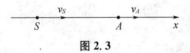

图 2.3

【解析】 （1）设 t_1、t_2 为声源 S 发出两个信号的时刻,t_1'、t_2' 为观察者接收到两个信号的时刻.则第一个信号经过 $(t_1' - t_1)$ 时间被观察者 A 接收到,第二个信号经过 $(t_2' - t_2)$ 时间被观察者 A 接收到.且 $t_2 - t_1 = \Delta t$,$t_2' - t_1' = \Delta t'$.设声源发出第一个信号时,S、A 两点间的距离为 L,两个声信号从声源传播到观察者的过程中,它们运动的距离关系如图2.4所示.可得:

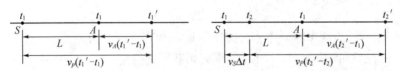

图 2.4

$$v_P(t_1' - t_1) = L + v_A(t_1' - t_1)$$
$$v_P(t_2' - t_2) = L + v_A(t_2' - t_1) - v_S \Delta t$$

由以上各式,得:

$$\Delta t' = \frac{v_P - v_S}{v_P - v_A} \Delta t$$

例4 杂技演员把三个球依次竖直向上抛出,形成连续的循环,在循环中,他每抛出一球后,再过一段与刚抛出的球在手中停留时间相等的时间,又接到下一个球,这样,在总的循环过程中,便形成有时空中有三个球,有时空中有两个球,而演员手中则有一半时间内有球,有一半时间内没有球.设每个球上升的高度为 1.25 m,取 $g = 10$ m/s^2,求每个球每次在手中停留的时间是多少?

【解析】 设一个球每次在手中停留的时间为 t_0，则手中连续抛出两球之间的时间间隔为 $2t_0$，而对于同一个球，它连续两次自手中抛出的时间间隔则为 $2t_0 \times 3 = 6t_0$. 在这段时间内，此球有 t_0 的时间停留在手中，则有 $5t_0$ 的时间停留在空中，根据竖直上抛运动的规律得：

$$h = \frac{1}{2}g \cdot \left(\frac{5}{2}t_0\right)^2$$

代入数值得： $t_0 = 0.2$ s

球一次竖直上抛运动的时间 1 s，则它每次在手中停留时间为 0.2 s.

强化训练

1. （华约）如图 2.5 所示，水流以和水平方向成角度 α 冲入到水平放置的水槽中，则从左面流出的水量和从右面流出的水量的比值可能为 （　　）

A. $1 + 2\sin^2\alpha$　　　　　　B. $1 + 2\cos^2\alpha$
C. $1 + 2\tan^2\alpha$　　　　　　D. $1 + 2\cot^2\alpha$

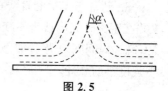

图 2.5

【答案】 D

【解析】 采用极限分析或取特殊值分析. 当 $\alpha = 90°$ 时，从左面流出的水量和从右面流出的水量相等，即从左面流出的水量和从右面流出水量的比值为 1；当 $\alpha = 0°$ 时，水全部从左面流出，即从左面流出的水量和从右面流出的水量的比值为无穷大；显然 4 个选项中只有 D 符合，选项 D 正确.

【点评】 此题若按常规办法，很难在短时间内得出答案. 而采用极限分析或取特殊值分析就可以很快得出答案，可见方法的重要性.

2. （华约）利用光电计时器测量重力加速度的实验装置如图 2.6. 所给器材有:固定在底座上带有刻度的竖直钢管，钢球吸附器（固定在钢管顶端，可使钢球在被吸附一段时间后由静止开始自由下落），两个光电门（用于测量钢球从第一光电门到第二光电门所用的时间间隔），接钢球用的小网. 实验时，将第一光电门固定在靠近钢球开始下落的位置. 测量并求出钢球下落不同路程的平均速度，通过作图得到重力加速度的数值.

(1) 写出实验原理；
(2) 写出实验步骤，并指明需测量的物理量.

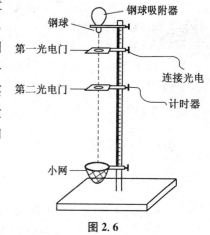

图 2.6

【解析】 (1) 实验原理

$$v_i = \frac{\Delta h_i}{\Delta t_i}$$

$$v_i = v_0 + \frac{g\Delta t_i}{2}$$

式中，下标 i 表示第 i 次实验，Δh_i 是两个光电门之间的距离，Δt_i 是光电计时器读出的时间. v_0 表示通过第一次光电门时的速度，v_i 表示 Δt_i 时间内的平均速度.

由 $v = v_0 + \frac{g\Delta t}{2}$ 可得 v-Δt 图像的斜率 $k = \frac{g}{2}$，$g = 2k$.

(2) 实验步骤

① 调整第二光电门使其与第一光电门相距一定的距离,从带有刻度的竖直钢管上读取两光电门之间的距离 Δh_i.

② 释放钢球,记录钢球通过两光电门所用的时间间隔 Δt_i.

③ 多次重复步骤①②,获得多组数据 Δh_i 和 Δt_i.

④ 计算各组数据对应的平均速度 v_i,画出 v-Δt 图像.

⑤ 从 v-Δt 图中拟合直线,此斜率的 2 倍即为所求重力加速度的数值.

需测量的物理量:每次实验两个光电门之间的距离 Δh_i 和对应时间 Δt_i.

3. 超音速飞机沿直线 OB 以速度 v 匀速飞行,一观察者从 A 点注视飞机飞行. $\angle BOA$ 等于 θ 并在观察时间内认为不变,如图 2.7(a) 所示. 飞机的辐射器发出强度一小一大两个短声音脉冲,脉冲时间间隔为 τ,如图 2.7(b) 所示,在什么条件下观察者能先记录强度大的脉冲,再记录下强度小的脉冲,已知 $OA = L$,声速为 c.

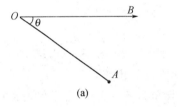

图 2.7

【解析】 由图 2.8 可知
$$AD = AB' = L - OD = L - v\tau\cos\theta.$$

设 t_1、t_2 分别为发小脉冲和大脉冲的时刻,t'_1、t'_2 分别为接收到小脉冲和大脉冲时刻,则有:

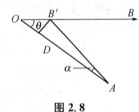

图 2.8

$$t'_1 - t_1 = \frac{L}{c}$$

$$t'_2 - t_2 = \frac{L - v\tau\cos\theta}{c}$$

$$t_2 - t_1 = \tau$$

由此

$$\tau' = t'_2 - t'_1 = \frac{c - v\cos\theta}{c}\tau$$

由所得的表达式可得出结论,在满足条件 $\frac{c - v\cos\theta}{c} < 0$ 即 $v > \frac{c}{\cos\theta}$ 时,脉冲将逆序到达.

4. 一小球被以 30 m/s 的初速度竖直上抛,以后每隔 1 s 抛出一球,空气阻力可以忽略不计,空中各球不会相碰. 问:

(1) 最多能有几个小球同时在空中?

(2) 设在 $t = 0$ 时第一个小球被抛出,那么它应在哪些时刻和之后抛出的小球在空中相遇而过?($g = 10$ m/s^2)

【解析】 $v_0 = 30$ m/s,小球在空中运动的时间为

$$t = \frac{2v_0}{g} = 6 \text{ s}$$

$t_0 = 0$ 时,将第一个小球抛出,它在第 6 s 末回到原处,同时第七个小球即将被抛出.在第六个小球抛出后第一个小球尚未返回原处时,空中只有 6 个小球,第七个小球抛出时,第一个小球已经落地,所以空中最多只有 6 个球.

第一个球 $t = 0$ 时抛出,而第 n 个球在 Δt 后抛出,则在某一时刻 t 这两个球的位移分别为:

$$s = v_0 t - \frac{1}{2}gt^2 \tag{1}$$

$$s' = v_0(t - \Delta t) - \frac{1}{2}g(t - \Delta t)^2 \tag{2}$$

两小球在空中相遇的条件是其位移相等,即

$$v_0 t - \frac{1}{2}gt^2 = v_0(t - \Delta t) - \frac{1}{2}g(t - \Delta t)^2$$

整理得

$$t = \frac{1}{2}\Delta t + \frac{v_0}{g}$$

其中 t 表示第一个小球和 Δt 后抛出的小球在空中相遇而过的那个时刻.

当 $\Delta t = 1$ s 时,$t = \left(\frac{1}{2} \times 1 + \frac{30}{10}\right)$ s $= 3.5$ s,这是与第二个小球相遇而过的时刻;

当 $\Delta t = 2$ s 时,$t = \left(\frac{1}{2} \times 2 + \frac{30}{10}\right)$ s $= 4$ s,这是与第三个小球相遇而过的时刻;

当 $\Delta t = 3$ s 时,$t = 4.5$ s,这是与第四个小球相遇而过的时刻;

当 $\Delta t = 4$ s 时,$t = 5$ s,这是与第五个小球相遇而过的时刻;

当 $\Delta t = 5$ s 时,$t = 5.5$ s,这是与第六个小球相遇而过的时刻.

除上述分析计算法之外,还可用图像法解决本题.根据题意,定性画出 h-t 图像,如图 2.9 所示.

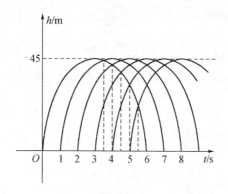

图 2.9

根据各球图像的交点及相应的坐标,可以看出:每一个小球在空中能与 5 个小球相遇,时间依次是 $t_1 = 3.5$ s,$t_2 = 4.0$ s,$t_3 = 4.5$ s,$t_4 = 5.0$ s,$t_5 = 5.5$ s.当然第一问同样可以迎刃而解.

5. 有两把齿距不同的梳子,其中一把每厘米有 4 个齿,另一把每厘米有 5 个齿.令将其重叠起来,再透过其齿间的缝隙去看亮光,则可以看到亮段和暗段交替出现.如果把其中的一把梳子以 1 cm/s 的速度移动,问亮的部位将以多大的速度移动?

【解析】 如图 2.10 所示，两梳重叠在一起，下方梳子每厘米有 4 个齿，上方梳子每厘米有 5 个齿.两梳的齿刚好重叠的 A 处附近透光的间隙较多，透过它去看亮光，这里就是一个"亮段"的中心.而图中 B 处两梳子的齿相互错开的距离最大，这里能透光的间隙就最少，故此处是一个"暗段"的中心.当两梳子间有相对运动时，这些亮段和暗段会随之移动.显然，亮段和暗段的移动速度相同.以下我们仅讨论亮段的速度.

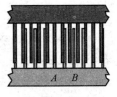

图 2.10

(1) 当下方梳子不动，上方梳子以速度 $v = 1 \text{ cm/s}$ 向右移动时，设原来两齿刚好在 A 处重叠，则由于黑色梳子的移动，接着发生的便是紧邻 A 处右侧的那两个梳齿重叠，这相当于上述的亮段的中心由 A 处移到 A 右侧下方第一个梳齿处.因此亮段移动的距离为白色梳子的齿距，即

$$\Delta s_1 = \frac{1}{4} \text{ cm}$$

这一过程中上方梳子移动的距离为两梳子的齿距之差，即：

$$\Delta s = \frac{1}{4} \text{ cm} - \frac{1}{5} \text{ cm} = \frac{1}{20} \text{ cm}$$

以 v_1 表示此时亮段移动的速度，则有

$$\frac{\Delta s_1}{v_1} = \frac{\Delta s}{v}$$

所以

$$v_1 = \frac{\Delta s_1}{\Delta s} v = \frac{1/4}{1/20} \times 1 \text{ cm/s} = 5 \text{ cm/s}$$

由上叙述中还可以看到，亮段移动速度方向向右，即亮段移动速度方向与梳子移动速度方向相同.

(2) 当上方梳子不动而下方梳子以速度 $v = 1 \text{ cm/s}$ 向右运动时，同样设原来黑白梳子对应的两齿刚好在 A 处重叠，则由于下方梳子的移动，接着发生的便是紧邻 A 处左侧的那个上方梳齿和下方梳齿重叠，这相当于上述的亮段的中心由 A 处移至 A 左侧第一个黑色梳齿处，这一过程中亮段移动的距离为黑色梳子的齿距，即

$$\Delta s_2 = \frac{1}{5} \text{ cm}$$

这一过程中下方梳子移动的距离为两梳子的齿距之差，即

$$\Delta s = \frac{1}{20} \text{ cm}$$

以 v_2 表示此时亮段移动的速度，则有：

$$\frac{\Delta s_2}{v_2} = \frac{\Delta s}{v}$$

所以

$$v_2 = \frac{\Delta s_2}{\Delta s} v = \frac{1/5}{1/20} \times 1 \text{ cm/s} = 4 \text{ cm/s}$$

由上叙述还可以看到，此时亮段移动的速度方向是向左的，即亮段移动速度方向与梳子速度方向相反.

【点评】 有人认为亮段移动的速度就应该等于梳子移动的速度，这是对亮段和暗段是如何形成的没有做具体的分析而形成的想当然的想法.正确的思路应该是由亮段的形成机理出发来理解亮段的移动.这里值得注意的不仅是亮段移动速度的大小与梳子移动速度的大小不等，

而且这两个速度的方向也可能不同.

6. 摄制电影时,为了拍摄下落物体的特写镜头,做了一个线度为实物的 1/49 的模型.放电影时,走片速度为每秒 24 张,为了使画面逼真,拍摄时走片速度应为多大?模型的运动速度应为实物运动速度的多少倍?

【解析】 设实物在时间 t 内下落的高度为 h,而模型用时间 t_0 下落了对应的高度 h_0,则由自由落体公式应有:

$$h = \frac{1}{2}gt^2$$

$$h_0 = \frac{1}{2}gt_0^2$$

由于

$$\frac{h_0}{h} = \frac{1}{49}$$

故得

$$t_0 = \frac{1}{7}t$$

可见放电影时应将模型运动的时间"放大"7 倍才能使人们看电影时观察到逼真的画面.为此,在拍摄电影时,拍摄的走片速度应为放映时走片速度的 7 倍,故得拍摄时走片速度应为:

$$24 \text{ 张}/\text{秒} \times 7 = 168 \text{ 张}/\text{秒}$$

这样才可使对应于模型运动时间 t_0 而放映时间却为 $7t_0$.

又设实物在某段时间 Δt 内以速度 v 通过位移 Δs,而模型与之对应的量则分别是时间 Δt_0、速度 v_0、位移 Δs_0,由于有:

$$\Delta t_0 = \frac{1}{7}\Delta t$$

$$\Delta s_0 = \frac{1}{49}\Delta s$$

故得模型运动速度 v_0 与实物运动速度 v 之比为:

$$\frac{v_0}{v} = \frac{\Delta s_0/\Delta t_0}{\Delta s/\Delta t} = \frac{1}{7}$$

第 2 节 曲线运动

考点梳理

10. 相对运动

物体的运动是相对于参照系而言的,同一物体的运动相对于不同的参照系其运动情况不相同,这就是运动的相对性. 我们通常把物体相对于基本参照系(如地面)的运动称为"绝对运动",把相对于基本参照系运动着的参照系称为运动参照系,运动参照系相对于基本参照系的运动称为"牵连运动",而物体相对于运动参照系的运动称为"相对运动". 显然绝对速度和相对速度一般是不相等的,它们之间的关系是:绝对速度等于相对速度与牵连速度的矢量和. 即:

$$v_{绝} = v_{相} + v \quad \text{或} \quad v_{甲对地} = v_{甲对乙} + v_{乙对地}$$

上式为矢量式,若在一条直线上,要注意各量的正负.

11. 平抛运动

(1) 定义：质点只在重力作用下，且具有水平方向的初速度的运动叫平抛运动。它可以看成水平方向上的匀速运动(速度为 v_0)与竖直方向上的自由落体运动的合成。

(2) 位移：采用水平和竖直方向的直角坐标可得：

$$x = v_0 t, \quad y = \frac{1}{2}gt^2$$

设位移与 x 轴的夹角 α，有：

$$\tan\alpha = \frac{gt}{2v_0}$$

(3) 速度：采用水平和竖直方向的直角坐标可得：

$$v_x = v_0, \quad v_y = gt$$

其合速度的大小为

$$v = \sqrt{v_0^2 + (gt)^2}$$

其合速度的方向为与水平方向夹角为 θ 方向，$\sin\theta = \dfrac{gt}{\sqrt{v_0^2 + (gt)^2}}$，可见，当 $t \to \infty$ 时，$v \to gt$，$\theta \to \pi/2$，即表示速度趋近于自由落体的速度。

(4) 加速度：采用水平和竖直方向直角坐标系有，$a_x = 0, a_y = g$，用自然坐标进行分解，如图 2.11 所示，其法向加速度为 $a_n = g\cos\theta$，切向加速度为 $a_\tau = g\sin\theta$，θ 为速度与水平方向的夹角，将速度在水平与竖直方向的坐标系中分解可知：

$$\sin\theta = \frac{v_y}{v} = \frac{gt}{\sqrt{v_0^2 + g^2 t^2}}$$

$$\cos\theta = \frac{v_x}{v} = \frac{v_0}{\sqrt{v_0^2 + g^2 t^2}}$$

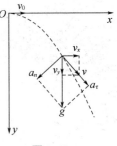

图 2.11

由此可知，其法向加速度和切向加速度分别为：

$$a_n = \frac{gv_0}{\sqrt{v_0^2 + g^2 t^2}}, \quad a_\tau = \frac{g^2 t}{\sqrt{v_0^2 + g^2 t^2}}$$

由上两式可以看出，随着时间的推移，法向加速度逐渐变小趋近于零，切向加速度趋近于定值 g，这表示越来越接近竖直下抛运动。在生活中也很容易看到，平抛物体运动到远处时就接近竖直下落了。

(5) 轨迹：由直角坐标的位移公式消去时间参数 t 便可得到直角坐标系中的平抛运动的轨迹方程：

$$y = \frac{g}{2v_0^2}x^2$$

从方程可以看出，此图线是抛物线，过原点，且 v_0 越大，图线张开程度越大，即射程越大。

12. 斜抛运动

(1) 定义：具有斜向上的初速 v_0 且只受重力作用的物体的运动。

(2) 性质：斜抛运动是加速度 $a = g$ 的匀变速曲线运动。

(3) 处理方法：正交分解法。将斜抛运动分解为水平方向的匀速直线运动和竖直方向的竖直上抛运动,然后用直角三角形求解.

(4) 斜抛运动的规律如下:

任一时刻的速度
$$v_x = v_0\cos\theta \quad v_y = v_0\sin\theta - gt$$

任一时刻的位置
$$x = v_0\cos\theta t \quad y = v_0\sin\theta t - \frac{1}{2}gt^2$$

竖直上抛运动、平抛运动可分别认为是斜抛运动在抛射角 $\theta = 90°$ 和 $\theta = 0°$ 时的特例.

斜抛运动在最高点时
$$v_y = 0, \quad t_{上} = \frac{v_0\sin\theta}{g}, \quad t_{上} = t_{下},$$

飞行时间
$$t_{总} = t_{上} + t_{下} = \frac{2v_0\sin\theta}{g}$$

斜抛物体具有最大的水平方向的射程
$$x = v_0\cos\theta t_{总} = \frac{v_0^2\sin2\theta}{g}$$

斜抛物体的最大高度
$$H = \frac{v_0^2\sin^2\theta}{2g}$$

斜抛运动具有对称性,在同一段竖直位移上,向上和向下运动的时间相等;在同一高度上的两点处速度大小相等,方向与水平方向的夹角相等;向上、向下的运动轨迹对称.

利用射程公式,可知当抛射角 $\theta = 45°$ 时,$\sin2\theta = 1$,射程最远.如果两个抛射角 θ_1 和 θ_2 互为余角,即 $\theta_1 + \theta_2 = 90°$,二者射程相等.

13. 匀速圆周运动

如图 2.12 所示,质点 P 在半径为 R 的圆周上运动时,它的位置可用角度 θ 表示(习惯上以逆时针转角正,顺时针转角为负),转动的快慢用角速度表示:

$$\omega = \lim_{\Delta t_0 \to 0} \frac{\Delta\theta}{\Delta t}$$

质点 P 的速度方向在圆的切线方向,大小为:

$$v = \lim_{\Delta t_0 \to 0} \frac{\Delta l}{\Delta t} = \lim_{\Delta t_0 \to 0} \frac{R_0\theta}{\Delta t} = \omega R$$

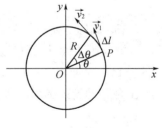

图 2.12

ω(或 v)为常量的圆周运动称为匀速圆周运动.这里的"匀速"是指匀角速度或匀速率,速度的方向时刻在变.因此,匀速圆周运动的质点具有加速度,其加速度沿半径指向圆心,称为向心加速度(法向加速度).

$$\omega_n = v^2/R = \omega^2 R = \omega v$$

向心加速度只改变速度的方向,不改变速度的大小.

14. 变速圆周运动

ω(或 v)随时间变化的圆周运动,称为变速圆周运动,描述角速度变化快慢的物理量称为角加速度：
$$\beta = \lim_{\Delta t \to 0} \frac{\Delta \omega}{\Delta t}$$

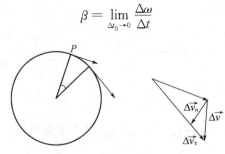

图 2.13

质点做变速圆周运动时，速度的大小和方向都在变化．将速度增量 $\Delta \vec{v}$ 分解为与速度方向平行的分量 $\Delta \vec{v}_\tau$ 和与速度方向垂直的分量 $\Delta \vec{v}_n$，如图 2.13 所示．$\Delta \vec{v}_n$ 相当于上述匀速圆周运动中的 $\Delta \vec{v}$，是由于速度的方向变化而引起的．$\Delta \vec{v}_\tau$ 是由于速度的大小变化而引起的速度的变化，其大小为：
$$\Delta \vec{v}_\tau = v_2 - v_1 = \omega_2 R - \omega_1 R = R \Delta \omega$$

质点 P 的加速度为
$$\vec{a} = \lim_{\Delta t \to 0} \frac{\Delta \vec{v}}{\Delta t} = \lim_{\Delta t \to 0} \frac{\Delta \vec{v}_\tau}{\Delta t} + \lim_{\Delta t \to 0} \frac{\Delta \vec{v}_\perp}{\Delta t} = \vec{a}_\tau + \vec{a}_n$$

其中 $\Delta \vec{v}_n$、$\Delta \vec{v}_\tau$ 就是切向加速度和法向加速度．
$$a_\tau = \beta R$$
$$a_n = v^2 / R = \omega^2 R$$

β 为常量的圆周运动，称为匀变速圆周运动，类似于变速直线运动的规律，有：
$$\omega = \omega_0 + \beta t$$
$$\theta = \omega_0 t + \frac{1}{2} \beta t^2$$
$$v_0 = \omega_0 R$$
$$v = \omega R = v_0 + \beta R t = v_0 + a_\tau t$$

15. 圆周运动的分解

圆周运动也可以分解为两个互相垂直方向上的分运动．参看图 2.14 一个质点 A 在 $t = 0$ 时刻从 $(R, 0)$ 开始沿圆周逆时针方向做半径为 R 的匀速圆周运动，在 x 方向上：
$$x = R\cos\omega t$$
$$v_x = -v\sin\omega t = -\omega R \sin\omega t$$
$$a_x = -a\cos\omega t = -\omega^2 R\cos\omega t$$

在 y 方向上：
$$y = R\sin\omega t = R\cos\left(\omega t - \frac{\pi}{2}\right)$$
$$v_y = v\cos\omega t = -\omega R \sin\left(\omega t - \frac{\pi}{2}\right)$$
$$a_y = -a\sin\omega t = -\omega^2 R\cos\left(\omega t - \frac{\pi}{2}\right)$$

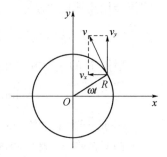

图 2.14

16. 质点的一般运动

轨迹为曲线的运动叫曲线运动. 它一定是一个变速运动. 如图 2.15 表示一质点做曲线运动, 它经过 P 点时, 在 P 点两旁的轨迹上取 a、b 两点, 过 a、p、b 三点可作一圆, 当这两点无限趋近于 P 点时, 则圆亦趋近于一个定圆, 我们把这个圆叫 P 点的曲率圆, 曲率圆的半径叫 P 点的曲率半径, 曲率圆的圆心叫 P 点的曲率中心, 曲率半径的倒数叫 P 点的曲率. 如图 2.15, 亦可做出 Q 点的曲率圆. 曲率半径大, 曲率小, 表示曲线弯曲较缓, 曲率半径小, 曲率大, 表示曲线弯曲厉害. 直线可认为是曲率半径为无穷大的曲线.

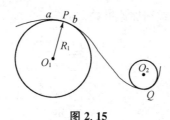

图 2.15

质点做曲线运动的瞬时速度的方向总是沿该点的切线方向. 如图 2.16 所示, 质点在 Δt 时间内沿曲线由 A 点运动到 B 点, 速度由 $\vec{v}_A$ 变化到 $\vec{v}_B$, 则其速度增量 $\Delta \vec{v}$ 为两者之矢量差, $\Delta \vec{v} = \vec{v}_B - \vec{v}_A$, 这个速度增量又可分解成两个分量: 在 $\vec{v}_B$ 上取一段 AC 等于 $|\vec{v}_A|$, 则 $\Delta \vec{v}$ 分解成 $\Delta \vec{v}_n$ 和 $\Delta \vec{v}_\tau$, 其中 $\Delta \vec{v}_n$ 表示质点由 A 运动到 B 的速度由于方向变化而引起的速度增量, $\Delta \vec{v}_\tau$ 表示速度大小变化而引起的速度增量.

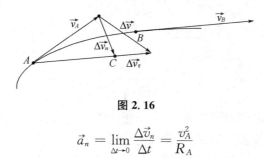

图 2.16

$$\vec{a}_n = \lim_{\Delta t \to 0} \frac{\Delta \vec{v}_n}{\Delta t} = \frac{v_A^2}{R_A}$$

$$\vec{a}_\tau = \lim_{\Delta t \to 0} \frac{\Delta \vec{v}_\tau}{\Delta t}$$

$\vec{a}$ 的方向指向 A 点的曲率中心. 与过 A 点的切线垂直. 所以又叫法向加速度. 法向加速度 a_n 表示质点做曲线运动时速度方向改变的快慢. 其大小等于在 A 点的曲率圆上运动的向心加速度. $\vec{a}_\tau$ 方向为过 A 点的切线方向, 所以又叫切向加速度. 切向加速度表示质点做曲线运动时速度大小改变的快慢. 总加速度 $\vec{a}$ 为法向加速度和切向加速度的矢量和. 引入法向单位矢量 $\vec{n}$ 和切向单位矢量 $\vec{\tau}$, 加速度表示为: $\vec{a} = \frac{v^2}{R}\vec{n} + \frac{dv}{dt}\vec{\tau}$.

求曲率半径其实是数学问题, 但我们可以用物理办法来求一些特殊情况下某些曲线的上某些特殊点的曲率半径.

17. 质点系的运动

前面已经提到, 在物理学上, 我们定义一个质点系的质心的位置为: $\vec{r}_c = \frac{\sum (m_i \vec{r}_i)}{\sum m_i}$, 即:

$$\begin{cases} x_c = \dfrac{\sum(m_i x_i)}{\sum m_i} \\ y_c = \dfrac{\sum(m_i y_i)}{\sum m_i} \\ z_c = \dfrac{\sum(m_i z_i)}{\sum m_i} \end{cases}$$

于是不难得到质心的速度公式和加速度公式：

$$\vec{v}_c = \dfrac{\sum(m_i \vec{v}_i)}{\sum m_i}$$

$$\vec{a}_c = \dfrac{\sum(m_i \vec{a}_i)}{\sum m_i}$$

写成分量式为：

$$\begin{cases} v_x = \dfrac{\sum(m_i v_{xi})}{\sum m_i} \\ v_y = \dfrac{\sum(m_i v_{yi})}{\sum m_i} \\ v_z = \dfrac{\sum(m_i v_{zi})}{\sum m_i} \end{cases}, \qquad \begin{cases} a_x = \dfrac{\sum(m_i a_{xi})}{\sum m_i} \\ a_y = \dfrac{\sum(m_i a_{yi})}{\sum m_i} \\ a_z = \dfrac{\sum(m_i a_{zi})}{\sum m_i} \end{cases}$$

18. 刚体的运动

（1）刚体

我们知道，力的作用的效果有两个：一个是使物体运动状态发生改变，另一个是使物体发生形变. 物体受到外力常常要发生形变，不能发生形变的物体是不存在的. 然而，在很多的情况下物体的形变量小得可以忽略，这样我们就得到了实际物体的另外一个抽象模型——刚体，即形状和大小不能发生改变的物体. 因此就像质点一样，刚体也是一个理想模型. 刚体是特殊的质点系. 我们可以把刚体看成是一个由无数个质点组成的系统，而且这些质点间的相对距离是保持不变的.

（2）平动 固联在刚体上的任一条直线，在各时刻的位置始终保持彼此平行的运动，叫做平动. 如图 2.17 所示为钢铁厂中钢水包的运动，这里 $A''B'' \parallel A'B' \parallel AB, B''C'' \parallel B'C' \parallel BC$，它的运动是平动. 平动的基本特征是，刚体上每一点的运动轨迹 $AA'A''$、$BB'B''$、$CC'C''\cdots$ 都相同，因而各点的速度和加速度也一样. 所以，当刚体平动时我们可以选取刚体上的任一点来代表其运动.

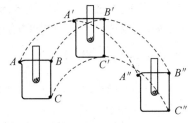

图 2.17

（3）转动

刚体运动时，刚体上或其延展部分有一根不动直线，该直线称为定轴，刚体的运动为定轴转动.刚体做定轴转动时,其上各点都在与轴垂直的平面内做圆周运动,各点做圆周运动的半径不同,在某一时刻,刚体上所有各点的角位移、角速度和角加速度都是相同的.而各点的线位移、线速度和线加速度则随各点离开转轴的垂直距离不同而不同.

刚体转动的基本特征是,轴上所有各点都保持不动,轴外所有各点在同一时间间隔 Δt 内走过的弧长虽不同,但角位移 $\Delta\theta$ 都一样.所以,我们可以通过一个共同的角位移、角速度、角加速度来描述刚体的转动.

19. 刚体的一般运动

刚体的基本运动可分为平动和转动.

刚体的一般运动可分解为平动和转动.如图 2.18 所示为澳大利亚土著的一种狩猎用的飞镖,投出后可飞回原处.它从 AB 飞到 $A'B'$ 位置的过程,可分解为 AB 到 $A'B''$ 的平动和 $A'B''$ 到 $A'B'$ 的转动(图 2.18(a)).当然,这运动过程也可分解为 AB 到 $A''B'$ 的平动和 $A''B'$ 到 $A'B'$ 的转动(图 2.18(b)).在以上两种分解中转轴的位置不同(一个在 A',另一个在 B'),然而转过的角度 $\Delta\varphi$ 却是一样的.可见,由于转轴位置的选择不同,平动和转动的分解不唯一,但角位移与转轴的位置无关,从而角速度也与转轴的位置无关.

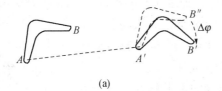

图 2.18

20. 瞬心与基点

我们先来研究轮子在地面上的运动(图 2.19).

车轮在地面上的运动通常就是平动和转动的合运动.

设轮子的中心的速度为 v_0,则轮子做纯滚动的条件是 $v_0 = \omega R$.

在纯滚动时,轮子上的 P 点与地面接触,P 点的速度为零,所以轮子可以看成是绕 P 点转动.P 点叫做瞬时转动中心,简称瞬心,与地面接触点的转动.可以看出,轮子的瞬心是在不断地改变的,轮子上的点不断地充当瞬心的角色.

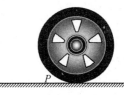

图 2.19

由于瞬心就是在某瞬间刚体截面上速度为零的点.这样,刚体的平面平行运动看成仅做绕瞬心的转动.前面说到,刚体的一般运动可以看成是转动和平动的合成,转动的中心称为是基点.从以上分析可以看出,研究刚体的运动,通常有两种方法:

(1) 选取刚体截面上任一点为基点,把刚体看成是随基点的平动和绕基点的转动的合运动;

(2) 选取刚体截面上的瞬时转动中心(简称瞬心)S 为基点.

图 2.20 中的杆子的两端分别在墙面和地面上滑动,则杆子在图示位置的瞬心在何处呢?那么,怎样确定瞬心呢?

确定瞬心的方法有两种:如图 2.21(a)所示,若已知截面上两点的速度,则与两速度方向垂直的直线的交点即为瞬心.或如图 2.21(b) 所示,已知截面转动的角速度及截面上某一点 A 的速度 v_A,则在与速度垂直的直线上,与 A 点距离为 v_A/ω 的点即为瞬心.

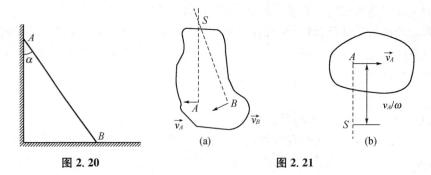

图 2.20　　　　　　　　　　图 2.21

注意,瞬心的速度为零,加速度不一定为零,这实际上可以通过分析轮子的瞬心得到.还有就是质心和瞬心都是比较好的基点.

典型例题

例 5　（华约）如图 2.22,小球从台阶上以一定初速度水平抛出,恰落到第一级台阶边缘,反弹后再次落下经 0.3 s 恰落至第 3 级台阶边缘,已知每级台阶宽度及高度均为 18 cm,取 $g=10\ \text{m/s}^2$.且小球反弹时水平速度不变,竖直速度反向,但变为原速度的 1/4.

（1）求小球抛出时的高度及距第一级台阶边缘的水平距离.

（2）问小球是否会落到第 5 级台阶上？说明理由.

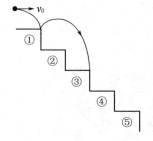

图 2.22

【解析】（1）设台阶的宽度和高度为 a,小球抛出时的水平速度为 v_0,第一次与台阶碰撞前、后的速度的竖直分量（竖直向上为正方向）的大小分别为 v_{y_1} 和 v'_{y_1}.两次与台阶碰撞的时间间隔为 t_0,则

$$v_0 = \frac{2a}{t_0} \qquad ①$$

$$-2a = v'_{y_1} t_0 - \frac{1}{2} g t_0^2 \qquad ②$$

$$v_{y_1} = 4 v'_{y_1} \qquad ③$$

联立①、②、③式得

$$v_{y_1} = v_0 = 1.2\ \text{m/s}$$

设小球从第一次抛出到第一次落到台阶上所用的时间为 t_1,落点与抛出点之间的水平距离和竖直距离分别为 x_1 和 y_1,则

$$t_1 = \frac{v_{y_1}}{g} = 0.12\ \text{s}$$

距第一级台阶边缘的水平距离 $x_1 = v_0 t_1 = 0.144\ \text{m}$,

联立解得小球抛出时的高度 $y_1 = \frac{1}{2} g t_1^2 = 0.072\ \text{m}$.

（2）设小球第二次与台阶碰撞前速度的竖直分量大小为 v_{y_2},则

$$2a = \frac{v_{y_2}^2 - v'^2_{y_1}}{2g}$$

可得 $v_{y_2} = 2.7 \text{ m/s}$.

显然大于 v_{y_1}，所以小球落下相同高度时的时间大于 0.3 s，水平位移大于 $2a$，不会落在第 5 级台阶上.

例 6 （华约）如图 2.23 所示，AB 杆以恒定角速度绕 A 点转动，并带动套在水平杆 OC 上的小环 M 运动. 运动开始时，AB 杆在竖直位置，则小环 M 的加速度将 （　　）

A. 逐渐增大

B. 先减小后增大

C. 先增大后减小

D. 逐渐减小

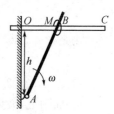

图 2.23

【答案】　A

【解析】　如图 2.24 所示，环沿 OC 向右运动，其速度 v 可分解为垂直于 AB 杆的速度 v_1 和沿 AB 杆的速度 v_2. 设 AB 杆与竖直方向夹角为 θ.

由于 $v_1 = \omega r = \dfrac{\omega h}{\cos\theta}$，环的速度

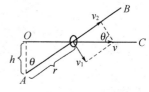

图 2.24

$$v = \frac{v_1}{\cos\theta} = \frac{\omega h}{\cos^2\theta}$$

由加速度的定义式可知，小环 M 的加速度

$$a = \frac{\Delta v}{\Delta(\cos\theta)} \cdot \frac{\Delta(\cos\theta)}{\Delta\theta} \cdot \frac{\Delta\theta}{\Delta t}$$

而

$$\frac{\Delta v}{\Delta(\cos\theta)} = -2\frac{\omega h}{\cos^3\theta}$$

$$\frac{\Delta(\cos\theta)}{\Delta\theta} = -\sin\theta$$

$$\frac{\Delta\theta}{\Delta t} = \omega$$

所以　　$a = \dfrac{\Delta v}{\Delta(\cos\theta)} \cdot \dfrac{\Delta(\cos\theta)}{\Delta\theta} \cdot \dfrac{\Delta\theta}{\Delta t} = -2\dfrac{\omega h}{\cos^3\theta} \cdot (-\sin\theta) \cdot \omega = \dfrac{2\omega^2 h \sin\theta}{\cos^2\theta}$

环沿 OC 向右运动，θ 增大，加速度 a 逐渐增大. 选项 A 正确.

强化训练

7. 一质点分别位于平面上的 A、B、C 三点时所对应的时刻依次为 $t = 1 \text{ s}, 3 \text{ s}, 5 \text{ s}$，质点做匀变速运动. 已知 $\overline{AB} = 8 \text{ m}$，$\overline{BC} = 6 \text{ m}$，且 $AB \perp BC$，问这个质点的加速度为多少？

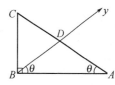

图 2.25

【解析】　如图 2.25 所示，$\overline{AB} = 8 \text{ m}$，$\overline{BC} = 6 \text{ m}$. 质点由 A 至 B 和由 B 至 C 均用时间 2 s，所以取 $\overline{CD} = \overline{DA}$，连接 BD，射线 BD 所指的方向即为质点加速度方向.

取 BD 为 y 轴，则质点在 y 方向的分运动是一加速度为 a 的匀加速直线运动，设其初速度为 v_0（即 v_A 的 y 分量）. 令 $T = 2 \text{ s}$，则质点由 $A \to B$. 在 y 方向的上位移为：

$$v_0 T + \frac{1}{2} a T^2 = -\overline{AB}\cos\theta$$

质点由 $A \to C$,其 y 方向上的位移为

$$2v_0 T + \frac{1}{2} a (2T)^2 = -\overline{AC}\cos 2\theta$$

由题意知,$\overline{AC} = 10$ m,$\cos\theta = 0.8$,则

$$\cos 2\theta = \cos^2\theta - \sin^2\theta = 0.28$$

解之得 $a = 2.5$ m/s^2,$\theta = 37°$.

8. 如图 2.26 所示,一圆锥在光滑的水平面上绕对称轴以角速度 ω 匀速转动,一条母线上有两点 A、B 相距 l,求 B 相对 A 转动的角速度.

【解析】 B 相对于 A 的速度为 $v = \omega l \sin\theta$,所以 B 对于 A 的角速度为:

$$\omega' = \frac{v}{l} = \omega \sin\theta$$

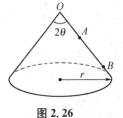

图 2.26

【点评】 本题可以看出角速度矢量可以分解.

9. 如图 2.27 所示,一个圆台的小底半径为 r_1,大底半径为 r_2,AB 是它的一条母线,$AB = l$,该圆台放置在水平地面上,推动它之后,它以角速度 ω 滚动,同时整体绕 O 点做匀速圆周运动,接触部分不打滑,试求圆台滚动一周所需的时间.

【解析】 圆台滚动一周,圆台的小底面在水平地面上的轨迹长为:

$$s_{\text{总}} = 2\pi \times OA$$

圆台的小底周长为:

$$l' = 2\pi \times r_1$$

$s_{\text{总}}$ 是 l' 的多少倍,则题中所求时间(设为 t)是 A 点绕小底圆心做匀速圆周运动周期 T_A 的多少倍,即:

$$t = \frac{s_{\text{总}}}{l'} \cdot T_A$$

亦即

$$t = \frac{2\pi \times OA}{2\pi \times r_1} \times T_A = \frac{2\pi \times OA}{r_1 \omega}$$

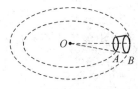

图 2.27

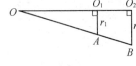

图 2.28

设小底的圆心为 O_1,大底的圆心为 O_2,图 2.28 中的 $\triangle OO_1 A$ 与 $\triangle OO_2 B$ 相似,可得

$$\frac{OA}{OA + AB} = \frac{r_1}{r_2}$$

因为 $AB = l$,所以 $OA = \dfrac{r_1 l}{r_2 - r_1}$.

联立上式可得:

$$t = \frac{2\pi l}{\omega(r_2 - r_2)}$$

10. 顶杆 AB 可在竖直滑槽 K 内滑动,其下端由凸轮 M 推动,凸轮绕 O 轴以匀角速 ω 转动,如图 2.29 所示. 在图示的瞬时,$OA = r$,凸轮轮缘与 A 接触法线 n 与 OA 之间的夹角为 α,试求此瞬时顶杆 AB 的速度.

【解析】 速度求解通常有两条基本思路,一是根据定义,二是应用速度合成原理.前者求解关键是质点的空间位置关系要弄清,后者是描述速度的参照系要明确.

解法一:根据定义求解.

T 时刻顶杆与凸轮的接触点为 A.经 Δt 时间,即 $t+\Delta t$ 时刻,接触点为凸轮上的 K 点(在 Δt 时间内凸轮转过 $\Delta \theta$ 角).如图 2.30 所示.不难看出:

$$\Delta r = r(t+\Delta t) - r(t) = r\Delta \theta \cdot \tan\alpha$$

因此,有:

$$v_A = \lim_{\Delta t \to 0}\frac{\Delta r}{\Delta t} = r\lim_{\Delta t \to 0}\frac{\Delta \theta}{\Delta t}\cdot\tan\alpha = \omega r \tan\alpha$$

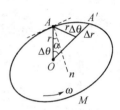

图 2.29

解法二:应用速度合成原理求解.

取动坐标系固定在凸轮上,定坐标系固定在滑槽 K 上,动点 A(也就是顶杆 AB)相对定坐标系的运动是竖直的直线运动,动点 A 相对动坐标系的轨道是凸轮的轮廓线.因此,动点相对定坐标系的速度 v_A、动点相对动坐标系的速度 v_r 和动坐标系上与动点 A 重合的速度 v_e 三者,根据相对运动的速度关系应组成三角形,如图 2.31 所示,因此有:

$$v_A = v_e \tan\alpha = \omega r \tan\alpha$$

图 2.30

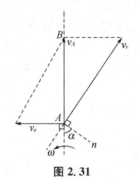

图 2.31

解法三(图 2.32):

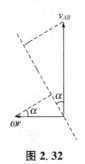

图 2.32

由于垂直于接触面方向上的速度相等,所以

$$\omega r \sin\alpha = v_{AB}\cos\alpha,\quad v_{AB} = \omega r \tan\alpha$$

11. 一块石子以速度 $v_0 = 6 \text{ m/s}$ 水平抛出,0.8 s 后到达 A 点.假如一只苍蝇以不变的速度 10 m/s 沿着石子的运动轨迹飞行.求苍蝇到达 A 点时的加速度.

【解析】 如图 2.33 所示,因为苍蝇是匀速率运动,所以没有切向加速度,其法向加速度 $a_n = \dfrac{v^2}{\rho}$,其中 v 已知,因此只要设法求出曲率半径 ρ 即可.

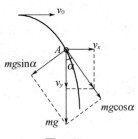

图 2.33

现在我们用物理方法来求 A 点轨迹的曲率半径. 石子在飞过 A 点时只受一个力 mg,将此力分解成沿切线方向的分力 $F_1 = mg\cos\alpha$ 和垂直于切线方向的分力 $F_2 = mg\sin\alpha$. 其中 F_1 改变石子速度的大小,F_2 改变石子速度的方向. 根据向心力公式:

$$mg\sin\alpha = \dfrac{mv_A^2}{\rho}$$

$$v_A^2 = v_x^2 + v_y^2$$

$$v_y = gt$$

对苍蝇用向心加速度公式

$$a_n = \dfrac{v^2}{\rho}$$

可得 $a_n = 6 \text{ m/s}^2$.

12. 如图 2.34 所示,从 A 点以 v_0 的初速度抛出一个小球,在离 A 点水平距离为 s 处有一堵高度为 h 的墙 BC,要求小球能越过 B 点. 问小球以怎样的角度抛出,才能使 v_0 最小?

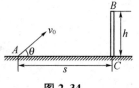

图 2.34

【解析】 将斜抛运动看成是 v_0 方向的匀速直线运动和另一个自由落体运动的合运动,如图 2.35 所示.

在位移三角形 ADB 中用正弦定理:

$$\dfrac{\dfrac{1}{2}gt^2}{\sin\alpha} = \dfrac{v_0 t}{\sin\beta} = \dfrac{l}{\sin(\alpha+\beta)} \quad ①$$

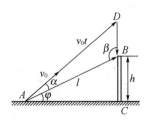

图 2.35

由①式中第一个等式可得:

$$t = \dfrac{2v_0\sin\alpha}{g\sin\beta}$$

将②式代入①式中第二个等式:

$$\dfrac{2v_0^2\sin\alpha}{g\sin^2\beta} = \dfrac{l}{\sin(\alpha+\beta)}$$

$$2v_0^2 = \dfrac{gl\sin^2\beta}{\sin(\alpha+\beta)\sin\alpha}$$

$$v_0^2 = \dfrac{gl\sin^2\beta}{-\cos(2\alpha+\beta)+\cos\beta}$$

当 $-\cos(2\alpha+\beta)$ 有极大值 1 时,即 $2\alpha+\beta = \pi$ 时,v_0 有极小值.

因为 $2\alpha+\beta = \pi$,$2\alpha+\varphi+\dfrac{\pi}{2} = \pi$,

所以 $\alpha = \dfrac{\pi}{4} - \dfrac{\varphi}{2}$.

我们还可用另一种处理方法.

以 AB 方向作为 x 轴,如图 2.36 所示,这样小球在 x、y 方向上做的都是匀变速运动了,v_0 和 g 都要正交分解到 x、y 方向上去.

小球运动的方程为：

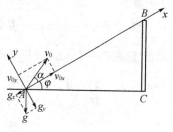

图 2.36

$$x = v_{0x}t - \frac{1}{2}g_x t^2$$

$$y = v_{0y}t - \frac{1}{2}g_y t^2$$

$$x = v_0 t\cos\alpha - \frac{1}{2}gt^2\sin\varphi \qquad ①$$

$$y = v_0 t\sin\alpha - \frac{1}{2}gt^2\cos\varphi \qquad ②$$

当小球越过墙顶时,y 方向的位移为零,由 ② 式可得:

$$t = \frac{2v_0 \sin\alpha}{g\cos\varphi} \qquad ③$$

将 ③ 式代入 ① 式得:

$$x = v_0 \cos\alpha \frac{2v_0 \sin\alpha}{g\cos\varphi} - \frac{1}{2}g\sin\varphi\left(\frac{2v_0 \sin\alpha}{g\cos\varphi}\right)^2$$

$$= \frac{2v_0^2 \sin\alpha}{g\cos^2\varphi}(\cos\alpha\cos\varphi - \sin\alpha\sin\varphi)$$

$$= \frac{2v_0^2}{g\cos^2\varphi}\sin\alpha\cos(\alpha+\varphi)$$

$$= \frac{v_0^2}{g\cos^2\varphi}[\sin(2\alpha+\varphi) - \sin\varphi]$$

所以

$$v_0^2 = \frac{xg\cos^2\varphi}{\sin(2\alpha+\varphi) - \sin\varphi}$$

当 $\sin(2\alpha+\varphi)$ 最大,即 $2\alpha+\varphi = \frac{\pi}{2}$ 时,$\alpha = \frac{\pi}{4} - \frac{\varphi}{2}$,$v_0$ 有极小值.

$$v_0^2 = xg\cos^2\varphi/(1-\sin\varphi) = xg\cos^2\varphi(1+\sin\varphi)/(1-\sin^2\varphi)$$

$$= xg(1+\sin\varphi) = xg\left(1+\frac{h}{x}\right) = g(h+\sqrt{h^2+s^2})$$

13. 如图 2.37 所示,喷灌用的喷头为一球面,球面上分布有孔径相同的小孔,用以喷出水柱,球面半径为 r,小孔相对于对称轴的极角 θ 的分布范围为:$0 \leqslant \theta \leqslant \theta_0 = \frac{\pi}{4}$. 为使喷到大地的水柱均匀分布(得到均匀灌溉),求喷头球面上单位面积小孔数的分布,即小孔数密度 n 的表达式(设喷头在球面上,但球面离地的高度可忽略不计).

【解析】 若喷头球面上小孔喷水的速度 v_0 保持稳定不变(由控制水压办到),则每一个孔喷出的水柱将按不变的抛物线行进. 由于水柱喷向大地,喷头的半径 r 很小,可以认为各小孔喷出的水柱均由球心 O 处发出. 另外,由于 $\theta_0 = \frac{\pi}{4}$,不同的水柱会有相同的射程.

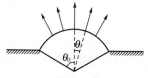

图 2.37

由于大地相对喷头对称轴具有轴对称性,为使大地得到均匀灌溉,喷头球面上小孔分布对此轴也应具有对称性. 因此,单位面积小孔数的分布将取决于极角 θ,与对称于对称轴的方位(φ

角)无关.

设喷头球面上小孔数密度为 $n(\theta)$. 画出以 r 为半径的一个球面,球面上取一个小面元,面元的位置在 $\theta \to \theta+\Delta\theta \left(\theta 取值范围 0 \leqslant \theta \leqslant \dfrac{\pi}{4}\right)$, $\varphi \to \varphi+\Delta\varphi$ (φ 取值范围 $0 \leqslant \theta \leqslant 2\pi$),面元面积和此面元上的小孔数分别为

$$\Delta S = r^2 \cdot \sin\theta \Delta\theta \Delta\varphi \qquad ①$$

$$\Delta N = n(\theta)\Delta S \qquad ②$$

此处,由于面元很小,近似成矩形表示,如图 2.38 所示.

在 θ 处的小孔喷出的水柱射程为:

$$R = \dfrac{2v_0^2 \cdot \sin\left(\dfrac{\pi}{2}-\theta\right)\cos\left(\dfrac{\pi}{2}-\theta\right)}{g} \qquad ③$$

$$= \dfrac{2v_0^2 \cdot \sin\theta\cos\theta}{g} = \dfrac{v_0^2}{g}\sin 2\theta$$

在 $\theta \to \theta+\Delta\theta$ 的范围内的小孔,将把水柱喷到大地上距离 $R \to R+\Delta R$ 范围,ΔR 由③式求得:

$$\Delta R = \dfrac{v_0^2}{g}\Delta\sin 2\theta \qquad ④$$

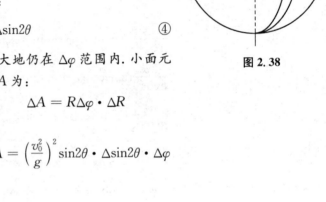

图 2.38

显然,在 $\Delta\varphi$ 内的水柱直落到大地仍在 $\Delta\varphi$ 范围内. 小面元 ΔS 上各水柱喷到大地上的面积 ΔA 为:

$$\Delta A = R\Delta\varphi \cdot \Delta R$$

联立③、④式得:

$$\Delta A = \left(\dfrac{v_0^2}{g}\right)^2 \sin 2\theta \cdot \Delta\sin 2\theta \cdot \Delta\varphi \qquad ⑤$$

计算可以参见图 2.39.

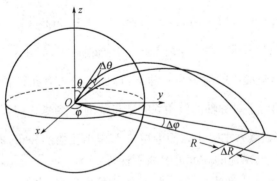

图 2.39

喷头球面面元 ΔS 上全部小孔 ΔN 喷射的水柱将被喷射到大地 ΔA 面积内,根据题中要求,大地上每单位面积喷射到的水柱数应为常量,即

$$\dfrac{\Delta N}{\Delta A} = C_1 \quad (C_1 \text{ 为常数})$$

联立①、②、⑤式,代入得

$$\frac{n(\theta)r^2\sin\theta \cdot \Delta\theta \cdot \Delta\varphi}{\left(\dfrac{v_0^2}{g}\right)^2 \sin2\theta \cdot \Delta\sin2\theta \cdot \Delta\varphi} = C_1$$

由于 r、v_0、g 均为常量,$\sin2\theta = 2\sin\theta\cos\theta$,化简得

$$n(\theta) = C_2 \cdot \frac{\Delta\sin2\theta}{\Delta\theta} \quad (C_2 \text{ 为常数}) \qquad ⑥$$

其中 $\Delta\sin2\theta$ 可以改写为:

$$\Delta\sin2\theta = \sin2(\theta+\Delta\theta) - \sin2\theta = \sin2\theta\cos2\Delta\theta + \cos2\theta\sin2\Delta\theta - \sin2\theta$$

当 $\Delta\theta$ 很小时(即 $\Delta\theta \to 0$),有

$$\Delta\sin2\theta = \sin2\theta + \cos2\theta\sin2\Delta\theta - \sin2\theta = 2\cos2\theta \cdot \Delta\theta$$

把此式代入 ⑥ 式,得

$$n(\theta) = C_3\cos2\theta \quad (C_3 \text{ 为常数})$$

这就是喷头球面上小孔数密度随 θ 变化的分布函数.喷头上小孔总数越多,能到达水柱的范围内,被喷洒的水分布得越均匀.这个分布函数对喷头的制作具有指导意义.

第三章 运动定律

知识地图

运动定律
├─ 牛顿定律
│ ├─ 牛顿第一定律
│ ├─ 牛顿第二定律 $\vec{a} = \dfrac{\sum \vec{F}}{m}$，即 $\begin{cases} \sum F_x = ma_x \\ \sum F_y = ma_y \\ \sum F_z = ma_z \end{cases}$
│ ├─ 特点 $\begin{cases}$ 矢量性 $\\$ 瞬时性 $\\$ 独立性 $\end{cases}$
│ └─ 牛顿第三定律
├─ 对系统 $\begin{cases} \sum\limits_{i=1}^{n}\vec{F}_i = \sum\limits_{i=1}^{n}(m_i\vec{a}_i)，即 \begin{cases} \sum\limits_{i=1}^{n}\vec{F}_{ix} = \sum\limits_{i=1}^{n}(m_i\vec{a}_{ix}) \\ \sum\limits_{i=1}^{n}\vec{F}_{iy} = \sum\limits_{i=1}^{n}(m_i\vec{a}_{iy}) \\ \sum\limits_{i=1}^{n}\vec{F}_{iz} = \sum\limits_{i=1}^{n}(m_i\vec{a}_{iz}) \end{cases} \\ a_c = \dfrac{\sum\limits_{i=1}^{n}\vec{F}_i}{\sum\limits_{i=1}^{n}m_i} \end{cases}$
├─ 牛顿定律与曲线运动 $\begin{cases} F_n = ma_n = m\dfrac{v^2}{R} \\ F_\tau = ma_\tau = m\dfrac{\Delta v_\tau}{\Delta t} \end{cases}$
├─ 参考系 $\begin{cases}$ 惯性系 $\\$ 非惯性系 $\begin{cases}$ 平动 $\vec{F}^* = -m\vec{a}'_0 \\$ 转动 $\vec{F}^* = -m\omega^2\vec{r} \end{cases} \end{cases}$
└─ 天体的运动 $\begin{cases}$ 开普勒定律 $\begin{cases}$ 开普勒第一定律 $\\$ 开普勒第二定律 $\\$ 开普勒第三定律 $\end{cases} \\$ 万有引力定律的应用 $\end{cases}$

第三章 运动定律

第1节 牛顿定律与曲线运动

考点梳理

1. 牛顿第一定律

任何物体都要保持静止或匀速直线运动状态,直到其他物体所作用的力迫使它改变这种状态为止,这是牛顿第一定律的内容. 牛顿第一定律是质点动力学的出发点.

物体保持静止状态或匀速直线运动状态的性质称为惯性. 牛顿第一定律又称为惯性定律,惯性定律是物体的固有属性,可用质量来量度.

无论是静止还是匀速直线运动状态,其速度都是不变的. 速度不变的运动也就是没有加速度的运动,所以物体如果不受其他物体的作用,就做没有加速度的运动,牛顿第一定律指出了力是改变物体运动状态的原因.

2. 牛顿第二定律

物体的加速度跟所受外力的合力成正比,跟物体的质量成反比,加速度的方向跟合外力的方向相同,这就是牛顿第二定律,用公式表示为

$$\vec{a} = \frac{\sum \vec{F}}{m} \text{ 或 } \sum \vec{F} = m\vec{a}$$

牛顿第二定律不仅揭示了物体的加速度跟它所受的合外力之间的数量关系,而且揭示了加速度方向总与合外力的方向一致的矢量关系. 在应用该定律处理物体在二维平面或三维空间中运动的问题,往往需要选择适当的坐标系,把它写成分量形式

$$\sum F_x = ma_x \qquad \sum F_y = ma_y \qquad \sum F_z = ma_z$$

牛顿第二定律反映了力的瞬时作用规律. 物体的加速度与它所受的合外力是时刻对应的,即物体所受合外力不论在大小还是方向上一旦发生变化,其加速度也一定同时发生相应的变化.

当物体受到几个力的作用时,每个力各自独立地使物体产生一个加速度,就如同其他力不存在一样;物体受几个力共同作用时,产生的加速度等于每个力单独作用时产生的加速度的矢量和,如图 3.1 所示. 这个结论称为力的独立作用原理.

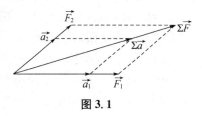

图 3.1

牛顿第二定律阐述了物体的质量是惯性大小的量度,公式 $m = \dfrac{\sum F}{a}$,反映了对同一物体,其所受合外力跟它的加速度的比值是个常数,而对不同物体其比值不同,这个比值的大小就是物体的质量,它是物体惯性大小的量度. 当合外力不变时,物体加速度跟其质量成反比,即质量越大,物体加速度越小,运动状态越难改变,惯性也就越大.

牛顿第二定律的数学表达式 $\sum \vec{F} = m\vec{a}$ 定义了力的基本单位——牛顿(N). 因为 $a \propto \dfrac{F}{m}$,故 $\sum \vec{F} = km\vec{a}$. 当定义使质量为 1 kg 的物体产生 1 m/s² 加速度的作用力为 1 N 时,即 1 N =

$1\ \text{kg} \times 1\ \text{m/s}^2$ 时，$k=1$．由于力的单位为"N"时规定牛顿第二定律公式中的 $k=1$，由此所产生的单位制即我们最常用的国际单位制．

3. 牛顿第三定律

两个物体之间的作用力与反作用力总是大小相等，方向相反，作用在一条直线上，这就是牛顿第三定律，其数学表达式为：$F=F'$．

牛顿第三定律揭示了物体相互作用的规律，自然界中的力的作用都是相互的，任何一个物体既为受力体，则它一定也是施力体．相互作用力必定是同一性质的力，即如果其中一个力是摩擦力，则它的反作用力也一定是摩擦力．两个相互作用力要与一对平衡力区分清楚．

4. 关于参照系的问题

(1) 惯性参照系

牛顿第一定律只在一类特殊的参照系中成立，此参照系称为惯性参照系，简称惯性系．牛顿第一定律实际上定义了这种参照系，在这个参照系中观察，一个不受力作用的物体将保持静止或匀速直线运动状态．相对某一惯性系做匀速运动的参照系必定也是惯性系．由于地球在自转的同时又绕太阳公转，所以严格地讲，地面不是一个惯性系．在一般情况下，我们可不考虑地球的转动，且在研究较短时间内物体的运动，我们可以把地面参照系看作一个足够精确的惯性系．一般认为地球是较好的惯性系，而太阳则是精度更高的惯性系．

(2) 非惯性参照系

凡牛顿第一定律成立的参照系叫惯性参照系，简称惯性系．凡相对于惯性系静止或做匀速直线运动的参照系，都是惯性系．在不考虑地球自转，且在研究较短时间内物体运动的情况下，地球可看成是近似程度相当好的惯性系．凡牛顿第一定律不成立的参照系统称为非惯性系，一切相对于惯性参照系做加速运动的参照系都是非惯性参照系．在考虑地球自转时，地球就是非惯性系．在非惯性系中，物体的运动也不遵从牛顿第二定律．

5. 牛顿运动定律只适用于惯性参考系(相对于地面静止或匀速直线运动的参考系)．牛顿运动定律只适用于宏观(相对于分子、原子)、低速(相对于光速) 运动的物体．

6. 由牛顿第二定律求解瞬时加速度

分析求解某一时刻的瞬时加速度，关键是分析该时刻前后的受力情况和运动状态，再由牛顿第二定律求出瞬时加速度．求解瞬时加速度要注意应用两种基本模型：

(1) 轻绳(或刚性物体)，可认为是不发生明显形变就能产生弹力的物体．若剪断轻绳(或刚性物体脱离)后，其弹力立即消失，不需要形变恢复时间，即弹力可以发生突变．

(2) 轻弹簧(或橡皮筋)，由于形变量较大，形变恢复需要较长时间．在瞬时性问题中，可认为弹力不变，即弹力不可以发生突变．

7. 物系相关速度

所谓物系相关速度是指不同物体或同一物体的不同部分之间的速度联系，善于找到这种联系，可为顺利解题奠定基础．常遇到的问题主要有：

(1) 求由杆或绳约束物系的各点速度．受到杆或绳约束的物系在同一时刻必具有相同的沿杆或绳方向的分速度．因此解题时可以先确定所研究点的实际速度，再将该速度沿杆或绳的方向和垂直杆或绳的方向进行分解．

(2) 求接触物系接触点的速度．由刚体(不能压缩或发生形变)的力学性质及"接触"的约束性可知,接触双方必须具有相同的法向分速度,否则将分离或形变,违反接触和刚体的限制.至于沿接触面切线方向接触双方是否具有相同的分速度,取决于该方向上双方有无相对滑动.若无相对滑动,则接触物系将具有完全相同的速度.

8. 变速圆周运动

在变速圆周运动中,物体受到的合外力一般不指向圆心,这时合外力可以分解在法线(半径方向)和切线两个方向上.在法线方向有 $F_n = \dfrac{mv^2}{R} = m\omega^2 R$ 充当向心力(即 $F_n = F_{向}$),产生的法向加速度 a_n 只改变速度的方向;切向分力 $F_\tau = ma_\tau$ 产生的切向加速度 a_τ 只改变速度的大小.也就是说,F_n 是 $F_合$ 的一个分力,$F_n < F_合$,且满足 $F_合 = \sqrt{F_n^2 + F_\tau^2}$.

9. 一般的曲线运动

在一般的曲线运动中仍有法向力 $F_n = m\dfrac{v^2}{R}$,式中 R 为研究处曲线的曲率半径,即在该处附近取一段无限小的曲线,并视为圆弧,R 为该圆弧的曲率半径,即为研究处曲线的曲率半径.

典型例题

例1 (卓越)如图3.2所示,光滑水平面上有一质量为 M 的物块 a,左侧与一个固定在墙上的弹簧相连,弹簧劲度系数为 k;物块 a 上有一个质量为 m 的物块 b,a、b 之间的最大静摩擦力为 f_0.现用一水平力缓慢向左推动物块 a,使弹簧压缩.若在撤去此力后物块 a 与 b 间没有相对运动,弹簧压缩的最大距离为 ( )

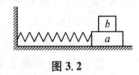

图3.2

A. $\dfrac{M}{mk}f_0$　　B. $\dfrac{M+m}{mk}f_0$　　C. $\dfrac{M}{(m+M)k}f_0$　　D. $\dfrac{m}{(m+M)k}f_0$

【答案】 B

【解析】 设弹簧压缩的最大距离为 A,两物块整体的加速度为 a,根据胡克定律和牛顿第二定律,有:
$$kA = (M+m)a$$

隔离物块 b,由牛顿第二定律
$$f_0 = ma$$

联立解得:
$$A = \dfrac{M+m}{mk}f_0$$

选项B正确.

例2 (清华五校)在光滑的水平面上有一质量为 M、倾角为 θ 的光滑斜面,其上有一质量为 m 的物块,如图3.3所示.物块在下滑的过程中对斜面压力的大小为 ( )

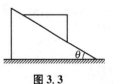

图3.3

A. $\dfrac{Mmg\cos\theta}{M + m\sin\theta\cos\theta}$　　B. $\dfrac{Mmg\cos\theta}{M - m\sin\theta\cos\theta}$

C. $\dfrac{Mmg\cos\theta}{M + m\sin^2\theta}$　　D. $\dfrac{Mmg\cos\theta}{M - m\sin^2\theta}$

【答案】 C

【解析】 设物块对斜面的压力为 N,物块相对斜面的加速度为 a_1,斜面的加速度为 a_2,方向向左(图 3.4),则物块 m 相对地面的加速度为

$$a_x = a_1\cos\theta - a_2, \quad a_y = a_1\sin\theta$$

由牛顿第二定律得

$$N\sin\theta = m(a_1\cos\theta - a_2)$$
$$N\cos\theta = ma_1\sin\theta$$
$$N\sin\theta = Ma_2$$

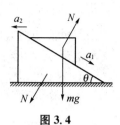

图 3.4

联立解得:

$$N = \frac{Mmg\cos\theta}{M + m\sin^2\theta}$$

所以选项 C 正确.

例 3 两个物体 A 与 B 叠在一起放在水平面上,如图 3.5 所示,物体 A 的质量为 m_1,它和 B 物体之间的动摩擦因数为 μ_1,B 物体的质量为 m_2,它和水平面之间的动摩擦因数为 μ_2 ($\mu_1 > \mu_2$). 设接触面间的最大静摩擦力等于动摩擦因数与压力的乘积.

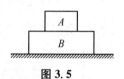

图 3.5

(1) 用水平力 F 拉 A,能使 A、B 一起由静止开始运动,求力 F 的范围.

(2) 用一水平力 F 拉 B,要把物体 B 从 A 下面抽出来,力 F 至少要多大?

【解析】 如图 3.6 所示,将 A、B 看为同一整体,F 若能将其拉动那么

$$F > f_2 = \mu_2(m_1 + m_2)g$$

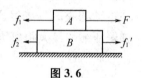

图 3.6

且 A、B 不分离,则

$$\frac{F - f_1}{m_1} = \frac{f_1' - f_2}{m_2}.$$

又

$$f_1 = f_1' \leqslant \mu_1 m_1 g,$$

所以

$$F = \frac{m_1 + m_2}{m_2} f_1 - \frac{m_1}{m_2}(m_1 + m_2)\mu_2 g$$

$$\leqslant \frac{m_1 + m_2}{m_2} \cdot \mu_1 m_1 g - \frac{m_1}{m_2}(m_1 + m_2)\mu_2 g$$

所以

$$(m_1 + m_2)\mu_2 g < F \leqslant \frac{m_1 g(m_1 + m_2)(\mu_1 - \mu_2)}{m_2}$$

(2) 如图 3.7 所示,

$$a_B = \frac{F - f_1' - f_2}{m_2}$$

$$a_A = \frac{f_1'}{m_1}$$

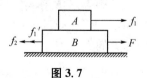

图 3.7

且 $f_1 = f_1' = \mu_1 m_1 g$, $f_2 = \mu_2(m_1 + m_2)g$, $a_B > a_A$

所以

$$\frac{F - \mu_1 m_1 g - \mu_2(m_1 + m_2)g}{m_2} > \frac{\mu_1 m_1 g}{m_1}$$

得
$$F > (m_1+m_2)(\mu_1+\mu_2)g$$

例 4 如图 3.8 所示,在倾角为 θ 的光滑斜面上端系一劲度系数为 k 的轻弹簧,弹簧下端连有一质量为 m 的小球,球被一垂直于斜面的挡板 A 挡住,此时弹簧没有形变. 若手持挡板 A 以加速度 $a(a<g\sin\theta)$ 沿斜面匀加速下滑,求:

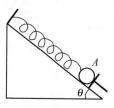

图 3.8

(1) 从挡板开始运动到球与挡板分离所经历的时间;

(2) 从挡板开始运动到球速达到最大,球所经过的最小路程.

【解析】 (1) 当球与挡板分离时,挡板对球的作用力为零,对球由牛顿第二定律得:
$$mg\sin\theta - kx = ma$$
则球做匀加速运动的位移为
$$x = \frac{m(g\sin\theta - a)}{k}$$
由 $x = \frac{1}{2}at^2$ 得从挡板开始运动到球与挡板分离所经历的时间为:
$$t = \sqrt{\frac{2x}{a}} = \sqrt{\frac{2m(g\sin\theta - a)}{ka}}$$

(2) 球速最大时,其加速度为零,则有:
$$kx' = mg\sin\theta$$
球从开始运动到球速最大,它所经历的最小路程为
$$x' = \frac{mg\sin\theta}{k}$$

例 5 (卓越) 一质量为 m 的质点以速度 v_0 运动,在 $t=0$ 时开始受到恒力 F_0 作用,速度大小先减小后增大,其最小值为 $v_1 = \frac{1}{2}v_0$. 质点从开始受到恒力作用到速度最小的过程中的位移为 (　　)

A. $\dfrac{3mv_0^2}{8F_0}$ 　　B. $\dfrac{\sqrt{6}mv_0^2}{8F_0}$ 　　C. $\dfrac{\sqrt{3}mv_0^2}{4F_0}$ 　　D. $\dfrac{\sqrt{21}mv_0^2}{8F_0}$

【答案】 D

【解析】 根据题意,质点做类斜抛运动. 由质点速度最小值为 $v_1 = \frac{1}{2}v_0$,可知质点初速度方向与恒力 F_0 方向夹角为 $150°$.

可把质点的初速度沿力 F_0 方向和垂直 F_0 方向分解,质点加速度 $a = \dfrac{F_0}{m}$,沿力 F_0 方向的反方向位移
$$y = \frac{(v_0\sin 60°)^2}{2a} = \frac{3mv_0^2}{8F_0}$$
质点速度减小到最小需要时间
$$t = \frac{v_0\sin 60°}{a} = \frac{\sqrt{3}mv_0}{2F_0}$$

垂直力 F_0 方向位移

$$x = v_0 t\cos 60° = \frac{\sqrt{3}mv_0^2}{4F_0}$$

质点从开始到速度最小过程中位移为

$$s = \sqrt{x^2 + y^2} = \frac{\sqrt{21}mv_0^2}{8F_0}$$

选项 D 正确.

例 6 (卓越) 利用打点计时器验证牛顿第二定律, 实验装置如图 3.9 所示.

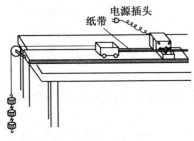

图 3.9

(1) 纸带上测到 6 个点, 如图 3.10 所示, 请给出求加速度的方法;

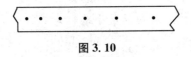

图 3.10

(2) 实验所测得的加速度与小车质量的关系如图 3.11 所示, 请解释图像为何未经过原点以及图像为何由直线变为曲线.

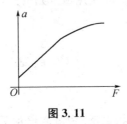

图 3.11

【解析】 (1) 方法一: 测量各间距长度, 为减小误差, 各点间距应该以同一"参考点"为起始测量的点. 其次计算出各个点的间距 x_1, x_2, x_3, x_4, x_5.

逐差法: $a = \dfrac{x_5 + x_4 - x_2 - x_1}{6T^2}$.

方法二: 利用 $v_n = \dfrac{x_{n-1} + x_{n+1}}{2T}$ 作出 v-t 图并通过求出这个图线的斜率来求加速度.

(2) 图像不过原点, 意味着小车与轨道接触面等处依然存在着摩擦力的作用, 可能是平衡摩擦力不够或者没有平衡摩擦力.

由于系统加速度 $a = \dfrac{mg}{M+m}$, 其中我们认为小车受到的合外力 mg, 而小车受到的真实的合外力为:

$$F = \frac{Mmg}{M+m} = \frac{mg}{1+\frac{m}{M}} < mg$$

当 $M \gg m$ 时,$F = mg$,$a = \frac{mg}{M}$,图线为直线.

当不满足 $M \gg m$ 时,$a = \frac{F}{M} = \frac{mg}{M+m}$,图线变弯.

例 7 (北约)车轮是人类在搬运东西的劳动中逐渐发明的,其作用是使人们能用较小的力量搬运很重的物体. 假设匀质圆盘代表车轮,其他物体取一个正方形形状. 我们现在就比较在平面和斜面两种情形下,为使它们运动(平动、滚动等)所需要的最小作用力. 假设圆盘半径为 b,正方形物体的每边长也为 b,它们的质量都是 m,它们与水平地面或斜面的摩擦因数都是 μ,给定倾角为 θ 的斜面.

(1) 使圆盘在平面上运动几乎不需要作用力. 使正方形物体在平面上运动,需要的最小作用力 F_1 是多少?

(2) 在斜面上使正方形物体向上运动所需要的最小作用力 F_2 是多少?

(3) 在斜面上使圆盘向上运动所需要的最小作用力 F_3 是多少?限定 F_3 沿斜面方向.

【解析】(1) 设最小作用力 F_1 的方向与水平面夹角 α,则有

$$F_1 \cos\alpha = f \quad F_N + F_1 \sin\alpha = mg \quad f = \mu F_N$$

联立解得:
$$F_1 = \frac{\mu mg}{\cos\alpha + \mu\sin\alpha}$$

设 $\sin\varphi = \frac{1}{\sqrt{1+\mu^2}}$,$\cos\varphi = \frac{\mu}{\sqrt{1+\mu^2}}$,

代入上式可得 $F_1 = \frac{\mu mg}{\sqrt{1+\mu^2}\sin(\alpha+\varphi)}$.

当 $\alpha + \varphi = 90°$ 时,作用力 F_1 最小,最小作用力为 $F_1 = \frac{\mu mg}{\sqrt{1+\mu^2}}$.

(2) 设最小作用力 F_2 的方向与斜面夹角为 α,则有

$$F_2\cos\alpha = f + mg\sin\theta$$
$$F_N + F_2\sin\alpha = mg\cos\theta$$
$$f = \mu F_N$$
$$F_2 = \frac{\mu mg\cos\theta + mg\sin\theta}{\cos\alpha + \mu\sin\alpha}$$

设 $\sin\varphi = \frac{1}{\sqrt{1+\mu^2}}$,$\cos\varphi = \frac{\mu}{\sqrt{1+\mu^2}}$,

代入上式可得

$$F_2 = \frac{\mu mg\cos\theta + mg\sin\theta}{\sqrt{1+\mu^2}\sin(\alpha+\varphi)}$$

当 $\alpha + \varphi = 90°$ 时,作用力 F_2 最小,最小作用力

$$F_2 = \frac{\mu mg\cos\theta + mg\sin\theta}{\sqrt{1+\mu^2}}$$

(3) 取圆盘与斜面接触点作为瞬时转动轴,由力矩平衡条件,$F_3 b = mgb\sin\theta$ 解得:
$$F_3 = mg\sin\theta$$

强化训练

1. 如图 3.12 所示,在粗糙的水平面上放一质量为 M 的三角形木块 a,其斜面的倾角为 θ. 在斜面 a 上有一质量为 m 的物体 b,求下列情况下粗糙的水平面对三角形木块 a 的支持力和摩擦力.

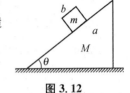

图 3.12

(1) 物体 b 匀速下滑;

(2) 物体 b 以加速度 a 匀加速下滑.

【解析】 (1) 把 M、m 看成是一个系统,对系统运用牛顿第二定律,匀速运动时,各质点加速度为零:
$$f = 0, \quad N = (M+m)g$$

(2) 当 m 沿斜面下滑时,有:
$$f = ma\cos\theta$$
$$(M+m)g - N = ma\sin\theta$$
即
$$N = (M+m)g - ma\sin\theta$$

2. 如图 3.13 所示,倾角为 θ 的斜面小车,始终相对地面静止. 质量为 m_2 和 m_3 两木块,通过细绳、定滑轮跨接在小车上,且 m_2 以加速度 a 沿不光滑的斜面下滑,求地面对小车的摩擦力.

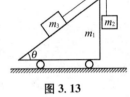

图 3.13

【解析】 将 m_1、m_2、m_3 综合为整体作受力分析易得 $a_x = a\cos\theta$,则
$$f = m_2 a_x$$
$$f = m_2 a\cos\theta$$

3. 如图 3.14 所示,两物块叠放在一起,下面物块位于光滑水平桌面上,其质量为 m,上面物块的质量为 M,两物块之间的静摩擦系数为 μ. 现从静止出发对下面物块施以随时间 t 变化的水平推力 $F = \gamma t$,γ 为一常量,则从力开始作用到两物块刚发生相对运动所经过的时间等于_____,此时物块的速度等于_____.

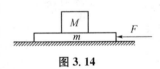

图 3.14

【答案】 $\dfrac{(M+m)\mu g}{\gamma}$ $\dfrac{\mu^2 g^2 (M+m)}{2\gamma}$

4. (北京大学) 有两个长方体,一大一小,底面积相等,高为 H_1、H_2,密度为 ρ_1、ρ_2,把它们叠在一起放在密度为 ρ_0 的液体中,小上大下,液面刚好没过大的. 若小下大上,开始时,使液面刚好没过小的. 问刚松开的一瞬间,大的向何方向运动,加速度 a 是多少?(用 H_1、H_2、g 表示)

【解析】 设长方体底面积为 S,小上大下,刚好没过大的,所受浮力等于重力,即
$$SH_1\rho_0 g = S(H_1\rho_1 + H_2\rho_2)g$$

若小下大上,使液面刚好没过小的,所受浮力为 $SH_2\rho_0 g$.

刚松开的瞬间,大的向下运动,由牛顿第二定律
$$SH_1\rho_0 g - SH_2\rho_0 g = S(H_1\rho_1 + H_2\rho_2)a$$

解得加速度

$$a = \frac{H_1 - H_2}{H_1 \rho_1 + H_2 \rho_2} \rho_0 g$$

5. 如图 3.15 所示,一个弹簧台秤的秤盘质量和弹簧质量都不计,盘内放一个物体 P 处于静止,P 的质量 $m = 12$ kg,弹簧的劲度系数 $k = 300$ N/m. 现在给 P 施加一个竖直向上的力 F,使 P 从静止开始向上做匀加速直线运动,已知在 $t = 0.2$ s 内 F 是变力,在 0.2 s 以后 F 是恒力,$g = 10$ m/s^2,求 F 的最小值和最大值.

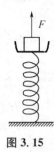

图 3.15

【解析】 因为在 $t = 0.2$ s 内 F 是变力,在 $t = 0.2$ s 以后 F 是恒力,所以在 $t = 0.2$ s 时,P 离开秤盘. 此时 P 受到盘的支持力为零,由于盘和弹簧的质量都不计,所以此时弹簧处于原长. 在 $0 \sim 0.2$ s 这段时间内 P 向上运动的距离:

$$x = \frac{mg}{k} = 0.4 \text{ m}$$

因为 $x = \frac{1}{2}at^2$,所以 P 在这段时间的加速度 $a = \frac{2x}{t^2} = 20$ m/s^2.

当 P 开始运动时拉力最小,此时对物体 P 有:

$$N - mg + F_{\min} = ma$$

又因此时 $N = mg$,所以有:

$$F_{\min} = ma = 240 \text{ N}$$

当 P 与盘分离时拉力 F 最大:

$$F_{\max} = m(a + g) = 360 \text{ N}$$

6. (卓越)如图 3.16 所示,可视为质点的两物块 A、B,质量分别为 m、$2m$,A 放在一倾角为 $30°$ 并固定在水平面上的光滑斜面上,一不可伸长的柔软轻绳跨过光滑轻质定滑轮,两端分别与 A、B 相连接. 托住 B 使两物块处于静止状态,此时 B 距地面高度为 h,轻绳刚好拉紧,A 和滑轮间的轻绳与斜面平行. 现将 B 从静止释放,斜面足够长. 重力加速度为 g. 求:

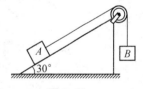

图 3.16

(1) B 落地前绳中张力的大小 T;

(2) 整个过程中 A 沿斜面向上运动的最大距离 L.

【解析】 (1) 设 B 落地前两物块加速度的大小为 a,对于 A,取沿斜面向上为正. 对于 B,取竖直向下为正,由牛顿第二定律得:

$$T - mg\sin 30° = ma \qquad ①$$

$$2mg - T = 2ma \qquad ②$$

由 ①、② 两式得:

$$T = mg \qquad ③$$

(2) 由 ①、② 两式得:

$$a = \frac{1}{2}g \qquad ④$$

设落地前瞬间 A 的速度为 v,由运动学公式得

$$v^2 = 2ah \qquad ⑤$$

设 B 落地后,A 沿斜面运动过程中的加速度为 a',则

$$a' = g\sin 30° \qquad ⑥$$

设 B 落地后,A 沿斜面向上运动的最大距离为 s,由运动学公式得

$$-v^2 = 2a's \qquad ⑦$$

由④、⑤、⑥、⑦式得

$$s = h$$

B 自下落开始至落地前瞬间的过程中,A 沿斜面运动的距离为 h,则整个过程中 A 沿斜面向上运动的最大距离为 $L = s + h = 2h$.

7. 如图 3.17 所示,两个木块 A 和 B,质量分别为 m_A 和 m_B,紧挨着并排放在水平桌面上,A、B 间的接触面垂直于图中纸面且与水平成 θ 角,A、B 间的接触面是光滑的,但它们与水平桌面间有摩擦,静摩擦因数和动摩擦因数均为 μ,开始时,A、B 都静止,现施一水平推力 F 于 A,要使 A、B 向右加速运动且 A、B 之间不发生相对滑动,则:

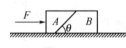

图 3.17

(1) μ 的数值应满足什么条件?

(2) 推力 F 的最大值不能超过多少?(只考虑平动,不考虑转动问题)

【解析】(1) 令 N 表示 A、B 之间的相互作用力(垂直于接触面如图 3.18 所示),要使 A 相对于 B 不滑动,则 A 受的力 N 在竖直方向的分力必须小于或等于 A 的重力,所以要使 B 向右加速运动而同时 A 相对于 B 不滑动,考虑临界情况,有

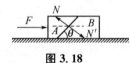

图 3.18

$$N\sin\theta - \mu(m_B g + N\cos\theta) = 0 \qquad ①$$

$$N\cos\theta = m_A g \qquad ②$$

由①、②两式可解得

$$\mu = \frac{m_A}{m_A + m_B}\tan\theta$$

所以

$$\mu \leqslant \frac{m_A}{m_A + m_B}\tan\theta \qquad ③$$

(2) 对整体用牛顿第二定律

$$F - \mu(m_A + m_B)g = (m_A + m_B)a \qquad ④$$

隔离 A 可得

$$F - N\sin\theta = ma \qquad ⑤$$

由②、④、⑤式可解得

$$F = \frac{m_A}{m_B}(m_A + m_B)g(\tan\theta - \mu)$$

8. 物体 A 质量为 m,由吊索拖着沿竖直杆上升,吊索跨过一光滑滑轮 B 绕在匀速转动的鼓轮上.已知滑轮 B 到竖直杆的距离为 l_0,吊索的线速度为 v_0,求当物体到滑轮 B 的水平面的距离为 x 时,如图 3.19 所示,绳中张力的大小.

【解析】设 AB 与杆的夹角为 θ,物 A 沿杆滑动的速度为 v_A,则

$$v_A\cos\theta = v_0$$

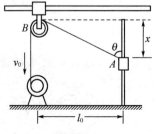

图 3.19

A 物另一个绕 B 转动的分速度

$$v_\tau = v_A \sin\theta = v_0 \tan\theta$$

以 B 为参照物,由于 B 没有沿吊索方向的加速度,所以 A 在吊索方向的加速度(分量)为

$$a_n = \frac{v_\tau^2}{\sqrt{l_0^2 + x^2}} = \frac{v_0^2 \tan^2\theta}{\sqrt{l_0^2 + x^2}}$$

根据牛顿第二定律,对 A 物体有

$$T - mg\cos\theta - N\sin\theta = ma_n$$
$$T\sin\theta = N$$

以上各式联立得

$$T = \frac{mg}{x}\sqrt{l_0^2 + x^2}\left(1 + \frac{v_0^2 \, l_0^2}{x^3 g}\right)$$

第 2 节　天体的运动

考点梳理

10. 开普勒定律

开普勒根据前人积累的行星运动观察资料,总结出关于行星运动的三定律——开普勒三定律.

第一定律(轨道定律):所有的行星围绕太阳运动的轨道都是椭圆,太阳处于所有椭圆的一个焦点上.

第二定律(面积速度定律):从太阳到行星的位置矢量在相等时间内扫过相等的面积.

为用数学式子表述第二定律,设径矢 $\vec{r}$ 在 Δt 时间内扫过的面积为 ΔA,则面积速度为 $\Delta A/\Delta t$,由图 3.20 可知:

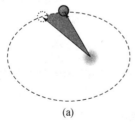

图 3.20

$$\Delta A = \frac{1}{2} r \Delta r \sin\theta$$

故面积速度为:

$$\frac{\Delta A}{\Delta t} = \frac{1}{2} \cdot r\sin\theta \cdot \frac{\Delta r}{\Delta t} = \frac{1}{2} rv\sin\theta = 常量$$

式中,v 为行星运动的线速度,θ 为径矢 r 与速度 v 方向之间的夹角.当行星位于椭圆轨道的近日点或远日点时,速度 v 的方向与径矢 r 的方向垂直,即 $\theta = 90°$,故:

$$\frac{\Delta A}{\Delta t} = \frac{1}{2} r_1 v_1 = \frac{1}{2} r_2 v_2$$

r_1、r_2 分别是行星在近地点和远地点的矢径的大小.

第三定律(周期定律):所有行星轨道的半长轴的三次方与公转周期的二次方的比值都相等,即

$$k = \frac{a^3}{T^2}$$

开普勒定律不仅适用于行星绕太阳的运动,也适用于卫星绕行星的运动.

当半长轴 a 与半短轴 b 相等时,椭圆成为圆.由开普勒第二定律可知,圆轨道运动必为匀速圆周运动.

11. 万有引力定律的应用

(1) 计算天体质量和平均密度

设质量为 m 的行星绕质量为 M 的恒星做匀速圆周运动,公转的半径为 r,周期为 T,由牛顿定律,恒星对行星的万有引力就是行星绕恒星做匀速圆周运动的向心力,故有:

$$G\frac{Mm}{r^2} = m\frac{4\pi^2}{T^2}r$$

由此可得恒星的质量为:

$$M = \frac{4\pi^2 r^3}{GT^2}$$

设恒星的球半径为 R,则它的平均密度为:

$$\rho = \frac{M}{V} = \frac{\frac{4\pi^2 r^3}{GT^2}}{\frac{4}{3}\pi R^3} = \frac{3\pi r^3}{GT^2 R^3}$$

这个公式也适用于卫星绕行星做圆周运动的情况.如设近地人造卫星的周期为 T,因有 $r \approx R$,上式就可以写成:

$$\rho = \frac{3\pi}{GT^2}$$

这就很容易求出地球的平均密度了.

(2) 计算宇宙速度

天体表面的重力加速度 g:设天体质量为 M 且均匀分布,天体为圆球体且半径为 R,物体质量为 m,则:

$$mg = G\frac{Mm}{R^2}$$

即 $GM = gR^2$,此式又称为黄金代换.

对于绕地球做半径为 r 的匀速圆周运动的卫星,由牛顿第二定律和万有引力定律可得:

$$\frac{GM_{地}m}{r^2} = m\frac{v^2}{r}$$

根据地球表面物体重力与引力的关系:

$$\frac{GM_{地}m}{R^2} = mg$$

式中,R 为地球半径.

卫星速率为:

$$v = \sqrt{\frac{GM_{地}}{r}} = \sqrt{\frac{R^2 g}{r}}$$

对于贴着地球表面运行的卫星,$r \approx R$.

$$v = \sqrt{gR} = 7.9 \text{ km/s}$$

这就是第一宇宙速度(first cosmic velocity),也就是发射卫星必须具有的最小速度.

以后我们会计算物体脱离地球的速度,即第二宇宙速度为 11.2 km/s,还会计算物体飞到太阳系外的最小速度,即第三宇宙速度为 16.7 km/s.

12. 两个质量相差不太大、相距较近的两个天体称为双星.若忽略其他星球的影响,双星在万有引力作用下绕两者的质心(双星连线上一点)运动,其特点主要有:运动周期相等,轨道半径与其质量成反比,线速度与其轨道半径成正比.根据万有引力等于向心力列方程解答.

13. 三星或多星对所研究星体的万有引力的合力提供做圆周运动的向心力列方程求解.注意:万有引力定律中的 r 为两星体之间的距离,而向心力公式中的 r 为所研究星体做圆周运动的轨道半径.

14. 均匀球壳的引力公式由万有引力定律可以推出,质量为 M、半径为 R 的质量均匀分布的球壳,对距离球心为 r、质量为 m 的质点的万有引力为:

$$F = 0 \quad (r < R)$$

$$F = \frac{GMm}{r^2} \quad (r > R)$$

在匀质球层的空腔内,任意位置的质点受到球壳的万有引力为零.

15. 质点和质量分布均匀的球体之间的万有引力

若质量为 m 的质点在质量为 M、半径为 R 的球体之外,可把球体视为质点,其二者之间的万有引力为:$F = G\frac{Mm}{x^2}$,式中 x 为质点和球体球心之间的距离,且 $x > R$.若质量为 m 的质点在质量为 M、半径为 R 的球体之内,设质点与球心之间的距离为 $x(x < R)$,这时以 x 为半径作一球面,该球面之外的物质对质点的万有引力为零.设该球面之内的物质质量为 M',则 $F = G\frac{M'm}{x^2}$,球体密度 $\rho = \frac{M}{\frac{4}{3}\pi R^3}$,该球面之内的物质质量 $M' = \rho \frac{4}{3}\pi x^3 = Mx^3/R^3$.所以 $F = G\frac{M'm}{x^2} = G\frac{Mmx}{R^3}$.若以球心为坐标 x 的原点,质点和质量分布均匀的球体之间的万有引力随 x 变化图线如图 3.21 所示.

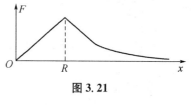

图 3.21

典型例题

例 8 (北约)一气球静止在赤道上空,考虑地球自转,则 ( )

A. 气球在万有引力和浮力的作用下,处于平衡状态

B. 气球绕地球运动的周期等于地球自转周期

C. 气球所受万有引力小于浮力

D. 气球所受万有引力大于浮力

【答案】 BD

【解析】 气球静止在空中,随地球自转一起运动,气球绕地球运动的周期等于地球自转周期,气球在万有引力和浮力的作用下,绕地球做匀速圆周运动,所受合外力指向地心,气球所受万有引力大于浮力,选项 BD 正确.

例9 (北约)两质量相同的卫星绕地球做匀速圆周运动,运动半径之比 $R_1:R_2=1:2$,则关于两卫星的下列说法正确的是 ( )

A. 向心加速度之比为 $a_1:a_2=1:2$
B. 线速度之比为 $v_1:v_2=2:1$
C. 运动周期之比为 $T_1:T_2=1:4$
D. 角速度之比为 $\omega_1:\omega_2=2:1$

【答案】 C

【解析】 根据万有引力定律可得运动半径之比 $R_1:R_2=1:2$ 的两卫星所受万有引力之比为 $4:1$,由牛顿第二定律可知向心加速度之比为 $a_1:a_2=4:1$,选项 A 错误;由 $a=\dfrac{v^2}{R}$ 可得线速度 $v=\sqrt{aR}$,线速度之比为 $v_1:v_2=\sqrt{2}:1$,选项 B 错误;运动周期 $T=\dfrac{2\pi R}{v}$,运动周期之比为 $T_1:T_2=1:4$,选项 C 正确;由 $\omega=\dfrac{2\pi}{T}$ 可以判断选项 D 错误.

例10 (北约)将一天的时间记为 T_E,地面上的重力加速度记为 g,地球半径记为 R_E.
(1) 试求地球同步卫星 P 的轨道半径 R_P;
(2) 一卫星 Q 位于赤道上空,赤道一城市 A 的人三天看到 Q 四次掠过上空,求 Q 的轨道半径.假设卫星运动方向与地球自转方向相同.

【解析】(1) 设地球质量为 M,同步卫星质量为 m,同步卫星周期等于 T_E,由万有引力等于向心力得:

$$G\frac{Mm}{R_P^2}=mR_P\left(\frac{2\pi}{T_E}\right)^2$$

又

$$G\frac{Mm}{R_E^2}=mg$$

联立解得

$$R_P=\left(\frac{gR_E^2 T_E^2}{4\pi^2}\right)^{\frac{1}{3}}$$

(2) 根据题述,卫星 Q 的周期 $T<T_E$,假设每隔 ΔT 时间看到一次:

$$\frac{\Delta T}{T}-\frac{\Delta T}{T_E}=1$$

解得:

$$\Delta T=\frac{T\cdot T_E}{T_E-T}$$

考虑到三天四次的稳定状态,则有 $\Delta T=\dfrac{3}{4}T_E$,

解得 $T=\dfrac{3}{7}T_E$.

又 $\dfrac{GM_E m}{R^2} = m \dfrac{4\pi^2}{T^2} R$,

解得 $R = \left(\dfrac{9gR_E^2 T_E^2}{196\pi^2}\right)^{\frac{1}{3}}$.

例 11 天文学家将相距较近、仅在彼此的引力作用下运行的两颗恒星称为双星.双星系统在银河系中很普遍.利用双星系统中两颗恒星的运动特征可推算出它们的总质量.已知某双星系统中两颗恒星围绕它们连线上的某一固定点分别做匀速圆周运动,周期均为 T,两颗恒星之间的距离为 r,试推算这个双星系统的总质量.(引力常量为 G)

【解析】 设两颗恒星的质量分别为 m_1、m_2,做圆周运动的半径分别为 r_1、r_2,角速度分别为 ω_1、ω_2.根据题意有

$$\omega_1 = \omega_2 \qquad ①$$
$$r_1 + r_2 = r \qquad ②$$

根据万有引力定律和牛顿定律,有

$$G\dfrac{m_1 m_2}{r^2} = m_1 \omega_1^2 r_1 \qquad ③$$
$$G\dfrac{m_1 m_2}{r^2} = m_2 \omega_2^2 r_2 \qquad ④$$

联立以上各式解得

$$r_1 = \dfrac{m_2 r}{m_1 + m_2} \qquad ⑤$$

根据角速度与周期的关系知

$$\omega_1 = \omega_2 = \dfrac{2\pi}{T} \qquad ⑥$$

联立③、⑤、⑥式解得

$$m_1 + m_2 = \dfrac{4\pi^2}{T^2 G} r^3 \qquad ⑦$$

强化训练

9.(北约)将地球半径 R、自转周期 T、地面重力加速度 g 取为已知量,则地球同步卫星的轨道半径为_____R,轨道速度对第一宇宙速度的比值为_____.

【解析】 设地球同步卫星的轨道半径为 nR,由 $G\dfrac{Mm}{(nR)^2} = nmR\left(\dfrac{2\pi}{T}\right)^2$ $v = \dfrac{2\pi nR}{T} = \dfrac{2\pi}{T}\left(\dfrac{gR^2 T^2}{4\pi^2}\right)^{\frac{1}{3}}$ 和 $G\dfrac{Mm}{R^2} = mg$ 联立解得

$$n = \dfrac{1}{R}\left(\dfrac{gR^2 T^2}{4\pi^2}\right)^{\frac{1}{3}}$$

地球同步卫星的轨道速度

$$v = \dfrac{2\pi nR}{T} = \dfrac{2\pi}{T}\left(\dfrac{gR^2 T^2}{4\pi^2}\right)^{\frac{1}{3}} = \left(\dfrac{2\pi R^2}{T}\right)^{\frac{1}{3}}$$

第一宇宙速度 $v_1 = \sqrt{gR}$,轨道速度对第一宇宙速度的比值为

$$\dfrac{v}{v_1} = \left(\dfrac{2\pi}{T}\sqrt{\dfrac{R}{g}}\right)^{\frac{1}{3}}$$

【答案】 $\dfrac{1}{R}\left(\dfrac{gR^2T^2}{4\pi^2}\right)^{\frac{1}{3}}$ $\left(\dfrac{2\pi}{T}\sqrt{\dfrac{R}{g}}\right)^{\frac{1}{3}}$

10. (卓越)我国于2011年发射的"天宫一号"目标飞行器与"神舟八号"飞船顺利实现了对接. 在对接过程中,"天宫一号"与"神舟八号"的相对速度非常小, 可以认为具有相同速率. 它们的运动可以看作绕地球的匀速圆周运动, 设"神舟八号"的质量为 m, 对接处距离地球中心为 r, 地球的半径为 R, 地球表面处的重力加速度为 g, 不考虑地球自转的影响,"神舟八号"在对接时 ( )

A. 向心加速度为 $\dfrac{gR}{r}$ B. 角速度为 $\sqrt{\dfrac{gR^2}{r^3}}$

C. 周期为 $2\pi\sqrt{\dfrac{r^2}{gR^3}}$ D. 速度为 $\sqrt{\dfrac{gR^2}{r}}$

【答案】 BD

【解析】 由万有引力定律和牛顿第二定律可得：

$$G\dfrac{Mm}{r^2}=ma \qquad G\dfrac{Mm}{R^2}=mg$$

联立解得"神舟八号"在对接时向心加速度为 $a=\dfrac{gR^2}{r^2}$, 所以选项 A 错误.

再由 $G\dfrac{Mm}{r^2}=m\omega^2 r$,

可得对接时角速度 $\omega=\sqrt{\dfrac{gR^2}{r^3}}$, 选项 B 正确.

由 $T=\dfrac{2\pi}{\omega}$ 可得对接时周期为 $T=2\pi\sqrt{\dfrac{r^3}{gR^2}}$, 选项 C 错误.

由 $G\dfrac{Mm}{r^2}=m\dfrac{v^2}{r}$ 得到 $v=\sqrt{\dfrac{gR^2}{r}}$, 选项 D 正确.

11. (卓越)"嫦娥二号"飞行器绕月球做近月圆周运动, 已知其周期为 T, 万有引力常量为 G, 月球半径为 R, 求月球的密度_____及月球表面的重力加速度 $g=$ _____.

【答案】 $\dfrac{3\pi}{GT^2}$ $\dfrac{4\pi^2}{T^2}R$

【解析】 月球对飞行器的万有引力提供飞行器近月圆周的向心力, 于是有：

$$G\dfrac{Mm}{R^2}=m\dfrac{4\pi^2}{T^2}R$$

可得月球的质量

$$M=\dfrac{4\pi^2 R^3}{GT^2}$$

又月球的体积

$$V=\dfrac{4}{3}\pi R^3$$

联立可得月球的密度

$$\rho=\dfrac{M}{V}=\dfrac{3\pi}{GT^2}$$

由 $mg = m\left(\dfrac{2\pi}{T}\right)^2 \cdot R$ 得:

$$g = \dfrac{4\pi^2}{T^2}R$$

【点评】 做匀速圆周运动的飞行器处于完全失重状态,其加速度为向心加速度,也为该处的自由落体的加速度,两个加速度是同一个力产生的,只是名称不同.

12. 宇宙中存在一些离其他恒星较远的、由质量相等的三颗星组成的三星系统,通常可忽略其他星体对它们的引力作用.已观测到稳定的三星系统存在两种基本的构成形式:一种是三颗星位于同一直线上,两颗星围绕中央星在同一半径为 R 的圆轨道上运行;另一种形式是三颗星位于等边三角形的三个顶点上,并沿外接于等边三角形的圆形轨道运行,设每个星体的质量均为 m.

(1) 试求第一种形式下,星体运动的线速度和周期;
(2) 假设两种形式星体的运动周期相同,第二种形式下星体之间的距离应为多少?

【解析】 (1) 对于第一种运动情况,如图 3.22(a) 所示,以某个运动星体为研究对象,根据牛顿第二定律和万有引力定律,有:

$$F_1 = \dfrac{Gm^2}{R^2}$$

$$F_2 = \dfrac{Gm^2}{(2R)^2}$$

$$F_1 + F_2 = m\dfrac{v^2}{R} \quad ①$$

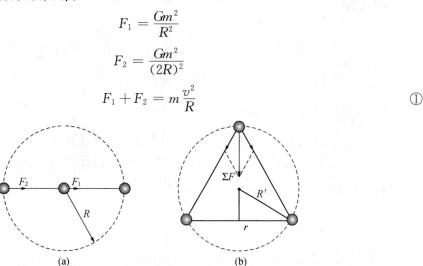

图 3.22

运动星体的线速度为

$$v = \dfrac{\sqrt{5GmR}}{2R} \quad ②$$

周期为 T,则有

$$T = \dfrac{2\pi R}{v} \quad ③$$

$$T = 4\pi\sqrt{\dfrac{R^3}{5Gm}} \quad ④$$

(2) 设第二种形式星体之间的距离为 r,如图 3.22(b) 所示,则三个星体做圆周运动的半径为

$$R' = \frac{r/2}{\cos 30°} \qquad ⑤$$

由于星体做圆周运动所需要的向心力靠其他两个星体的万有引力的合力提供,由力的合成和牛顿运动定律,有

$$F_{合} = 2\frac{Gm^2}{r^2}\cos 30° \qquad ⑥$$

$$F_{合} = m\frac{4\pi^2}{T^2}R' \qquad ⑦$$

由④、⑤、⑥、⑦式得

$$r = \left(\frac{12}{5}\right)^{\frac{1}{3}}R \qquad ⑧$$

【点评】 无论双星还是多星都在做匀速圆周运动,弄清向心力的来源和圆周运动的圆心很重要.

13. 如图 3.23 所示,已知月球绕地球转动轨道半径为地球半径的 60 倍,地球绕太阳转动的轨道半径为地球半径的 $2.4×10^4$ 倍,地球质量为月球质量的 80 倍,太阳质量为地球质量的 $3.5×10^5$ 倍,试分析:

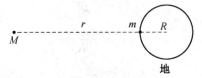

图 3.23

(1) 对地球上任意一点,太阳对它的引力大于月球对它的引力;
(2) 地球上海洋中的潮汐现象的成因主要决定于月球而不是太阳.

【解析】 (1) 由万有引力公式 $F = \frac{GMm}{r^2}$ 有:

$$\frac{F_{太}}{F_{月}} = \frac{M_{太}}{M_{月}}\left(\frac{r_{月}}{r_{太}}\right)^2 = 175$$

由此可见,对地球上的任意一点,太阳对它的引力比月球对它的引力大得多.

(2) 设质量为 M 的天体(太阳或月球)对相距为 r 的地球上的质量为 m 的某水滴的引力为 F,所产生的加速度为 a,则

$$a = \frac{F}{m} = \frac{GM}{r^2}$$

实际上,天体对地球的引力使地球产生的加速度也适用此公式.天体对相距最近的水产生的加速度和对地球所产生的加速度之差就为(设地球半径为 R,天体球心与地球球心之间距离为 r)

$$\Delta a = a_{水} - a_{地球} = \frac{GM}{(r-R)^2} - \frac{GM}{r^2} = \frac{GM(2r-R)R}{r^2(r-R)^2}$$

考虑到 $r \gg R$,上式便可化简为

$$\Delta a = \frac{GM \cdot 2r \cdot R}{r^4} = \frac{2GMR}{r^3}$$

由上式可见,天体对地球和地球上的水所产生的加速度是有一个差值的,这个差值将导致水在地球的表面上产生相对运动,形成潮汐现象.现在来看一看,月球和太阳对地球上的水所产生的加速度差值,哪一个大.

$$\frac{\Delta a_月}{\Delta a_太}=\frac{M_月}{M_太}\cdot\left(\frac{r_太}{r_月}\right)^3=\frac{1/80}{3.5\times10^5}\times\left(\frac{2.4\times10^4}{60}\right)^3=2.3$$

通过以上计算和分析可见,虽然太阳对地球上的物体的引力远大于月球对地球上的物体的引力,但它们对水与地球所产生的加速度之差却是月球的大,因此,地球上产生潮汐现象的原因主要决定于月球而不是太阳.

第四章 功和能

○ 知识地图

功和能
- 功
  - 定义 $W = Fs\cos\theta$
  - 功率 $P = \lim\limits_{\Delta t \to \infty} \dfrac{\Delta W}{\Delta t} = \lim\limits_{\Delta t \to \infty} \dfrac{F\Delta s\cos\theta}{\Delta t} = Fv\cos\theta$
- 能
  - 一个物体能够对外做功我们就说这个物体具有能量
  - 功能原理
    - 动能定理
    - 重力做的功等于重力势能的减小
    - 弹力做的功等于弹性势能的减小
  - 质点的动能 $E_k = \dfrac{1}{2}mv^2$
  - 刚体
    - 平动动能 $E_{k转} = \dfrac{1}{2}mv_c^2$
    - 转动动能 $E_k = \dfrac{1}{2}I\omega^2$
    - 柯尼希定理 $E_k = \dfrac{1}{2}mv_c^2 + \dfrac{1}{2}I_c\omega^2$
    - 转动定律 $\sum M = I\beta$
- 机械能
  - 动能
  - 势能
    - 重力势能 $E_p = mgh$
    - 弹性势能 $E_p = \dfrac{1}{2}kx^2$
    - 引力势能 $E_p = -G\dfrac{Mm}{R}$
  - 天体的能量
    - 椭圆 $E = -\dfrac{GMm}{2a} < 0$
    - 抛物线 $E = 0$
    - 双曲线 $E = \dfrac{GMm}{2a} > 0$

第四章 功 和 能

第 1 节　功与动能定理

考点梳理

1. 功

恒力做功：$W = Fx\cos\alpha$. 当物体不可视为质点时，x 是力的作用点的位移.

变力做功：

(1) 平均值法：计算随位移均匀变化的力做功，可以采用平均值法. 如计算弹簧的弹力做功，可先求得 $\bar{F} = \frac{1}{2}k(x_1 + x_2)$，再求出弹力做功为

$$W = \bar{F}(x_2 - x_1) = \frac{1}{2}kx_2^2 - \frac{1}{2}kx_1^2$$

(2) 图像法：当力的方向不变，其大小随在力的方向上的位移成函数关系变化时，作出力-位移图像（即 F-x 图），则图线与位移坐标轴围成的"面积"就表示力做的功. 若已知功率随时间变化的图像，则功率-时间图像与横轴所围的面积就表示功.

(3) 等效法：通过因果关系，如动能定理、功能原理或 Pt 等效代换可求变力做功.

(4) 微元法：就是把运动过程分成很多小段，每一小段内可认为 F 是恒力，用 $W = Fx\cos\alpha$ 求出每一小段 Δx 内力 F 所做的功，然后累加起来就得到整个过程中变力所做的功. 主要用于解决大小不变、方向总与运动方向相同或相反的变力的做功问题. 例如：用水平拉力 F，拉着滑块沿半径为 R 的水平圆轨道运动一周，已知物块的质量为 m，物块与轨道间的动摩擦因数为 μ. 则此过程中摩擦力所做的功：$W_f = -\mu mg \cdot 2\pi R$.

2. 动能定理

对于单一物体（可视为质点）$\sum W = E_{k2} - E_{k1}$ 只有在同一惯性参照系中计算功和动能，动能定理才成立.

对于几个物体组成的质点系，因内力可以做功，则 $W_内 = \sum E_{k2} - \sum E_{k1}$ 同样只适用于同一惯性参照系.

典型例题

例 1　（北约）如图 4.1 所示，一个质量为 $2m$ 的球和一个质量为 m 的球，用长度为 $2r$ 的轻杆连在一起，两个球都限制在半径为 r 的光滑圆形竖直轨道上，轨道固定于地面. 初始时刻，轻杆竖直，且质量为 $2m$ 的球在上方；此时，受扰动两球开始运动，当质量为 $2m$ 的球运动到轨道最低点时，速度为 _____. 轨道对两球组成的系统的力为 _____.

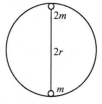

图 4.1

【解析】　取光滑圆形竖直转道的圆心为零势能参考平面，设质量为 $2m$ 的球运动到轨道最低点时速度为 v，由机械能守恒，有：

$$2mgr - mgr = mgr - 2mgr + \frac{1}{2}mv^2 + \frac{1}{2} \cdot 2mv^2$$

解得：

$$v = 2\sqrt{\frac{gr}{3}}$$

设轻杆中弹力为 F,轨道对质量为 $2m$ 的球向上的支持力为 F_1,对质量为 m 的球向下的压力为 F_2,对运动到轨道最低点的质量为 $2m$ 的球,由牛顿第二定律

$$F_1 - 2mg - F = 2m\frac{v^2}{r}$$

对运动到轨道最高点的质量为 m 的小球,由牛顿第二定律

$$F_2 + mg - F = m\frac{v^2}{r}$$

两式相减得:

$$F_1 - F_2 = 3mg + \frac{mv^2}{r}$$

将 $v = 2\sqrt{\frac{gr}{3}}$ 代入得:$F_1 - F_2 = \frac{13mg}{3}$.

例 2 (北约)如图 4.2 所示,与水平地面夹角为锐角的斜面底端 A 向上有三个等间距点 B、C 和 D,即 $AB = BC = CD$. 小滑块 P 以初速 v_0 从 A 出发,沿斜面向上运动. 先设置斜面与滑块间处处无摩擦,则滑块到达 D 位置刚好停下,而后下滑. 若设置斜面 AB 部分与滑块间有处处相同的摩擦,其余部位与滑块间仍无摩擦,则滑块上行到 C 位置刚好停下,而后下滑. 滑块下滑到 B 位置时速度大小为_____,回到 A 端时速度大小为_____.

【解析】 由于 A、B、C、D 等间距,A、B、C、D 所处的高度均匀变化,设 A 到 B 重力做功 W_G,从 A 到 D,根据动能定理

$$-3W_G = 0 - \frac{1}{2}mv_0^2 \qquad ①$$

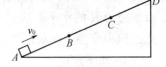

图 4.2

若设置斜面 AB 部分与滑块间有处处相同的摩擦,设克服摩擦力做功 W_f,根据动能定理,有

$$-2W_G - W_f = 0 - \frac{1}{2}mv_0^2 \qquad ②$$

由①、②式得:

$$W_f = W_G \qquad ③$$

设滑块下滑到 B 位置时速度大小为 v_B,根据动能定理,有

$$W_G = \frac{1}{2}mv_B^2 \qquad ④$$

联立①、④式解得:$v_B = \frac{\sqrt{3}}{3}v_0$.

滑块由 B 到 A,由动能定理,

$$W_G - W_f = \frac{1}{2}mv_A^2 - \frac{1}{2}mv_B^2 \qquad ⑤$$

联立③、⑤式得:

$$v_A = v_B = \frac{\sqrt{3}}{3}v_0$$

【答案】 $\dfrac{\sqrt{3}}{3}v_0$　$\dfrac{\sqrt{3}}{3}v_0$

例3 （华约）已知质量约 1 t 的汽车在 10 s 内由静止加速到 60 km/h．

(1) 如果不计一切阻力，发动机的平均输出功率约为多大？

(2) 汽车速度较高时，空气阻力不能忽略．将汽车简化为横截面积约 1 m² 的长方体，并以此模型估算汽车以 60 km/h 行驶时因克服空气阻力所增加的功率．(已知空气密度 $\rho=1.3\ \text{kg/m}^3$)

(3) 数据表明，上述汽车所受阻力与速度平方的关系如图 4.3 所示．假定除空气阻力外，汽车行驶所受的其他阻力与速度无关，试估算汽车行驶所受的其他阻力总的大小．

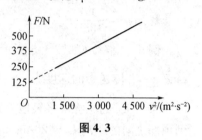

图 4.3

【解析】 (1) 假设汽车起动时做匀加速运动，根据匀加速运动规律有：

$$a=\dfrac{v}{t}$$

$$F=ma$$

在不计一切阻力的情况下，发动机的平均输出功率为 $P=\dfrac{Fv}{2}$．

联立上述各式并代入数据解得：$P=1.4\times 10^4\ \text{W}$．

(2) 假设汽车横截面积为 A，当汽车以一定速度运动时，将推动前方的空气使之获得相应的速度，则在 Δt 时间内，汽车前方以 A 为底，$v\Delta t$ 为高的柱形空气质量 $m=Av\rho\Delta t$ 获得的动能为

$$E_k=\dfrac{1}{2}mv^2=\dfrac{1}{2}A\rho v^3\Delta t$$

为使该空气柱在 Δt 时间内获得上述动能，汽车需要增加的功率为

$$P=\dfrac{E_k}{\Delta t}=\dfrac{1}{2}A\rho v^3$$

代入数据得：$P=3\times 10^3\ \text{W}$．

(3) 当汽车匀速运动时，牵引力与阻力平衡，由 $F-v^2$ 图可知

$$F=kv^2+f$$

式中，F 为牵引力，f 为除空气阻力之外的其他阻力之和．外推图像，可得 $f=125\ \text{N}$．

例4 （北约）某车辆在平直路面上做行驶测试，测试过程中速度 v（带有正负号）和时间 t 的关系如图 4.4 所示．已知该过程发动机和车内制动装置对车辆所做总功为零，车辆与路面间的摩擦因数 μ 为常量，试求 μ 值．数值计算时，重力加速度取 $g=10\ \text{m/s}^2$．

【解析】 对正方向运动的整个过程，由动能定理，

$$W_1+W_{z1}-\mu mgx_1=0-\dfrac{1}{2}mv_0^2$$

对倒车运动的整个过程，由动能定理，

$$W_2+W_{z2}-\mu mgx_2=0$$

以上两式相加，有

$$W_1+W_{z1}-\mu mgx_1+W_2+W_{z2}-\mu mgx_2=0-\dfrac{1}{2}mv_0^2$$

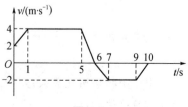

图 4.4

根据题意有
$$W_1 + W_{z1} + W_2 + W_{z2} = 0$$
所以
$$\mu mg(x_1 + x_2) = \frac{1}{2}mv_0^2$$
由速度图像可知 $x_1 = 21$ m, $x_2 = 6$ m,

解得 $\mu = \dfrac{1}{135}$.

例 5（华约）如图 4.5 所示的传送带装置，与水平面的夹角为 θ，且 $\tan\theta = \dfrac{3}{4}$. 传送带的速度为 $v = 4$ m/s，动摩擦因数为 $\mu = \dfrac{5}{4}$，将一个质量为 $m = 4$ kg 的小物块轻轻地放置在装置的底部，已知传送带装置的底部到顶部之间的距离 $L = 20$ m.（重力加速度 $g = 10$ m/s^2）

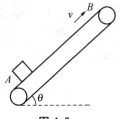

图 4.5

(1) 求物块从传送带底部到顶部的时间.

(2) 求此过程中传送带对物块所做的功.

【解析】（1）对小物块做受力分析，画出受力图如图 4.6 所示，在垂直于斜面方向的力平衡
$$N = mg\cos\theta = \frac{4}{5}mg$$

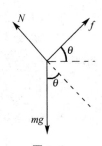

图 4.6

小物块相对于传送带滑动所受摩擦力
$$f_1 = \mu N = \frac{5}{4} \cdot \frac{4}{5}mg = mg$$

平行斜面方向小物块做匀加速运动，由牛顿运动定律，
$$f_1 - mg\sin\theta = ma$$
解得
$$a = 4 \text{ m/s}^2$$
方向沿传送带向上.

运动到物块速度与传送带速度相同时，经过的时间为
$$t_1 = \frac{v}{a} = 1 \text{ s}$$
运动的距离为
$$s_1 = \frac{1}{2}at_1^2 = 2 \text{ m},$$
剩下的距离为
$$s_2 = L - s_1 = 18 \text{ m}$$
由于小物块所受最大静摩擦力大于重力沿传送带斜面向下的重力分力，之后物块与传送带一起做匀速运动，则
$$t_2 = \frac{s_2}{v} = 4.5 \text{ s}$$
所以物块从传送带底部运动顶部的时间

$$t = t_1 + t_2 = 5.5 \text{ s}$$

(2) 解法一：由(1)可知，在物块加速过程中摩擦力为
$$f_1 = \mu mg = 40 \text{ N}$$
此时摩擦力对物块做功
$$W_1 = f_1 s_1 = 40 \times 2 \text{ J} = 80 \text{ J}$$
匀速过程中摩擦力满足
$$f_2 = mg\sin\theta = 24 \text{ N}$$
传送带对小物块
$$W_2 = f_2 s_2 = 24 \times 18 \text{ J} = 432 \text{ J}$$
此过程中传送带对物块所做的功
$$W = W_1 + W_2 = 512 \text{ J}$$
解法二：用功能原理，传送带对物块所做的功为物块获得的机械能，则
$$W = \frac{1}{2}mv^2 + mgL\sin\theta = 512 \text{ J}$$

例6 （卓越）如图4.7所示，滑雪运动员从初始（光滑）滑道上下降45 m后起跳，起跳角度与水平面夹角为30°，且起跳不损失动能．降落滑道可看作一个倾角为30°的斜面．求运动员在空中飞行的时间以及落地后的速度与斜面的夹角．

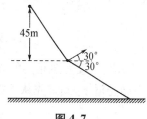

图 4.7

【解析】 滑雪运动员的运动可以分为两个过程（图4.8）：
(1) 沿斜面到达转折点的过程中机械能守恒，这一过程动能定理成立，匀变速（加速度大小为 g，方向竖直向下）曲线运动．有
$$mgH = \frac{1}{2}mv^2$$
可得运动员起跳速度
$$v = \sqrt{2gH} = 30 \text{ m/s}$$

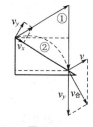

图 4.8

(2) 运动员由转折处起跳后做斜抛运动，落至斜面上．
将斜抛运动分解成原方向上的匀速直线运动和竖直方向上的自由落体运动，则有：
原方向上：
$$x = vt$$
竖直方向上：
$$y = \frac{1}{2}gt^2$$
由几何关系知
$$y = x$$
联立解得运动员起跳后在空中的飞行时间 $t = 6$ s．
落"地"点的竖直速度 $v_y = gt = 60$ m/s．
由合速度与分速度的几何关系和数量关系可得落到斜面上时的速度 $v_合$ 与水平面成60°角斜向右下，与斜面成30°角斜向右下．

【答案】 6 s   30°

强化训练

1. 如图 4.9(a) 所示，质量为 m 的物块放在一固定的斜面上，某人通过动滑轮用恒力 F 拉动物块，恒力 F 与斜面夹角为 θ，将物块沿斜面前进 l，求人所做的功.

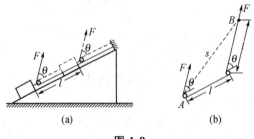

图 4.9

【解析】 当物块沿斜面向上移动 l 时，F 需将绳子拉过 l 长度，而 F 的作用点的位移为 s，方向由 A 指向 B，如图 4.9(b) 所示，由等腰三角形知识易求 $s = 2l\cos\dfrac{\theta}{2}$，由功的定义式得：

$$W = Fs\cos\dfrac{\theta}{2} = 2Fl\cos^2\dfrac{\theta}{2} = Fl(1+\cos\theta)$$

2. 两支完全相同的光滑直角弯管(如图 4.10 所示)，现有两只相同小球 a 和 a' 同时从管口由静止滑下，问谁先从下端的出口掉出？(假设通过拐角处时无机械能损失)

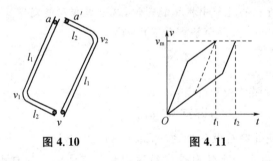

图 4.10   图 4.11

【解析】 首先由机械能守恒可以确定拐角处 $v_1 > v_2$，而两小球到达出口时的速率 v 相等. 又由题意可知两球经历的总路程 s 相等. 由牛顿第二定律，小球的加速度大小 $a = g\sin\alpha$，小球 a 第一阶段的加速度跟小球 a' 第二阶段的加速度大小相同(设为 a_1)；小球 a 第二阶段的加速度跟小球 a' 第一阶段的加速度大小相同(设为 a_2)，根据管的倾斜程度，显然有 $a_1 > a_2$. 根据这些物理量大小的分析，在同一个 v-t 图像中两球速度曲线下所围的面积应该相同，且末状态速度大小也相同(纵坐标相同). 开始时 a 球曲线的斜率大. 由于两球两阶段加速度对应相等，如果同时到达(经历时间为 t_1)则必然有 $s_1 > s_2$，显然不合理. 考虑到两球末速度大小相等(图 4.11 中 v_m)，球 a' 的速度图像只能如图线(图 4.11)所示. 因此有 $t_1 < t_2$，即 a 球先到.

【点评】 应用物理图像的优越性.

(1) 利用图像解题可以使解题过程简化，思路更清晰，比解析法更巧妙、更灵活. 在有些情况下运用解析法可能无能为力，用图像法可能使你豁然开朗.

(2) 利用图像描述物理过程更直观，从物理图像可以更直观地观察出物理过程的动态特征. 当然不是所有物理过程都可以用物理图像进行描述.

3. 如图 4.12 所示,一质量为 m 的静止物体开始受向东的力 F_1 作用移动 s_1,接着受向西的力 F_2 作用又向东前进 s_2,接着又受到向北的力 F_3 使物体沿北方向移动了 s_3,最后又受向东的力 F_4 沿向东方向又移动 s_4,求物体最终的速度大小.

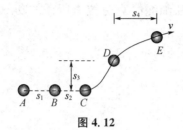

图 4.12

【解析】 设向东为 x 方向,向北为 y 方向. 对全过程用动能定理

$$F_1 s_1 - F_2 s_2 + F_3 s_3 + F_4 s_4 = \frac{mv^2}{2}$$

末速度:

$$v = \sqrt{\frac{2(F_1 s_1 - F_2 s_2 + F_3 s_3 + F_4 s_4)}{m}}$$

4. 在航天飞船上,如图 4.13 所示,有一长 $L = 20$ cm 的圆筒,绕着与筒长度方向垂直的轴 OO' 以恒定的转速 $n = 100$ r/min 旋转,筒的近轴端离 OO' 的距离为 $d = 10$ cm,筒内装有非常黏稠、密度 $\rho = 1.2$ g/cm³ 的液体,有一颗质量为 $m' = 1.0$ mg、密度 $\rho' = 1.5$ g/cm³ 的粒子从圆筒正中部释放(初始相对筒静止),试求粒子到达筒端克服黏滞阻力所做的功. 又问如果这个粒子密度 $\rho'' = 1.0$ g/cm³,其他条件均不变,则粒子到达筒端过程中克服黏滞阻力所做功又是多少?

【解析】 (1) 设粒子体积 ΔV,它离开转轴距离为 r,设想粒子由周围同样液体取代,则小液团受到合力提供向心力,即有 $F' - F = \rho \Delta V \cdot \omega^2 r$,现将小液团换成粒子,由于质量增加,合外力不足以提供向心力,向外侧移动,由于液体非常黏稠,而运动速度非常缓慢,可以理解为任一时刻速度按匀速圆周运动确定,f 表示黏滞阻力,则有

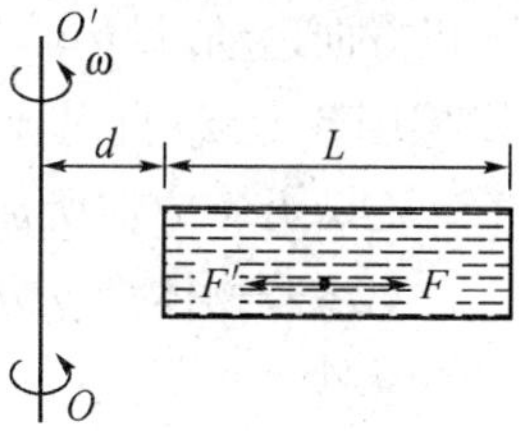

$$F' - F + f = \rho' \Delta V \omega^2 r$$

则

$$f = (\rho' - \rho) \Delta V \omega^2 r$$
$$f \propto r$$

图 4.13

所以 r 由 $d + \dfrac{L}{2}$ 变化至 $d + L$ 时,克服黏滞阻力做功为

$$W = \frac{f_1 + f_2}{2} \cdot \frac{L}{2} = (\rho' - \rho) \Delta V \omega^2 \frac{d + \dfrac{L}{2} + d + L}{2} \cdot \frac{L}{2}$$

代入数据得 $W = 5.5 \times 10^{-7}$ J.

(2) 当粒子密度 ρ'' 时,向左运动,同样可得到

$$f = (\rho'' - \rho) \Delta V r \omega^2$$

$$W = 3.3 \times 10^{-7} \text{ J}$$

5. 长为1.8 m的不易伸长的细绳上端固定在天花板上,下端悬挂一质量为2 kg的小球,小球离地的高度为3.6 m,如图4.14所示,今将小球抬高到天花板处,放手后小球下落的过程中拉断小绳,小球的下落时间为1.2 s,求小球拉断细绳时克服拉力所做的功. ($g = 10 \text{ m/s}^2$)

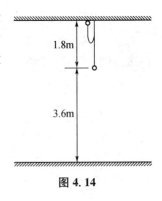

图 4.14

【解析】 物体的下落过程分为两个阶段,第一阶段用时

$$t_1 = \sqrt{\frac{2h}{g}} = 0.6 \text{ s}$$

其末速度为:

$$v_1 = \sqrt{2gh} = 6 \text{ m/s}$$

第二阶段用时也为0.6 s;

根据

$$h_2 = v_2 t + \frac{1}{2}gt^2$$

可得:

$$v_2 = 3 \text{ m/s}$$

所以小球拉断绳子时克服拉力做的功为:

$$W = \frac{1}{2}mv_1^2 - \frac{1}{2}mv_2^2 = 27 \text{ J}$$

6. 如图4.15所示,在水平地面xOy上有一沿x正方向做匀速运动的传送带,运动速度为v_1,传送带上有一质量为m的正方形物体随传送带一起运动. 当物体运动到yOz平面时遇到一阻挡板C,阻止其继续向x正方向运动. 设物体与传送带间的动摩擦因数为μ_1,与挡板之间的动摩擦因数为μ_2,此时要使物体沿y正方向以速度v_2匀速运动,问:

(1) 沿y方向所加外力为多少?

(2) 若物体沿y方向运动了一段时间t,则在此期间摩擦力所做的功为多少?

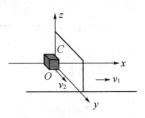

图 4.15

【解析】 (1) 物体相对传送带的速度如图4.16所示.

f_1为传送带给物体的摩擦力,f_2为挡板给物体的摩擦力.

$$f_1 = \mu_1 mg$$
$$N = f_1 \sin\theta$$
$$f_2 = \mu_2 N = \mu_2 f_1 \sin\theta$$

故

$$F = f_2 + f_1 \cos\theta$$
$$F = \frac{\mu_1 mg(v_1\mu_2 + v_2)}{\sqrt{v_1^2 + v_2^2}}$$

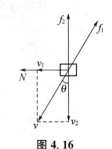

图 4.16

(2)
$$W_f = -\frac{f_1 v_2 t}{\cos\theta} - f_2 v_2 t$$

$$W_f = -\mu_1 mgt\left(\sqrt{v_1^2+v_2^2} + \frac{\mu_2 v_1 v_2}{\sqrt{v_1^2+v_2^2}}\right)$$

第 2 节　机械能守恒与功能关系

◎ 考点梳理

3. 势能

重力势能：

$$E_p = mgh$$

弹性势能：

$$E_p = \frac{1}{2}kx^2$$

引力势能：

（1）质点之间：

$$E_p = -G\frac{m_1 m_2}{r}$$

（2）均匀球体（半径为 R）与质点之间：

$$E_p = -G\frac{Mm}{r} \quad (r \geqslant R)$$

（3）均匀球壳与质点之间：

$$E_p = -G\frac{Mm}{r} \quad (r \geqslant R)$$

$$E_p = -G\frac{Mm}{R} \quad (r < R)$$

4. 椭圆轨道

如图 4.17 所示，设椭圆轨道方程为：

$$\frac{x^2}{a^2} + \frac{y^2}{b^2} = 1 \quad (a > b > 0)$$

则椭圆长、短半轴为 a、b，半焦距 $c = \sqrt{a^2-b^2}$，近地点速度 v_1，远地点速度 v_2，则有：

$$E = \frac{1}{2}mv_1^2 - \frac{GMm}{a-c} = \frac{1}{2}mv_2^2 - \frac{GMm}{a+c}$$

开普勒第二定律：

$$\frac{1}{2}v_1(a-c) = \frac{1}{2}v_2(a+c)$$

可解得

$$v_1 = \sqrt{\frac{GM(a+c)}{a(a-c)}}$$

$$v_2 = \sqrt{\frac{GM(a-c)}{a(a+c)}}$$

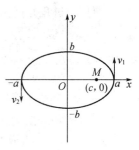

图 4.17

代入能量 E 的表达式可得

$$E = -\frac{GMm}{2a} < 0$$

5. 功能原理

（1）能

一个物体能够对外做功，这个物体就具有能量．运动的物体具有动能，举高的物体具有重力势能，形变的弹簧具有弹性势能．不同形式的能量对应着不同形式的运动．

（2）能的变化

能量有多种不同的形式，各种不同形式的能量可以相互转化，同种形式的能量是可以发生转移的，在能量的变化（转移和转化）过程中能量守恒．

（3）功和能的关系

功是能量变化的量度．功和能具有相同的单位，在国际单位制中，都是焦耳．功和能的关系，即功是能的变化的量度，又称为功的物理本质，可从以下几个层次来理解：① 能量是可以转化的．能量有多种不同形式，不同形式的能量之间可以相互转化．同种形式的能量可以发生转移．② 转化是要做功的．不同形式的能量之间的转化是通过做功实现的，即做功的过程就是能量转化的过程，能量的转化过程就是做功过程．③ 做了多少功就有多少能量发生了转化．力做了多少功，就有多少能量从一种形式转化为另一种形式，即能量转化的多少可用做功的多少来量度．例如：被压缩的弹簧具有弹性势能，当弹簧把小球弹出去时，小球动能增加，同时弹性势能减小，弹性势能转化为动能，弹簧对小球做了多少功，就有多少弹性势能转化为动能．功能关系既是定性研究问题的方法又是定量研究问题的方法．

所谓定量研究多指发现物体能量转化了多少，反过去求解做功．所谓定性多指在某一过程中可能有功的发生，此时需定性地分析能是否发生了变化．如重力势能是否有变化，内能是否有变化等．同学们要体会运用功能关系处理问题的思想方法．

6. 功能原理和能量守恒定律

做功的过程是能量转化的过程．做了多少功，就有多少能量发生了转化．改变物体动能、势能、内能都可以通过做功来实现，做功的多少一定与能量转化量相对应．常见做功与能量转化的对应关系：

（1）合外力对物体所做的功等于物体动能的变化．

（2）重力做功等于物体重力势能变化的负值．

（3）弹簧弹力做功等于弹簧弹性势能变化的负值．

（4）除重力（或弹力）以外的力对物体做功等于机械能的变化．

（5）滑动摩擦力与相对位移（相对摩擦路程）的乘积等于产生的热量．

7. 能量守恒定律

能量既不会凭空产生，也不会凭空消失，它只能从一种形式转化为其他形式，或者从一个物体转移到另一个物体，在转化或转移的过程中，能量的总量不变．

8. 功能原理

物体系外力做的功与物体系内非保守力做的功之和，等于物体系机械能的增量．即

$$\sum W_{外} + \sum W_{非保守} = \sum E_2 - \sum E_1$$

典型例题

例7 （华约）已知地球半径为 R，地面附近的重力加速度为 g，一天时间记为 T，卫星质量为 m。已知万有引力势能公式 $E_p = -G\dfrac{mM}{r}$，其中 M 为地球质量，r 为卫星到地心距离。

（1）求同步轨道卫星环绕地球的飞行速度 v。

（2）求从地球表面发射同步轨道卫星时的初速度 v_0 至少为多少？

【解析】 （1）在地球附近，由万有引力定律

$$G\frac{Mm}{R^2} = mg$$

即有

$$GM = gR^2$$

由万有引力等于向心力得

$$G\frac{Mm}{r^2} = m\omega^2 r$$

其中

$$\omega = \frac{2\pi}{T}$$

解得

$$r = \left(\frac{GMT^2}{4\pi^2}\right)^{\frac{1}{3}} = \left(\frac{gR^2T^2}{4\pi^2}\right)^{\frac{1}{3}}$$

于是

$$v = \omega r = \left(\frac{2\pi gR^2}{T}\right)^{\frac{1}{3}}$$

（2）从地面发射到同步轨道，由机能能守恒定律

$$\frac{1}{2}mv_0^2 - G\frac{Mm}{R} = \frac{1}{2}mv^2 - G\frac{Mm}{r}$$

解得

$$v_0 = \sqrt{2gR - gR\left(\frac{4\pi^2 R}{gT^2}\right)^{\frac{1}{3}}}$$

【点评】 题中直接给出了引力势能公式，降低了难度。此题以同步卫星切入，意在考查万有引力定律、牛顿运动定律、圆周运动、机械能守恒定律及其相关知识。

例8 （北约）在真空中，质量为 m_1 和 m_2 的两个小球，只受万有引力作用，某个时刻，两球相距 r_0，m_1 的速度为 v_0，方向指向 m_2；m_2 的速度为 v_0，速度垂直于两球球心连线，问当速度 v_0 满足什么关系时，两个小球的间距可以为无穷远。

【解析】 我们可以换一个参考系，如以小球 m_1 为参考系，该参考系有加速度 a_1，为非惯性系，小球 m_2 相对于 m_1 的初速度为 $\sqrt{2}v_0$，设两个小球之间的万有引力为 F，则小球 m_2 受力为 $F + m_2 a_1$，F 为万有引力，$m_1 a_1$ 为惯性力。

又因为对于小球 m_1 而言，由于牛顿运动定律

$$F = m_1 a_1$$

则以小球 m_1 为参考系，小球 m_2 的受力为

$$F+m_2a_1=\left(1+\frac{m_2}{m_1}\right)F=\left(1+\frac{m_2}{m_1}\right)\frac{Gm_1m_2}{r^2}=G\frac{(m_1+m_2)m_2}{r^2}$$

其中,r 表示两者之间距离.

相当于固定小球 m_1,且把小球 m_2 的质量变为 $\frac{(m_1+m_2)m_2}{m}$,则要两个小球的间距为无穷远,则有

$$\frac{1}{2}m(\sqrt{2}v_0)^2-G\frac{(m_1+m_2)m_2}{m}\frac{m_1}{r_0}\geqslant 0$$

解得

$$v_0\geqslant\sqrt{\frac{G(m_1+m_2)}{r_0}}$$

例9 (南京大学)在一根长为 h 的细线上端固定于 O 点,下端悬挂着一个小球,现给小球一个水平初速度 v_0,大小为 $\sqrt{\frac{7gh}{2}}$,如图 4.18 所示.

(1) 小球转过多大角度时开始不做圆周运动?

(2) 证明小球恰能击中最低点.

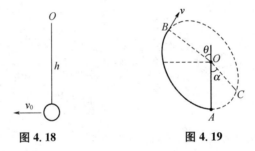

图 4.18   图 4.19

【解析】 (1) 设小球转到如图 4.19 所示的 B 点位置时,线的张力恰好为零,这点就是小球脱离圆形轨道做斜上抛运动的位置.

小球从 A 到 B 满足

$$\frac{1}{2}mv_0^2=\frac{1}{2}mv^2+mgh(1+\cos\theta)$$

在 B 点有

$$mg\cos\theta=\frac{mv^2}{h}$$

解得 $\theta=60°$,$v=\sqrt{\frac{gh}{2}}$. 故小球转过 120°时开始不做圆周运动.

(2) 设小球运动时间 t 后到 C 点,此时线刚好绷紧,则

$$vt\cos\theta=h\sin\theta+h\sin\alpha$$

$$-(h\cos\theta+h\cos\alpha)=vt\sin\theta-\frac{1}{2}gt^2$$

解得 $\alpha=0°$,即小球做斜抛运动后恰能击中最低点 A.

例10 (清华大学)如图 4.20 所示,卫星携带一探测器在半径为 $3R$(R 为地球半径)的圆轨道上绕地球飞行.在 a 点,卫星上的辅助动力装置短暂工作,将探测器沿运动方向射出(设辅

助动力装置喷出的气体质量可忽略).若探测器恰能完全脱离地球的引力,而卫星沿新的椭圆轨道运动,其近地点 b 距地心的距离为 nR(n 略小于 3),求卫星与探测器的质量比.(质量分别为 M、m 的两个质点相距为 r 时的引力势能为 $-GMm/r$,式中 G 为引力常量)

【解析】 设地球质量为 M,卫星质量为 m,探测器质量为 m',当卫星与探测器一起绕地球做圆周运动时,由万有引力定律和牛顿第二定律得:

$$\frac{GM(m+m')}{(3R)^2} = (m+m')\frac{v^2}{3R} \qquad ①$$

$$v^2 = \frac{GM}{3R} \qquad ②$$

设分离后探测器速度为 v',探测器刚好脱离地球引力应满足

$$\frac{1}{2}m'v'^2 - \frac{GMm'}{3R} = 0 \qquad ③$$

$$v' = \sqrt{\frac{2GM}{3R}} = \sqrt{2}\,v \qquad ④$$

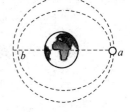

图 4.20

分离后卫星速度为 u,由机械能守恒定律可得

$$\frac{1}{2}mv_{近}^2 - \frac{GMm}{nR} = \frac{1}{2}mu^2 - \frac{GMm}{3R} \qquad ⑤$$

由开普勒第二定律有

$$nRv_{近} = 3Ru \qquad ⑥$$

联立解得

$$u = v\sqrt{\frac{2n}{3+n}} \qquad ⑦$$

由分离前后动量守恒定律可得

$$(m+m')v = mu + m'v' \qquad ⑧$$

联立④、⑦、⑧式可得

$$\frac{m}{m'} = \frac{\sqrt{2}-1}{1-\sqrt{\dfrac{2n}{3+n}}}$$

强化训练

7.(北京大学)质量为 $6m$ 的匀质绳置于特制的水平桌面上,绳的一端悬垂于桌边外,另一端系有一个可视为质点的质量为 M 的木块,如图 4.21 所示.木块在 AB 段与桌面没有摩擦,在 BE 段与桌面有摩擦,匀质绳与桌面的摩擦可忽略.初始时刻用手按住木块使其停在 A 处,绳处于绷紧状态,$AB=BC=CD=DE=L$,绳长为 $6L$.放手后,木块最终停在 C 处.桌面距地面高度大于 $6L$,求:

(1)木块刚滑至 B 点时的速度 v_B 和木块与 BE 段的动摩擦因数 μ.

(2)若木块在 BE 段与桌面的动摩擦因数变为 $\mu' = \dfrac{21m}{4M}$,则木块最终停在何处?

(3)是否存在一个 μ 值,能使木块从 A 处释放后,最终停在 E 处后

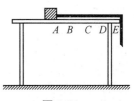

图 4.21

不再运动?若能,求出该 μ,若不能,简要说明理由.

【解析】 (1)木块从 A 运动到 B 有

$$-2mgL = -3mg \cdot \frac{3}{2}L + \frac{(M+6m)v_B^2}{2}$$

$$v_B = \sqrt{\frac{5mgL}{M+6m}}$$

木块从 A 运动到 C 有

$$-2mgL - (-4mg \cdot 2L) = \mu MgL$$

解得 $\mu = \frac{6m}{M}$.

(2)设木块能从 B 点再向右滑动 x 停下,由功能关系得

$$\left(\frac{3L+x}{L}\right)mg\left(\frac{3L+x}{2}\right) - 2mgL = \mu'Mgx$$

$$x = 2L \text{ 或 } x = 2.5L(舍去)$$

即木块将从 C 点再滑动 L,最终停在 D 处.

(3)木块要停在 E 处,须满足

$$\mu''Mg \geqslant 6mg$$

而要木块滑动 E 点须满足

$$6mg \cdot 3L - 2mgL = \mu''Mg \cdot 3L \text{ 即 } \mu''Mg = \frac{16}{3}mg$$

两者互相矛盾,所以不能.

8.(北京大学)如图 4.22 所示,固定斜面 ABC 的水平底面长为 l,两个底角分别为 θ_1 和 θ_2,小物块从 A 端以某初速度沿 AB 面向上运动,到达顶端 B 处后能平衡地拐弯再沿 BC 面向下运动,到达 C 端时速度恰为在 A 处初速度的 $\frac{1}{\sqrt{2}}$ 倍.将小物块到达 C 端时的速度记为 v,设小物块与斜面体间的摩擦因数处处相同.

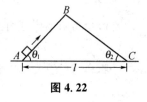

图 4.22

(1)试求动摩擦因数 μ.

(2)小物块若以同样的初速度改从 C 端沿 CB 向上运动,试求小物块到达 A 端时的速度 v_A 和小物块到达顶端 B 处时的速度 v_B.取 $\theta_1 = 45°, \theta_2 = 30°, v^2 = 2gl$,计算出 v_B.

【解析】 (1)对 A—B—C 过程,由功能原理

$$\mu mg\cos\theta_1 \cdot s_{AB} + \mu mg\cos\theta_2 \cdot s_{BC} = \frac{1}{2}m(\sqrt{2}v)^2 - \frac{1}{2}mv^2$$

由几何关系 $\cos\theta_1 \cdot s_{AB} + \cos\theta_2 \cdot s_{BC} = l$,所以小滑块克服摩擦力做的功 μmgl.

可得

$$\mu mgl = \frac{1}{2}mv^2$$

所以

$$\mu = \frac{v^2}{2gl}$$

①

(2) 对 C—B—A 过程，小滑块克服摩擦力做的功 μmgl，所以到达 A 点的速度 $v_A = v$.
由功能原理：

$$\mu mgh_B \cot\theta_2 + mgh_B = \frac{1}{2}m(\sqrt{2}v)^2 - \frac{1}{2}mv_B^2 \qquad ②$$

$$h_B(\cot\theta_1 + \cot\theta_2) = l \qquad ③$$

由①、②、③式可得

$$v_B = \sqrt{\frac{v^2(2\cot\theta_1 + \cot\theta_2) - 2gl}{\cot\theta_1 + \cot\theta_2}}$$

代入数据可得

$$v_B = \sqrt{2gl}$$

9. 假定地球固体部分为很硬的均匀圆球，其上覆盖海水. 当地球以角速度 ω 旋转（自转）时，水面将呈扁球形. 试求海水在两极与赤道处的深度差.（设水深远小于地球的半径）

【解析】 由于地球自转的影响，水将被"甩"向赤道两边，从而使得赤道处水的深度比两极处大，这个深度差远小于地球半径 R. 设赤道和两极处的水深分别为 h_1、h_2，$\Delta h = h_1 - h_2$，地球质量为 M，引力常数 G.

水可以视为理想流体，平衡时其内部无切向力，故水的表面为一等势面，这里的势是引力势和离心势，离心势的表达式可类比弹簧得到，但带有负号（离心力远离中心方向）.

由以上分析，有：

$$-\frac{GM}{R+h_2} = -\frac{GM}{R+h_1} - \frac{1}{2}M\omega^2(R+h_1)^2$$

由 $h_1, h_2 \ll R$，有：

$$\Delta h = h_1 - h_2 = \frac{M\omega^2 R^2}{2g}$$

10. 宇宙间某一惯性参考系中，有两个质点 A 和 B，质量分别为 m 和 M，相距 l_0. 开始时 A 静止，B 具有沿 A、B 连线延伸方向的初速度 v_0. 由于万有引力和外力 F 的作用，B 做匀速运动.

(1) 试求 A、B 间距离最大时的 F 值；

(2) 试求从开始到 A、B 相距最远时力 F 做的功；

(3) 试对(1)、(2) 的结论加以讨论.

【解析】(1) 将原来的惯性系统记为 s，在 s 系中 B 为运动质点，要计算 F 力做的功相当困难. 因此改取相对 B 静止的参照系 s'（因为 B 相对 s 系做匀速运动，所以 s' 也是惯性系）. 在 s' 系中，B 没有位移，所以力 F 做功为零，计算得以简化. 在 s' 系中，A 开始以 v_0 背离 B 运动，最后在万有引力的作用下减速到零，此时 A、B 间距离最大，记为 l_{max}，在 s' 系中，根据机械能守恒有

$$\frac{1}{2}mv_0^2 - G\frac{Mm}{l_0} = -G\frac{Mm}{l_{max}}$$

所以

$$l_{max} = \frac{2l_0 GM}{2GM - l_0 v_0^2}$$

此时 A、B 之间的万有引力

$$F_{引} = \frac{GMm}{l_{max}^2} = \frac{m(2GM - l_0 v_0^2)^2}{4l_0^2 GM}$$

这就是此时的 F 力的大小.

(2) 回到 s 系,当 A、B 的间距达到 $l_{\max}$ 时,A、B 都以 v_0 速度运动,根据功能原理,F 力做的功

$$W = \left[\frac{1}{2}(m+M)v_0^2 - G\frac{mM}{l_{\max}}\right] - \left(\frac{1}{2}Mv_0^2 - G\frac{mM}{l_0}\right) = \frac{1}{2}mv_0^2 + GmM\left(\frac{1}{l_0} - \frac{1}{l_{\max}}\right)$$

由(1)中可知

$$GmM\left(\frac{1}{l_0} - \frac{1}{l_{\max}}\right) = \frac{1}{2}mv_0^2$$

因此 $W = mv_0^2$.

(3) 因为 $l_{\max}$ 只能取正值,所以从(1)的解中可看出讨论结果只适用于

$$v_0 < \sqrt{\frac{2GM}{l_0}}$$

否则 $l_{\max} \to \infty$,即在 A、B 相距无穷远之前,A 不可能达到 v_0. 当 $l_{\max} \to \infty$ 时,万有引力消失,此时 $F = 0$. 在 s' 系中,设 A 最后的速度是 v'_t,对 A 用动能定理可有

$$\frac{1}{2}mv_t'^2 - \frac{1}{2}mv_0^2 = -G\frac{mM}{l_0}$$

解得

$$v'_t = \sqrt{v_0^2 - \frac{2GM}{l_0}} < v_0$$

在 s 系中的速度则有

$$v_t = v_0 - v'_t$$

于是 F 力做的功

$$W = \left[\frac{1}{2}m(v_0 - v'_t)^2 + \frac{1}{2}Mv_0^2\right] - \left[\frac{1}{2}Mv_0^2 - G\frac{mM}{l_0}\right]$$

将 v'_t 代入后可解得

$$W = mv_0\left(v_0 - \sqrt{v_0^2 - \frac{2GM}{l_0}}\right)$$

11. 质量为 m 的宇宙飞船绕地球中心 O 做圆周运动,已知地球半径为 R,飞船轨道半径为 $2R$. 现要将飞船转移到另一个半径为 $4R$ 的新轨道上,如图 4.23 所示,求:

(1) 转移所需的最少能量;

(2) 如果转移是沿半椭圆双切轨道进行的,如图 4.23 中的 ACB 所示,则飞船在两条轨道的交接处 A 和 B 的速度变化 Δv_A 和 Δv_B 各为多少?

【解析】(1) 宇宙飞船在 $2R$ 轨道上绕地球运动时,由万有引力提供向心力,令其速度为 v_1,乃有:

$$\frac{GMm}{(2R)^2} = \frac{mv_1^2}{2R}$$

故得:

$$v_1 = \sqrt{\frac{GM}{2R}}$$

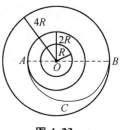

图 4.23

此时飞船的动能和引力势能分别为:

$$E_{k1} = \frac{1}{2}mv_1^2 = \frac{GMm}{4R}$$

$$E_{p1} = -\frac{GMm}{2R}$$

所以飞船在 $2R$ 轨道上的机械能为:
$$E_1 = E_{k1} + E_{p1} = -\frac{GMm}{4R}$$

同理可得飞船在 $4R$ 轨道上的机械能为:
$$E_2 = -\frac{GMm}{8R}$$

以两轨道上飞船所具有的机械能比较,知其机械能的增量即为实现轨道转移所需的最少能量,即:
$$\Delta E = E_2 - E_1 = \frac{GMm}{8R}$$

(2)由(1)已得飞船在 $2R$ 轨道上运行的速度为
$$v_1 = \sqrt{\frac{GM}{2R}}$$

同样可得飞船在 $4R$ 轨道上运行的速度为:
$$v_2 = \sqrt{\frac{GM}{4R}}$$

设飞船沿图示半椭圆轨道 ACB 运行时,在 A、B 两点的速度分别为 v'_1 和 v'_2.则由开普勒第二定律可得:
$$v'_1 \cdot 2R = v'_2 \cdot 4R$$

又由于飞船沿此椭圆轨道的一半运行中机械能守恒,故应有:
$$\frac{1}{2}mv'^2_1 - \frac{GMm}{2R} = \frac{1}{2}mv'^2_2 - \frac{GMm}{4R}$$

联立以上两式解之可得:
$$v'_1 = \sqrt{\frac{2GMm}{3R}} \qquad v'_2 = \frac{1}{2}\sqrt{\frac{2GMm}{3R}}$$

故得飞船在 A、B 两轨道交接处的速度变化量分别为:
$$\Delta v_A = v'_1 - v_1 = \left(\sqrt{\frac{4}{3}} - 1\right)\sqrt{\frac{GM}{2R}}$$

$$\Delta v_B = v_2 - v'_2 = \left(1 - \sqrt{\frac{2}{3}}\right)\sqrt{\frac{GM}{4R}}$$

12. 如图 4.24 所示,哈雷彗星绕太阳 S 沿椭圆轨道逆时针方向运动,其周期 T 为 76.1 年. 1986 年它过近日点 P_0 时,与太阳 S 的距离 $r_0 = 0.590$ AU,AU 是天文单位,它等于地球与太阳的平均距离. 经过一段时间,彗星到达轨道上的 P 点,SP 与 SP_0 的夹角 $\theta_P = 72.0°$. 已知:1 AU $= 1.50 \times 10^{11}$ m,引力常量 $G = 6.67 \times 10^{-11}$ m³·kg⁻¹·s⁻²,太阳质量 $m_s = 1.99 \times 10^{30}$ kg. 试求 P 到太阳 S 的距离 r_P 及彗星过 P 点时速度的大小及方向(用速度与 SP 的夹角表示).

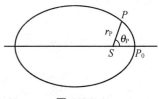

图 4.24

【解析】 取直角坐标系 xOy,原点 O 位于椭圆的中心,则哈雷彗星的椭圆轨道方程为

$$\frac{x^2}{a^2}+\frac{y^2}{b^2}=1 \qquad ①$$

式中,a、b 分别为椭圆的半长轴和半短轴,太阳 S 位于椭圆的一个焦点处,如图 4.25 所示。

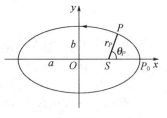

图 4.25

以 T_e 表示地球绕太阳运动的周期,则 $T_e = 100$ 年;以 a_e 表示地球到太阳的距离(认为地球绕太阳做圆周运动),则 $a_e = 1.00$ AU,根据开普勒第三定律,有:

$$\frac{a^3}{a_e^3}=\frac{T^2}{T_e^2} \qquad ②$$

设 c 为椭圆中心到焦点的距离,由几何关系得

$$c = a - r_0 \qquad ③$$
$$b = \sqrt{a^2 - c^2} \qquad ④$$

由图 4.25 可知,P 点的坐标

$$x = c + r_P \cos\theta_P \qquad ⑤$$
$$y = r_P \sin\theta_P \qquad ⑥$$

把 ⑤、⑥ 式代入 ① 式化简得

$$(a^2 \sin^2\theta_P + b^2 \cos^2\theta_P) + 2b^2 c r_P \cos\theta_P + b^2 c^2 - a^2 b^2 = 0 \qquad ⑦$$

根据求根公式可得

$$r_P = \frac{b^2(a - c\cos\theta_P)}{a^2\sin^2\theta_P + b^2\cos^2\theta_P} \qquad ⑧$$

由 ②、③、④、⑧ 式并代入有关数据得

$$r_P = 0.896 \text{ AU} \qquad ⑨$$

可以证明,彗星绕太阳做椭圆运动的机械能为

$$E = -\frac{Gmm_s}{2a} \qquad ⑩$$

式中,m 为彗星的质量。以 v_P 表示彗星在 P 点时速度的大小,根据机械能守恒定律有

$$\frac{1}{2}mv_P^2 + \left(-\frac{Gmm_s}{r_P}\right) = -\frac{Gmm_s}{2a} \qquad ⑪$$

得

$$v_P = \sqrt{Gm_s} \cdot \sqrt{\frac{2}{r_P} - \frac{1}{a}} \qquad ⑫$$

代入有关数据得

$$v_P = 4.39 \times 10^4 \text{ m} \cdot \text{s}^{-1} \qquad ⑬$$

设 P 点速度方向与 SP_0 方向的夹角为 φ(图 4.26),根据开普勒第二定律

$$r_P v_P \sin(\varphi - \theta_P) = 2\sigma \qquad ⑭$$

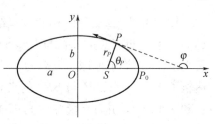

图 4.26

其中 σ 为面积速度,并有

$$\sigma = \frac{\pi a b}{T} \qquad ⑮$$

由 ⑨、⑬、⑭、⑮ 式并代入有关数据可得

$$\varphi = 127° \qquad ⑯$$

第五章 冲量和动量

知识地图

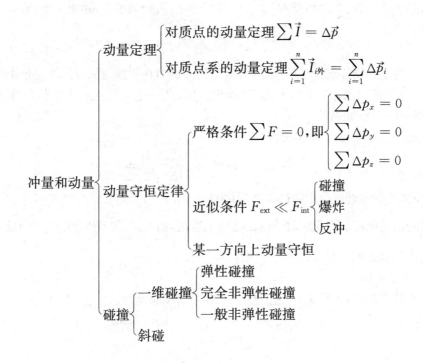

第1节　动量定理

考点梳理

1. 动量

在牛顿定律建立以前，人们为了量度物体做机械运动的"运动量"，引入了动量的概念. 当时在研究碰撞和打击问题时认识到：物体的质量和速度越大，其"运动量"就越大. 物体的质量和速度的乘积 mv 遵从一定的规律. 例如，人们在研究两个物体的碰撞时发现，这两个物体的动量的改变必然是大小相等、方向相反. 在这些事实基础上，人们就引用 mv 来量度物体的"运动量"，称之为动量.

2. 冲量

要使原来静止的物体获得某一速度，可以用较大的力作用较短的时间或用较小的力作用较长的时间，只要力 F 和力作用的时间 Δt 的乘积相同，所产生的改变这个物体的速度效果就一样，在物理学中把 $\vec{F}\Delta t$ 叫做冲量.

3. 牛顿第二运动定律的动量表达式

$$F = ma = m\frac{\Delta v}{\Delta t} = \frac{\Delta mv}{\Delta t} = \frac{\Delta p}{\Delta t}$$

即：物体所受的合外力等于物体动量变化率.

当质点的质量随时间变化时，$F = ma$ 已经不适用，而 $F = \frac{\Delta p}{\Delta t}$ 仍然成立. 用动量形式表示的牛顿第二定律具有更大的普遍性.

4. 质点动量定理

由牛顿定律，容易得出动量和冲量之间的联系. 对单个质点：

$$F\Delta t = ma\Delta t = m\Delta v = mv_1 - mv_0$$
$$\vec{F}\Delta t = \Delta \vec{p}$$
$$\sum \vec{I} = \Delta \vec{p}$$

即：冲量等于动量的增量，这就是质点动量定理.

$\vec{F} = \frac{\Delta \vec{p}}{\Delta t}$ 这就是牛顿第二定律的动量表达式. $\vec{F} = m\vec{a}$ 则是牛顿第二定律的加速度表达式.

在应用动量定理时要注意它是矢量式，速度的变化前后的方向可以在一条直线上，也可以不在一条直线上，当不在一直线上时，可将矢量投影到某方向上，分量式为：

$$F_x\Delta t = mv_{tx} - mv_{0x}$$
$$F_y\Delta t = mv_{ty} - mv_{0y}$$
$$F_z\Delta t = mv_{tz} - mv_{0z}$$

5. 质点系动量定理

对于多个物体组成的质点系，按照力的作用者划分成内力和外力. 对各个质点用动量定理：

第 1 个：$\vec{I}_{1外} + \vec{I}_{1内} = m_1\vec{v}_{1t} - m_1\vec{v}_{10}$

第2个：$\vec{I}_{2外} + \vec{I}_{2内} = m_2\vec{v}_{2t} - m_2\vec{v}_{20}$

⋮　　　　　　⋮

第n个：$\vec{I}_{n外} + \vec{I}_{n内} = m_n\vec{v}_{nt} - m_n\vec{v}_{n0}$

由牛顿第三定律：
$$\vec{I}_{1内} + \vec{I}_{2内} + \cdots + \vec{I}_{n内} = 0$$

因此得到：
$$\vec{I}_{1外} + \vec{I}_{2外} + \cdots + \vec{I}_{n外} = (m_1\vec{v}_{1t} + m_2\vec{v}_{2t} + \cdots + m_n\vec{v}_{nt}) - (m_1\vec{v}_{10} + m_2\vec{v}_{20} + \cdots + m_n\vec{v}_{n0})$$
即：
$$\sum_{i=1}^{n}\vec{I}_{i外} = \sum_{i=1}^{n}\Delta\vec{p}_i$$

这就是对系统的动量定理. 即：质点系所有外力的冲量和等于物体系总动量的增量.

实际上将对质点系的牛顿定律 $\sum_{i=1}^{n}\vec{F}_{i外} = \sum_{i=1}^{n}(m_i\vec{a}_i)$ 的两边同乘以 Δt. 即可得到：
$$\sum_{i=1}^{n}\vec{I}_{i外} = \sum_{i=1}^{n}\Delta\vec{p}_i$$

即对系统的动量定理.

典型例题

例1 （卓越）如图 5.1 所示，长为 L，质量为 M 的木块静止在光滑水平面上. 质量为 m 的子弹以水平速度 v_0 射入木块并从中射出. 已知从子弹射入到射出木块移动的距离为 s，则子弹穿过木块所用的时间为　　　　　　　　　　（　　）

A. $\dfrac{L+s}{v_0}$　　　　　　　　B. $\dfrac{1}{v_0}\left[L + \left(1 + \dfrac{M}{m}\right)s\right]$

C. $\dfrac{1}{v_0}\left[L + \left(1 + \dfrac{m}{M}\right)s\right]$　　　　D. $\dfrac{1}{v_0}\left[s + \left(1 + \dfrac{M}{m}\right)L\right]$

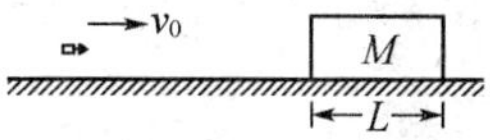

图 5.1

【答案】 D

【解析】 子弹穿过木块过程，子弹和木块系统动量守恒，有：
$$mv_0 = mv_1 + Mv_2$$
设子弹穿过木块过程所受阻力为 f，对子弹，由动能定理
$$-f(s+L) = \frac{1}{2}mv_1^2 - \frac{1}{2}mv_0^2$$
由动量定理
$$-ft = mv_1 - mv_0$$
对木块，由动能定理
$$fL = \frac{1}{2}Mv_2^2$$
由动量定理
$$ft = Mv_2$$
联立以上各式解得
$$t = \frac{1}{v_0}\left[s + \left(1 + \frac{M}{m}\right)L\right]$$

选项 D 正确.

例 2 (华约)如图 5.2 所示,竖直墙面和水平地面均光滑,质量分别为 $m_A = m$, $m_A = 3m$ 的 A、B 两物体如图所示放置,其中 A 紧靠墙壁,A、B 之间由质量不计的轻弹簧相连. 现对 B 物体缓慢施加一个向左的力,该力做功 W,使 A、B 之间弹簧被压缩但系统静止,后突然撤去向左推力解除压缩,求:

(1) 从撤去外力到物块 A 运动,墙壁对 A 的冲量大小?

(2) A、B 都运动后,A、B 两物体的最小速度各是多大?

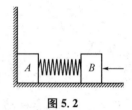

图 5.2

【解析】 (1) 压缩弹簧时外力做功全部转化为弹性势能,撤去外力后,物体 B 在弹力作用下做加速度运动. 在弹簧恢复原长的过程中,系统的机械能守恒. 设弹簧恢复原长时,物体 B 的速度为 v_{B0},有:

$$W = \frac{3}{2}mv_{B0}^2$$

解得 $v_{B0} = \sqrt{\dfrac{2W}{3m}}$.

此过程中墙对 A 的冲量大小等于弹簧对 A 的冲量大小,也等于弹簧对 B 的冲量大小,则

$$I = 3mv_{B0}$$

联立解得 $I = \sqrt{6mW}$.

(2) 当弹簧恢复原长后,物体 A 的速度为最小值 $v_{A0} = 0$.

物体 A 离开墙壁后,弹簧伸长,A 的速度逐渐增大,B 的速度逐渐减小. 当弹簧恢复原长时,物体 A 达到最大速度 v_A,物块 B 的速度减小到最小值 v_B,在此过程中系统的动量和机械能守恒,有:

$$3mv_{B0} = mv_A + 3mv_B$$

$$\frac{1}{2} \cdot 3mv_{B0}^2 = \frac{1}{2} \cdot mv_A^2 + \frac{1}{2} \cdot 3mv_B^2$$

化简得

$$3(v_{B0} - v_B) = v_A$$

$$3(v_{B0} - v_B)(v_{B0} + v_B) = v_A^2$$

则

$$v_{B0} - v_B = \frac{v_A}{3}$$

$$v_{B0} + v_B = v_A$$

联立解得

$$v_B = \frac{1}{2}v_{B0} = \sqrt{\frac{W}{6m}}$$

例 3 (北约)质量为 M、半径为 R 的匀质水平圆盘静止在水平地面上,盘与地面间无摩擦. 圆盘中心处有一只质量为 m 的小青蛙(可处理成质点),小青蛙将从静止跳出圆盘. 为解答表述一致,将青蛙跳起后瞬间相对地面的水平分速度记为 v_x,竖直向上的分速度记为 v_y,合成的初始速度大小记为 v,将圆盘后退的速度记为 u.

(1) 设青蛙跳起后落地点在圆盘外.

① 对给定的 v_x,可取不同的 v_y,试导出跳起过程中青蛙所做功 W 的取值范围,答案中可包含的参量为 M、R、m、g(重力加速度)和 v_x.

② 将①问所得 W 取值范围的下限记为 W_0,不同的 v_x 对应不同的 W_0 值,试导出其中最小者 $W_{\min}$,答案中可包含的参量为 M、R、m 和 g.

(2) 如果在原圆盘边紧挨着放另外一个相同的静止空圆盘,青蛙从原圆盘中心跳起后瞬间,相对地面速度的方向与水平方向夹角为 $45°$,青蛙跳起后恰好能落在空圆盘的中心. 跳起过程中青蛙所做功记为 W',试求 W' 与(1)中②问所得 $W_{\min}$ 间的比值 $\gamma = W'/W_{\min}$,答案中可包含的参量为 M 和 m.

【解析】 (1) 青蛙跳起后点在圆盘外.

① 青蛙跳起过程,水平方向动量守恒. 由动量守恒定律

$$mv_x = Mu$$

$$v_x t + ut > R$$

$$v_y = \frac{gt}{2}$$

$$v^2 = v_x^2 + v_y^2$$

跳起过程中青蛙做功

$$W = \frac{1}{2}mv^2 + \frac{1}{2}Mu^2$$

联立解得

$$W > \frac{1}{2}mv_x^2 + \frac{mM^2g^2R^2}{8(m+M)^2v_x^2} + \frac{m^2v_x^2}{2M}$$

② $W_0 = \frac{1}{2}mv_x^2 + \frac{mM^2g^2R^2}{8(m+M)^2v_x^2} + \frac{m^2v_x^2}{2M} = \frac{m(M+m)v_x^2}{2M} + \frac{mM^2g^2R^2}{8(m+M)^2v_x^2}$

由于 $\dfrac{m(M+m)v_x^2}{2M} \cdot \dfrac{mM^2g^2R^2}{8(m+M)^2v_x^2} = \dfrac{m^2Mg^2R^2}{16(m+M)}$ 为定值,根据两个正数积一定,两数相等时和最小,即

$$\frac{m(M+m)v_x^2}{2M} = \frac{mM^2g^2R^2}{8(m+M)^2v_x^2}$$

解得

$$v_x^2 = \frac{MgR}{2(m+M)}\sqrt{\frac{M}{M+m}}$$

可得

$$W_{\min} = \frac{mgR}{4}\sqrt{\frac{M}{M+m}} + \frac{mMgR}{4(M+m)}\sqrt{\frac{M+m}{M}} = \frac{mgR}{2}\sqrt{\frac{M}{M+m}}$$

(2) 设青蛙起跳速度为 v,青蛙跳起过程,水平方向动量守恒. 有

$$mv\cos 45° = Mu$$

$$ut\cos 45° = 2R$$

$$v\sin 45° = \frac{gt}{2}$$

跳起过程中青蛙做功

$$W' = \frac{1}{2}mv^2 + \frac{1}{2}Mu^2$$

联立解得

$$W' = \left(1 + \frac{m}{2M}\right)mgR$$

$$\gamma = \frac{W'}{W_{\min}} = \left(2 + \frac{m}{M}\right)\sqrt{\frac{M+m}{M}}$$

例 4 （卓越）如图 5.3 所示，可视为质点的三个物块 A、B、C 质量分别为 m_1、m_2、m_3，三物块间有两根轻质弹簧 a、b，其原长均为 L_0，劲度系数分别为 k_a、k_b. a 的两端与物块连接，b 的两端与物块只接触不连接. a、b 被压缩一段距离后，分别由质量忽略不计的硬质连杆锁定，此时 b 的长度为 L，整个装置竖直置于水平地面上，重力加速度为 g.

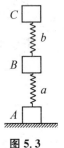

图 5.3

(1) 现解开对 a 的锁定，若当 B 到达最高点时，A 对地面压力恰为零，求此时 C 距地面的高度 H；

(2) 在 B 到达最高点瞬间，解除 a 与 B 的连接，并撤走 A 与 a，同时解除对 b 的锁定. 设 b 恢复形变时间极短，此过程中弹力冲量远大于重力冲量，求 C 的最大速度的大小 v_3（弹簧的弹性势能可以表示为 $E_p = \frac{1}{2}k\Delta x^2$，其中 Δx 为弹簧的形变量）；

(3) 求 C 自 b 解锁瞬间至恢复原长时上升的高度 h.

【解析】(1) 解除 a 的锁定后，在 a 的作用下，B、C 上升，恢复原长后，弹簧继续伸长，当 B 到达最高点时，A 对地面压力恰为零，设此时伸长量为 ΔL_a，由共点力平衡条件及胡克定律得：

$$k_a \Delta L_a = m_1 g$$

由 $H = \Delta L_a + L_0 + L$，得

$$H = \frac{m_1 g}{k_a} + L_0 + L$$

(2) 在解除 b 锁定的瞬间，由于弹簧恢复形变所需的时间极短，弹力远大于重力，因此此过程可视为动量守恒. 此时由于 B 到达最高点，因此 B 与 C 的速度均为零，设在 b 恢复原长时，B 的速度大小为 v_2，取竖直向上为正，由动量守恒定律得

$$m_3 v_3 - m_2 v_2 = 0$$

由于 b 恢复原长所需时间极短，此过程中弹力的冲量远大于重力冲量，因此系统的重力势能不变，由机械能守恒定律得

$$\frac{1}{2}m_2 v_2^2 + \frac{1}{2}m_3 v_3^2 = \frac{1}{2}k_a(L_0 - L)^2$$

联立以上两式可得

$$v_3 = (L_0 - L)\sqrt{\frac{m_2 k_b}{m_3(m_2 + m_3)}}$$

(3) 设 b 从解锁瞬间至恢复原长时所需时间为 Δt，B 高度的变化量 h'，由动量守恒定律可得：

$$m_3 \frac{h}{\Delta t} - m_2 \frac{h'}{\Delta t} = 0$$

由题意

$$h + h' = L_0 - L$$

$$h = \frac{m_2}{m_2 + m_3}(L_0 - L)$$

例 5 （卓越）一质量为 $m = 40$ kg 的孩童，站在质量为 $M = 20$ kg 的长木板的一端，孩童与木板在水平光滑冰面上以 $v_0 = 2$ m/s 的速度向右运动. 若孩童以 $a = 2$ m/s² 相对木板的匀加速度跑向另一端，并从端点水平跑离木板时，木板恰好静止.

(1) 判断孩童跑动的方向；

(2) 求出木板的长度 L.

【解析】 (1) 孩童应沿着木板运动的方向跑动，即孩童开始时应站在木板的左端，向右跑.

(2) 设孩童跑离木板时相对木板的速度为 u，根据匀加速直线运动规律得：

$$u^2 = 2aL$$

设孩童跑离木板时，木板相对于冰面的速度为 v，孩童相对于冰面的速度为

$$v' = u + v$$

由于冰面光滑，孩童和木板组成的系统在水平方向上不受外力，所以动量守恒. 选冰面为参照系，v_0 的方向为坐标正方向，则有

$$(M + m)v_0 = Mv + mu$$

若木板恰好静止，即要求木板相对冰面的速度 $v = 0$，由此可得

$$u = \frac{M + m}{m}v_0$$

综合上述各式得

$$L = \frac{1}{2a}\left(\frac{M + m}{m}\right)^2 v_0^2$$

代入已知数据得 $L = 2.25$ m.

强化训练

1. 一个 1 cm³ 的钢球在一个装满蜂蜜的罐子里，以 1 cm/s 的速度下沉. 如果蜂蜜的密度为 2 g/cm³，则蜂蜜的动量为多大？

【解析】 质量分布及由质量分布决定的质心，随着钢球的下沉而时刻不同. 在 t 时刻，质心的位移为

$$s = vt \cdot \frac{\rho_b V - \rho_h V}{M}$$

其中，M 是系统的总质量，V 是球的体积，ρ_h 和 ρ_b 分别是蜂蜜和钢球的密度. 得到这个式子是因为当球下沉一段距离 vt，可以视作其和一个相同体积的蜂蜜球交换了位置. 因此可以得到系统的总动量为

$$p_{总} = \frac{Ms}{t} = v\rho_b V - v\rho_h V$$

上式中右边第一项为钢球的动量，第二项为蜂蜜的动量

$$p_{蜂蜜} = -v\rho_h V = -2 \text{ g} \cdot \text{cm/s}$$

负号表示蜂蜜动量的方向是向上的，其大小等于一个与钢球运动速度相等、方向相反的向

上运动的蜂蜜球的动量大小.

2. 在地面以初速度 v_1 竖直上抛一皮球,皮球落地时速度大小为 v_2,若皮球运动过程中所受到的空气阻力大小与它的速度成正比,试求皮球在空中运动的时间.

【解析】 由动量定律得:
$$mgt + \sum kt \cdot \Delta t = mv_2 - m(-v_1)$$
由于
$$\sum kv \cdot \Delta t = \sum k\Delta s = 0$$
$$t = \frac{v_2 + v_1}{g}$$

3. 飞船以 1.0×10^4 m/s 的速度进入 $\rho = 2.0 \times 10^{-5}$ kg/m³ 的微陨石云中,若飞船最大横截面积为 5 m²,且近似认为微陨石与飞船相碰后都立即附在飞船上,求飞船所受的平均制动力为多少?

【解析】 在太空中研究物体的运动一定要选好参照物. 若能以飞船为参照物,而陨石则以速率 $v = 1.0 \times 10^4$ m/s 向飞船飞去,此题就成了典型的碰撞问题.

以飞船为参照物,则飞船相对陨石静止,而质量为 Δm 的陨石则以速率 v 碰向飞船.
$$\Delta m = S\rho\Delta L$$
其中,S 为飞船的横截面积.

如图 5.4 所示,设向左为正,陨石对飞船平均撞击力为 $\overline{F}$,撞击时间为 Δt,根据动量定理 $I = \Delta p$,有:
$$-\overline{F} \cdot \Delta t = 0 - \Delta m \cdot v$$
其中
$$\Delta m = (v \cdot \Delta t)S\rho$$

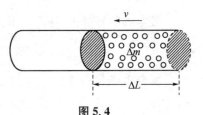

图 5.4

得
$$\overline{F} \cdot \Delta t = v \cdot \Delta t S\rho v$$
$$\overline{F} = \rho S v^2 = 1 \times 10^4 \text{ N}$$

【总结】 (1)研究对象中,陨石云无固定形态,要自己建立最简便的物理模型. 以 Δm 为陨石云的微元.

(2)平均冲力即飞船的平均制动力,应用动量定理 $I = \Delta p$ 求解. 其中:
$$\Delta p = \Delta mv$$
即
$$\overline{F}\Delta t = \Delta mv$$
要将 Δm 与 Δt 联系起来:
$$\Delta m = \rho \cdot \Delta V$$
而
$$\Delta V = \Delta L \cdot S = v \cdot \Delta t \cdot S$$

4. 一只盛水较浅的大容器的底部有一小孔,距小孔距离 h 为 20 cm 的下方有一块水平放置的玻璃板. 当打开小孔后,水通过小孔形成均匀水柱竖直冲向玻璃板,水碰到玻璃板以后形成张角为 120° 的漏斗状水花向四周飞出,如图 5.5 所示. 设水花飞离玻璃板的速率 v_2 为 2.0 m/s,且设水跟玻璃板接触的面积等于水柱的横截面积,$g = 10 \text{ m/s}^2$,试求刚开始放水时,水柱对玻璃板的压强.

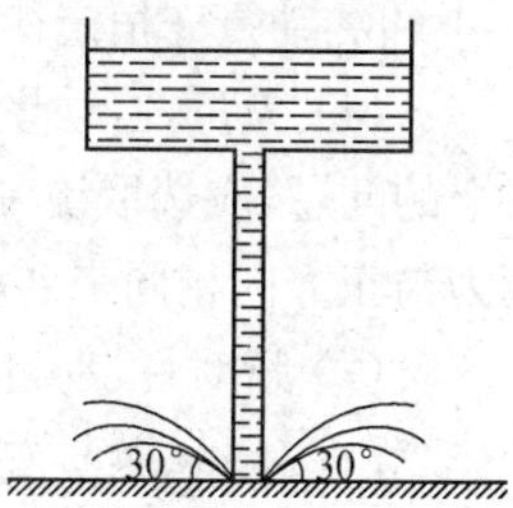

【解析】 设水与玻璃板作用时间为 Δt,水落到玻璃板前的速度

$$v_1 = \sqrt{2gh} = \sqrt{2 \times 10 \times 0.2} \text{ m/s} = 2 \text{ m/s}$$

$$(F - \Delta mg)\Delta t = \Delta m \left(v_1 + \frac{v_2}{2}\right)$$

$$F\Delta t - \rho v_1 \Delta t^2 S = \rho v_1 \Delta t S \times 3$$

忽略高阶小量 Δt^2

$$P = \frac{F}{S} = \rho v_1 \times 3 = 6 \times 10^3 \text{ Pa}$$

图 5.5

5. 如图 5.6 所示,用线将质量为 M 金属块和质量为 m 的木块连在一起浸没于水中,从静止开始以加速度 a 加速下沉,经过时间 t_1,线断了,再经过时间 t_2,木块停止下沉,求此时金属块 M 的速度.(设水为理想液体且金属块与木块组成的系统所受阻力与它们的速度无关)

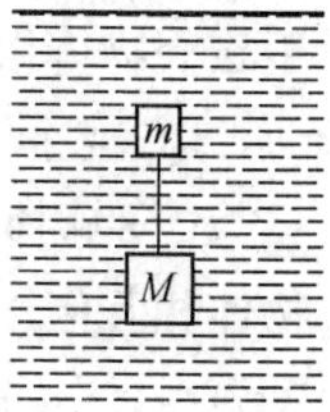

【解析】 显然,系统所受的合外力为:

$$F = (M+m)a$$

对系统用动量定理:

$$F(t_1 + t_2) = Mv_M + mv_m$$

于是有:

$$v_M = \frac{(M+m)(t_1+t_2)a}{M}$$

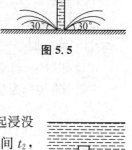

图 5.6

第 2 节 动量守恒

考点梳理

6. 动量守恒定律

如果一个系统不受外力或所受外力的矢量和为零,那么这个系统的总动量保持不变,这个结论叫做动量守恒定律. 动量守恒定律是自然界中最重要最普遍的守恒定律之一,它既适用于宏观物体,也适用于微观粒子;既适用于低速运动物体,也适用于高速运动物体,它是一个实验规律. 相互间有作用力的物体体系称为系统,系统内的物体可以是两个、三个或者更多,解决实际问题时要根据需要和求解问题的方便程度,合理地选择系统.

7. 动量守恒定律适用条件

(1) 系统不受外力或系统所受的外力的矢量和为零.

(2) 系统所受外力的合力虽不为零,但比系统内力小得多.

(3) 系统所受外力的合力虽不为零,但在某个方向上的分力为零,则在该方向上系统的总动量保持不变 —— 分动量守恒.

(4) 在某些实际问题中,一个系统所受外力和不为零,内力也不是远大于外力,但外力在某个方向上的投影为零,那么在该方向上也满足动量守恒的条件.

8. 动量守恒定律的四性

(1) 矢量性:动量守恒方程是一个矢量方程,对于作用前后物体的运动方向都在同一直线上的问题,应选取统一的正方向.凡是与选取的正方向相同的为正,相反为负.若方向未知,可设为与正方向相同来列动量守恒方程,通过解的结果的正负,判定未知量的方向.

(2) 瞬时性:动量是一个瞬时量,动量守恒是指系统在任一瞬时的动量守恒. $m_1v_1 + m_2v_2 = m_1v_1' + m_2v_2'$ 等号左边是作用前的各物体动量和,等号右边是作用后的各物体动量和,不同时刻动量不能相加.

(3) 相对性:动量大小与选择的参考系有关,应注意各物体的速度是相对同一惯性系的速度,一般选取地面为参考系.

(4) 普适性:它不仅适用于两个物体组成的系统,也适用于多个物体组成的系统;不仅适用于宏观物体组成的系统,也适用于微观粒子组成的系统.

9. 碰撞

(1) 碰撞是指物体间相互作用时间极短,而相互作用力很大的现象.在碰撞过程中,系统内物体相互作用的内力一般远大于外力,故碰撞中的动量守恒.按碰撞前后物体的动量是否在一条直线区分,有正碰和斜碰.按碰撞过程中动能的损失情况区分,碰撞可分为三种:① 弹性碰撞,碰撞前后系统的总动量和总动能均不变.② 非弹性碰撞,碰撞中动能不守恒,只满足动量守恒,两物体的碰撞一般都是非弹性碰撞.③ 完全非弹性碰撞,两物体碰后合为一体,具有共同速度,满足动量守恒定律,但动能损失最大.

(2) 在物体发生相互作用时,伴随着能量的转化和转移.相互作用的系统一定满足能量守恒定律.若相互作用后有内能产生,则产生的内能等于系统损失的机械能.

10. 反冲现象和火箭

系统在内力作用下,当一部分向某一方向的动量发生变化时,剩余部分沿相反方向的动量发生同样大小变化的现象称为反冲现象.喷气式飞机、火箭等都是利用反冲运动的实例.若系统由两部分组成,且相互作用前总动量为零.一般为物体分离则有:$0 = mv + (M-m)v'$,M 是火箭箭体质量,m 是燃气改变量.参考系的选择是箭体.喷气式飞机和火箭的飞行应用了反冲的原理,它们都是靠喷出气流的反冲作用而获得巨大速度的.现代的喷气式飞机,靠连续不断地向后喷出气体,飞行速度能够超过 1 000 m/s.

11. 爆炸与碰撞的比较

(1) 爆炸与碰撞类问题的共同特点是物体的相互作用突然发生,相互作用的力为变力,作用时间很短,作用力很大,且远大于系统所受的外力,故可用动量守恒定律处理.

(2) 在爆炸过程中,有其他形式的能转化为动能,系统的动能在爆炸后可能增加;在碰撞过程中,系统总动能不可能增加,一般有所减少而转化为内能.

(3) 由于爆炸与碰撞类问题作用时间很短,作用过程中物体的位移很小,一般可忽略不计,可以把作用过程作为一个理想化过程简化处理,即作用后仍旧从作用前的瞬间的位置以新的动量开始运动.

12. 力学规律的优选策略

力学规律主要有:牛顿第二运动定律,动量定理和动量守恒定律,动能定理和机械能守恒定律,功能关系和能量守恒定律等.

(1) 牛顿第二定律揭示了力的瞬时效应,其表达式是:$F=ma$. 据此可知,在研究某一物体所受力的瞬时作用与物体运动的关系时,或者物体受到恒力作用,且又直接涉及物体运动过程中的加速度问题时,应选用牛顿第二定律和运动学公式. 若物体受到变力作用,对应瞬时加速度,只能应用牛顿第二定律分析求解.

(2) 动量定理反映了力对时间的积累效应,其表达式是:$Ft=\Delta p=mv_2-mv_1$. 据此可知,动量定理适合于不涉及物体运动过程中的加速度而涉及运动时间的问题,特别对于冲击类问题,因时间短且冲力随时间变化,应选用动量定理求解.

(3) 动能定理反映了力对空间的积累效应,其表达式是:$\sum W=\Delta E_k$. 据此可知,对于不涉及物体运动过程中的加速度和时间(对于机车恒定功率 P 运动,其牵引力的功 $W_牵=Pt$,可以涉及时间 t),而涉及力和位移、速度的问题,无论是恒力还是变力,都可选用动能定理求解.

(4) 如果物体(或系统)在运动过程中只有重力和弹簧的弹力做功,而又不涉及物体运动过程中的加速度和时间,对于此类问题应优先选用机械能守恒定律求解.

(5) 如果物体(或相互作用的系统)在运动过程中受到滑动摩擦力或空气阻力等的作用,应考虑应用功能关系或能量守恒定律. 两物体相对滑动时,系统克服摩擦力做的总功等于摩擦力与相对位移的乘积,也等于系统机械能的减少量,转化为系统的内能.

(6) 在涉及碰撞、爆炸、打击、绳绷紧等物理过程时,必须注意到一般这些过程中均隐含着系统中有机械能与其他形式能量之间的转化. 例如碰撞过程,机械能一定不会增加;爆炸过程,一定有化学能(或内能)转化为机械能(动能);绳绷紧时动能一定有损失. 对于上述问题,作用时间一般极短,动量守恒.

13. 正碰

(1) 弹性碰撞

在碰撞过程中没有机械能损失的碰撞称为弹性碰撞,由动能守恒有:

$$\frac{1}{2}m_1v_1^2+\frac{1}{2}m_2v_2^2=\frac{1}{2}m_1v_{10}^2+\frac{1}{2}m_2v_{20}^2$$

结合动量守恒解得:

$$v_1=\frac{m_1-m_2}{m_1+m_2}v_{10}+\frac{2m_2}{m_1+m_2}v_{20}$$

$$v_2=\frac{2m_1}{m_1+m_2}v_{10}+\frac{m_2-m_1}{m_1+m_2}v_{20}$$

对上述结果可作如下讨论:

① $m_1=m_2$,则 $v_1=v_{20}$,$v_2=v_{10}$,即 m_1,m_2 交换速度.

② 若 $m_1>m_2$,且 $v_{20}=0$,则 $v_1>0$,即质量大的球撞质量小的球,大球不可能被撞回.

③ 若 $m_1\gg m_2$,且 $v_{20}=0$,则 $v_1\approx v_{10}$,$v_2\approx 2v_{10}$,即质量大物速度几乎不变,小物以两倍于大物速度运动.

④ 若 $m_1\ll m_2$,且 $v_{20}=0$,则 $v_1=-v_{10}$,$v_2\approx 0$,即质量大物几乎不动,而质量小物原速率反弹.

(2) 完全非弹性碰撞

两物相碰粘合在一起或具有相同速度,被称为完全非弹性碰撞,在完全非弹性碰撞中,系统动量守恒,损失的机械能最大.

$$m_1 v_{10} + m_2 v_{20} = (m_1 + m_2) v$$

$$v = \frac{m_1 v_{10} + m_2 v_{20}}{m_1 + m_2}$$

碰撞过程中损失的机械能为

$$\Delta E = \frac{1}{2} m_1 v_{10}^2 + \frac{1}{2} m_2 v_{20}^2 - \frac{1}{2} (m_1 + m_2) v^2 = \frac{1}{2} \left(\frac{m_1 m_2}{m_1 + m_2} \right) (v_{10} - v_{20})^2$$

(3) 一般非弹性碰撞和恢复系数

一般非弹性碰撞是指碰撞后两物分开,速度 $v_1 \neq v_2$,且碰撞过程中有机械能损失,但比完全非弹性碰撞损失机械能要小. 物理学中用恢复系数来表征碰撞性质. 恢复系数 e 定义为

$$e = \frac{v_2 - v_1}{v_{10} - v_{20}}$$

① 弹性碰撞: $e = 1$.
② 完全非弹性碰撞: $v_1 = v_2$, $e = 0$.
③ 一般非弹性碰撞: $0 < e < 1$.

14. 斜碰

两物碰撞前后不在一条直线上,属于斜碰,如图 5.7 所示.

设两物间的恢复系数为 e,设碰撞前 m_1、m_2 速度为 v_{10}、v_{20},其法向、切向分量分别为 v_{10n}、v_{20n}、v_{10t}、v_{20t},碰后分离速度 v_1、v_2,法向、切向速度分量 v_{1n}、v_{2n}、v_{1t}、v_{2t},则有:

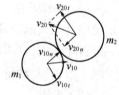

图 5.7

$$e = \frac{v_{2n} - v_{1n}}{v_{10n} - v_{20n}}$$

若两物接触处光滑,则应有 m_1、m_2 切向速度分量不变

$$v_{1t} = v_{10t}$$

$$v_{2t} = v_{20t}$$

若两物接触处有切向摩擦,这一摩擦力大小正比于法向正碰力,也是很大的力,它提供的切向冲量便不可忽略.

○ 典型例题

例 6 (北约) 质量为 m_0 的小球,以初速 v_0 与另一质量为 M(未知)的小球发生弹性正碰. 若碰后 m 球的速度为 $\frac{v_0}{2}$ 且与原方向相反,则 $M = $ _____;若碰后 m 球速率为 $\frac{v_0}{3}$ 且与原方向相同,则 $M = $ _____.

【答案】 $3m_0$ $\dfrac{m_0}{2}$

【解析】 若碰后质量为 m 球的速度为 $\dfrac{v_0}{2}$,且与原方向相反,由动量守恒定律

$$m_0 v_0 = m_0 \frac{v_0}{2} + Mv$$

由能量守恒定律

$$\frac{1}{2}m_0v_0^2 = \frac{1}{2}m_0\left(\frac{v_0}{2}\right)^2 + \frac{1}{2}Mv^2$$

联立解得

$$M = 3m_0$$

若碰后质量为 m 球的速度为 $\frac{v_0}{3}$，且与原方向相同，

由动量守恒定律

$$m_0v_0 = \frac{m_0v_0}{3} + Mv$$

由能量守恒定律

$$\frac{1}{2}m_0v_0^2 = \frac{1}{2}m_0\left(\frac{v_0}{3}\right)^2 + \frac{1}{2}Mv^2$$

联立解得

$$M = \frac{m_0}{2}$$

例 7（北约）两个相同的铁球，质量均为 m，由原长为 L_0、劲度系数为 k 的弹簧连接，设法维持弹簧在原长位置由静止释放两球（两球连线竖直）．设开始时下面铁球距离桌面的高度为 h，而且下面铁球与桌面的碰撞为完全非弹性的碰撞．

(1) 求弹簧的最大压缩量 x．

(2) 如果使铁球放在光滑水平面上绕过质心的竖直轴转动，此时弹簧长度变为 L，求转动的角速度 ω．

【解析】（1）两铁球开始一起做自由落体运动，着地时速度 $v_0 = \sqrt{2gh}$．

下面铁球着地后瞬间速度为零，而上面的铁球以速度 $v_0 = \sqrt{2gh}$ 向下运动压缩弹簧．当上面铁球的速度减小到零时，弹簧有最大压缩量 x，由能量守恒定律

$$\frac{1}{2}kx^2 = mgx + \frac{1}{2}mv_0^2$$

解得

$$x = \frac{mg + \sqrt{m^2g^2 + 2kmgh}}{k}$$

(2) 铁球绕过弹簧正中间的竖直轴转动，对铁球

$$k(L - L_0) = \frac{m\omega^2 L}{2}$$

解得

$$\omega = \sqrt{\frac{2k(L - L_0)}{mL}}$$

例 8 如图 5.8 所示，在光滑水平面上质量为 m 的 a 球去碰撞原来静止的 b 球，碰撞后 a、b 两球的速度方向分别与原来球的速度 v_0 的方向成 θ，φ 角，设碰撞过程无能量损失，求 b 球的质量 M 和 a、b 两球碰后的速度 v 和 u．

【解析】 本题为同一平面上的弹性斜碰问题，此时动量守恒定律的表达式 $m_1v_1 + m_2v_2 = m_1v_1' + m_2v_2'$ 是一个矢量式，在一维碰撞（正碰）的情况下，可采用选定正方向的方法，把矢量

式化为代数式,如果碰撞在二维或三维空间进行,则应在选定的坐标系中分别在 x,y,z 轴各方向上分别运用动量守恒定律求解,各个方向上的分动量守恒.

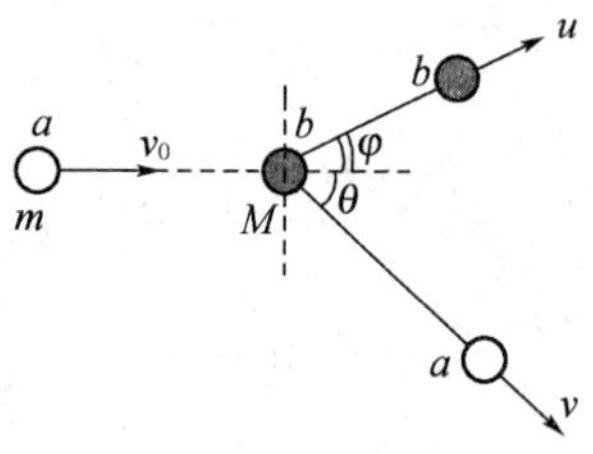

取图中 v_0 方向为 x 轴的正方向,取垂直于 v_0 方向向上为 y 轴正方向,根据动量守恒定律的分矢量式,在 x 方向上有

$$mv_0 = Mu\cos\varphi + mv\cos\theta \qquad ①$$

图 5.8

在 y 方向上有

$$Mu\sin\varphi = mv\sin\theta \qquad ②$$

解①、②式联立方程可得

$$v = \frac{v_0\sin\varphi}{\sin(\theta+\varphi)}$$

$$u = \frac{m}{M} \cdot \frac{v_0\sin\varphi}{\sin(\theta+\varphi)} \qquad ③$$

碰撞中无能量损失,有

$$\frac{1}{2}mv_0^2 = \frac{1}{2}mv^2 + \frac{1}{2}Mu^2 \qquad ④$$

将③式中,v 和 u 的结果代入④式得

$$M = \frac{m\sin^2\theta}{\sin^2(\theta+\varphi) - \sin^2\varphi}$$

将上式代入③式得

$$u = \frac{v_0\left[\sin^2(\theta+\varphi) - \sin^2\varphi\right]}{\sin\theta\sin(\theta+\varphi)}$$

【点评】 本题虽然只提供了平面系的解题方法,但这种思维方法和解题思路同样适用于三维空间的斜碰问题.

例9 (卓越)某同学用如图 5.9(a)所示的实验装置验证碰撞中动量守恒,他用两个质量相等、大小相同的钢球 A、B 进行实验.首先该同学使球 A 自斜槽某一高度由静止释放,从槽的末端水平飞出,测出球 A 落在水平地面上的点 P 与球飞出点在地面上垂直投影 O 的距离 L_{OP}.然后该同学使球 A 自同一高度由静止释放,在槽的末端与静止的球 B 发生非对心弹性碰撞(如图 5.9(b)所示),碰撞后两球向不同方向运动,测出两球落地点 M、N 与 O 点间的距离 L_{OM}、L_{ON}.该同学多次重复上述实验过程,并将测量值取平均.

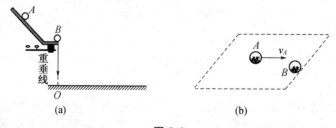

图 5.9

(1) 下列关系正确的是_____(填字母代号)
A. $L_{OP} = L_{OM} + L_{ON}$
B. $L_{OP} < L_{OM} + L_{ON}$
C. $L_{OP} > L_{OM} + L_{ON}$

(2) 根据实验原理,试推导出 OM 与 ON 间夹角的大小.

【解析】 (1) A 与静止的球 B 发生非对心弹性碰撞,动量守恒,由于二球质量相等,碰撞后二球速度的矢量和等于碰撞前 A 球速度,在图示的实验装置中,用小球的水平位移替代小球的速度,所以

$$L_{OP} < L_{OM} + L_{ON}$$

选项 B 正确.

(2) 设球的质量为 m,碰撞前瞬间球 A 的速度大小为 v_A,碰撞后瞬间球 A、B 的速度大小分别为 v_A'、v_B'.两球在碰撞过程中动量守恒,碰撞后两球动量的矢量与碰撞前 A 球动量的矢量相同,一定满足平行四边形定则,如图 5.10 所示.

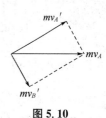

图 5.10

因此有

$$\frac{1}{2}mv_A^2 = \frac{1}{2}mv_A'^2 + \frac{1}{2}mv_B'^2$$

设小球做平抛运动的时间为 t,则

$$v_A = \frac{L_{OP}}{t}$$

$$v_A' = \frac{L_{OM}}{t}$$

$$v_B' = \frac{L_{ON}}{t}$$

所以

$$L_{OP}^2 = L_{OM}^2 + L_{ON}^2$$

因此 OM 与 ON 间的夹角为 $90°$.

强化训练

6. 如图 5.11 所示,长为 L 的船静止在平静水面上,立于船头的人质量为 m,船的质量为 M,不计水的阻力,人从船头走到船尾的过程中,问:船的位移为多大?

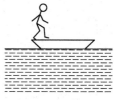

图 5.11

【解析】 取人和船作为研究系统,人在走动过程中,系统所受合外力为零,可知系统动量守恒,设人在走动过程中的 Δt 时间内为匀速运动,则可计算出船的位移.

设 v_1、v_2 分别是人和船在任一时刻的速率,则有:

$$mv_1 = Mv_2 \qquad ①$$

两边同时乘以一个极短的时间 Δt,有:

$$mv_1\Delta t = Mv_2\Delta t \qquad ②$$

由于时间极短,可以认为在这极短的时间内人和船的速率都是不变的,所以人和船位移大小分别为:

$$\Delta s_1 = v_1 \Delta t$$
$$\Delta s_2 = v_2 \Delta t$$

由此将 ② 式化为:

$$m\Delta s_1 = M\Delta s_2 \qquad ③$$

把所有的元位移分别相加有

$$m\sum \Delta s_1 = M\sum \Delta s_2 \qquad ④$$

即

$$ms_1 = Ms_2 \qquad ⑤$$

其中,s_1、s_2 分别为全过程中人和船对地位移的大小. 此式即为质心不变原理.

又因为

$$L = s_1 + s_2 \qquad ⑥$$

由 ⑤、⑥ 两式得:

$$s_2 = \frac{m}{M+m}L$$

7. 将半圆槽从中间切开,变成两个质量均为 M,高为 R(最低处与平面相切)的物块,彼此相隔一极小段距离静止于平面上,如图 5.12 所示,小物体自物块顶端由静止开始滑下,又沿另一物块上升,那么小物体上升的最大高度 h 为多少?

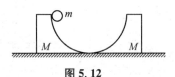

图 5.12

【解析】 当 m 滚下的过程中:

$$mgR = \frac{1}{2}mv_1^2 + \frac{1}{2}Mv_2^2$$

$$mv_1 = Mv_2$$

当 m 滚上的过程中:

$$\frac{1}{2}mv_1^2 = \frac{1}{2}(m+M)v_3^2 + mgh$$

$$mv_1 = (m+M)v_3$$

联立以上各式可得:

$$v_1 = \frac{2MgR}{M+m}$$

$$h = \left(\frac{M}{M+m}\right)^2 R$$

8. 如图 5.13 所示,一质量为 M,倾角为 θ 的斜面放在光滑的水平面上,物体 m 从高为 h 处由静止开始无摩擦地下滑,求物体 m 滑到底部时斜面 M 的速度?计算在物体下滑过程中,支持力对 m 所做的功.

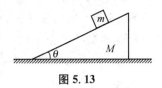

图 5.13

【解析】 设物体滑到斜面底部时的速度为 v_1,斜面的速度为 v_2,且

$$v_1^2 = v_x^2 + v_y^2 \qquad ①$$

由题意可知:

$$mv_x - Mv_2 = 0 \qquad ②$$

$$(v_x + v_2)\tan\theta = v_y \qquad ③$$

$$\frac{1}{2}mv_1^2 + \frac{1}{2}Mv_2^2 = mgh \qquad ④$$

由②式可得

$$v_x = \frac{Mv_2}{m} \qquad ⑤$$

将⑤式代入③式得

$$v_y = v_2\left(1+\frac{M}{m}\right)\tan\theta \qquad ⑥$$

再将①、⑤、⑥式代入④式后解得：

$$v_2 = \sqrt{\frac{2m^2gh\cos^2\theta}{(M+m)(M+m\sin^2\theta)}}$$

支持力对 M 做正功，等于 M 动能的增加，支持力对 m 做负功，这一对弹力做功的代数和为零，所以支持力对 M 做功为：

$$W_N = -\frac{1}{2}Mv_2^2 = -\frac{Mm^2gh\cos^2\theta}{(M+m)(M+m\sin^2\theta)}$$

9. 网球拍以速度 v_1 击中以速度 v_0 飞来的网球，被击中的网球的最大速率是多大？（以上所有的速率都是指相对于地面）

【解析】 由于球与拍间的碰撞可以看成是完全弹性碰撞，所以球与拍的接近速度等于它们的分离速度.

以网球拍为参照物，网球被击中前的相对速率为 v_0+v_1，可以认为球拍质量远大于网球质量，则击中后网球相对球拍的速率仍为 v_0+v_1，方向与球拍运动方向一致，故相对地面速率为 v_0+2v_1.

10. 一弹子球从阶梯上落下，它击在每一步阶梯的同一位置，并且在每一步阶梯上弹起相同的高度. 该阶梯的高度等于它的宽度，均为 L，而且恢复系数 e 已知. 求弹子球所必须的水平速度和弹起的高度.

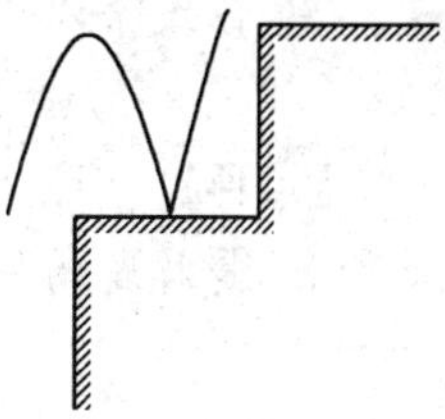

【解析】 如图 5.14 所示，设落地时弹子球速度 v_0 的水平分量 $v_{0x}=v_h$、竖直分量为 $v_{0y}=v_i$. 弹起时弹子球速度 v 的水平分量为 $v_x=v_h$、竖直分量为 $v_y=v_f$. 由于在每一步阶梯上弹起相同的高度，这就表明每经过一次碰撞，机械能损失 mgL（m 为弹子球质量），于是有

$$\frac{1}{2}m(v_h^2+v_i^2)-\frac{1}{2}(v_h^2+v_f^2)=mgL \qquad ①$$

$$e=-\frac{v_f}{v_i} \qquad ②$$

图 5.14

由①、②式解得：

$$v_i^2=\frac{2gL}{1-e^2} \qquad ③$$

自弹起后，至下一次落地所需时间是：

$$t=\frac{v_i-v_f}{g}=\frac{v_i(1+e)}{g} \qquad ④$$

在此时间内，弹子球沿水平方向运动的距离是 L，所以

$$v_h t = L \qquad ⑤$$

由③、④与⑤式可求得

$$v_h = \frac{L}{t} = \sqrt{\frac{1-e}{1+e} \cdot \frac{gL}{2}}$$

此即是必须的水平速度.

由机械能守恒,可求出弹子球弹起的高度 H,即

$$\frac{1}{2}mv_f^2 = mgH \qquad ⑥$$

由②、③与⑥式可求得

$$H = \frac{v_f^2}{2g} = \frac{e^2}{1-e^2}L$$

11. 如图 5.15,质量为 M 和 m 的大球和小球($M \gg m$),从 h 高处自由下落,大球与地面发生碰撞后,小球从大球顶部反弹的最大高度是多少？设所有碰撞都是弹性碰撞,M 与 m 均可看成质点.

【解析】 大球反弹后与下落的小球相碰,小球相对大球以 v_{mM} 反弹,但小球的上升高度应由 v_m 决定. 设大球落地时的速度为 v_0,则反弹速率也为 v_0,向上为正

$$v_0^2 = 2gh \qquad ①$$

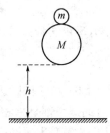

图 5.15

小球与大球相碰撞前一瞬间的速率为 v_0(向下),大球与小球相碰撞前一瞬间的速率也为 v_0(向上),则 m 相对 M 的速率 $v_{mM} = 2v_0$,m 反弹后一瞬间的速率为:

$$v_{m对M} = 2v_0$$
$$v_{m(对地)} = v_M + v_{m对M} = v_0 + 2v_0 = 3v_0$$

即 m 反弹后:

$$(3v_0)^2 = 2gh_x \qquad ②$$

用①式除以②式得

$$h_x = 9h$$

【点评】 (1)小球上升的高度要由 v_m 决定,不是由 $v_{m对M}$ 决定.(2)M 落地后再碰上正在下落的 m,是解题的关键.(3)由于 $M \gg m$,所以 M 碰上 m 后不会减速.

第六章 机械振动和机械波

知识地图

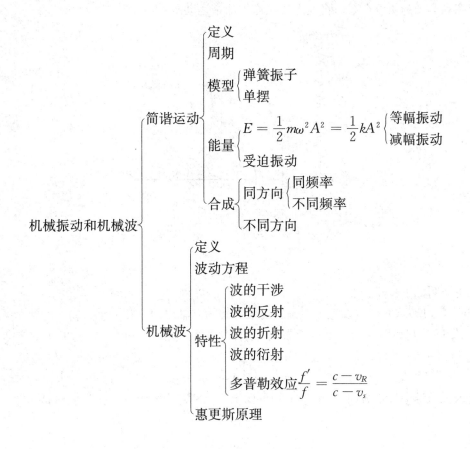

第 1 节　机械振动

考点梳理

1. 简谐运动的回复力满足：$F = -kx$.

2. 匀速圆周运动的质点在任一直线上的投影是简谐振动，如图 6.1 所示：让一弹簧振子在竖直平面内做简谐运动，在右边让一质点做圆周运动，圆周的半径为弹簧振子的振幅，总存在一角速度质点在竖直方向上的投影的运动情况和弹簧振子的振动完全相同. 这个实验告诉我们，做匀速圆周运动的质点在某一直线上的投影做简谐运动.

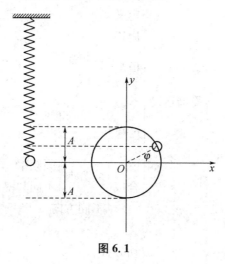

图 6.1

理论证明如下：

如图 6.1 所示，我们可以把匀速圆周运动分解为 x 轴方向上和 y 轴方向上的两个运动的合成，当物体运动到如图 6.1 所示的位置时，物体所受的向心力 $F = m\omega^2 A$ 在 y 轴方向上的分力是：

$$F_y = -m\omega^2 A\sin(\omega t + \varphi_0)$$

负号表示方向沿 y 轴负方向，又由于 y 轴方向上质点相对中心位置的位移显然是：

$$y = A\sin(\omega t + \varphi_0)$$

则：

$$F_y = -m\omega^2 A\sin(\omega t + \varphi_0) \text{ 向上物体所受的外力分别是：}$$

$$F_y = -m\omega^2 y = -ky$$

其中

$$k = m\omega^2$$

上式表明，对于在 y 轴上的分运动，质点所受的合外力与离开中心位置的位移成正比，方向和离开中心位置的位移相反，所以质点在 y 轴上的分运动是简谐运动.

3. 做简谐运动的物体，当受到一恒力 F_0 的作用时，仍然做简谐运动，但简谐运动的平衡位置将在 F_0 的方向上发生 $x_0 = \dfrac{F_0}{k}$ 的偏移.

4. 简谐运动的运动方程及速度、加速度的瞬时表达式

振动方程：
$$x = A\cos(\omega t + \varphi)$$

速度表达式：
$$v = -\omega A\sin(\omega t + \varphi)$$

加速度表达式：
$$a = -\omega^2 A\cos(\omega t + \varphi)$$

5. 简谐运动的周期和能量

振动的周期：
$$T = 2\pi\sqrt{\frac{m}{k}}$$

振动的能量：
$$E = \frac{1}{2}mv^2 + \frac{1}{2}kx^2 = \frac{1}{2}kA^2$$

弹簧振子和单摆，振幅越大，系统能量越大. 在振动过程中，动能和势能相互转化，机械能守恒.

6. 物体做简谐运动，其位移、回复力、加速度、速度、动量随时间做周期性变化，变化周期为简谐运动周期 T. 动能和势能也随时间做周期性变化，变化周期为 $T/2$.

7. 简谐振动的判据

(1) 物体运动中所受的回复力应满足：$F = -kx$；

(2) 物体的运动加速度满足：$a = -\omega^2 x$；

(3) 物体的运动方程即位移-时间图像为弦函数图像，即可以表示为：$x = A\cos(\omega t + \varphi_0)$.

8. 单摆振动周期公式

单摆做简谐运动时，周期公式为 $T = 2\pi\sqrt{\dfrac{L}{g}}$，此公式不仅适用于基本单摆装置，也适用于其他较为复杂情况下的简谐运动，此时"L"应为等效摆长，"g"为等效重力加速度. 灵活运用等效摆长和等效重力加速度，能给我们处理问题带来很多方便.

9. 摆钟问题

利用单摆运动的等时性可制成摆钟计时. 计算摆钟类问题方法是：在一定时间内，摆钟走过的格子数 n（n 可以是分钟数，也可以是秒数）与频率 f 成正比. 即 $n \propto f \propto \dfrac{1}{\sqrt{L}}$.

◎ 典型例题

例 1 水面上浮沉的方形木块是做简谐振动吗？如果是，其周期为多少？已知木块的密度为 ρ，高度为 h，水的密度为 ρ_0（不计水的摩擦阻力）.

【解析】 如图 6.2 所示，木块浮在水面平衡时，它受重力与浮力平衡，设将木块向下偏离平衡位置 x 时，其浮力大于重力，其合力方向向上，合力 F 提供回复力.

F 的大小为

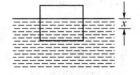

图 6.2

$$F = \rho_0 gS(x_0 + x) - mg$$

式中，ρ_0 为水的密度，S 为木块横截面积，x_0 为原来木块下沉的深度，据题意有：

$$\rho_0 gSx_0 = mg$$

所以 $F = \rho_0 gSx$. 显然 $\rho_0 gS$ 为一个常数，令 $k = \rho_0 gS$，又 F 与 x 方向相反，故木块所受回复力符合 $F = -kx$，是简谐振动. 又据简谐振动周期公式

$$T = 2\pi\sqrt{\frac{m}{k}}$$

将 $k = \rho_0 gS$ 代入，得

$$T = 2\pi\sqrt{\frac{m}{\rho_0 gS}} = 2\pi\sqrt{\frac{\rho h}{\rho_0 g}}$$

例 2 （华约）一质点沿直线做简谐运动，相继通过距离为 16 cm 的两点 A 和 B，历时 1 s，并且在 A，B 两点处具有相同的速率，再经过 1 s，质点第二次通过 B 点，该质点运动的周期和振幅分别为 (　　)

A. 3 s, $8\sqrt{3}$ cm　　B. 3 s, $8\sqrt{2}$ cm　　C. 4 s, $8\sqrt{3}$ cm　　D. 4 s, $8\sqrt{2}$ cm

【答案】 D

【解析】 如图 6.3 所示，物体在 CD 之间做简谐运动，根据对称性可知，从 O 到 B 的时间为 0.5 s，从 B 到 D 的时间也为 0.5 s，所以周期为 4 s.

```
     C    A    O    B    D
```
图 6.3

假设经过 O 点为计时起点，质点简谐运动的方程为

$$x = A\sin\left(\frac{\pi}{2}t\right) \text{ cm}$$

当 $t = 0.5$ s 时，物体运动到 B 点，位移 $x = 8$ cm，代入上式可得 $A = 8\sqrt{2}$ cm，选项 D 正确.

例 3 （卓越）如图 6.4 所示，两段不可伸长细绳的一端分别系于两竖直杆上的 A、B 两点，另一端与质量为 m 的小球 D 相连. 已知 A、B 两点高度相差 h，$\angle CAB = \angle BAD = 37°$，$\angle ADB = 90°$，重力加速度为 g. 现使小球发生微小摆动，则小球摆动的周期为 (　　)

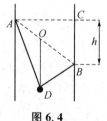

图 6.4

A. $\pi\sqrt{\dfrac{17h}{3g}}$ 　　　　　　　　B. $\dfrac{\pi}{2}\sqrt{\dfrac{85h}{3g}}$

C. $\pi\sqrt{\dfrac{h}{g}}$ 　　　　　　　　　　D. $2\pi\sqrt{\dfrac{h}{g}}$

【答案】 D

【解析】 该单摆等效摆长为 OD，由图中几何关系可推出 $OD = h$，根据单摆周期公式可知：小球摆动的周期为 $T = 2\pi\sqrt{\dfrac{h}{g}}$，选项 D 正确.

例 4 牛顿曾证明：一个均匀球壳，对球壳内物质的万有引力为零，而对球壳外物质的万有引力不为零，并且其作用就相当于球壳的质量都集中到球心那样. 设想沿地球直径开凿一条贯通地球的隧道，将一小球从洞口由静止释放，试求小球到达隧道另一洞口所用的时间. 已知地球

的半径为 R,质量为 M,设地球的质量均匀分布.

【解析】 设小球在隧道中落到任意位置处,该处与地球球心 O 的距离为 r,根据牛顿证明的结果,小球只受到半径 r 的球体内物质的引力作用,而小球所在位置以外的球壳(即以 r 为内半径,以 R 为外半径的球壳)则对小球无引力作用,容易证明,小球在 r 处所受的引力与 r 成正比,其方向总是指向地球球心 O,即小球在隧道中所受合力是线性回复力,故小球将在贯通地球直径的隧道中做简谐振动,因小球是从地面洞口静止释放的,地球半径即为其简谐振动的振幅,故小球穿越整个地球直径所用时间,即为所做简谐振动的半个周期.

当小球到达离地球球心 O 的距离为 r 处时,取 O 为坐标原点,则小球的位置矢量为 r,所受万有引力为

$$F = -G\frac{M'm}{r^2}$$

式中,m 为小球质量,M' 是半径为 r 的球体的质量,M' 应为

$$M' = \frac{M}{\frac{4}{3}\pi R^3} \cdot \frac{4}{3}\pi r^3 = M\frac{r^3}{R^3}$$

故

$$F = -\frac{GMm}{R^3}r$$

式中,M 为地球质量,R 为地球半径.上式表明,小球所受引力与它偏离地球球心的距离 r 成正比,引力的方向总是与 r 反向,即总是指向地球球心 O,因此小球在隧道中所受引力是线性恢复力,它使小球在隧道中做简谐振动,把上式写成标量式,为

$$F = -\frac{GMm}{R^3}r$$

加速度为

$$a = -\frac{GM}{R^3}r$$

故小球所做简谐振动的圆频率为

$$\omega = \sqrt{\frac{GM}{R^3}}$$

周期为

$$T = 2\pi\sqrt{\frac{R^3}{GM}}$$

小球穿越隧道所用时间为

$$t = \frac{T}{2} = \pi\sqrt{\frac{R^3}{GM}}$$

【点评】 有趣的是,若小球从一个隧道口以第一宇宙速度沿地球表面做匀速圆周运动,则也将用同样多的时间到达与之相对的另一隧道口,因第一宇宙速度为

$$v = \sqrt{\frac{GM}{R}}$$

绕地球半周所需时间为

$$t = \frac{\pi R}{v} = \pi\sqrt{\frac{R^3}{GM}}$$

这一结果并非巧合,事实上小球沿地球表面的圆周运动在直径轴(即隧道)上的投影正是小球在隧道中所做的简谐振动.

例5 如图 6.5 所示,劲度系数为 250 g/cm 的弹簧一端固定,另一端连接一质量为 30 g 的物块,置于水平面上,动摩擦因数 $\mu = \frac{1}{4}$,现将弹簧拉长 1 cm 后由静止释放.试求:

(1) 物块获得的最大速度;

(2) 物块经过弹簧原长位置几次后才停止运动.

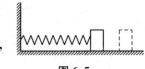

图 6.5

【解析】 振体在运动中所受摩擦阻力是与速度方向相反的常量力,并不断耗散系统的机械能,故不能像重力作用下那样,化为谐振动处理.

(1) 设首次回程中,物块运动至弹簧拉力等于摩擦力的 x 位置时达到最大速度 v_{max}. 由

$$kx = \mu mg$$

$$x = \frac{\mu mg}{k} = 0.03 \text{ cm}$$

再由能量守恒:

$$\frac{1}{2}kx_0^2 = mg\mu(1 - 0.03) + \frac{1}{2}k \times 0.03^2 + \frac{1}{2}mv_{max}^2$$

代入已知数据得

$$v_{max} = 485 \text{ cm/s}$$

(2) 设物体第一次回程中,弹簧的最大压缩量为 x_1',则

$$\frac{1}{2}kx_0^2 - \frac{1}{2}kx_1'^2 = mg\mu(x_0 + x_1')$$

所以

$$x_0 - x_1' = \frac{2\mu mg}{k}$$

再设物体第一次返回中,弹簧的最大拉伸量为 x_1,则:

$$\frac{1}{2}kx_1'^2 - \frac{1}{2}kx_1^2 = mg\mu(x_1' + x_1)$$

所以

$$x_1' - x_1 = \frac{2\mu mg}{k}$$

可见振体每经过一次弹簧原长位置,振幅减小是相同的,且均为:

$$\frac{2\mu mg}{k} = \frac{2 \times 30 \times 10^{-3} \times \frac{1}{4}}{250 \times 10^{-3}} \text{ cm} = \frac{3}{50} \text{ cm}$$

而

$$\frac{1}{3/50} = 16.7 (本题取 16)$$

$$0.04(\text{cm}) < 0.06(\text{cm})$$

故物体经过 16 次弹簧原长位置后,停止在该处右方.

例 6 如图 6.6 所示,一个手电筒和一个屏幕的质量均为 m,都被弹性系数为 k 的弹簧悬挂着.平衡时手电筒的光斑恰好照在屏幕的正中央 O 点.现在令手电筒和屏幕都在竖直方向上振动(无水平晃动或扭动),振动方程分别为 $y_1 = A\cos(\omega t + \varphi_1)$,$y_2 = A\cos(\omega t + \varphi_2)$.试问:两者初位相满足什么条件时,可以形成这样的效果:(1) 光斑相对屏幕静止不动;(2) 光斑相对屏幕做振幅为 $2A$ 的振动.

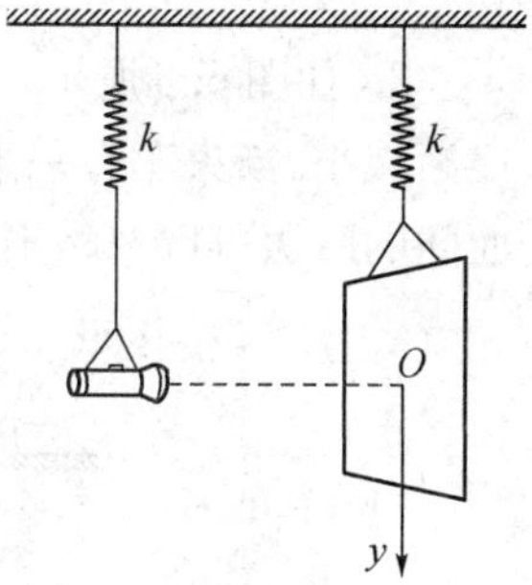

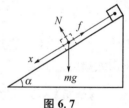

图 6.6

【解析】 振动的叠加包括振动的相加和相减.这里考查光斑相对屏幕的运动事实上是寻求手电筒相对屏幕的振动,服从振动的减法.设相对振动为 y,有

$$y = y_1 - y_2 = A\cos(\omega t + \varphi_1) - A\cos(\omega t + \varphi_2)$$
$$= -2A\sin\frac{\varphi_1 - \varphi_2}{2}\sin\left(\omega t + \frac{\varphi_1 + \varphi_2}{2}\right)$$

(1) 光斑相对屏幕静止不动,即 $y = 0$,得 $\varphi_1 = \varphi_2$;

(2) 要振幅为 $2A$,必须 $\left|\sin\frac{\varphi_1 - \varphi_2}{2}\right| = 1$,得 $\varphi_1 - \varphi_2 = \pm\pi$.

强化训练

1. 物体从与水平面成 α 的斜面的上端开始下滑,物体与斜面的动摩擦因数 μ 随着到斜面上端的距离的增大按 $\mu = bL$ 规律变化.物体未到达斜面的底部就停下来了,试求物体从开始运动到停下来所经历的时间 t.

图 6.7

【解析】 在中学阶段中,利用运动规律能求时间的情况有以下几种:匀变速运动求时间;匀速圆周运动可以求运动的时间;动量定理可以求出某段运动的时间;求变加速度运动时间的只有简谐运动.本题显然不属于前面几种能求运动时间的情况,故只有利用简谐运动的规律来求运动的时间.

作出物体在斜面上运动的坐标 x 轴及物体在斜面上的受力图,如图 6.7 所示.设它在某一瞬时的坐标为 x,列出物体沿斜面的运动方程,于是有:

$$mg\sin\alpha - bxmg\cos\alpha = ma$$

由这个方程的形式可以联想到物体的简谐振动方程,这个物体若是挂在劲度系数为 $k = bmg\cos\alpha$ 弹簧上,在 $\sin\alpha$ 的"重力场"中做简谐振动.所以可以利用类比简谐振动的周期来进行求解.

当 $mg\sin\alpha = bx_0 mg\cos\alpha$ 时,其中 x_0 为物体的平衡位置,当物体的位移为 x 时,若设 $x < x_0$,那么,物体相对平衡位置的位移为 $\Delta x = -(x - x_0)$.其方向沿斜面向上,而物体受到的合外力沿斜面向下,以向下为正方向,所以

$$F = mg\sin\alpha - bxmg\cos\alpha = bmg(x_0 - x)\cos\alpha$$

$\Delta x = -(x_0 - x)$ 是沿斜面向上的,为负值,而回复力为正值,即

$$F = -bmg \cdot \Delta x \cdot \cos\alpha$$

显然,这是一个符合简谐振动回复力的表达式.由于只求物体从开始运动到停止所用的时间 t,所以

$$t = \frac{T}{2} = \frac{\pi}{\sqrt{bg\cos\alpha}}$$

2. 如图 6.8 所示,一列火车以惯性向前行驶,冲上一个与水平面成 α 角的山坡,火车的速度逐渐减小. 当火车有一半车厢上了山坡时,其速度刚好减小到零. 设火车的全长为 L,火车与路面间的摩擦可以忽略不计. 求火车从开始爬坡到有一半上到山坡时共历时多少?

图 6.8

【解析】 设全列车质量为 M,爬上山坡那部分车的长度为 x,那么爬上山坡那部分列车的质量为 $\frac{x}{L}M$. 而爬上山坡那部分列车的重力沿斜面向下的分力即为使整列车产生加速度的力,故有

$$-\frac{M}{L}xg\sin\alpha = Ma$$

可见列车冲上斜坡后的运动为简谐运动,其振动周期为

$$T = 2\pi\sqrt{\frac{M}{k}} = 2\pi\sqrt{\frac{L}{g\sin\alpha}}$$

火车由开始上坡至速度减为零所用的时间 t 为四分之一周期,即

$$t = \frac{T}{4} = \frac{\pi}{2}\sqrt{\frac{L}{g\sin\alpha}}$$

3. 一座冰山呈尖端向上的正金字塔形,露出水面 10 m 高. 忽略水的运动造成的影响,求冰山做幅度上下振动的周期. 冰的密度为 0.9×10^3 kg/m^3.

【解析】 如果冰山的底面积为 A,高度为 H,则冰山质量 $M = \frac{1}{3}AH\rho_\text{冰}$. 如果冰山露出水面的高度为 h,则由漂浮条件得到:

$$(H^3 - h^3)\rho_\text{水} = H^3\rho_\text{冰}$$

当冰山多浸入水中一小段距离 x 时,多浸没的体积为 xAh/H^2,向上的推力为体积乘以 $\rho_\text{水}\,g$. 由此可以得出振动的角频率 ω 为:

$$\omega^2 = \frac{3h^2\rho_\text{水}\,g}{\rho_\text{冰}H^3}$$

代入数值,可以得出振动周期为 11 s.

4. 如图 6.9 所示,将一粗细均匀、两边开口的 U 形管固定,其中装有一定量的水银,水银柱总长为 L. 当水银受到一个初始的扰动后,开始在管中振动. 忽略管壁对水银的阻力,试证明水银柱做简谐运动,并求其周期.

【解析】 对简谐运动的证明,只要以水银柱为对象,看它的回复力与位移关系是否满足定义式,值得注意的是,回复力 $\sum \vec{F}$ 系指振动方向上的合力(而非整体合力). 当简谐运动被证明后,回复力系数 k 就有了,求周期就是顺理成章的事.

本题中,可设水银柱两端偏离平衡位置的瞬时位移为 x、水银密度为 ρ、U 形管横截面积为 S,则此瞬时的回复力

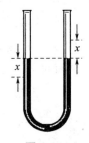

图 6.9

$$\sum F = \rho g \cdot 2xS = \frac{2mg}{L}x$$

由于 L、m 为固定值,可令:$\frac{2mg}{L} = k$,而且 $\sum F$ 与 x 的方向相反,故水银柱做简谐运动.

周期

$$T = 2\pi\sqrt{\frac{m}{k}} = 2\pi\sqrt{\frac{L}{2g}}$$

5. 一摆钟的摆长 $L = 30$ cm,该钟一昼夜快 10 min,问应如何调节摆长,才能使它走时准确?

【解析】 设标准钟一昼夜摆动 n_0 次,则它的周期

$$T_0 = \frac{24 \times 60 \times 60}{n_0} = \frac{86\,400}{n_0}\text{ s} \qquad ①$$

现在摆钟一昼夜快

$$\Delta t = 10 \text{ min} = 600 \text{ s}$$

说明它实际摆动次数 $n > n_0$,快摆的周期

$$T = \frac{86\,400}{n}\text{ s} \qquad ②$$

显然 $T < T_0$,每摆动一次,标准钟与快钟的时间差

$$\Delta t = T_0 - T \qquad ③$$
$$\Delta t = n \cdot \Delta T \qquad ④$$

以上四式联立可得:

$$\frac{T}{T_0} = 1 - \frac{600}{86\,400} = \frac{858}{864} \qquad ⑤$$

因为 $T = 2\pi\sqrt{\frac{L}{g}}$,当 g 一定时,$T \propto \sqrt{L}$,即

$$\frac{L_0}{L} = \left(\frac{T_0}{T}\right)^2$$

故标准钟的摆长

$$L_0 = \left(\frac{T_0}{T}\right)^2 L = \left(\frac{864}{858}\right)^2 \times 30 \approx 30.421 \text{ cm}$$

因此,要使该钟摆长增加 ΔL

$$\Delta L = L_0 - L = 0.421 \text{ cm}$$

6. 如图 6.10 所示,两根相同的弹性系数分别为 k_1 和 k_2 的轻质弹簧,连接一个质量为 m 的滑块,可以在光滑的水平面上滑动.试求(a)、(b)两种情形下系统的振动周期 T.

图 6.10

【解析】 如图 6.10(a) 所示情形中,弹簧是串联,

$$T_1 = 2\pi\sqrt{\frac{m(k_1+k_2)}{k_1k_2}}$$

图 6.10(b) 与图 6.10(a) 是不同的,分析形变量和受力的关系,我们会发现,这种情形实际上是弹簧的并联.

所以

$$T = 2\pi\sqrt{\frac{m}{k_1+k_2}}$$

7. 质量分别为 m_A 和 m_B 的两木块 A 和 B,用一根劲度系数为 k 的轻弹簧连接起来,放在光滑的水平桌面上,如图 6.11 所示. 现在让两木块将弹簧压缩后由静止释放,求系统振动的周期.

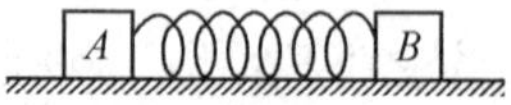

图 6.11

【解析】 想象两端各用一个大小为 F、方向相反的力将弹簧压缩,假设某时刻 A、B 各偏离了原来的平衡位置 x_A 和 x_B,因为系统受的合力始终是零,所以应该有:

$$m_A x_A = m_B x_B \qquad ①$$

A、B 两物体受的力的大小

$$F_A = F_B = k(x_A + x_B) \qquad ②$$

由①、②两式可解得:

$$F_A = k\frac{m_A+m_B}{m_B}x_A$$

$$F_B = k\frac{m_A+m_B}{m_A}x_B$$

由此可见 A、B 两物体都做简谐运动,周期都是:

$$T = 2\pi\sqrt{\frac{m_A m_B}{k(m_A+m_B)}}$$

【点评】 此问题也可用另一种观点来解释:因为两物体质心处的弹簧是不动的,所以可以将弹簧看成两段. 如果弹簧总长为 l_0,左边一段长为 $\frac{m_B}{m_A+m_B}l_0$,劲度系数为 $\frac{m_B}{m_A+m_B}k$;右边一段原长为 $\frac{m_A}{m_A+m_B}l_0$,劲度系数为 $\frac{m_A}{m_A+m_B}k$,这样处理所得结果与上述结果是相同的. 如果将弹簧压缩之后,不是同时释放两个物体,而是先释放一个,再释放另一个,这样两个物体将做什么运动?系统的质心做什么运动?

8. 将一个水平放置的劲度系数为 k 的弹簧一端固定在竖直墙上,另一端连接一质量为 m 的物体,如图 6.12 所示,物体与地面的动摩擦因数为 μ,每次在弹簧伸长到最大距离的瞬时,用手指弹物体使物体以速度 v_0 开始向墙运动,假设振动是稳定的,并且弹簧的最大伸长为 $l\left(l > \frac{\mu mg}{k}\right)$,试确定速度 v_0.

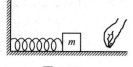

图 6.12

【解析】 如图 6.13 所示,由于振动过程中有阻力做功,为使振子在固定的两点间做稳定的周期性运动,必须及时补充能量,题中所述,在弹簧伸长到最大距离处的瞬时,用手指弹物体使物体获得向左速度 v_0 就是一种补充能量的方式,v_0 应为多大,可用功能原理求解. 物体从 A 点向左运动时,由能量守恒有:

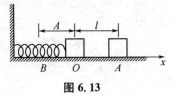

图 6.13

$$\frac{1}{2}mv_0^2 + \frac{1}{2}kl^2 = \frac{1}{2}kA^2 + \mu mg(l+A) \qquad ①$$

其中,A 是弹簧的最大压缩. 物体从 B 点向右运动时,有:

$$\frac{1}{2}kA^2 = \frac{1}{2}kl^2 + \mu mg(l+A) \qquad ②$$

由①、②两式得:

$$\frac{1}{2}mv_0^2 = 2\mu mg(l+A) \qquad ③$$

由①、③两式得:

$$A = l + 2\mu mg/k \qquad ④$$

把④式代入③式可得:

$$\frac{1}{2}mv_0^2 = 4\mu mg(l + \mu mg/k)$$

解得:

$$v_0 = \sqrt{8\mu g\left(l + \frac{\mu mg}{k}\right)}$$

9. 设有两个方向相同,频率相同的简谐振动,其振动方程分别为:

$$x_1 = 5\cos\left(10t + \frac{3\pi}{4}\right)(\text{cm})$$

$$x_2 = 6\cos\left(10t + \frac{\pi}{4}\right)(\text{cm})$$

试求二者合振动的振幅和初相.

【解析】 把两个振动代数相加

$$x_1 + x_2 = 5\left(\cos 10t \cdot \cos\frac{3}{4}\pi - \sin 10t \cdot \sin\frac{3}{4}\pi\right) +$$

$$6\left(\cos 10t \cdot \cos\frac{1}{4}\pi - \sin 10t \cdot \sin\frac{1}{4}\pi\right)$$

$$= \frac{\sqrt{2}}{2}\cos 10t - \frac{11\sqrt{2}}{2}\sin 10t$$

$$= \sqrt{61}\cos(10t + \varphi)$$

$$\tan\varphi = 11$$

$$A = 7.8 \text{ cm}$$

$$\varphi = 1.48 \text{ rad}$$

10. 如图 6.14 所示,粗糙水平面上有一弹簧振子,振子质量 $m = 1$ kg,弹簧的劲度系数为 $k = 100$ N/m,振子与水平面间的静摩擦因数和动摩擦因数均为 μ,μ 满足 $\mu g = 2$ m/s^2. O 为弹簧处于自然长度时振子所在的位置,今将振子自弹簧伸长量 $OA = 7$ cm 的 A 点由静止释放. 求:

(1) 振子由图示的 A 点运动至最左端(设该点为 B)所需的时间 Δt.

(2) 振子最后所停的位置.

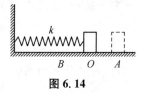

图 6.14

【解析】 (1) 易知振子做简谐运动,从 A 运动到 B 时间
$$t = \frac{T}{2} = \pi\sqrt{\frac{m}{k}} = 0.314 \text{ s}$$

(2) 自右向左运动时,振子受到恒力作用,简谐运动的平衡位置在 O 点的右侧,距 O 点
$$\frac{\mu m g}{k} = 2 \text{ cm}$$

自左向右运动时,振子受到恒力作用,简谐运动的平衡位置在 O 点的左侧,距 O 点
$$\frac{\mu m g}{k} = 2 \text{ cm}$$

振子从 B 运动到最右端点为 C. 则:
$$\frac{1}{2}k|OA|^2 = \frac{1}{2}k|OB|^2 + \mu mg(|OA|+|OB|)$$

而每次完成这样一次振动,对 O 点的距离减少量为:
$$|OA|-|OB| = \frac{2\mu mg}{k} = 4 \text{ cm}$$

最终物体将停在距 O 点左 1 cm 处.

第 2 节　机械波

考点梳理

10. 机械波传播是"前带后,后跟前,运动状态向后传". 前带后是各个质点相继起振的内因,后跟前,使各个质点的起振方向和运动形式和波源完全相同,只是后一质点在时间上滞后前一质点. 沿波动传播方向上各个介质都做受迫振动,起振方向由波源决定,其振动频率等于波源的振动频率. 机械波传播的是波源的振动形式和波源提供的能量、信息,质点不随波迁移,质点只在平衡位置附近做简谐运动.

11. 机械波的周期性

波长体现了波动在空间上的周期性. 相隔波长整数倍的两个质点振动状态总是相同;相隔半波长奇数倍的两个质点振动状态总是相反. 周期体现了波动在时间上的周期性. 波源振动一个周期,波向前传播一个波长.

12. 波的特性

(1) 波的独立传播原理:几列波相遇时,能够保持各自的运动状态继续传播,不互相影响.

(2) 波的叠加原理:几列波相遇时,介质中质点的位移、速度、加速度都等于几列波单独传播时引起质点位移、速度、加速度的矢量和.

(3) 波的干涉:两列相干波在空间相遇发生干涉时,出现振动增强区域和减弱区域相互间隔. 振动增强区域振动的振幅增大,振动减弱区域振动的振幅减小. 但是振动增强区域和减弱区域质点的位移仍然随时间变化. 产生干涉的必要条件是:两波源的频率相同.

当两个完全相同的波发生干涉时,当该点到两个波源的路程差等于波长的整数倍,即 $s = n\lambda$,该点振动加强. 当该点到两个波源的路程差等于半波长的奇数倍,即 $s = (2n+1)\lambda/2$,该点振动减弱. 注意:若两个波源振动总是相反,则在干涉区域的振动加强和减弱的位置刚好颠倒.

(4) 波的衍射:波绕过障碍物继续传播的现象叫做波的衍射. 衍射是波特有的现象,波的衍射现象总是存在. 能够发生明显衍射现象的条件是:障碍物或孔的尺寸比波长小或相差不多.

(5) 多普勒效应:当波源与观察者之间有相对运动时,观察者接收(感觉)到的波的频率发生变化的现象,叫做多普勒效应. 当波源与观察者相向运动时,观察者接收(感觉)到的波的频率变大;当波源与观察者背向运动时,观察者接收(感觉)到的波的频率变小. 机械波电磁波都有多普勒效应.

13. 波动方程

$$y = A\cos\left[\omega\left(t - \frac{x}{v}\right) + \varphi_0\right]$$

也可以写成:

$$y = A\cos(\omega t - kx + \varphi_0)$$

14. 波的叠加和干涉

当空间存在两个(或两个以上)振源发出的波时,空间任一点的扰动是各个波在该点产生的扰动的矢量和,这叫做波的叠加原理.

当有频率相同、相差稳定、振动方向相同的两列波在空间叠加时,会出现某些地方振动增强,某些地方振动减弱的现象,叫做波的干涉,这样的两列波叫相干波.

设有两列相干波自振源 S_1、S_2 发出,两振源的位相相同,空间任一点 P 至 S_1 的距离为 r_1,至 S_2 的距离为 r_2(如图 6.15 所示),则两列波在 P 点产生的振动的相位差为

$$\Delta\varphi = 2\pi \cdot \frac{r_2 - r_1}{\lambda}$$

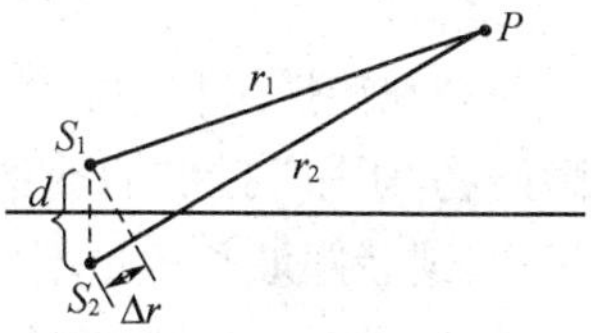

图 6.15

当 $\Delta\varphi = 2k\pi$(k 为整数),即当波程差 $\Delta r = r_2 - r_1 = 2k \cdot \frac{\lambda}{2}$ 时,P 点的合振动加强;

当 $\Delta\varphi = (2k+1)\pi$,即当波程差:$\Delta r = r_2 - r_1 = (2k+1) \cdot \frac{\lambda}{2}$ 时,P 点的合振动减弱,可见 P 点振动的强弱由波程差 $\Delta r = r_2 - r_1$ 决定,是 P 点位置的函数.

总之,当某一点距离两同位相波源的波程差等于零或者是波长的整数倍时,该点振动的合振幅最大,即其振动总是加强的;当某一点距离两同位波源的波程差等于半波长或半波长的奇数倍时,该点振动的合振幅最小,即其振动总是削弱的.

15. 惠更斯原理与波的反射、折射和衍射

相邻的振动情况完全相同的点所组成的面称为是波面,波面与波的传播方向垂直. 沿波的传播方面与波面垂直,表示波的传播方向的线称为是波线,波线与波面一定是垂直的(如图 6.16 所示).

惠更斯原理可以表述为:波面上的点是子波的源,子波的包络是新的波面.

惠更斯原理是研究传播规律时十分有用的一个工具,具体包含两个方面的意思:

(1) 波面上每一点都可以看作一个新的波源,分别向前发出次波或子波.

(2) 各个次波的包络面即为相应时刻新的波面.

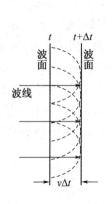 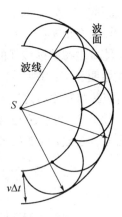

图 6.16

用惠更斯原理可以解释机械波的直线传播、反射、折射和衍射现象.

当波在传播过程中遇到两种介质的交界面时,一部分返回原介质中,称为反射波;另一部分将透入第二种介质继续传播,称为折射波. 入射波的传播方向与交界面的法线成 i 角(i 叫入射角),反射波的传播方向与交界面的法线成 i' 角(i' 叫反射角),折射波的传播方向与法线成 γ 角(γ 叫折射角),如图 6.17,由惠更斯原理可以证明:

$$i = i' (反射定律)$$

$$\frac{\sin i}{\sin \gamma} = \frac{v_1}{v_2} (折射定律)$$

波在传播过程中遇到障碍物时,偏离原来的传播方向,传到障碍物"阴影"区域的现象叫波的衍射. 当障碍物或孔的尺寸比波长小,或者跟波长相差不多时,衍射现象比较明显;当障碍物或孔的尺寸比波长大的时候,衍射现象仍然存在,只是发生衍射的部分跟直进部分相比,范围较小,强度很弱,不够明显而已. 此外,在障碍物或小孔尺寸一定的情况下,波长越长,衍射现象越明显. 如图 6.18 所示.

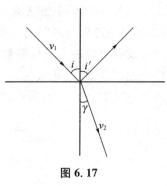

图 6.17

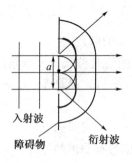 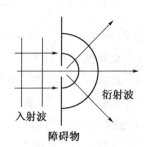

图 6.18

16. 多普勒效应

站在铁路旁边听到车的汽笛声,发现当列车迎面而来时音调较静止时高,而列车迅速离去时音调较静止时低,此外,若声源静止而观察者运动,或者声源和观察者都运动,也会发生收听频率和声源频率不一致的现象,这种现象称为多普勒效应.下面分别探讨各种情况下多普勒频移的公式.

(1) 波源静止观察者运动情形

静止点波源发出的球面波波面是同心的,若观察者以速度 v_R 趋向或离开波源,则波动相对于观察者的传播速度变为 $c' = c + v_R$ 或 $c' = c - v_R$,于是观察者感受到的频率为:

$$f' = \frac{c'}{\lambda} = \frac{c \pm v_R}{\lambda}$$

从而它与波源频率 f 之比为:

$$\frac{f'}{f} = \frac{c \pm v_R}{c}$$

若规定向右为正方向,则有 $\dfrac{f'}{f} = \dfrac{c - v_R}{c}$,式中 v_R 含有正负号.

(2) 波源运动观察者静止情形

若波源以速度 v_s 运动,它发出的球面波不再同心.两波面在波源运动方向上的距离为 $v_s T$,从而对于迎面而来或背离而去的观察者来说,有效的波长为

$$\lambda' = \lambda \mp v_s T = (c \mp v_s) T$$

观察者感受到的频率为:

$$f' = \frac{c}{\lambda''} = \frac{c}{(c \mp v_s)T} = \frac{cf}{c \mp v_s}$$

因而它与波源频率 f 之比为

$$\frac{f'}{f} = \frac{c}{c \mp v_s}$$

同样,规定向右为正方向,则有 $\dfrac{f'}{f} = \dfrac{c}{c - v_s}$,式中 v_s 含有正负号.

(3) 波源和观察者都运动的情形

此处只考虑波的传播方向、波源速度、观察者速度三者共线的特殊情况,这时有效波速和波长都发生了变化,观察者感受到的频率为 f':

$$\frac{f'}{f} = \frac{c - v_R}{c - v_s}$$

不难看出,观察到的频率和原频率相比等于声音和观察者接近速度与声音和观察者分离速度之比.

○ 典型例题

例 7 (北约)简谐机械波在同一种介质中传播时,下述结论中正确的是 ( )
A. 频率不同时,波速不同,波长也不同　　B. 频率不同时,波速相同,波长则不同
C. 频率不同时,波速相同,波长也相同　　D. 频率不同时,波速不同,波长则相同

【解析】 机械波在同一种介质中传播时波速相同,由 $v = f\lambda$ 可知,频率不同时,波长则不同,选项 B 正确.

例 8 (卓越)如图 6.19 所示,空间中有两个机械波源 A、B,其振动同步且振幅相同,已知 A、B 两点的间距为两个波长,考察空间中一点 C 的干涉情况,其中,C 到 A 的距离为波长的 1.5

倍,且AC垂直于AB.设C点的振动频率是A点处振动频率的m倍,C点的振幅是A点振幅的n倍,则下列选项成立的是 ( )

A. $m = 1$ B. $m = 2$
C. $n = 1$ D. $n = 2$

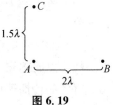

图 6.19

【答案】 AD

【解析】 A、B两个波源满足相干条件:频率相同、相差稳定、振动在同一方向上,两个相干波源在空间引起的振动的频率与波源相同.由勾股定理可知B、C两点间的距离为2.5λ,故A、B两波源到达C点的距离之差等于λ,即半波长的偶数倍,所以C点的振动加强,再根据波的叠加原理:质点的位移是两列波分别引起位移的矢量和,故C点的振幅为两列波的振幅的和,$n = 2$,正确选项为 A、D.

例9 A、B为一列简谐横波上的两个质点,它们在传播方向上相距 20 m,当A在波峰时,B恰在平衡位置.经过 2 s 再观察,A恰在波谷,B仍在平衡位置,则该波 ( )

A. 最大波长是 80 m B. 波长可能是 $\dfrac{40}{3}$ m

C. 最小频率是 0.25 Hz D. 最小波速是 20 m/s

【答案】 AC

【解析】 根据题述,可得

$$\frac{1}{4}\lambda + n\lambda = 20 \text{ m}$$

解得

$$\lambda = \frac{80}{1+4n} \text{ m}$$

根据题述,可得

$$\frac{3}{4}\lambda + n\lambda = 20 \text{ m}$$

解得

$$\lambda = \frac{80}{4n+3} \text{ m}$$

该波最大波长是 80 m,由 $\lambda = \dfrac{80}{4n+3}$ m 可知波长可能是 $\dfrac{80}{3}$ m,$\dfrac{80}{7}$ m,…

由 $\lambda = \dfrac{80}{1+4n}$ m 可知波长可能是 80 m,16 m,$\dfrac{80}{9}$ m…

所以选项 B 错误.

由经过 2 s 再观察,A恰在波谷,可得 $\dfrac{T}{2} + kT = 2$ s,解得周期 $T = \dfrac{4}{2k+1}$ s,可能周期为 4 s,$\dfrac{4}{3}$ s,$\dfrac{4}{5}$ s,$\dfrac{4}{7}$ s,…

最小频率是 $f = \dfrac{1}{T} = 0.25$ Hz,选项 C 正确.机械波传播波速只与介质有关,不能谈最小波速,选项 D 错误.

例10 (华约)如图 6.20 所示,一简谐横波沿 x 轴正方向传播,图中实线为 $t = 0$ 时刻的波形图,虚线为 $t=0.286$ s 时刻的波形图. 该波的周期 T 和波长 λ 可能正确的是 ( )

A. 0.528 s,2 m
B. 0.528 s,4 m
C. 0.624 s,2 m
D. 0.624 s,4 m

【答案】 D

【解析】 由 $t=0$ 时该的波形图可知,$x=0$ 处质点的初相为 $\varphi_0(0)=\dfrac{5\pi}{4}$,在邻近点 $x=0.5$ m 处质点的初相为 $\varphi_0(0.5)=\pi$,$\Delta x=0.5$ m 的距离上相位改变为 $\Delta\varphi=\dfrac{\pi}{4}$,故波长 $\lambda=\dfrac{2\pi}{\Delta\varphi}x=4$ m.

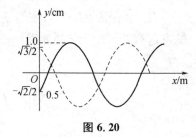

图 6.20

由 $t=0.286$ s 时刻的虚线波形图可知,$x=0$ 处质点在 $t=0.286$ s 时刻的相位为 $\varphi_t(0)=\dfrac{\pi}{3}$,在 $t=0.286$ s 时间内 $x=0$ 处质点相位改变了 $\Delta\varphi=\dfrac{5\pi}{4}-\dfrac{\pi}{3}=\dfrac{11\pi}{12}$,所以周期为 $T=\dfrac{2\pi}{\Delta\varphi}\cdot\Delta t=0.628$ s,选项 D 正确.

例 11 两个扬声器 X,Y 相距 3.0 m,如图 6.21 所示,令它们同相位地发出频率为 660 Hz 的相同音调. 取声速为 330 m/s,计算能产生多少个干涉极大:

(1) 沿 XY 连线;

(2) 沿 $X'Y'$ 连线,$X'Y'$ 平行于 XY,与 XY 相距 4.0 m,计算应包括线段两端可能有的极大值.

【解析】 (1) 当频率 $f=660$ Hz,声速 $c=330$ m/s,则波长

$$\lambda=\dfrac{c}{f}=0.5\text{ m}$$

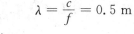

图 6.21

沿 XY 线,程差为

$$\Delta s=(3-x)-x=3-2x$$

当程差是波长的整数倍时有干涉极大,即

$$3-2x=n\lambda$$

令 $n=6-m$,则

$$3-2x=(6-m)\lambda=6\lambda-m\lambda$$

因为 $\lambda=0.5$,所以 $x=m\times 0.25$(m).

可见在 3.0 m 长的 X,Y 之间包括端点在内共有 13 个干涉极大.

(2) 考虑线段 $X'Y'$ 上一点 P',它距 X' 为 x,则距 Y' 为 $(3-x)$,而

$$XP'=\sqrt{4^2+x^2}$$
$$YP'=\sqrt{4^2+(3-x)^2}$$

则程差为

$$\Delta s'=\sqrt{25+x^2-6x}-\sqrt{16+x^2}$$

即程差变化范围为 $+2\lambda\sim-2\lambda$,可见沿 $X'Y'$ 包括端点在内共有 5 个干涉极大.

强化训练

11. 如图 6.22 所示，实线是一列简谐波在某一时刻的波形图，虚线是 0.2 s 后它的波形图，试求这列波可能的传播速度.

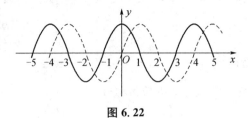

图 6.22

【解析】 当波沿 x 正向传播时，波速可能是

$$v^+ = \frac{\left(n+\frac{1}{4}\right)\lambda}{0.2} = 20\left(n+\frac{1}{4}\right)(\text{m/s})$$

当波沿 x 轴负方向传播时，波速可能是

$$v^- = \frac{\left(n+\frac{3}{4}\right)\lambda}{0.2} = 20\left(n+\frac{3}{4}\right)(\text{m/s})$$

以上两式中 $n = 0, 1, 2, 3, \cdots$

12. 一列简谐横波沿水平轴传播，某时刻，轴上相距为 s 的 A、B 两点均处于平衡位置，且此时 A、B 间仅有一波峰. 历时 t 后，B 点位于波峰，求此波的速度为多少？

【解析】 解法一：依据题述，在 $t=0$ 时刻，A、B 间的波形有且只有四种可能情况.

(1) 如图 6.23 所示的情况下，对应的波长为 $\lambda = 2s$，此时 B 点与其左侧各波峰相距的距离为

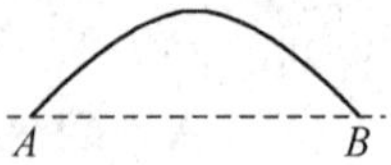

$$\Delta x_左 = \left(n+\frac{1}{4}\right)\lambda = 2\left(n+\frac{1}{4}\right)s \quad (n=0,1,2,\cdots \text{下同})$$

图 6.23

此时 B 点与其右侧各个波峰相距的距离为

$$\Delta x_右 = \left(n+\frac{3}{4}\right)\lambda = 2\left(n+\frac{3}{4}\right)s$$

历时 t 后，B 位于波峰，若此波向右传，相当于 $t=0$ 时，B 左侧的某一波峰此刻传到了 B 处，则在时间 t 内波传播了距离 $\Delta x_左$，故其波速为

$$v = \frac{\Delta x_左}{t} = \left(2n+\frac{1}{2}\right)\frac{s}{t}$$

若此波向左传，相当于 $t=0$ 时，B 右侧的某一波峰此刻传到了 B 处，则在时间 t 内波传播的距离为 $\Delta x_右$，故其波速为

$$v = \frac{\Delta x_右}{t} = \left(2n+\frac{3}{2}\right)\frac{s}{t}$$

综合以上两式可以得到对应于图 6.23 所示情况的波的传播速度为

$$v = \left(n+\frac{1}{2}\right)\frac{s}{t} = (2n+1)\frac{s}{2t} \qquad ①$$

(2) 在如图 6.24 所示的情况下，对应的波长为 $\lambda = s$，此时 B 点与其左侧各波峰相距的距离为

$$\Delta x_{左} = \left(n + \frac{3}{4}\right)\lambda = \left(n + \frac{3}{4}\right)s$$

此时点与其右侧各波峰相距的距离为

$$\Delta x_{右} = \left(n + \frac{1}{4}\right)\lambda = \left(n + \frac{1}{4}\right)s$$

同(1)的解法可得,若此波向右传则其波速为

$$v = \frac{\Delta x_{左}}{t} = \left(n + \frac{3}{4}\right)\frac{s}{t}$$

若此波向左传则其波速为

$$v = \frac{\Delta x_{右}}{t} = \left(n + \frac{1}{4}\right)\frac{s}{t}$$

综合以上两式可得对应于图 6.24 所示情况波的传播速度为

$$v = \left(\frac{n}{2} + \frac{1}{4}\right)\frac{s}{t} = (2n+1)\frac{s}{4t}$$

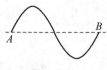

图 6.24

②

(3) 在如图 6.25 所示的情况下,同前解法可得到与图 6.24 所示情况相同的最后结果,即

$$v = (2n+1)\frac{s}{4t}$$

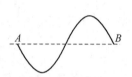

图 6.25

(4) 在如图 6.26 所示的情况下,对应的波长为 $\lambda = \frac{2}{3}s$,此时 B 点与其左侧各波峰的距离为

$$\Delta x_{左} = \left(n + \frac{3}{4}\right)\lambda = \left(n + \frac{3}{4}\right)s$$

此时 B 点与其右侧各波峰相距的距离为

$$\Delta x_{右} = \left(n + \frac{1}{4}\right)\lambda = \left(n + \frac{1}{4}\right)s$$

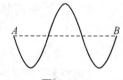

图 6.26

同前解法可得此时若波向右传播则其波速为

$$v = \frac{\Delta x_{左}}{t} = \left(n + \frac{3}{4}\right)\frac{2s}{3t}$$

若波向左传则其波速为

$$v = \frac{\Delta x_{右}}{t} = \left(n + \frac{1}{4}\right)\frac{2s}{3t}$$

综合以上两式可得对应于图 6.26 所示情况下波的传播速度为

$$v = \left(\frac{n}{2} + \frac{1}{4}\right)\frac{2s}{3t} = (2n+1)\frac{s}{6t}$$

③

综合以上的 ①、②、③ 式,波速的大小可以用下面的通式表达

$$v = \frac{(2n+1)s}{2kt} \quad (n = 0, 1, 2, \cdots; k = 1, 2, 3)$$

解法二:依题述,从波动的规律来看,A、B 间的距离只可能是半个波长、一个波长或一个半波长,即应满足

$$s = \frac{1}{2}k\lambda \quad (k = 1, 2, 3)$$

所以
$$\lambda = \frac{2s}{k}$$

另一方面,对于质点 B,它的运动是振动,在一段时间 t 的起始时刻和结束时刻,它分别位于平衡位置和平衡位置上端的最大位移处,从振动的规律来看,若 B 在起始时刻的速度方向向上,则这段时间 t 应满足

$$t = \left(n + \frac{1}{4}\right)T \quad (n = 0, 1, 2, \cdots)$$

上式中 T 为 B 的振动周期. 若 B 在起始时刻的速度方向向下,则这段时间 t 应满足

$$t = \left(n + \frac{3}{4}\right)T$$

综合以上两式有

$$t = \left(\frac{n}{2} + \frac{1}{4}\right)T$$

所以

$$T = \frac{4t}{2n+1}$$

由波速的公式得此波的波速为

$$v = \frac{\lambda}{T} = \frac{(2n+1)s}{2kt} \quad (n = 1, 2, \cdots; k = 1, 2, 3)$$

13. 一平面简谐波向 $-x$ 方向传播,振幅 $A = 6$ cm,圆频率 $\omega = 6\pi$ rad/s,当 $t = 2.0$ s 时,距原点 O 为 12 cm 处的 P 点的振动状态为 $y_P = 3$ cm,且 $v_P > 0$,而距原点 22 cm 处的 Q 点的振动状态为 $y_Q = 0$,且 $v_Q < 0$. 设波长 $\lambda > 10$ cm,求波动方程,并画出 $t = 0$ 时的波形图.

【解析】 简谐波方程的一般形式已经总结得出,在知道 A、ω 的前提下,加上本题给出的两个特解,应该足以解出 v 和 φ 值. 由一般的波动方程

$$y = A\cos\left[\omega\left(t - \frac{x}{v}\right) + \varphi\right]$$

如果我们狭义地理解为波源就在坐标原点的话,题目给出特解是不存在的(因为波向 $-x$ 方向传播). 所以,此处的波源不在原点. 但上面的波动方程对波源不在原点的情形也是适用的.

上面波动方程所对应质点的速度

$$v = -\omega A \sin\left[\omega\left(t - \frac{x}{v}\right) + \varphi\right]$$

代 $t = 2.0$ s 时 P 的特解,有

$$y_P = 6\cos\left[6\pi\left(2 - \frac{12}{v}\right) + \varphi\right] = 3$$

$$v_P = -36\pi\sin\left[6\pi\left(2 - \frac{12}{v}\right) + \varphi\right] > 0$$

即

$$6\pi\left(2 - \frac{12}{v}\right) + \varphi = 2k_1\pi - \frac{\pi}{3} \qquad ①$$

代 $t = 2.0$ s 时 Q 的特解,有

$$y_Q = 6\cos\left[6\pi\left(2 - \frac{22}{v}\right) + \varphi\right] = 0$$

$$v_Q = -36\pi\sin\left[6\pi\left(2 - \frac{22}{v}\right) + \varphi\right] < 0$$

即

$$6\pi\left(2 - \frac{22}{v}\right) + \varphi = 2k_2\pi + \frac{\pi}{2} \qquad ②$$

又由于 $\overline{AB} = (22 - 12)\text{ cm} = 10\text{ cm} < \lambda$,故 $k_1 = k_2$. 解①、②两式易得:

$$v = -72\text{ cm/s},$$

$$\varphi = \frac{2\pi}{3}\left(\text{或} -\frac{4\pi}{3}\right)$$

所以波动方程为: $y = 6\cos\left[6\pi\left(t + \frac{x}{72}\right) + \frac{2\pi}{3}\right]$,且波长 $\lambda = v\frac{2\pi}{\omega} = 24\text{ cm}$.

当 $t = 0$ 时,$y = 6\cos\left(\frac{\pi}{12}x + \frac{2\pi}{3}\right)$,可以描出 y-x 图像如图 6.27 所示.

图 6.27

14. 同一介质中有甲、乙两列平面简谐波,波源做同频率、同方向、同振幅的振动. 两波相向传播,波长为 8 m,波传播方向上 A、B 两点相距 20 m,甲波在 A 处为波峰时,乙波在 B 处位相为 $-\frac{\pi}{2}$,求 AB 连线上因干涉而静止的各点的位置.

【解析】 因为不知道甲、乙两波源的位置,设它们分别在 S_1 和 S_2 两点,距 A、B 分别为 a 和 b,如图 6.28 所示.

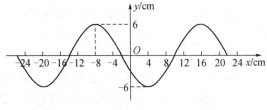

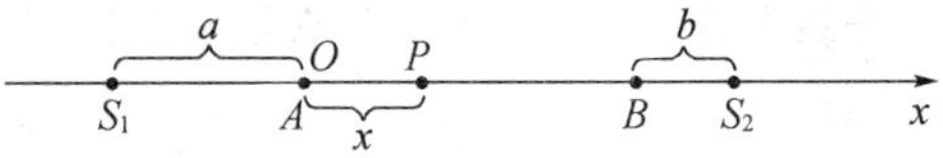

图 6.28

它们在 A、B 之间 P 点(坐标为 x)形成的振动分别为

$$y_甲 = A\cos\omega\left(t - \frac{a + x}{v}\right) = A\cos\left[\omega t - \frac{\pi}{4}(a + x)\right]$$

$$y_乙 = A\cos\omega\left(t - \frac{20 + b - x}{v}\right) = A\cos\left[\omega t - \frac{\pi}{4}(20 + b - x)\right]$$

这也就是两波的波动方程.

当甲波在 A 处($x = 0$)为波峰时,有

$$\omega t = \frac{a\pi}{4} \qquad ①$$

此时,乙波在 B 处($x=20$)的位相为 $-\dfrac{\pi}{2}$,有

$$\omega t - \dfrac{b\pi}{4} = -\dfrac{\pi}{2} \qquad ②$$

结合①、②两式,得到 $b-a=2$.
所以,甲波在任意坐标 x 处的位相

$$\theta_\text{甲} = \omega t - \dfrac{\pi}{4}(a+x)$$

乙波则为

$$\theta_\text{乙} = \omega t - \dfrac{\pi}{4}(22+a-x)$$

两列波因干涉而静止点,必然满足 $\theta_\text{甲} - \theta_\text{乙} = (2k-1)\pi$
所以有 $x = 13 - 4k$,其中 $k = 0, \pm 1, \pm 2, \cdots$
在 $0 \sim 20$ 的范围内,$x = 1、5、9、13、17$ m.

【点评】 此题如果不设波源的位置也是可以解的.此题直接应用波的干涉的结论——位相差的规律,如若不然,直接求 $y_\text{甲}$ 和 $y_\text{乙}$ 的叠加,解方程将会困难得多.此外如果波源不是"同方向"振动,位相差的规律会不同.

15. 如图 6.29 所示,在同一均匀介质中有 S_1、S_2 两波源,这两个波源的频率、振动方向均相同,且振动的步调完全一致,S_1、S_2 之间相距两个波长,D 点为 S_1、S_2 连线中点,今以 D 为圆心,以 $R = DS_1$ 为半径画圆,问在该圆周上(S_1、S_2 两波源除外)共有几个加强点?

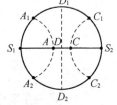

图 6.29

【解析】 S_1、S_2 两波源连线之间只有两个波长,那么连线之间有如图 6.29 所示的三个加强点:

$$S_1 A - S_2 A = -\lambda$$
$$S_1 D - S_2 D = 0$$
$$S_1 C - C S_2 = \lambda$$

所以,$A、D、C$ 三个加强点.干涉的特点是加强区的分布是稳定的,与这三个点相应的加强区在不同的三条曲线上,这三条线与圆周相交有 6 个点,如图 6.29 所示,即为 $A_1、A_2、D_1、D_2$、$C_1、C_2$ 等 6 个加强点.

16. 如图 6.30 所示,拉直的绳子左端固定于墙上,有一简谐波沿绳子向左传播.坐标原点 O 在墙的右方,与墙的距离为 $\dfrac{5}{4}\lambda$,其中 λ 为波长,已知 O 点的振动为 $y_0 = A\cos\omega t$,其中 ω 为圆频率,试描述绳中的特征.

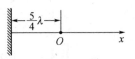

图 6.30

【解析】 向左传播的波遇墙后反射,在绳中同时存在传播方向相反的两列波,它们叠加后形成驻波.为了对驻波作定量描述,必须写出入射波和反射波的波动表达式,两列波的相位均以原点 O 的相位作参考,注意到绳与墙连接点的振动始终为零(波节),这意味着入射波和反射波在连接点的振动相位相反,即入射波遇墙反射时产生了 π 的相位突变,这称为半波损失,写出驻波的定量表达式后,便可找出波节与波腹的位置.

已知原点 O 的振动为
$$y_0 = A\cos\omega t$$
向左传播的入射波表示式为
$$y_1 = A\cos\left(\omega t + \frac{2\pi}{\lambda}x\right)$$
入射波传到反射点时的相位为
$$\omega t - \frac{2\pi}{\lambda}\cdot\frac{5}{4}\lambda = \omega t - \frac{5}{2}\pi$$
反射后相位突变 π，故反射波在反射点的相位为
$$\omega t - \frac{5}{2}\pi - \pi = \omega t - \frac{7}{2}\pi$$
反射波在 O 点的相位比反射点的相位落后
$$\frac{2\pi}{\lambda}\cdot\frac{5}{4}\lambda = \frac{5}{2}\pi$$
故反射波在原点 O 的相位为
$$\omega t - \frac{7}{2}\pi - \frac{5}{2}\pi = \omega t - 6\pi$$
因而反射波的波动表示式为
$$y_2 = A\cos\left(\omega t - 6\pi - \frac{2\pi}{\lambda}x\right) = A\cos\left(\omega t - \frac{2\pi}{\lambda}x\right)$$
绳中的合成波为
$$y = y_1 + y_2 = A\cos\left(\omega t + \frac{2\pi}{\lambda}x\right) + A\cos\left(\omega t - \frac{2\pi}{\lambda}x\right)$$
$$= 2A\cos\left(\frac{2\pi}{\lambda}x\right)\cos\omega t$$
上式即驻波方程，当
$$\frac{2\pi}{\lambda}x = (2k+1)\frac{\pi}{2} \quad (k = 0, \pm 1, \pm 2, \cdots) \text{ 时}$$
$$\cos\left(\frac{2\pi}{\lambda}x\right) = 0$$
振幅为零，为波节，故波节的位置为
$$x = \left(k + \frac{1}{2}\right)\frac{\lambda}{2} \quad (k = 0, \pm 1, \pm 2, \cdots)$$
当
$$\frac{2\pi}{\lambda}x = k\pi \quad (k = 0, \pm 1, \pm 2, \cdots) \text{ 时}$$
$$\left|\cos\left(\frac{2\pi}{\lambda}x\right)\right| = 1$$
振幅最大，为波腹，故波腹的位置为
$$x = k\frac{\lambda}{2} \quad (k = 0, \pm 1, \pm 2, \cdots)$$
驻波的图形如图 6.31 所示.

图 6.31

17. 在液体表面两点 S_1 和 S_2 处,有两个相干波源以同相位做正弦振动,在 $t=0$ 时,初相位为 0. 液体中的波速 $v=0.5$ m/s,振动频率 5 Hz,振幅为 $y_0=0.04$ m. 在液体表面 P 点有一软木塞,它离 S_1 的距离为 $x_1=0.30$ m,离 S_2 的距离为 $x_2=0.34$ m. 试求:

(1) 在 $t=3$ s 时软木塞的位移.

(2) 从波源开始振动起到软木塞第一次通过平衡位置这段时间 t.

【解析】 (1) 研究软木塞的位移有两种可能性:一是在 $t=3$ s 时,如果只有一列波到达软木塞的 P 点处,该时刻软木塞的位移将由该列波的波动方程

$$y = y_0 \sin 2\pi f\left(t - \frac{x}{v}\right)$$

所决定;二是在 $t=3$ s 时,如果两列波均达到 P 点,则此时软木塞的位移,根据波的叠加原理应为两列波在该时刻在 P 点位移的矢量和. 因此,首先要分别计算两列波到达 P 点的时间,以确定属于上述哪种情况.

如图 6.32 所示,设波源 S_1 和 S_2 传到 P 点所需时间为 t_1 和 t_2,则有

$$t_1 = \frac{x_1}{v} = 0.6 \text{ s}$$

$$t_2 = \frac{x_2}{v} = 0.68 \text{ s}$$

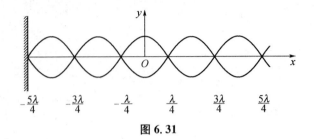

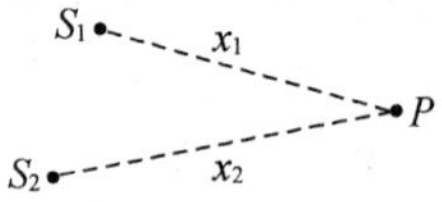

图 6.32

由于 $t=3$ s 大于 t_1 和 t_2,此时 S_1、S_2 两列波都已经到达 P 点,所以软木塞的位移是这两列波在 P 点位移的矢量和,则有

$$y_1 = y_0 \sin 2\pi f\left(t - \frac{x_1}{v}\right)$$

$$y_2 = y_0 \sin 2\pi f\left(t - \frac{x_2}{v}\right)$$

矢量和

$$y = y_1 + y_2 = -0.235 \text{ m}$$

(2) S_1 发出的波先到达 P 点,时间为 $t_1 = 0.6$ s,振动周期 $T = \frac{1}{f} = 0.2$ s,如果只有 S_1 波源发出的波,软木塞第一次通过平衡位置时,所需时间

$$\Delta t = t_1 + \frac{1}{2}T = 0.7 \text{ s}$$

而此时 S_2 发出的波也已到达 P 点,时间为 $t_2 = 0.68$ s,所以此时求软木塞第一次通过平衡位置时,必须要由合位移

$$y = y_1 + y_2 = 2y_0 \sin 2\pi f\left(t - \frac{x_1 + x_2}{2v}\right)\cos \pi f\left(\frac{x_2 - x_1}{v}\right)$$

$$\cos\pi f\left(\frac{x_2-x_1}{v}\right)\neq 0$$

所以
$$\sin 2\pi f\left(t-\frac{x_1+x_2}{2v}\right)=0$$
$$\sin(10\pi t-6.4\pi)=0$$

即
$$10\pi t-6.4\pi=k\pi \quad (k=0,1,2,3\cdots)$$

解得
$$t=\frac{k+6.4}{10}$$

当 $k=0$ 时，$t=0.64$ s，S_2 发出的波尚未到达 P 点，$y=y_1+y_2$ 的关系尚不存在，所以不是此问题的解.

当 $k=1$ 时，$t=\dfrac{1+6.4}{10}$ s $=0.74$ s，这就是软木塞第一次通过平衡位置的时间.

第七章 电　场

知识地图

电场
- 电荷
  - 起电
    - 摩擦起电
    - 感应起电
    - 接触起电
  - 电荷守恒定律
  - 元电荷
- 电场的力的性质
  - 库仑定律
  - 电场强度
    - 定义式 $E = \dfrac{F}{q}$
    - 电场线
      - 定义
      - 特点
- 电场的能的性能
  - 电势能
    - 电场力的功与路径无关
    - 电场力做的功等于电势能的减少
    - $\sum W = -\Delta E_p$
  - 电势
    - 定义式
    - 特点
    - 等势面
    - 点电荷的电势 $U = k\dfrac{Q}{r}$
  - 电势差
    - $U_{AB} = \dfrac{W_{AB}}{q}$
    - 特点
      - 标量
      - 客观性
- 电场中的导体
  - 静电感应
  - 静电平衡
  - 静电屏蔽
- 电容
  - 定义式 $C = \dfrac{Q}{U}$
  - 决定式 $C = \dfrac{\varepsilon_r S}{4\pi k d}$
  - 电容器连接
    - 串联
    - 并联

第七章 电 场

第1节 电场的力的性质

考点梳理

1. 电荷

自然界中只存在两种电荷,即正电荷和负电荷.用毛皮摩擦过的硬橡胶棒所带的电荷为负电荷,用丝绸摩擦过的玻璃棒所带的电荷为正电荷.同种电荷相互排斥,异种电荷相互吸引.

元电荷:电子或质子所带电荷量 $e=1.6\times 10^{-19}$ C,所有带电体的电荷量都是 e 的整数倍,因此电荷 e 称为元电荷. 点电荷:点电荷是一种理想化的模型,当带电体的大小和形状可以忽略时,这样的带电体就可以看做点电荷. 使物体带电方法:① 摩擦起电;② 接触带电;③ 感应起电.

2. 电荷守恒定律

电荷既不能被创造,也不能被消灭,只能从一个物体转移到另一个物体,或者从物体的一部分转移到另一部分,在转移过程中电荷总量保持不变.

3. 库仑定律

内容:真空中两点电荷之间的相互作用力与两电荷电量的乘积成正比,两电荷之间距离的平方成反比.

适用条件:① 真空中;② 点电荷.

公式:

$$F = k\frac{Q_1 Q_2}{r^2} \quad (k = 9\times 10^9 \text{ N}\cdot\text{m}^2/\text{C}^2)$$

均匀带电小球(或球壳)之间的静电作用力也同样适用库仑定律.

4. 电场

电场是带电体周围存在的一种物质,是电荷间相互作用的媒体.它是一种看不见却客观存在的物质.电场最基本的性质:对放入电场中的电荷有力的作用.放入电场中的电荷受到电场的力的作用叫电场力.

5. 电场强度 E

电场强度是用来描述电场力的性质的物理量.

(1) 定义:放入电场中某点的电荷所受电场力与检验电荷的电量的比值.

定义式

$$E = \frac{F}{q}$$

点电荷周围的场强公式

$$E = k\frac{Q}{r^2}$$

(2) 性质

物质性:电场是电荷周围客观存在的物质,电荷之间的相互作用力通过电场而发生.

客观性:场强是描述电场力的性质的物理量,只由电场本身决定.电场中某点的场强与检验电荷的电性和电量无关,与检验电荷所受的电场力 F 无关,即使无检验电荷存在,该点的场强依然是原有的值.

矢量性:电场中某点的电场强度方向规定为正电荷在该点所受电场力的方向.与放在该点的负电荷受的电场力的方向相反.

6. 电场线

在电场中画出一系列从正电荷出发到负电荷终止的曲线,使曲线上每一点的切线方向跟该点的场强方向一致,这些曲线就叫做电场线.电场线是为了形象地表示电场的方向和强弱而引入的假想线,它不是电场中实际存在的线.电场线也不是电荷在电场中运动的轨迹.电场线的疏密表示场强的大小,电场线越密的地方,其场强就越大.电场线上某点的切线方向即该点的场强方向,也就是正电荷在该点所受电场力的方向.静电场的电场线是不闭合的曲线,总是从正电荷(或无穷远处)发出,终止于负电荷(或无穷远处).在没有电荷的地方电场线不会中断,也不会相交.正电荷一定要发出电场线,负电荷一定要接收电场线.

7. 电场的叠加

当同时存在几个产生电场的场源时,电场中某点的场强是各场源单独在该点产生场强的矢量和.

8. 均匀带电球壳内外的电场

(1) 均匀带电球壳内部的场强处处为零.

(2) 均匀带电球壳外任意一点的场强公式为

$$E = \frac{kQ}{r^2}$$

式中,r 是壳外任意一点到球心距离,Q 为球壳带的总电量.

◎ 典型例题

例 1 (华约)一个带正电的导体在空间中产生电场,用检验电荷去测电场.若检验电荷为正电荷,则对测量的影响是_____(填写"变大"或"变小"或"不变").若检验电荷为负电荷,则对测量的影响是_____(填写"变大"或"变小"或"不变").

【答案】 变小 变大

【解析】 对于带正电的导体,在空间中产生电场,放入正检验电荷测量电场,该处电场减小,对测量的影响变小;放入负检验电荷测量电场,该处电场增强,对测量的影响变大.

例 2 (华约)如图 7.1 所示,带电质点 P_1 固定在光滑的水平绝缘桌面上,在桌面上距离 P_1 一定距离有另一个带电质点 P_2,P_2 在桌面上运动,某一时刻质点 P_2 的速度沿垂直于 P_1P_2 的连线方向,则   ( )

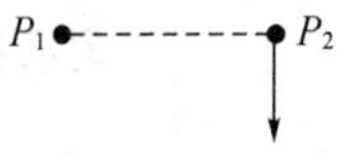

图 7.1

A. 若 P_1、P_2 带同种电荷,以后 P_2 一定做速度变大的曲线运动

B. 若 P_1、P_2 带同种电荷,以后 P_2 一定做加速度变大的曲线运动

C. 若 P_1、P_2 带异种电荷,以后 P_2 的速度大小和加速度大小可能都不变

D. 若 P_1、P_2 带异种电荷,以后 P_2 可能做加速度、速度都变小的曲线运动

【答案】 ACD

【解析】 若 P_1、P_2 带同种电荷,斥力做功,斥力方向与速度方向不在一直线上,以后 P_2 一定做速度变大的曲线运动,选项 A 正确.若 P_1、P_2 带同种电荷,斥力做功,二者距离逐渐增大,库

仑力减小,加速度减小,所以若 P_1、P_2 带同种电荷,以后 P_2 一定做加速度变小的曲线运动,选项 B 错误. 若 P_1、P_2 带异种电荷,某一时刻质点 P_2 的速度沿垂直于 P_1P_2 的连线方向,若正好满足库仑力等于向心力,P_2 围绕 P_1 做匀速直线运动,以后 P_2 的速度大小和加速度大小都不变,选项 C 正确. 若库仑力小于所需的向心力,P_2 围绕 P_1 做离心运动,以后 P_2 做加速度、速度都变小的曲线运动,选项 D 正确.

例 3 (卓越)已知两板间距为 d,极板面积为 S 的平行板电容器的电容为 $C=\dfrac{\varepsilon S}{4\pi kd}$,其中 ε、k 为常量. 若两板的电荷量减半,间距变为原来的 4 倍,则电容器极板间 (　　)

A. 电压加倍,电场强度减半　　　　　B. 电压加倍,电场强度加倍

C. 电压减半,电场强度减半　　　　　D. 电压加倍,电场强度不变

【答案】 A

【解析】 若平行板电容器的间距变为原来的 4 倍,则电容变为原来的 1/4,若两板的电荷量减半,根据 $C=Q/U$,则电容器极板间电压变为原来的 2 倍,根据 $E=U/d$ 可知,电场强度减半,选项 A 正确.

例 4 (卓越)用等长的丝线分别悬挂两个质量、电荷量都相同的带电小球 A、B,两线上端固定在同一点 O,把 B 球固定在 O 点的正下方,当 A 球静止时,两悬线夹角为 θ,如图 7.2 所示. 若在其他条件不变,只改变下列某些情况,能够保持两悬线夹角不变的方法是 (　　)

A. 同时使两悬线的长度都减半

B. 同时使 A 球的质量、电荷量都减半

C. 同时使 A、B 两球的质量、电荷量都减半

D. 同时使两悬线的长度和两球的电荷量都减半

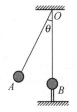

图 7.2

【答案】 BD

【解析】 对 A 球进行受力分析,画出受力分析图. 由图中几何关系可得:

$$\dfrac{mg}{OB}=\dfrac{F}{AB}$$

$$F=\dfrac{kQq}{r^2}$$

要保持两悬线夹角不变的方法是:r 不变,同时使 A 球的质量、电荷量都减半;同时使两悬线的长度和两球的电荷量都减半,选项 BD 正确.

例 5 (华约)"顿牟掇芥"是两千多年前我国古人对摩擦起电现象的观察记录,"顿牟掇芥"是指经摩擦后的带电琥珀能吸起小物体. 我们可以将其简化为下述模型分析探究.

如图 7.3 所示,在某处固定一个电荷量为 Q 的点电荷,在其正下方 h 处有一个原子. 在点电荷产生的电场(场强为 E)作用下,原子的负电荷中心与正电荷中心会分开很小的距离 l,形成电偶极子. 描述电偶极子特征的物理量称为电偶极矩 p,$p=ql$,这里 q 为原子核的电荷. 实验显示,$p=\alpha E$,α 为原子的极化系数,是与原子本身特性有关的物理量,反映原子被极化的难易程度. 被极化的原子与点电荷之间产生作用力 F. 在一定条件下,原子会被点电荷"掇"上去.

图 7.3

(1) 判断 F 是吸引力还是排斥力?简要说明理由;

(2) 若固定点电荷的电荷量增加一倍,力 F 如何变化?

(3) 若原子与点电荷间的距离减小为原来的一半,力 F 如何变化?

【解析】 (1) F 为吸引力. 理由:当原子极化时,与 Q 异性的电荷在库仑力作用下移向 Q,而与 Q 同性的电荷在库仑力作用下远离 Q,这样异性电荷之间的吸引力大于同性电荷之间的排斥力,总的效果表现为 F 是吸引力.

(2) 电荷 Q 与分离开距离 l 的一对异性电荷之间的总作用力为:

$$F = k\frac{Qq}{\left(h-\dfrac{l}{2}\right)^2} - k\frac{Qq}{\left(h+\dfrac{l}{2}\right)^2}$$

考虑到 $l \ll h$,化简得:

$$F = kqQ\left(\frac{1}{h^2-hl} - \frac{1}{h^2+hl}\right) = 2kQql/h^3$$

利用 $p = ql$,可得 $F = 2kQp/h^3$.

根据点电荷电场强度公式,若固定点电荷的电荷量增加一倍,即 Q 增大为 $2Q$,被极化的原子处的电场强度 E 增大到原来的 2 倍. 由 $p = \alpha E$ 可知电偶极矩 p 增大到原来的 2 倍.

由 $F = 2kQp/h^3$ 可知作用力 F 增大到原来的 4 倍.

(3) 根据点电荷电场强度公式,若原子与点电荷间的距离减小为原来的一半,即 h 减小为原来的一半,被极化的原子处的电场强度 E 增大到原来的 4 倍. 由 $p = \alpha E$ 可知电偶极矩 p 增大到原来的 4 倍.

由 $F = 2kQp/h^3$ 可知作用力 F 增大到原来的 32 倍.

强化训练

1. 如图 7.4 所示,用两根轻质细绝缘线把两个质量相同的带电小球悬挂起来,a 球带 $+q$,b 球带 $-2q$,且两球间的库仑力小于 b 球的重力,即两根线都处于<u>竖直绷紧的状态</u>. 现加一水平向左的匀强电场,则小球若保持平衡,表示两小球平衡状态的图(图 7.5)是 (   )

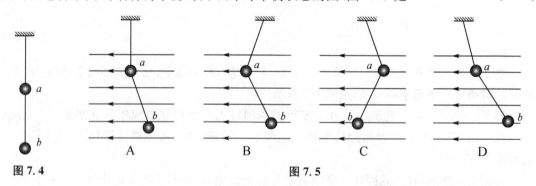

图 7.4 　　　　　　　　　　　图 7.5

【解析】 以 a、b 两球组成的整体为研究对象. a、b 之间的库仑力和绳子的张力是内力,对整体的平衡不起作用. 而 a、b 受到匀强电场的作用,因 $q_a < q_b$,故 q_a 受到水平向左的力小于 q_b 受到水平向右的力. 这就决定了 a 上部悬绳必须有向左的力的分力. 这就排除了 A、B 两个结论. a、b 整体的受力分析如图 7.6(a) 所示.

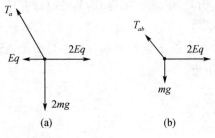

图 7.6

以 b 球为研究对象,由于 b 受匀强电场向右的作用力,故 b 上部的悬绳必须有向左的分力,这就排除了结论 C,肯定了结论 D. b 球的受力分析如图 7.6(b)所示. 选项 D 正确.

【点评】 研究对象是两个,又要判断内力的大小或方向. 这类问题一般是以整体为研究对象,作受力分析,列平衡方程,再以其中一个受力情况较简单的物体为研究对象,作受力分析,列平衡方程,最后求解. 这样要比分别以两个物体为研究对象,作受力分析,列平衡方程,最后求解的方法要简便.

2. 点电荷 $+9Q$ 和 $-Q$ 固定放置,相距 L,第三个电荷 q 只能在过 $+9Q$ 与 $-Q$ 的直线上运动. 问:

(1) q 应满足什么条件,才能在直线上平衡?

(2) q 的平衡稳定性跟 q 的电荷符号有什么关系?

【解析】 (1) 如图 7.7 所示,设合场强为零的点在 $-Q$ 外侧 x 处,因为

$$\frac{k \cdot 9Q}{(L+x)^2} = \frac{kQ}{x^2}$$

解得 $x = \dfrac{1}{2}L$. q 无论正负大小如何,都可在该点平衡.

(2) 再设 q 偏离平衡位置向右发生微小位移 Δx,如果 q 为负,则合力 F 可写成(向右为正):

$$F = k\frac{Qq}{\left(\dfrac{L}{2}+\Delta x\right)^2} - k\frac{9Qq}{\left(\dfrac{3L}{2}+\Delta x\right)^2}$$

$$= kQq\frac{\left(\dfrac{3L}{2}+\Delta x\right)^2 - 9\left(\dfrac{L}{2}+\Delta x\right)^2}{\left(\dfrac{L}{2}+\Delta x\right)^2\left(\dfrac{3L}{2}+\Delta x\right)^2}$$

$$= kQq\frac{-2(3L+4\Delta x)\Delta x}{\left(\dfrac{L}{2}+\Delta x\right)^2\left(\dfrac{3L}{2}+\Delta x\right)^2} < 0$$

F 为负值,说明 q 为负电荷时,合力与 Δx 反向,平衡为稳定平衡,F 为回复力. 如果 q 为正电荷时,仿上述方法易证明 F 为正值,不具有回复力性质,平衡不稳定.

【点评】 (1) q 的大小和符号无限制,只有放在 $+9Q$ 和 $-Q$ 连线上 $-Q$ 的外侧,距离 $-Q$ 为 $\dfrac{1}{2}L$ 远处才能平衡.

(2) q 为负电荷时,平衡为稳定;q 为正电荷时,平衡不稳定.

3. 如图7.8所示,求半径为R,面密度为σ的均匀带电球壳球心处的场强.

【解析】 如图7.8所示,在球面上的P处取一极小的面元ΔS,它在球心O点激发的场强大小为

$$\Delta E = k\frac{\sigma \Delta S}{R^2}$$

方向由P指向O点.

无穷多个这样的面元激发的场强大小和ΔS激发的完全相同,但方向各不相同,它们矢量合成的效果怎样呢?这里我们要大胆地预见:由于在x方向、y方向上的对称性,

$$\sum \vec{E}_{ix} = \sum \vec{E}_{iy} = 0$$

最后的$\sum E = \sum E_z$,所以先求

$$\Delta E_z = \Delta E\cos\theta = k\frac{\sigma \Delta S\cos\theta}{R^2}$$

而且$\Delta S\cos\theta$为面元在xOy平面上的投影,设为$\Delta S'$,所以

$$\sum E_z = \frac{k\sigma}{R^2}\sum \Delta S'$$

而

$$\sum \Delta S' = \pi R^2$$

$$E = k\pi\sigma$$

方向垂直边界线所在的平面.

4. 如图7.9所示,质量为$2m$的均匀带电球M的半径为R,带电量为$+Q$,开始静止在光滑的水平面上.在通过直径的直线上开一个很小的绝缘、光滑的水平通道.现在球M的最左端A处,由静止开始释放一质量为m、带电量为$-Q$的点电荷N.若只考虑两电荷间的相互静电力.试求点电荷运动到带电球M的球心时,两带电体的速度.

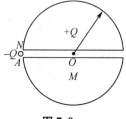

图7.9

【解析】 均匀带电球M在球内离球心距离为x处产生的电场强度为

$$E = \frac{kQx}{R^3}$$

点电荷N在此处所受的电场力为

$$F_N = \frac{kQ^2x}{R^3}$$

此时带电球M所受的电场力也为

$$F_M = \frac{kQ^2x}{R^3}$$

因而可将此系统构建为类似如图7.10所示的双振子相对质心O'点做简谐运动.由质心运动定理可知,系统的质心O'点静止不动,质心O'点距开始静止的球心O点的距离为x',则

$$x' = \frac{mR}{M+m} = \frac{R}{3}$$

以质心 O' 为双振子振动的平衡位置,令 $k_0 = \frac{kQ^2}{R^3}$, N 相对质心振动的等效弹簧劲度系数为 $k_N = \frac{3k_0}{2}$,振幅为 $A_N = \frac{2R}{3}$.

球 M 相对质心振动的等效弹簧劲度系数 $k_M = 3k_0$、振幅为 $A_M = \frac{R}{3}$. N 到达球心时对应于两振子都到达平衡位置,由简谐运动知识得,此时点电荷 N、球 M 的速度分别为

$$v_N = A_N\sqrt{\frac{k_N}{m}} = \frac{2R}{3}\sqrt{\frac{3k_0}{2m}}$$

$$v_M = A_M\sqrt{\frac{k_M}{2m}} = \frac{R}{3}\sqrt{\frac{3k_0}{2m}}$$

5. 如图 7.11 所示,两个同轴的带电无限长半圆柱面,内外圆柱面的半径分别为 a、b. 设在图 7.11 中 $a<r<b$ 区域内只有径向电场,电势分布为 $U = k\ln b/r$,其中 k 为常量. 由此电势分布可得出电场强度分布为 $E = k/r$. 现有一质量为 m、初速为 v_0、带电量为 $-q$ 的粒子从左方 A 处射入,且 v_0 既与圆柱面轴线垂直又与入射处的圆柱的直径垂直(不计带电粒子的重力).

(1) 试问 v_0 为何值时可使粒子沿半径为 $R(R>a)$ 的半圆轨道运动?

(2) 若粒子的入射方向与上述 v_0 偏离一个很小的角度 β(仍然与圆柱面轴线垂直),其他条件不变,则粒子将偏离(1)中的半圆轨道. 设新轨道与原半圆轨道相交于 P 点. 试证明:对于很小的 β 角,P 点的位置与 β 角无关,并求出 P 点的方位角 $\theta = \angle AOP$ 的数值.

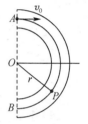

图 7.11

【解析】(1) 根据带电粒子在径向电场中做圆周运动的条件,即带电粒子所受的电场力等于粒子沿径向指向圆心 O 的向心力,得

$$\frac{mv_0^2}{R} = qE = \frac{qk}{R}$$

则 $v_0 = \sqrt{\frac{qk}{m}}$.

(2) 带电粒子运动轨迹看似比较复杂,但考虑到 β 较小,粒子沿切向的分速度为

$$v_t = v_0\cos\beta \approx v_0$$

径向的分速度

$$v_r = v_0\sin\beta = v_0\beta$$

运用力和运动独立性原理,可把此复杂的运动构建为沿着半径为 R 的匀速圆周运动和径向的振幅较小的简谐运动的复合运动.

粒子沿径向做简谐运动的平衡位置为 $r_0 = R$,设沿径向的微小位移为 x,回复力 F_r 满足

$$-\frac{kq}{r_0+x} = F_r - \frac{mv_t^2}{r_0+x}$$

即

$$F_r = -\left(\frac{qk}{r_0+x} - \frac{mv_t^2}{r_0+x}\right)$$

由角动量守恒,得

$$mv_0 r_0 = mv_t(r_0+x)$$

运用数学近似处理,有

$$\frac{1}{r_0+x} = \frac{1}{r_0}\cdot\left(1-\frac{x}{r_0}\right)$$

$$\frac{1}{(r_0+x)^3} = \frac{1}{r_0}\cdot\left(1-\frac{3x}{r_0}\right)$$ 结合

$$\frac{qk}{r_0} = \frac{mv_0^2}{r_0}$$

得

$$F_r = \frac{2mv_0^2}{r_0^2}$$

令 $k' = \dfrac{2mv_0^2}{r_0^2}$,粒子沿径向做简谐运动的周期为

$$T = 2\pi\sqrt{\frac{m}{k'}} = \frac{\sqrt{2}\pi r_0}{v_0}$$

粒子第一次到达平衡位置 P 点时所用的时间为 $t = \dfrac{T}{2}$,粒子做匀速圆周运动转过的角度为

$$\theta = \frac{v_0 t}{r_0} = \frac{\pi\sqrt{2}}{2}$$

6. 在 x 轴的 $x=a$ 和 $x=-a$ 两位置上,各有一个带电量均为 Q 的固定点电荷,在 $x=0$ 处有一电量为 q、质量为 m 的自由小球,且 Q 与 q 同号(图 7.12)。今使小球沿着 x 轴方向稍稍偏离 $x=0$ 位置,设小球只受两固定带电质点的库仑力,其他作用力均可忽略。试证明小球将在 x 轴上围绕 $x=0$ 点做简谐振动,并求出小球的振动周期 T。

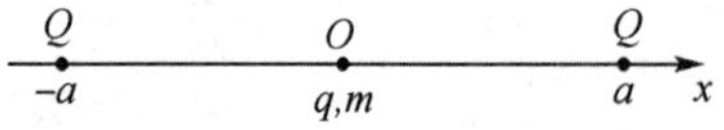

图 7.12

【解析】 质点做简谐振动的根据是所受合力为线性回复力,弹簧振子、单摆等都是如此。如图 7.13 所示,当带电小球从平衡位置 O 稍稍右移到 x 位置时,左 Q 对它的斥力 F_1 将小于右 Q 对它的斥力 F_2,合力指向左方,使之回复至平衡位置,确是回复力。左移类似。又,若 q 与 Q 异号,为吸引力,则右移后合力指向右方,不能回复至平衡位置。再具体写出带电小球所受合力的表达式,利用"稍稍偏离"即 $x \ll a$ 的条件,取近似,若合力确与 x 成正比,则是线性力,证明完毕。最后,与弹簧振子的公式对比,即可求出振动周期 T。

如图 7.13 所示,设带电小球从 O 点沿 x 轴稍稍右移到 x 位置,则所受合力为

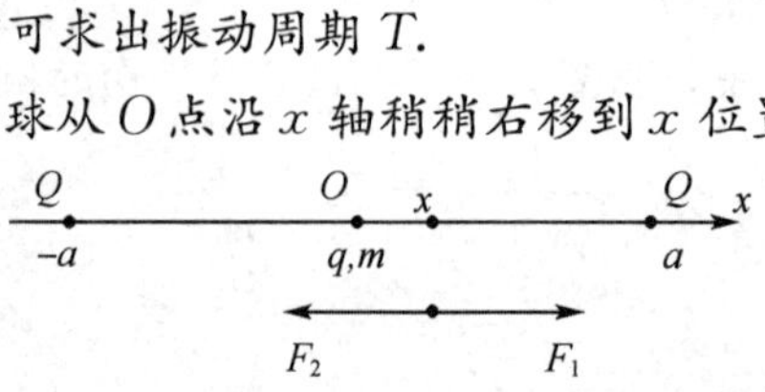

图 7.13

$$F_x = F_1 - F_2 = k\frac{Qq}{(a+x)^2} - k\frac{Qq}{(a-x)^2}$$

$$= k\frac{Qq}{a^2}\left[\left(\frac{1}{1+\frac{x}{a}}\right)^2 - \left(\frac{1}{1-\frac{x}{a}}\right)^2\right]$$

因 $Qq > 0$，可见 $F_x < 0$，指向左方，为回复力。由于 $x \ll a$，所以有：

$$\frac{1}{\left(1+\frac{x}{a}\right)^2} = 1 - \frac{2x}{a}$$

$$\frac{1}{\left(1-\frac{x}{a}\right)^2} = 1 + \frac{2x}{a}$$

代入 F_x 表达式，得

$$F_x = -4k\frac{Qq}{a^3}x$$

可见 $F_x \propto -x$，即合力既与偏离距离成正比又与偏离方向相反，确是线性回复力。因此，带电小球将在 x 轴上围绕平衡位置 O 做简谐振动。做简谐运动周期为

$$T = 2\pi\sqrt{\frac{m}{k'}}$$

令

$$k' = 4k\frac{Qq}{a^3}$$

故本题带电小球做简谐振动的周期为

$$T = \pi a\sqrt{\frac{ma}{kQq}}$$

7. 真空中一对相距为 l 的带等量异号电荷的点电荷系统，在考虑此系统在空间某点的场强时，如查此题与电荷间的距离远大于 l，则这样的电荷体系称为电偶极子，并且把连接两电荷的直线称为电偶极子的轴线，将电量 q 与两点电荷间距 l 的乘积定义为电偶极矩。试讨论电偶极子产生的电场。

【解析】（1）设两电荷连线中垂面上有一点 P，该点到两电荷连线的距离为 r，则 P 点的场强如图 7.14 所示，其中

$$E_+ = E_- = k\frac{q}{r^2 + \frac{l^2}{4}}$$

$$E = 2E_+\cos\theta = 2k\frac{q}{r^2 + \frac{l^2}{4}} \cdot \frac{\frac{l}{2}}{\sqrt{r^2 + \frac{l^2}{4}}}$$

$$= k\frac{ql}{\left(r^2 + \frac{l^2}{4}\right)^{\frac{3}{2}}} \approx k\frac{ql}{r^3}$$

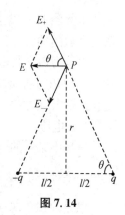

图 7.14

（2）若 P' 为两电荷延长线上的一点，P' 到两电荷连线中点的距离为 r，如图 7.15 所示.则

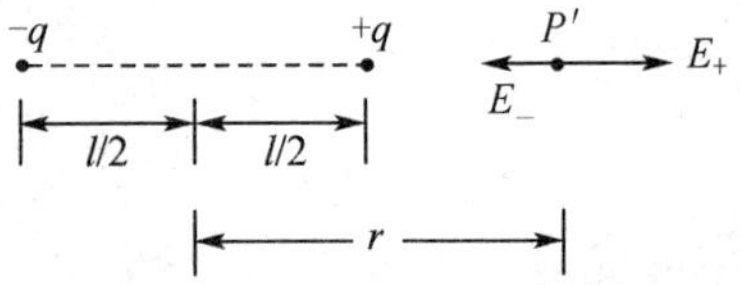

$$E_+ = \frac{kq}{\left(r-\frac{l}{2}\right)^2}, \quad E_- = \frac{kq}{\left(r+\frac{l}{2}\right)^2}$$

$$E = E_+ - E_- = \frac{kq}{r^2}\left(1+\frac{l}{r}-1+\frac{l}{r}\right) = k\frac{2ql}{r^3}$$

图 7.15

（3）若 T 为空间任意一点，它到两电荷连线的中点的距离为 r，如图 7.16 所示，则 $ql_\perp$ 在 T 点产生的场强分量为：

$$E_\perp = k\frac{ql_\perp}{r^3} = k\frac{2ql\sin\varphi}{r^3}$$

由 $ql_{/\!/}$ 在 T 点产生的场强分量为：

$$E_{/\!/} = k\frac{2ql_{/\!/}}{r^3} = k\frac{2ql\cos\varphi}{r^3}$$

故

$$E_T = \sqrt{E_\perp^2 + E_{/\!/}^2} = k\frac{ql}{r^3}\sqrt{3\cos^2\varphi+1}$$

$$\tan\delta = \frac{E_\perp}{E_{/\!/}} = \frac{\sin\varphi}{2\cos\varphi} = \frac{\tan\varphi}{2}$$

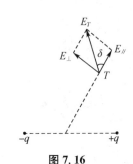

图 7.16

第 2 节　电场的能的性质

考点梳理

9. 电势能

电场力做功的特点：在静电场中电场力做功只与始末位置有关，与具体路径无关.

电势能定义：因电场力可以对外做功而产生的能.

电势能的相对性：电势能的值与零电势能点的选取有关，通常取无穷远处或大地为电势能的零点.

电势能大小：电荷在电场中某点的电势能在数值上等于把电荷从这点移到电势能为零处电场力所做的功.

电场力做功与电势能的变化：电场力对电荷做正功，电荷的电势能减少；电荷克服电场力做功，电荷的电势能增加；电场力做功的多少和电势能的变化数值相等，这是判断电荷电势能如何变化的最有效方法.

10. 电势

电场中某点的电势，等于单位正电荷由该点移动到参考点（零电势点）时电场力所做的功.

电势用字母 φ 表示.表达式：$\varphi_A = \frac{W_{AO}}{q}$，单位：伏特（V），且有 $1\text{ V} = 1\text{ J/C}$.

电势的相对性：电势是相对的，只有确定零电势点才能确定电势的值，通常取无限远或地球为电势能的零点.

电势是标量：只有大小，没有方向，但有正、负之分，这里正负只表示比零电势高还是低；

电势与电场线:顺着电场线方向电势降低最快.

11. 等势面

等势面可用来形象地表示电势的高低.典型电场的等势面:匀强电场;点电荷电场;等量的异种点电荷电场;等量的同种点电荷电场.等势面的特点:同一等势面上的任意两点间移动电荷电场力不做功;等势面一定跟电场线垂直;电场线总是从电势较高的等势面指向电势较低的等势面.

12. 电势差

电势差:电荷q在电场中由一点A移动到另一点B时,电场力所做的功W_{AB}与电荷量的q的比值

$$U_{AB} = \frac{W_{AB}}{q}$$

电势差也等于电场中两点电势之差

$$U_{AB} = \varphi_A - \varphi_B$$
$$U_{BA} = \varphi_B - \varphi_A$$
$$U_{AB} = -U_{BA}$$

电势差由电场的性质决定,与零电势点的选择无关.

电场力做功与电势差:在电场中AB两点间移动电荷时,电场力做功等于电量与两点间电势差的乘积.

公式

$$W_{AB} = qU_{AB}$$

13. 电势差与电场强度的关系

电场方向是指向电势降低最快的方向.在匀强电场中,电势降低是均匀的.

匀强电场中,沿场强方向上的两点间的电势差等于场强和这两点间距离的乘积,$U = Ed$;在匀强电场中,场强在数值上等于沿场强方向每单位距离上降低的电势,$E = \frac{U}{d}$.

14. 计算电势的公式

(1) 点电荷电场的电势

若取无穷远处($r = \infty$)的电势为零,则:

$$\varphi = k\frac{Q}{r}$$

式中,Q为场源电荷的电量,r为场点到点电荷的距离.

(2) 半径为R、电量为Q的均匀带电球面的在距球心r处的电势

$$\varphi = k\frac{Q}{r} \quad (r \geqslant R)$$

$$\varphi = k\frac{Q}{R} \quad (r < R)$$

15. 电势的叠加

点电荷组形成的电场中,任一点的电势等于每个电荷单独存在时,在该点产生的电势的代数和,这就是电势叠加原理.

16. 电势随空间分布图像

所谓 $\varphi\text{-}x$ 图像是指静电场中电势 φ 随 x 变化情况图像.由 $E=U/d$ 可知,$\varphi\text{-}x$ 图像斜率大小表示电场强度沿 x 轴方向分量的大小.根据 $\varphi\text{-}x$ 图像斜率大小表示电场强度沿 x 轴方向分量的大小判断电场强度(或电场强度分量)的大小.若图像某段平行 x 轴,表明电势 φ 在该段不随 x 变化,电场强度沿 x 轴方向分量为零,空间各点场强与 x 轴垂直.

17. 电场中的能量守恒

力学中,在只有重力做功的情形下,物体的动能和重力势能相互转化,动能和重力势能之和保持不变,称为机械能守恒定律.在电学中,类似有:在只有电场力做功的情形下,物体的动能和电势能相互转化,动能和电势能之和保持不变;在只有电场力和重力做功的情形下,物体的动能、重力势能和电势能相互转化,动能、重力势能和电势能之和保持不变.我们可以称为电场中的能量守恒定律.

18. 电容器

(1) 电容器的电容

充满均匀电介质的平行板电容器的电容

$$C = \frac{\varepsilon_r S}{4\pi k d}$$

或

$$C = \frac{S}{4\pi k (d/\varepsilon_r)}$$

推论:

$$C = \frac{S}{4\pi k \left(\dfrac{d_1}{\varepsilon_1} + \dfrac{d_2}{\varepsilon_2} + \cdots + \dfrac{d_n}{\varepsilon_n}\right)}$$

平行板电容器中中插入厚度为 d_1 的金属板

$$C = \frac{\varepsilon S}{4\pi k (d - d_1)}$$

(2) 电容器的连接

串联:

$$\frac{1}{C} = \frac{1}{C_1} + \frac{1}{C_2} + \cdots + \frac{1}{C_n}$$

并联:

$$C = C_1 + C_2 + \cdots + C_n$$

(3) 电容器的能量

$$E = \frac{1}{2}Q_0 U_0 = \frac{1}{2}CU_0^2.$$

典型例题

例 6 (卓越) 在如图 7.17 所示的坐标系内,带有等量负电荷的两点电荷 A、B 固定在 x 轴上,并相对于 y 轴对称,在 y 轴正方向上的 M 点处有一带正电的检验电荷由静止开始释放.若不考虑检验电荷的重力,那么检验电荷

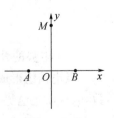

图 7.17

运动到 O 点的过程中 ( )

A. 电势能逐渐变小

B. 电势能先变大后变小,最后为零

C. 先做加速运动后做减速运动

D. 始终做加速运动,到达 O 点时加速度为零

【答案】 AD

【解析】 等量负电荷在连线中点电场强度为零,在 y 轴正方向上的 M 点处有一带正电的检验电荷由静止开始释放,检验电荷运动到 O 点的过程中,电场力做正功,电势能逐渐变小,始终做加速运动,到达 O 点时加速度为零,选项 AD 正确,BC 错误.

例7 (卓越)如图 7.18 所示,球形导体空腔中放有一个点电荷 Q,且点电荷不在球心,则下列描述正确的有 ( )

A. 球壳为等势体

B. 球壳的内表面电荷分布均匀

C. 球壳的外表面电荷分布均匀

D. 改变在空腔里的位置,则对外表面的电荷分布无影响

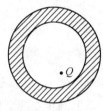

图 7.18

【答案】 ACD

【解析】 静电平衡时:导体内部场强处处为零,电场垂直于表面,整个导体是一个等势体,外表面是一个等势面.球壳外部场强类似于点电荷的场强.

球壳为一等势体,球壳内表面电荷分布不均匀,靠近空腔内点电荷处的电荷密度大.球壳外表面电荷分布均匀,空腔内部电荷移动时,对球壳外部的电场没有影响.

例8 (华约)带有等量异种电荷的板状电容器不是平行放置的,下列图像(图 7.19)中的电场线描绘正确的是 ( )

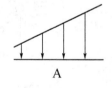 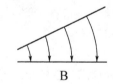 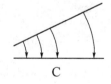 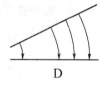

A   B   C   D

图 7.19

【答案】 C

【解析】 带有等量异种电荷的板状电容器其电场线应该垂直于极板,选项 C 正确.

例9 (华约)在 x 轴上有两个点电荷 q_1 和 q_2 (q_1 在 q_2 左边),电势随着 x 的关系如图 7.20 所示.当 $x = x_0$ 时,电势为 0,当 $x = x_1$ 时,电势有最小值 $U = -U_0$.点电荷产生电势的公式为 $U = \dfrac{kq}{r}$.

(1) 求两个电荷 q_1 和 q_2 的位置;

(2) 求两个电荷的比值 q_1/q_2.

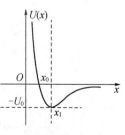

图 7.20

【解析】 (1) 由于在 $x = 0$ 处电势趋于无穷大,所以在 $x = 0$ 处有一个正电荷 q_2.设在 $x = -ax_0$ 处有一个负电荷 $-|q_1|$.

在 x_0 处,

$$U = -k\frac{|q_1|}{x_0 + ax_0} + k\frac{q_2}{x_0} = 0$$

在 x_1 处电势,曲线的斜率为零,则该处的电场强度为 0,如图 7.21 所示,有

$$-k\frac{|q_1|}{(ax_0+x_1)^2} + k\frac{q_2}{x_1^2} = 0$$

解得

$$ax_0 = \frac{x_1^2}{x_0}\left(1 - \frac{2x_0}{x_1}\right)$$

$$\frac{|q_1|}{q_2} = 1 + a = \left(\frac{x_1}{x_2} - 1\right)^2$$

(2) 由于 q_1 为负,电荷比值为

$$\frac{q_1}{q_2} = \left(\frac{x_1}{x_2} - 1\right)^2$$

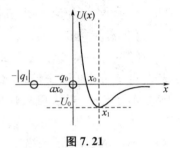

图 7.21

例 10 (卓越)如图 7.22 所示,一半径为 R,位于竖直面内的绝缘光滑轨道上静止着两个相同的带电小球 A 和 B(可视为质点),两球质量均为 m,距离为 R. 用外力缓慢推左球 A 使其到达圆周最低点 C,求此过程中外力所做的功.

【解析】 设小球带电量为 q,由库仑定律,两个相同的带电小球 A 和 B 之间的库仑力

$$F = k\frac{q^2}{R^2} \quad ①$$

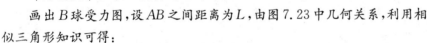

图 7.22

由平衡条件,

$$\tan 30° = F/mg \quad ②$$

联立①、②两式解得:

$$kq^2 = \frac{\sqrt{3}}{3} mgR^2 \quad ③$$

外力缓慢推左球 A 使其到达圆周最低点 C,如图 7.22 所示.

画出 B 球受力图,设 AB 之间距离为 L,由图 7.23 中几何关系,利用相似三角形知识可得:

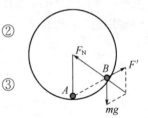

图 7.23

$$\frac{F'}{L} = \frac{mg}{R} \quad ④$$

$$F' = k\frac{q^2}{L^2} \quad ⑤$$

联立③、④、⑤式解得:

$$L^3 = \frac{\sqrt{3}}{3} R^3$$

即

$$L = \frac{1}{\sqrt[6]{3}} R \quad ⑥$$

外力缓慢推左球 A 前,系统电势能

$$E_p = k\frac{q^2}{R}$$

外力缓慢推左球 A 使其到达圆周最低点 C,系统电势能

$$E'_p = k\frac{q^2}{L}$$

系统电势能增加:

$$E_\text{电} = E'_p - E_p = k\frac{q^2}{L} - k\frac{q^2}{R} = kq^2\left(\frac{\sqrt[6]{3}-1}{R}\right) \qquad ⑦$$

设 OB 与竖直方向的夹角为 θ,由余弦定理,

$$L^2 = 2R^2 - 2R^2\cos\theta.$$

解得:

$$\cos\theta = \frac{2R^2 - L^2}{2R^2} = \frac{2 - \frac{1}{\sqrt[3]{3}}}{2} = \frac{2\sqrt[3]{3} - 1}{2\sqrt[3]{3}}$$

重力势能增加

$$E_p = mg\left[\frac{\sqrt{3}}{2} - \frac{2\sqrt[3]{3}-1}{2\sqrt[3]{3}}\right]R$$

由功能关系可得:此过程中外力所做的功

$$W = \Delta E_\text{电} + \Delta E_p = kq^2\left(\frac{\sqrt[6]{3}-1}{R}\right) + mg\left[\frac{\sqrt{3}}{2} - \frac{2\sqrt[3]{3}-1}{2\sqrt[3]{3}}\right]R$$

例 11 (北约)两个相同的电容器 A 和 B 如图 7.24 连接,它们的极板均水平放置. 当它们都带有一定电荷并处于静电平衡时,电容器 A 中的带电粒子恰好静止. 现将电容器 B 的两极板沿水平方向移动使两极板错开,移动后两极板仍然处于水平位置,且两极板的间距不变. 已知这时带电粒子的加速度大小为 $g/2$,求 B 的两个极板错开后正对着的面积与极板面积之比. 设边缘效应可忽略.

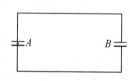

图 7.24

【解析】 设电容器 A 和 B 的电容量都为 C_0,两电容器并联,其总电容量为 $C = 2C_0$.

两电容器并联,电压相等,设此时电压为 U,总带电量 $Q = CU = 2C_0U$.

电容器 A 的极板之间的距离为 d,带电粒子带电量为 q,质量为 m,电容器 A 中的带电粒子恰好静止,有:$qU/d = mg$.

将电容器 B 的两极板沿水平方向移动使两极板错开,两电容器极板之间的电压仍相等,设为 U',电容器 B 带电量减小,电容器 A 带电量增大,电容器 A 中电场强度增大,带电粒子的加速度向上,由牛顿第二定律,$qU'/d - mg = mg/2$,解得 $U' = 3U/2$.

设电容器 B 的两个极板错开后正对着的面积与极板面积之比为 k,由平行板电容器的决定式,两个极板错开后电容器 B 的电容量 $C'_B = kC_0$.

两电容器并联,其总电容量为 $C' = C_A + C'_B = C_0 + kC_0$,

总带电量不变,$Q = C'U' = (C_0 + kC_0)\cdot 3U/2$.

联立解得:$k = 1/3$.

【点评】 此题以电容器切入,意在考查电容量定义式、决定式、电场力、平衡条件、电容器

并联、牛顿第二定律及其相关知识.

例 12 (卓越)半径为 R 的接地金属球外有一电荷量为 q 的点电荷,点电荷与球心 O 相距 $d = 2R$,如图 7.25 所示.金属球上的感应电荷为 ( )

A. 0   B. $-q/2$
C. $-q/4$ D. $-q$

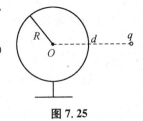

图 7.25

【答案】 B

【解析】 由于球接地,表面电势为零,且球是等势体,所以球心电势为 0,感应电荷在金属球外表面关于 Oq 连线上分布对称.根据点电荷的电势公式,点电荷 q 在 O 处产生电势为 $k\dfrac{q}{2R}$,设金属球上的感应电荷为 Q,这些感应电荷距离球心距离都为 R,根据电势叠加原理,Q 在 O 处产生电势为 $k\dfrac{Q}{R}$,根据球心电势为 0 可得:$k\dfrac{q}{2R} + k\dfrac{Q}{R} = 0$,解得 $Q = -q/2$,选项 B 正确.

强化训练

8. 如图 7.26 所示,半径为 R 的圆环均匀带电,电荷线密度为 λ,圆心在 O 点,过圆心跟环面垂直的轴线上有 P 点,$\overline{PO} = r$,以无穷远为参考点,试求 P 点的电势 U_P.

【解析】 这是一个电势标量叠加的简单模型.先在圆环上取一个元段 ΔL,它在 P 点形成的电势

$$\Delta U = k\frac{\lambda \Delta L}{\sqrt{R^2 + r^2}}$$

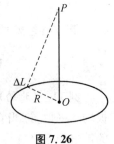

图 7.26

环共有 $\dfrac{2\pi R}{\Delta L}$ 段,各段在 P 点形成的电势相同,而且它们是标量叠加.

$$U_P = \frac{2\pi k\lambda R}{\sqrt{R^2 + r^2}}$$

【点评】 如果这个总电量的分布不是均匀的,结论不会改变.

9. 三个电荷位置如图 7.27 所示,求电荷系的相互作用能(电荷系的相互作用能,等于搬运各个点电荷过程中外力所做功的代数和).

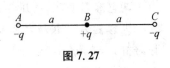

图 7.27

【解析】 (1) 设想开始时三个电荷均处于无穷远处,电势能均为 0,B 电荷从无穷远处移至目前的位置,不需外力做功.

(2) 然后,将 A 电荷从无穷远处移至目前位置,外力做功 W_1,则

$$W_1 = -\frac{kQq}{a}$$

(3) 最后,将 C 电荷从无穷远处移至当前位置.由于 A、B 电荷的存在,外力做功 W_2 应等于 C 电荷相对于 A 和 B 电势能增量之和.

$$W_2 = k\frac{Qq}{2a} - k\frac{Qq}{a} = -\frac{kQq}{2a}$$

综上，系统的相互作用能总和为

$$E = W_1 + W_2 = -\frac{3kQq}{2a}$$

【点评】 相互作用能即电势能，因而，求算电荷系的电势能总和也可采用上述求法．

10. 真空中，有五个电量均为 q 的均匀带电薄球壳，它们的半径分别为 R、$R/2$、$R/4$、$R/8$、$R/16$，彼此内切于 P 点（如图 7.28 所示）．球心分别为 O_1、O_2、O_3、O_4、O_5．求 O_5 与 O_1 间的电势差．

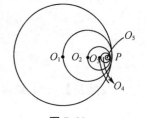

图 7.28

【解析】 均匀带电球壳在球内外的电势是大家熟知的．利用电势叠加原理可先分别求出球心 O_5 与 O_1 的电势，再算 O_5 与 O_1 的电势差．

O_5 的电势为：

$$U(O_5) = k\left(\frac{q}{R} + \frac{q}{R/2} + \frac{q}{R/4} + \frac{q}{R/8} + \frac{q}{R/16}\right)$$

$$= k(1 + 2 + 2^2 + 2^3 + 2^4)\frac{q}{R}$$

$$= 31k\frac{q}{R} \qquad ①$$

O_1 的电势为：

$$U(O_1) = k\left[\frac{q}{R} + \frac{q}{\frac{R}{2}} + \frac{q}{\frac{R}{2}+\frac{R}{4}} + \frac{q}{\frac{R}{2}+\frac{R}{4}+\frac{R}{8}} + \frac{q}{\frac{R}{2}+\frac{R}{4}+\frac{R}{8}+\frac{R}{16}}\right]$$

$$= k\left(3 + \frac{372}{105}\right)\frac{q}{R} = 6.54k\frac{q}{R} \qquad ②$$

O_5 与 O_1 的电势差：

$$U(O_5) - U(O_1) = 31k\frac{q}{R} - 6.54k\frac{q}{R} = 24.46k\frac{q}{R}$$

11. 如图 7.29 所示，三个带同种电荷的相同金属小球，每个球的质量均为 m、电量均为 q，用长度为 L 的三根绝缘轻绳连接着，系统放在光滑、绝缘的水平面上．现将其中的一根绳子剪断，三个球将开始运动起来，试求中间这个小球的最大速度．

【解析】 设剪断的是 1、3 之间的绳子，由动力学分析易知，2 球获得最大动能时，1、2 之间的绳子与 2、3 之间的绳子刚好应该在一条直线上．而且由动量守恒知，三球不可能有沿绳子方向的速度．设 2 球的速度为 v，1 球和 3 球的速度为 v'，则

动量关系

$$mv + 2mv' = 0$$

能量关系

$$3k\frac{q^2}{L} = 2k\frac{q^2}{L} + k\frac{q^2}{2L} + \frac{1}{2}mv^2 + \frac{1}{2}2mv'^2$$

解以上两式即可得 v 值

$$v = q\sqrt{\frac{2k}{3mL}}$$

12. 由许多个电容为 C 的电容器组成一个如图 7.30 所示的多级网络,试问:

(1) 在最后一级的右边并联一个多大的电容 C',可使整个网络的 A、B 两端电容也为 C'?

(2) 不接 C',但无限地增加网络的级数,整个网络 A、B 两端的总电容是多少?

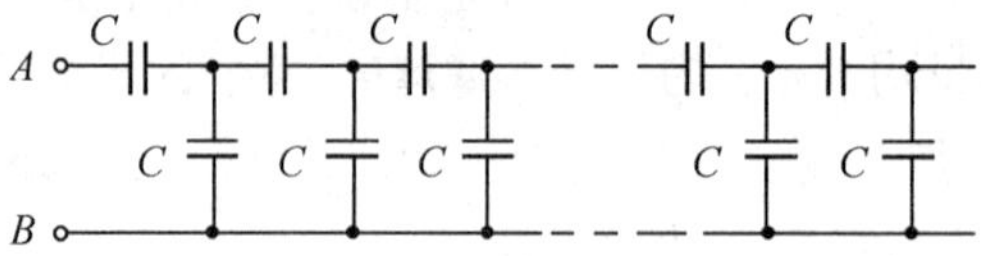

图 7.30

【解析】(1) 据题意有:

$$\frac{1}{C+C'}+\frac{1}{C}=\frac{1}{C'}$$

解得

$$C'=\frac{\sqrt{5}-1}{2}C$$

(2) 因为"无限",所以"无限加一级后仍为无限",得出方程

$$\frac{1}{C+C_0}+\frac{1}{C}=\frac{1}{C_0}$$

$$C_0=\frac{\sqrt{5}-1}{2}C$$

13. 如图 7.31 所示,由 n 个单元组成的电容器网络,每一个单元由三个电容器连接而成,其中有两个电容为 $3C$,另一个的电容为 $2C$。以 a、b 为网络的输入端,a'、b' 为输出端,今在 a、b 间加一个恒定电压 U,而在 a'、b' 间接一个电容为 C 的电容器,试求:

(1) 从输入端算起,第 k 个单元后面所有电容器储存的总电能;

(2) 若把第一单元输出端与后面断开,再除去电源,并把它的输入端短路,则这个单元的三个电容器储存的总电能是多少?

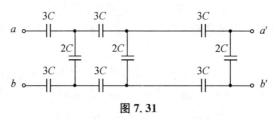

图 7.31

【解析】(1) 从最右端观察,发现 C 与 $2C$ 并联后的总电容为 $3C$,再和 2 个 $3C$ 的电容串联后的总电容为 C,于是有规律:

$$C_{总}=C_k=C$$

从输入端算起,第 k 个单元后的电压为

$$U_k=\frac{U}{3^{k-1}}$$

$$E_k=\frac{CU^2}{2\cdot 3^{2k-1}}$$

(2) 断开前,可以算出第一单元的三个电容器以及后面"系统"的电量分配如图 7.32(a)所

示. C_1 的右板和 C_2 的上板形成"孤岛",C_2 的下板和 C_3 的右板也形成"孤岛". C_2 对 C_1 和 C_3 进行充电:

$$Q_1' = Q_3'$$

$$Q_2' + Q_3' = \frac{Q}{3}$$

电势关系:

$$\frac{Q_1'}{3C} + \frac{Q_3'}{3C} = \frac{Q_2'}{2C}$$

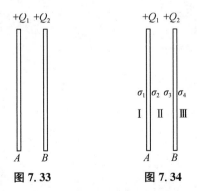

图 7.32

从以上三式解得

$$Q_1' = Q_3' = \frac{Q}{7}$$

$$Q_2' = \frac{4Q}{21}$$

系统的储能

$$E = \frac{1}{2}\frac{Q^2}{C} = \frac{CU^2}{63}$$

14. 如图 7.33 所示,已知两正对着的 A、B 两板的面积均为 S,相距 d,带电量分别为 $+Q_1$ 与 $+Q_2$,两板正对,求 U_{AB}. 忽略边缘效应.

【解析】 两板的四个平面的电量将呈现一定规律的分布,金属板虽然很薄,但内部合场强依然为零;金属板"很大"是指可以应用无限大平板的场强定式.

如图 7.34 所示,忽略边缘效应,四个面的电荷分布应是均匀的,设四个面的电荷面密度分别为 σ_1、σ_2、σ_3 和 σ_4,显然

$$(\sigma_1 + \sigma_2)S = Q_1$$

$$(\sigma_3 + \sigma_4)S = Q_2$$

A 板内部空间场强为零,有
$$2\pi k(\sigma_1 - \sigma_2 - \sigma_3 - \sigma_4) = 0$$

B 板内部空间场强为零,有
$$2\pi k(\sigma_1 + \sigma_2 + \sigma_3 - \sigma_4) = 0$$

解以上四式,易得
$$\sigma_1 = \sigma_4 = \frac{Q_1 + Q_2}{2S}$$
$$\sigma_2 = -\sigma_3 = \frac{Q_1 - Q_2}{2S}$$

有了四个面的电荷密度,Ⅰ、Ⅱ、Ⅲ 空间的场强就好求了$\left(\text{如 } E_{\text{Ⅱ}} = 2\pi k(\sigma_1 + \sigma_2 - \sigma_3 - \sigma_4) = 2\pi k \dfrac{Q_1 - Q_2}{S}\right)$.

最后,
$$U_{AB} = E_{\text{Ⅱ}} d = 2\pi k d \frac{Q_1 - Q_2}{S}$$

【点评】 模型作为一个电容器,它的"电量"是 $\dfrac{Q_1 - Q_2}{2}$. 如果在板间充满相对介电常数为 ε_r 的电介质,不会影响四个面的电荷分布,但会影响空间 Ⅱ 的场强.对空间 Ⅰ 和 Ⅲ 的场没有影响.实际上,我们还可以求出 A、B 两板之间的静电力,以 A 为对象,外侧受力 $\dfrac{Q_1 + Q_2}{2} \cdot \dfrac{E_{\text{Ⅱ}}}{2}$(方向向左),内侧受力 $\dfrac{Q_1 - Q_2}{2} \cdot \dfrac{E_{\text{Ⅱ}}}{2}$(方向向右),合力为 $F = \dfrac{2k\pi}{S}Q_1 Q_2$,两板间是排斥力.

15. 如图 7.35 所示,设电源电动势为 ε,开始时 S 断开,C_A,C_B 都不带电,现把开关 S 先接 1,电路稳定后再接 2,使 C_B 通电,然后再接 1,再接 2,反复操作 n 次之后,问 C_B 正极板上获得多少电量?

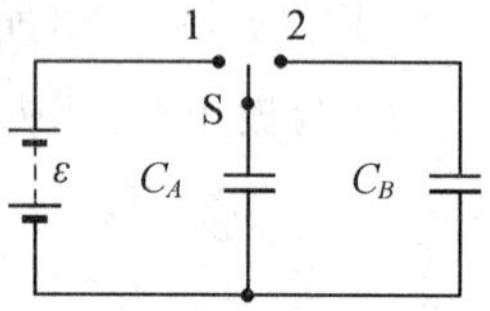

【解析】 (1) 开关 S 接 1,C_A 充电得电量 εC_A.
接 2,C_A 与 C_B 并联,C_B 得电量为
$$Q_1 = C_B \cdot \frac{\varepsilon C_A}{C_A + C_B}$$

图 7.35

(2) S 又接 1 再接 2,两电容器总电量为 $Q_1 + C_A \varepsilon$.
C_B 得到电量为
$$Q_2 = \frac{C_B}{C_A + C_B}(Q_1 + C_A \varepsilon) = \frac{C_A C_B \varepsilon}{C_A + C_B}\left(1 + \frac{C_B}{C_A + C_B}\right)$$

(3) S 又接 1 再接 2,两电容器总电量为 $Q_2 + C_A \varepsilon$.
C_B 得到电量
$$Q_3 = \frac{C_B}{C_A + C_B}(Q_2 + C_A \varepsilon)$$

令
$$k = \frac{C_B}{C_A + C_B}$$

得
$$Q_3 = kC_A\varepsilon(1+k+k^2)$$
......
$$Q_n = kC_A\varepsilon(1+k+k^2+\cdots+k^{n-1})$$
$$Q_n = kC_A\varepsilon \cdot \frac{1-k^n}{1-k}$$
$$= \frac{C_A C_B \varepsilon}{C_A + C_B} \cdot \frac{1-k^n}{1-\frac{C_B}{C_A+C_B}}$$
$$= \varepsilon C_B\left[1-\left(\frac{C_B}{C_A+C_B}\right)^n\right]$$

16. 如图 7.36 所示为一个由 N 个一价正离子和负离子交错排列而成的一维点阵,相邻离子之间的间距为 a,估算这 $N(N \to \infty)$ 个相互作用的电荷所组成的系统的总静电能. 已知:
$\ln 2 = 1 - \frac{1}{2} + \frac{1}{3} - \frac{1}{4} + \cdots + (-1)^{n+1}\frac{1}{n} + \cdots$

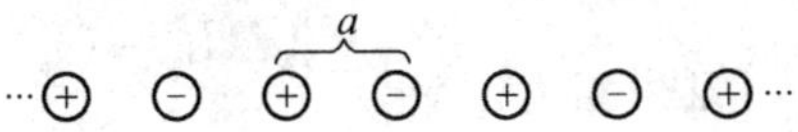

··· ⊕ ⊖ ⊕ ⊖ ⊕ ⊖ ⊕ ···
图 7.36

【解析】 除两端一些离子外,每个离子与其周围离子的相互作用情形都相同,任取一正离子记为 A_0,两侧各对离子依次为 A_{-1}, A_{+2},则 A_0 在第 1 对负离子中间位置具有电势能
$$E_{-1} = -2k\frac{e^2}{a}$$

这是与第一对负离子所共有的. A_0 在第 2 对正离子中间位置具有电势能 $E_{+2} = 2k\frac{e^2}{2a}$,这也是与第 2 对正离子所共有···,所以系统的总能量为:
$$E = 2k\frac{e^2}{a}\left(-1+\frac{1}{2}-\frac{1}{3}+\frac{1}{4}-\cdots\right) = -(2\ln 2)k\frac{e^2}{a}$$

以上考虑的是一个电荷与其他电荷之间的作用势能,对于 N 个电荷以及重复计算的情况,所以最终总能量为:
$$E_{总} = \frac{NE}{2} = (-N\ln 2)k\frac{e^2}{a}$$

第八章 电流

○ 知识地图

电流
- 基本定律
  - 欧姆定律 $\begin{cases} I = \dfrac{U}{R} \begin{cases} I = \dfrac{q}{t} \\ I = nevS \end{cases} \\ j = \sigma E \end{cases}$
  - 全电路欧姆定律 $I = \dfrac{\varepsilon}{R+r}$
  - 基尔霍夫定律 $\begin{cases} \sum \pm I_j = 0 \\ \sum \pm \varepsilon_i + \sum (\pm I_j R_j) = 0 \end{cases}$
  - 电阻定律 $R = \dfrac{\rho L}{S} = \dfrac{L}{\sigma S}$
  - 焦耳定律 $Q = I^2 Rt$
- 电路
  - 串联
    - 基本规律 $\begin{cases} I_1 = I_2 = \cdots = I \\ U = U_1 + U_2 + \cdots + U_n \\ R = R_1 + R_2 + \cdots + R_n \end{cases}$
    - 分压原理 $\dfrac{U_1}{R_1} = \dfrac{U_2}{R_2} = \cdots = \dfrac{U_n}{R_n}$
    - 分功率原理 $\dfrac{P_1}{R_1} = \dfrac{P_2}{R_2} = \cdots = \dfrac{P_n}{R_n}$
  - 并联电路
    - 基本规律 $\begin{cases} U_1 = U_2 = \cdots = U \\ I = I_1 + I_2 + \cdots + I_n \\ \dfrac{1}{R} = \dfrac{1}{R_1} + \dfrac{1}{R_2} + \cdots + \dfrac{1}{R_n} \end{cases}$
    - 分流原理 $\dfrac{I_1}{1/R_1} = \dfrac{I_2}{1/R_2} = \cdots = \dfrac{I_n}{1/R_n}$
    - 分功率原理 $\dfrac{P_1}{1/R_1} = \dfrac{P_2}{1/R_2} = \cdots = \dfrac{P_n}{1/R_n}$
  - 电表的改装
    - 电压表
    - 电流表
    - 欧姆表
  - 电路的简化
    - 等效电源定理
    - 电流的叠加原理

第八章 电流

第1节 欧姆定律

考点梳理

1. 导体处于静电平衡时,导体内部场强处处为零. 如果导体内部场强不为零,带电粒子在电场力作用下发生定向移动,形成了电流. 形成电流的条件是:(1) 存在自由电荷;(2) 两端有电势差. 综合条件(1)、(2),导体中形成电流的条件可表述为:导体中存在电场. 自由电荷在不同种类导体内部是不同的,金属导体中自由电荷是电子;酸、碱、盐在水溶液中是正离子和负离子;在导电气体中是正离子、负离子和电子. 电流强度是描述电流强弱的物理量,单位时间通过导体横截面的电量叫做电流强度,简称电流. 用定义式表示为:

$$I = \frac{q}{t}$$

2. 电流强度的微观表达式

$$I = nevS$$

n 是金属导体中自由电子密度,e 是电子电量,v 是电子定向移动的平均速度,S 是导体的横截面积. 在垂直于电流方向上,单位面积内的电流强度叫做电流密度,表示为:

$$j = \frac{I}{S}$$

金属导体中,电流密度为:

$$j = nev$$

电流密度 j 是矢量,其方向与电流方向一致. 得到

$$j = \sigma E$$

上式给出了电流密度与推动电荷流动的电场之间的对应关系,更细致地描述了导体的导电规律,被称为欧姆定律的微分形式.

3. 电阻定律

导体的电阻为:

$$R = \frac{\rho L}{S} = \frac{L}{\sigma S}$$

式中,ρ 称为导体电阻率,σ 则为电导率,电阻率和电导率互为相反数,均由导体的自身性质决定. 实验表明,多数材料的电阻率都随温度的升高而增大,在温度变化范围不大时,纯金属的电阻率与温度之间近似地有如下线性关系

$$\rho = \rho_0(1 + \alpha t)$$

式中,ρ_0 为 0 ℃ 时电子率,ρ 为 t 时电阻率,α 为电阻率的温度系数,多数纯金属 α 值接近于 4×10^{-3} ℃$^{-1}$,而对于半导体和绝缘体,电阻率随温度的升高而减小. 某些导体材料在温度接近某一临界温度时,其电阻率突减为零,这种现象叫超导现象.

4. 电功

电流通过一段电路时,自由电荷在电场力作用下发生定向移动,电场力对自由电荷做功. 电流在一段电路上所做的功 W,等于这段电路两端的电压 U、电路中电流 I 和通电时间 t 三者的乘

积.即
$$W = UIt$$
单位时间内电流所做功叫做电功率,用 P 表示电功率,则
$$P = \frac{W}{t} = UI$$

5. 电热

电流在一段只有电阻元件的电路上所做的功等于电流通过这段电路时所产生的热量 Q. 焦耳通过实验得到结论:如果通过一段只有电阻元件的电路的电流为 I,这段电路的电阻为 R,通电时间为 t,则:
$$Q = I^2 Rt$$

这就是焦耳定律,我们还可推出这段电路中电流的发热功率为 $P = I^2 R$.

电流做功的过程,就是电能转化为其他形式的能的过程. 一般来讲,人们用电的目的往往不是为了发热. 如使用电动机是为了将电能转化为机械能,使用电解槽是为了将电能转化为化学能等. 发热只是副效应,因此,一般说来电热只是电功的一部分,热功率是电功的一部分.

6. 电路的连接

(1) 用电器依次连接的电路称为串联电路. 电阻串联后具有如下的性质:

Ⅰ. 基本规律

串联电路中流过各串联用电器的电流相等
$$I = I_1 = I_2 = \cdots = I_n$$
串联电路的总电压等于各用电器电压之和
$$U = U_1 + U_2 + \cdots + U_n$$
串联电路的总电阻等于各用电器电阻之和
$$R = R_1 + R_2 + \cdots + R_n$$

Ⅱ. 分压原理
$$\frac{U_1}{R_1} = \frac{U_2}{R_2} = \cdots = \frac{U_n}{R_n}$$

Ⅲ. 分功率原理
$$\frac{P_1}{R_1} = \frac{P_2}{R_2} = \cdots = \frac{P_n}{R_n}$$

串联电路通过各电阻的电流相同,总电压为各电阻两端电压之和,电压的分配与电阻成正比,功率的分配也与电阻成正比.

(2) 用电器并列连接的电路称为并联电路. 电阻并联后具有如下性质:

Ⅰ. 基本规律
$$U_1 = U_2 = \cdots = U$$
$$I = I_1 + I_2 + \cdots + I_n$$
$$\frac{1}{R} = \frac{1}{R_1} + \frac{1}{R_2} + \cdots + \frac{1}{R_n}$$

Ⅱ. 分流原理
$$\frac{I_1}{1/R_1} = \frac{I_2}{1/R_2} = \cdots = \frac{I_n}{1/R_n}$$

Ⅲ．分功率原理

$$\frac{P_1}{1/R_1} = \frac{P_2}{1/R_2} = \cdots = \frac{P_n}{1/R_n}$$

并联电路各电阻两端电压相同，总电流为通过各支路电流之和，电流的分配与电阻成反比，功率的分配亦与电阻成反比．

7．在混联电路中，在电路其余电阻不变的情况下，任一电阻的阻值增大（或减小），必将引起该电阻中电流的减小（或增大）以及该电阻两端电压的增大（或减小）；任一电阻的阻值增大（或减小），必将引起与之并联的支路中电流增大（或减小），与之串联的各电阻电压的减小（或增大）．在直流电路中，无论电阻串联还是并联，只要其中一个电阻增大（或减小），则电路的总电阻一定增大（或减小），总电流一定减小（或增大），内阻不为零的电源的路端电压一定增大（或减小）．电路动态变化的分析思路是：由部分电阻变化推断外电路总电阻的变化，再由闭合电路欧姆定律得出干路电流的变化，最后根据电路情况分别确定各元件上电流电压的变化情况．

8．电路图像主要有：电器元件的伏安特性曲线、电源的伏安特性曲线、电源功率图像等．电器元件的伏安特性曲线上一点纵横坐标的比值表示电阻，纵横坐标的乘积表示功率；电源的伏安特性曲线与纵轴（U 轴）的交点坐标值表示电源电动势．

9．由伏安特性曲线求实际功率的原理

我们把用电器 A 的伏安特性曲线所代表的函数表示为 $U = f_1(I)$，电源 B 的伏安特性曲线所代表的函数表示为 $U = f_2(I)$，当把用电器 A 接在电源 B 的两端时，函数 $U = f_1(I)$ 和 $U = f_2(I)$ 的公共解即为电路的工作点．对应图像，用电器 A 的伏安特性曲线和电源 B 的伏安特性曲线的交点所对应的纵坐标和横坐标值即分别为用电器两端的实际电压 U 和用电器中的实际电流 I 值，根据实际功率的定义可计算出用电器的实际功率．

10．全电路欧姆定律

（1）电动势

电源是把其他形式的能转化为电能的装置．这种转化是通过非静电力做功来实现的．为了描述电源把其他形式的能转化为电能的能力，我们引入电动势 ε．

$$\varepsilon = \frac{W}{q}$$

式中，W 是非静电力做的功，q 是通过电源的电量，显然电动势的单位与电势差的电位相同．

可见电动势是通过比值法来定义的又一物理量．

不同种类的电源，电动势往往不同．如：干电池可保持正、负极间有 1.5 V 的电压；常用的铅锌蓄电池可保持两极间有 2.0 V 的电压．

（2）闭合电路欧姆定律的内容

电路中的电流与电源的电动势成正比，与电路的总电阻成反比

$$I = \frac{\varepsilon}{R + r}$$

式中，R 为电源的外电阻，r 为电源的内电阻．

电源两端的电压

$$U = \varepsilon - Ir$$

$$U = \frac{R\varepsilon}{R+r}$$

对于确定电源,ε、r 是一定的,$U\text{-}I$ 图线和 $U\text{-}R$ 图线如图 8.1(a) 和 (b) 所示. 其中 $I_m = \frac{\varepsilon}{r}$,为电源短路电流.

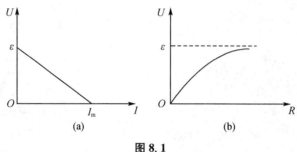

图 8.1

11. 一段含源电路的欧姆定律

在一段含源电路中,顺着电流的流向来看电源是顺接的(参与放电),则经过电源后,电路该点电势升高 ε;电源若是反接的(被充电的),则经过电源后,该点电势将降低 ε. 不论电源怎样连接,在电源内阻 r 和其他电阻 R 上都存在电势降低,降低量为 $I(R+r)$,如图 8.2 所示则有:

$$U_a - IR - Ir_1 - \varepsilon_1 + \varepsilon_2 - Ir_2 = U_b$$

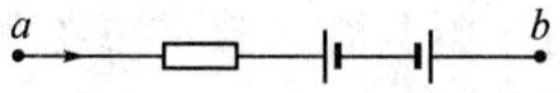

图 8.2

12. 电源的输出功率

电源的总功率:

$$P_{电源} = \varepsilon I = \frac{\varepsilon^2}{R+r}$$

电源输出功率:

$$P_{出} = UI = \frac{R\varepsilon^2}{(R+r)^2} = \frac{\varepsilon^2}{\frac{(R-r)^2}{R} + 4r}$$

当 $R = r$ 时,电源输出功率为最大

$$P_{max} = \frac{\varepsilon^2}{4r}$$

此时电源效率 $\eta = 50\%$.

电源输出功率 P 随外电阻 R 的变化如图 8.3 所示,若电源外电阻分别为 R_1、R_2 时,输出功率相等,则必有:

$$r^2 = R_1 R_2$$

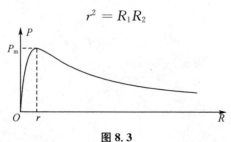

图 8.3

13. 含源电路中的电压

电路中任意两点间的电势差等于连接这两点的支路上各电路元件上电势降的代数和,其中电势降的正、负符号规定如下:

(1) 当从电路中的一点到另一点的走向确定后,如果支路上的电流流向和走向一致,该支路电阻元件上的电势降取正号;反之,取负号.

(2) 当支路上电源电动势的方向和走向一致时,电源的电势降为电源电动势的负值(电源内阻视为支路电阻);反之,取正值.

(3) 如图 8.4 所示,对某电路的一部分,由一段含源电路欧姆定律可求得:

$$U_A - U_B = I_1 R_1 - \varepsilon_1 + I_1 r_1 + \varepsilon_2 - I_2 r_2 - I_2 R_2 - \varepsilon_2 - I_2 r_3 - I_2 R_2 - \varepsilon_3 - I_2 R_3$$

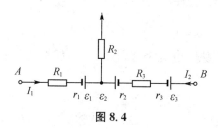

图 8.4

14. 基尔霍夫定律

(1) 对电路中任何一个结点,流出的电流之和等于流入的电流之和,这个定律又称为是基尔霍夫电流定律 KCL(Kirchhoff's Current Law)或可表达为:汇于结点的各支路电流强度的代数和为零. 用公式表示为:

$$\sum \pm I_i = 0$$

若规定流入电流为正,则从结点流出的电流强度加负号. 对于有 n 个结点的完整回路,可列出 n 个方程,实际上只有 $n-1$ 个方程是独立的.

(2) 沿回路环绕一周,电势降落的代数和为零,这个定律又称为基尔霍夫电压定律 KVL(Kirchhoff's Voltage Law),用公式可以表示为:

$$\sum \pm \varepsilon_i + \sum (\pm I_j R_j) = 0$$

(3) 对于给定的回路绕行方向,理想电源,从正极到负极,电势降落为正,反之为负;对电阻及内阻,若沿电流方向则电势降落为正,反之为负. 若复杂电路包括 m 个独立回路,则有 m 个独立回路方程.

15. 电表的改装

(1) 欲将满偏电流为 I_g,内阻为 R_g 的电流表改装为量程为 U 的电压表,需将分压电阻 R 和电流表串联,如图 8.5 所示,所谓量程为 U 时,就是当电压表两端的电压为 U 时,通过电流表的电流为 I_g,电流表分担的电压为 U_g. 根据串联电路的规律有:

$$R = \frac{U_R}{U_g} \cdot R_g = \frac{U - U_g}{U_g} \cdot R_g$$

$$n = \frac{U}{I_g R_g}$$

即

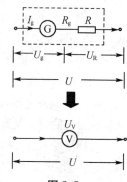

图 8.5

$$R = \frac{U - I_g R_g}{I_g R_g} \cdot R_g = (n-1)R_g$$

电压表内阻：

$$R_V = R + R_g = \frac{U}{I_g R_g} \cdot R_g = nR_g$$

通常，R_V 都很大，理想情况下可认为 $R_V \to \infty$.

（2）欲将内阻为 R_g，满偏电流为 I_g 的电流表改装为量程为 I 的电流表时，需将分流电阻 R 和电流表并联，如图 8.6 所示.同理可推得：

$$n = \frac{I}{I_g}$$

$$R = \frac{I_g}{I_R} \cdot R_g = \frac{I_g}{I - I_g} \cdot R_g = \frac{R_g}{n-1}$$

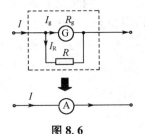

图 8.6

通常，R 很小（$R \ll R_g$），可认为电流表内阻 $R_g = R$，理想情况下可认为 $R \to 0$.

（3）将电流表改装成欧姆表

简易欧姆表接法示意图如图 8.7 所示，R_0 为调零电阻，表头内阻为 R_g，满偏刻度为 I_g. 测量前，应先将两表笔短接，调节 R_0 使流过表头的电流为 I_g，若电池的电动势为 ε，内阻为 r，则：

$$I_g = \frac{\varepsilon}{R_0 + R_g + r} = \frac{\varepsilon}{R_{中}}$$

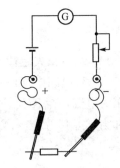

图 8.7

如果在两表笔间接一电阻 $R_x = R_{中}$，则电流减半，指针指表盘中央，因此，$R_0 + R_g + r$ 称为"中值电阻"，表盘最左刻度对应于 $R_x \to \infty$，最右边刻度对应于 $R_x = 0$，对于任一阻值 R_x，若

$$I = \frac{I_g}{n} = \frac{\varepsilon}{R_{中} + R_x} \quad (n = 1, 2, 3 \cdots)$$

得

$$R_x = (n-1)R_{中} \quad (n = 1, 2, 3 \cdots)$$

这就是欧姆表的刻度原理，如欧姆表的中值电阻 $R_{中} = 1.2 \text{ k}\Omega$，表盘满偏 1/4 处的刻度为 $(4-1) \times 1.2 \text{ k}\Omega = 3.6 \text{ k}\Omega$，表盘满偏 $\frac{1}{8}$ 处的刻度为 $8.4 \text{ k}\Omega$，如图 8.8 所示.

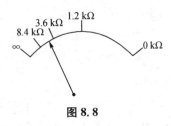

图 8.8

欧姆表的量程改变后，各刻度所对应的电阻值应乘以相同倍率，另外要注意，凡使用欧姆表，必须进行机械调零和欧姆调零，并且，换档后一定要重新进行欧姆调零.

16. 惠斯通电桥

用欧姆表测量电阻虽然方便，但不够精确，而用伏安法测电阻，电表所引起的误差又难以消除，精确地测量电阻，常用惠斯通电桥.

如图 8.9 所示是惠斯通电桥的电路图，当 B、D 两点的电势相等时，通过检流计的电流强度 $I_g = 0$，此时就称电桥平衡（可通过调节滑动触头 D 的位置来实现）.根据串联电路中电阻与电压成正比的原理，可知此时应有：

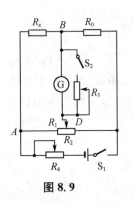

图 8.9

$$R_1 : R_2 = R_x : R_0$$

一般来讲，R_1 和 R_2 由同一均匀电阻丝组成，其阻值与长度成正比，待测电阻的计算公式为：

$$R_x = \frac{R_1}{R_2}R_0 = \frac{L_1}{L_2}R_0$$

测出电阻丝长度 L_1 和 L_2 之比，再由标准电阻 R_0 的阻值即可确定待测电阻 R_x 的阻值.

17. 黑箱问题

不能打开进行直接测量的系统称为黑箱，要求对黑箱内部结构进行判断的问题就是黑箱问题. 黑箱问题具有智力测试的性质，无明显规律可循，大多靠猜测然后进行验证，对思维的灵活性和敏捷性要求比较高. 比较通用的方法就是对输入和输出的信息进行比较，对内部结构进行假设，然后验证，如果假设与已知的结论有矛盾就要对原假设进行修正，再验证，这样反复进行，直到不出现矛盾为止. 所以常常要进行多次尝试. 黑箱问题有时答案不止一个.

典型例题

例1 （北约）北京家庭采用电压为 220 V 的供电，香港家庭采用电压为 200 V 的供电. 北京厨房内一只"220 V、50 W"照明用的灯泡，若改用 200 V 的供电，使用相同的时间可以节省电能百分之_____. 如果采用 200 V 供电的同时，又不减弱厨房照明亮度，则原灯泡电阻丝要换成电阻为_____ Ω 的新电阻丝.

【解析】 由 $P = \dfrac{U^2}{R}$ 可得

$$\frac{P_2}{P_1} = \frac{U_2^2}{U_1^2}$$

$$\frac{P_1 - P_2}{P_1} = \frac{U_1^2 - U_2^2}{U_1^2} = 17.4\%$$

即使用相同的时间可以节省电能 17.4%，不减弱厨房照明亮度，灯泡功率相等，由 $\dfrac{U_2^2}{R_2} = 50$ W.

解得 $R_2 = 800\ \Omega$.

【点评】 此题考查电功率及其相关知识. 本题认为电压变化不大时灯泡电阻不变，实际上灯泡电阻是随着灯丝的变化而变化的.

例2 （华约）已知两电源的电动势 $E_1 > E_2$，当外电路电阻为 R 时，外电路消耗功率正好相等. 当外电路电阻降为 R'，电源为 E_1 时对应的外电路功率 P_1，电源为 E_2 时对应的外电路功率为 P_2，电源 E_1 的内阻为 r_1，电源 E_2 的内阻为 r_2. 则 （　　）

A. $r_1 > r_2; P_1 > P_2$ B. $r_1 < r_2; P_1 < P_2$
C. $r_1 < r_2; P_1 > P_2$ D. $r_1 > r_2; P_1 < P_2$

【答案】 D

【解析】 当两个电源分别与阻值为 R 的电阻连接时，电源输出功率相等，即

$$\left(\frac{E_1}{R+r_1}\right)^2 R = \left(\frac{E_2}{R+r_2}\right)^2 R$$

$$\frac{E_1}{R+r_1} = \frac{E_2}{R+r_2} = I_0$$

由 $E_1 > E_2$ 可得 $r_1 > r_2$.

电源输出电压 U 与电路中电流 I 的关系是

$$U = E - Ir$$

由于两个电路中电流大小相等,两个电源的输出电压随电流变化关系图像应为如图 8.10 所示的两条相交的直线,交点的电流为 I_0,电压为 $U_0 = RI_0$,从原点 O 向该交点连线,即为电阻 R 的伏安特性曲线 $U = RI$.

若 R 减小为 R',电路中 R' 的伏安特性曲线为 $U' = R'I$,分别与两个电源的输出电压随电流变化关系图像交于两个不同的点.

与电源 1 输出电压随电流变化关系图像的交点处的电流和电压值均小于电源 2 输出电压随电流变化关系图像的交点处的电流和电压值,根据输出功率的定义 $P = UI$ 可知,电源 1 的输出功率小于电源 2 的输出功率,即 $P_1 < P_2$,选项 D 正确.

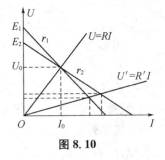

图 8.10

例 3 (卓越) 图 8.11 为一利用光敏电阻测量储液罐中液面高度装置的示意图. 当罐中装满液体时,液面与出液口高度差为 h,罐外有一竖直放置的管,管内一侧有沿竖直线排列的光敏电阻,另一侧有一列光强稳定的光源. 液面上一浮块与一块遮光板通过定滑轮相连,遮光板可随浮块的升降在管内上下运动,光敏电阻的总长度和遮光板的总长度都为 h. 当储液罐内装满液体时,遮光板的上沿与最下面的光敏电阻的下边缘等高,管内的光均匀地照射在光敏电阻上,光敏电阻和仪表相连. 现要求设计一电路以利用上述装置测量液面高度.

为将问题简化,假设管内只有 3 个光敏电阻 R_1、R_2、R_3,分别位于管的上端、下端和中央;它们的暗电阻均为 10 kΩ,被管内光源照亮时电阻均为 1.0 kΩ. 给定的仪器还有:直流电源 E(电动势为 9 V,电阻不计),3 个固定电阻,阻值分别为 $R_{10} = 2.5$ kΩ,$R_{20} = 1.8$ kΩ,$R_{30} = 1.5$ kΩ,电压表一块(量程为 3 V,内阻可视为无穷大),开关一个,导线若干. 要求:当罐内装满液体时,电压表恰好为满量程.

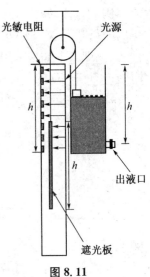

图 8.11

(1) 选择合适的固定电阻,画出电路图,并用题中给定的符号标明图中各元件.

(2) 完成下列填空:(结果保留两位有效数字)

Ⅰ. 液面与出液口等高时电压表的示值为_____V.

Ⅱ. 若管内的光强变暗,使得光敏电阻被照亮时的阻值变为 1.2 kΩ,则固定电阻的阻值应变换为_____kΩ,便可达到题目要求.

【答案】 (1) 电路如图 8.12 所示

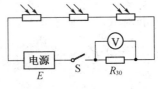

图 8.12

(2) 0.43　1.8

【解析】(1) 当罐内装满液体时,3个光敏电阻受到光照射电阻均为1.0 kΩ.可把这三个光敏电阻串联后再与电阻$R_{30}=1.5$ kΩ串联,接在直流电源E两端.电压表与电阻$R_{30}=1.5$ kΩ并联构成电路,这样可以使当罐内装满液体时,电压表恰好为满里程.

(2) Ⅰ.液面与出液口等高时,3个光敏电阻均不受到光照射,电阻均为10 kΩ.回路中总电阻为$R=31.5$ kΩ,电流$I=\dfrac{E}{R}$,电压表的示数为$U=R_{30}I=\dfrac{9\times 1.5}{31.5}$ V$=0.43$ V.

Ⅱ.若管内的光强变暗,使得光敏电阻被照亮时的阻值变为1.2 kΩ,当罐内装满液体时,电压表恰好为满量程3 V,则固定电阻的阻值应变为1.8 kΩ,便可达到题目要求.

例4　(华约)在如图8.13所示的电路中,有四个电磁继电器.相关参数标注在图上.

(1) 闭合开关后有何现象；

(2) 改变滑动变阻器的阻值(总阻值为1 Ω),闭合开关后的现象与(1)有何不同.

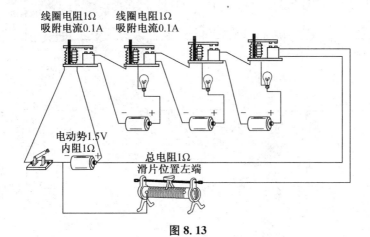

图8.13

【解析】(1) 闭合开关后,四个继电器会从左往右依次闭合,三个灯泡从左往右依次亮.到最后一个继电器闭合后,电源被短路(由于此时的滑动变阻器电阻为零),则四个继电器从左往右又会依次打开,三个灯泡从左往右依次熄灭.直到最后一个断电器打开,电源又接入电路.四个继电器又将依次闭合,三个灯泡又将依次亮起,依此一直循环下去.

(2) 只考虑第一个电磁继电器与滑动变阻器、电源所组成的电路,则其实为继电器与变阻器并联,继而与电源相连的电路.设R_1为继电器的线圈电阻,R_2为滑动变阻器的电阻,r为电源的内阻,E为电源电动势,I为整体电流,I_1为通过电磁继电器电流,则稳定时:

$$I\left(r+\dfrac{R_1R_2}{R_1+R_2}\right)=E$$

$$I_1=I\dfrac{R_2}{R_1+R_2}$$

消去I,解得

$$I_1=\dfrac{ER_2}{R_1R_2+r(R_1+R_2)}$$

当$I_1=0.1$ A时,$R_2=\dfrac{1}{13}$ Ω$=0.077$ Ω.

即当滑动变阻器的电阻小于 0.077 Ω 时,现象与(1)相同.

当滑动变阻器的电阻大于 0.077 Ω 时,无论第四个继电器是否闭合,第一个继电器始终处于吸附状态,三个灯泡全部亮起,不会像(1)一样循环闪烁.

例 5 如图 8.14 所示,在黑箱内有一个电源和几个阻值相同的电阻组成的电路,箱外有四个连接柱.利用电压表测出每两点间的电压分别为:$U_{12}=5$ V,$U_{34}=3$ V,$U_{13}=2$ V,$U_{42}=0$.试画出箱内的电路,并要求电阻数不超过 5 个.

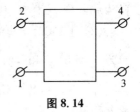

图 8.14

【解析】 在盒内电阻数不超过 5 个的条件下,可能的电路有 6 种,如图 8.15 所示.

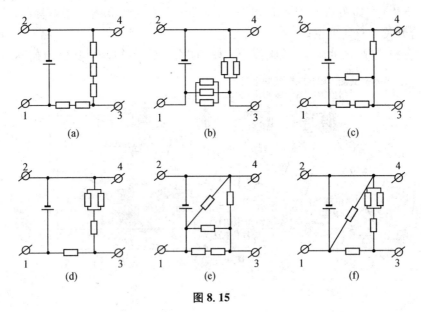

图 8.15

强化训练

1. 为了使圆柱形长导体棒的电阻在 0 ℃ 时不随温度变化.可将两相同截面积的碳棒和铁棒串联起来,问这两棒的长度之比为多少?已知 0 ℃ 时碳的电阻率为 3.5×10^{-5} Ω·m,铁的电阻率为 8.7×10^{-8} Ω·m,碳的电阻温度系数为 -5×10^{-4} ℃$^{-1}$,铁的电阻温度系数为 5×10^{-3} ℃$^{-1}$.

【解析】 将碳棒和铁棒串联,其总电阻为

$$R = R_1 + R_2$$
$$= R_{01}(1+\alpha_1 t) + R_{02}(1+\alpha_2 t)$$
$$= (R_{01}+R_{02})\left(1 + \frac{R_{01}\cdot\alpha_1 + R_{02}\cdot\alpha_2}{R_{01}+R_{02}}\cdot t\right)$$

复合棒的电阻率温度系数为

$$\alpha = \frac{R_{01}\cdot\alpha_1 + R_{02}\cdot\alpha_2}{R_{01}+R_{02}}$$

式中,$R_{01}=\rho_{01}\dfrac{L_1}{S_1}$,$R_{02}=\rho_{02}\dfrac{L_2}{S_2}$,$L_1$、$L_2$ 分别为碳棒、铁棒的长度,代入上式后,为使复合棒总电阻 R 不随温度变化,令 $\alpha=0$,得

$$\rho_{01}L_1\alpha_1 + \rho_{02}L_2\alpha_2 = 0$$

所以,两棒的长度之比为

$$\frac{L_1}{L_1} = -\frac{\rho_{02} \cdot \alpha_2}{\rho_{01} \cdot \alpha_1} = 2.5 \times 10^{-2}$$

【点评】 在温度不太高、电流不太大的条件下,对于给定的导体的电阻值,通常可认为是一常数.但遇到温度变化范围较大的场合,就必须考虑温度变化对导体电阻产生的影响.以上两题均属于此类情况.

2. 一条导线,横截面积为 0.5 mm², 通以 2.0 A 电流. 若平均每个银原子有一个电子参与导电,已知银摩尔质量为 0.108 kg/mol,密度为 10.5×10^3 kg/m³,电阻率为 1.6×10^{-9} Ω·m,电子质量 $m = 9.1 \times 10^{-31}$ kg,阿伏加德罗数 N_A 为 6.0×10^{23} /mol. 求:

(1) 银导线内自由电子密度 n.
(2) 电子定向移动的平均速率 v.
(3) 一个电子两次相继碰撞的平均间隔时间 t.
(4) 导线内电场强度 E.

【解析】 (1) 题目给出了每个银原子平均提供一个自由电子,因此在导线中自由电子的密度就可由单位体积的银原子数来计算

$$n = \frac{N}{V} = \frac{\rho N_A}{M} = 5.83 \times 10^{28} /\text{m}^3$$

(2) 由电流的微观表达式 $I = neSv$,可求电子的平均速率

$$v = \frac{I}{neS} = 4.29 \times 10^{-4} \text{ m/s}$$

(3) 若导线中场强为 E,则两次碰撞电子定向移动的加速度为

$$a = \frac{eE}{m}$$

电子定向移动的平均速度为

$$v = \frac{0+at}{2} = \frac{eEt}{2m} = \frac{eUt}{2ml}$$

式中,t 为电子相继两次碰撞的平均间隔时间,U 为长 l 的直导线两端的电压.

由电流的微观表达式得

$$I = neSv = \frac{e^2 nStU}{2ml} \qquad ①$$

由欧姆定律与电阻定律得

$$I = \frac{U}{R} = \frac{SU}{\rho l} \qquad ②$$

由 ①、② 两式联立解得

$$t = \frac{2m}{e^2 n\rho} = 7.62 \times 10^{-14} \text{ s}$$

(4) 导线中的电场强度可根据自由电子的平均速度来计算

$$E = \frac{2mv}{et} = 6.4 \times 10^{-2} \text{ V/m}$$

3. 氢原子的核外电子质量为 m,电荷量为 $-e$,在离核最近的轨道上运动,轨道半径为 r_1,求:

(1) 电子运动的动能;

(2) 电子绕核转动的频率;

(3) 电子绕核转动所产生的环形电流的电流强度值.

【解析】 (1) 根据圆周运动规律 $F = \dfrac{mv^2}{r}$ 得:

$$\frac{kq_1q_2}{r_1^2} = \frac{mv^2}{r_1}$$

电子运动的动能:

$$E_k = \frac{1}{2}mv^2 = \frac{kq_1^2}{2r_1} = \frac{ke^2}{2r_1}$$

(2) 由

$$E_k = \frac{1}{2}mv^2 = \frac{ke^2}{2r_1}$$

可得

$$v = \sqrt{\frac{ke^2}{mr_1}}$$

转动周期

$$T = \frac{2\pi r_1}{v} = 2\pi\sqrt{\frac{mr_1^3}{ke^2}}$$

所以电子绕核转动频率

$$f = \frac{1}{T} = \frac{e}{2\pi r_1}\sqrt{\frac{k}{mr_1}}$$

(3) 根据电流强度的定义,可得环形电流的电流强度值

$$I = \frac{q}{t} = \frac{e}{2\pi\sqrt{\dfrac{mr_1^3}{ke^2}}} = \frac{e^2}{2\pi r_1}\sqrt{\frac{k}{mr_1}}$$

4. 如图 8.16 所示,是一个电压、电流两用表中两个电流档,量程 $I_1 = 1$ mA,$I_2 = 500$ mA;一个电压档,量程为 $U = 10$ V,已知表头 G 偏满电流 $I_g = 500\ \mu\text{A}$,内阻 $R_g = 600\ \Omega$,求电阻 R_1、R_2 和 R_3 的阻值.

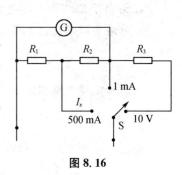

图 8.16

【解析】 电流量程 I_1 档,电路结构为 R_1、R_2 串联后与 R_g 并联,

$$n = \frac{I_1}{I_g} = 2$$

$$R_1 + R_2 = \frac{R_g}{n-1} = 600\ \Omega$$

电流量程 I_2 档,R_g 与 R_2 串联后与 R_1 并联

$$n = \frac{I_2}{I_g} = 1\ 000$$

$$R_1 = \frac{R_g + R_2}{n-1} = \frac{600 + R_2}{999}$$

两式联解得：

$$R_1 = 1.2\ \Omega, \quad R_2 = 598.8\ \Omega$$

对于电压表，R_1 与 R_2 串联后与 G 并联，构成一个新表头，

$$I'_g = 1\ \text{mA}, \quad R'_g = \frac{R_g \cdot (R_1 + R_2)}{R_g + R_1 + R_2} = 300\ \Omega$$

再与 R_3 串联构成量程为 10 V 的电压表，则 R_3 为

$$R_3 = R'_g \left(\frac{U}{I'_g R'_g} - 1 \right) = \frac{U}{I'_g} - R'_g = 9.7 \times 10^3\ \Omega$$

5. 如图 8.17 所示，用导线将八个完全相同的电源顺接为一闭合电路，求每个电源的端电压(不考虑导线电阻).

【解析】 设每个电源的电动势及内阻为 ε 和 r，由全电路的欧姆定律得：

$$I = \frac{8\varepsilon}{8r} = \frac{\varepsilon}{r}$$

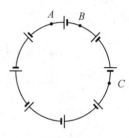

图 8.17

故任一电源的路端电压(以电源 B、A 为例)

$$U_{AB} = \varepsilon - Ir = \varepsilon - \varepsilon = 0$$

即任一电源的路端电压为零，即导线上任意两点(如 A、C)电位相等，但整个电路仍有电流，方向由电动势确定.

6. 如图 8.18 所示，$\varepsilon_1 = \varepsilon_2 = 2$ V，内电阻 $r_1 = r_2 = 0.5\ \Omega$，外电阻 $R_1 = 0.5\ \Omega$，$R_2 = 1.5\ \Omega$，求流经 R_1、R_2 和 ε_1 的电流分别是多少？

【解析】 如图 8.18 所示，由基尔霍夫方程可得

$$I_2 = I_1 + I$$
$$-I_1 r + \varepsilon_1 = I_2 R_1$$
$$I_2 R_1 + I r_2 - \varepsilon_2 + I R_2 = 0$$

解得

$$I_1 = 0.44\ \text{A}, \quad I_2 = 2.22\ \text{A}, \quad I = 1.78\ \text{A}$$

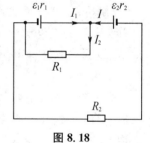

图 8.18

7. 如图 8.19 所示的黑箱有 1、2、3、4 四个端子，用一节干电池和一个电流表串联(内阻皆不计)，分别与两个端子相连，测得结果如下：$I_{13} = 3I_{12} = 3I_{14}$，$I_{13} = 2I_{24} = 2I_{34}$，若箱内的电路由完全相同的电阻组成，试画出盒内电路图.

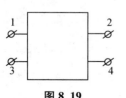

图 8.19

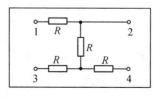

图 8.20

【解析】 由题目所给出的测量电流关系可知，$3R_{13} = R_{12} = R_{14}$，$2R_{13} = R_{23} = R_{24} = R_{34}$，如图 8.20 所示电路是一种符合题目要求的电路.

8. 某黑箱内有若干定值电阻连接成的电路. 从该电路中引出 4 个端钮 1、1′、2 和 2′,如图 8.21 所示.

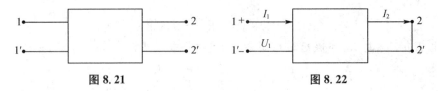

图 8.21　　　　　　　　图 8.22

当 2-2′ 端短接,1-1′ 端加 $U_1 = 9.0$ V 电压时,测得 $I_1 = 3.0$ A, $I_2 = 3.0$ A,方向如图 8.22 所示.

当 1-1′ 端短接,2-2′ 端加 $U_2 = 3.0$ V 电压时,测得 $I_1' = 1.0$ A, $I_2' = 1.5$ A,方向如图 8.23 所示.

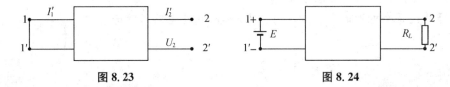

图 8.23　　　　　　　　图 8.24

(1) 试判断确定暗盒内能满足上述条件的最简单的电路并计算构成此电路的各电阻的阻值.

(2) 当 1-1′ 端接电动势 $E = 7.0$ V,内阻 $r = 1.0$ Ω 的电源而 2-2′ 端接 $R_L = 6.0$ Ω 的负载时,如图 8.24 所示,该负载获得的功率 P_L 是多少?

【解析】　关于暗盒问题,一般根据题设条件由易到难逐段地猜想电路的结构,直到电路完全符合题设要求为止.

(1) 若盒内是仅由 1 个电阻连成的电路,则因无论怎样连接均不能同时满足两个条件,故不可能是这种电路.

若盒内是由 2 个电阻连成的电路,则一种情况是 2 个电阻串联或并联,因它们均等效为 1 个电阻,如前所述,这两种电路均不满足题所给出的条件. 另一种情况是两电阻的连接如图 8.25 或图 8.26 所示. 在图 8.27 中,因第 1 个条件不能满足,不符合题意.

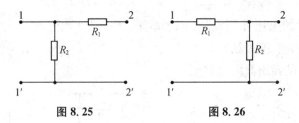

图 8.25　　　　　　图 8.26

在图 8.26 中,只要 $R_1 = 3$ Ω 则能满足第 1 个条件(1). 为了满足第 2 个条件,设 2-2′ 间的电阻为 R', R' 必须满足下列条件:

$$R' = \frac{U_2}{I_2'} = \frac{3.0}{1.5} \Omega = 2.0 \Omega$$

$$R' = \frac{R_1 R_2}{R_1 + R_2}$$

因 $R_1 = 3\,\Omega$ 得 $R_2 = 6\,\Omega$,即 $R_1 = 3\,\Omega$,$R_2 = 6\,\Omega$ 时,如图 8.26 所示的电路结构就是能同时满足两个条件的最简单的电路.

(2) 按题意,完整的电路如图 8.27 所示.

根据欧姆定律,有

$$I_1 = \frac{E}{r + R_1 + \frac{R_2 R_L}{R_2 + R_L}}$$

$$I_2 = \frac{R_2 R_L}{R_2 + R_L} I_1 \cdot \frac{1}{R_L} = \frac{R_2}{R_2 + R_L} I_1$$

负载获得的功率为

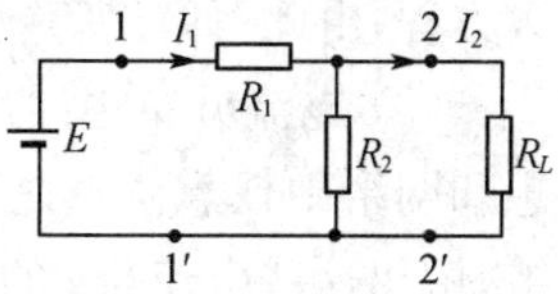

$$P_L = I_2^2 R_L$$

代入数值得

$$P_L = 1.5\,\text{W}$$

图 8.27

第 2 节　电路的简化

> 考点梳理

18. 电压源

(1) 理想电压源

我们把只有电动势而无内阻的理想电源称为理想电压源,又称恒压源. 因为不管外电路电阻如何变化,外电压都不变,在数值上始终等于电源的电动势 ε.

(2) 电压源

实际电源的内阻 $r \neq 0$,当外阻变化时,外电压随之变化,这时的电源又称为电压源. 显然实际电源即电压源,可以看成是恒压源与内阻 r 的串联. 电压源的符号与普通电源符号相同(如图 8.28).

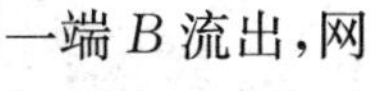

图 8.28

19. 网络电路

凡是电路连接不能看作串联、并联、混联的电路,均可称为网络,或称复杂电路. 二端网络是指只有两个端点的网络. 二端网络的基本问题是:将它等效为只含一个等效电阻的二端网络. 假设电流 I 仅从网络的一端 A 流入,从另一端 B 流出,网络中的各个电阻用导线直接或间接地相互沟通,这样的网络便称为二端电阻网络. 设 AB 之间的电压为 U,则 $R_{AB} = U/I$,就称为该网络的等效电阻.

20. 分析网络电路的方法

(1) 对称性分析法:若电路具有对称性,可利用等势点将电路化为简单的串、并联电路来求解等效电阻.

(2) 极限法:对包含有无限多电阻的二端网络称为二端无限电阻网络. 如果这样的网络是由无限多个某种小网格元按照相同的方式逐个连接而成,那么常可采用极限法来求解网络的等效电阻.其方法是:先设由 k 个网络元组成的二端网络的等效电阻为 R_k,再连接一个网络元,设法找出连接后的等效电阻 R_k+1 与 R_k 之间的数学递推关系式,最后令 $k \to \infty$,则 R_k+1 与 R_k 便同为二端网络的等效电阻,电阻 R_k+1 与 R_k 之间的数学递推关系式则成为关于 R 的一元代数方程,由此可解出等效电阻 R.

(3)电流分布法:假设电流 I 仅从网络的一端 A 流入,从另一端 B 流出,运用电流的分流思想和网络中任意两点之间沿不同路径等电压原理,建立网络中各电阻的电流为未知量的方程组,解出这些电流与 I 的比例关系.然后选取 A 到 B 的某一路径,计算出 AB 之间的电压 U,则由 $R_{AB} = U/I$,就可计算出该网络的等效电阻.

21. 利用对称性简化电路

(1)等势结点的断接法

在一个复杂电路中,如果能找到一些完全对称的点(以两端连线为对称轴),那么可以将接在等电势结点间的导线或电阻或不含电源的支路断开(即去掉),也可以用导线或电阻或不含电源的支路将等电势结点连接起来,且不影响电路的等效性.

(2)电流分布法

设有电流 I 从 A 点流入,B 点流出,应用电流分流的思想和网络中两点间不同路径等电压的思想(即基尔霍夫定理),建立以网络中各支路的电流为未知量的方程组,解出各支路电流与总电流 I 的关系,然后经任一路径计算 A、B 两点间的电压 U_{AB},再由 $R_{AB} = \dfrac{U_{AB}}{I}$ 即可求出等效电阻.

(3)无穷网络的简化

无穷穷网络的简化较为灵活,可以参考后面的例子.

22. 电流的叠加原理

在中学物理学中存在着不少我们称之为叠加原理的规律,如:运动的叠加原理、波的叠加原理、场强的叠加原理、电势的叠加原理等.在进行电路分析和计算时,则常常要用到电流的叠加原理.若电路中有多个电源,则通过电路中任一支路的电流等于各个电源单独存在时,在该支路中产生的电流的代数和.这就是所谓的电流的叠加原理."电源单独存在"指的是假设将其余电源除去,但要在其原位置接入一只大小等于其内阻的电阻.电流的叠加原理又叫电源的独立作用原理,其本质是电场的叠加.运用电流的叠加原理可以简化计算,因为对于单个电源的电路有可能应用简单的串并联公式进行计算.在电路分析时运用电流的叠加原理也便于考查增添某个电源对原来电路产生的影响.我们不难看出,电流的叠加原理的本质是场的叠加原理.

23. 电势差计

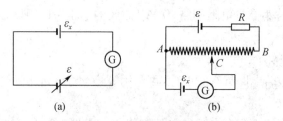

图 8.29

精确地测量电源电动势常采用电势差计.电势差计是根据补偿原理来设计的,补偿法的原理可用如图 8.29(a) 所示的电路来说明.此时的 $\varepsilon_x = \varepsilon$.

通常情况下,用测量仪器对电源进行测量时,总有电流通过电源,因而造成测量误差.用如图 8.29(b) 所示的电路进行测量时,可以使待测电源中的电流为零.图中工作电源与粗细均匀的电阻线 A、B 相连.适当调节 C 的位置,当电阻线在 A、C 段的电势降刚好与待测电源的电动势 E_x 相等时,灵敏电流计 G 内没有电流通过,待测电源中的电流也为零.这时,称待测电路得到了补偿.

若先对一个标准电池实现补偿,就可以对电路进行定标(测得 A、C 间单位长度相当于多少伏电压),然后对某个待测电压实现补偿,即可精确地测定这个电压值.

用这种方法既可以测量电源电动势,还可以测量某段电路两端电压.若再借助于比较法,还可测量电阻值.这种测量方法称为补偿法.

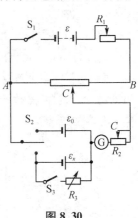

图 8.30

滑线式电势差计的电路如图 8.30 所示.它由三部分组成:工作电源 ε、开关 S_1 和变阻器 R_1 组成"工作电路";标准电池 ε_0、灵敏电流计 G 和保护电阻 R_2 组成"标准电路";待测电源 ε_x、开关 S_3、电阻箱 R_3、灵敏电流计 G 和保护电阻 R_2 组成"测量电路",三部分之间接有转换开关 S_2 和由粗细均匀的电阻线 AB 和滑动触头 C.任何电势差计,无论结构多么复杂,都有以上三部分.

测量前,应先对电势差计进行校准,回路中的工作电源电压可取 $3\sim 4$ V 间的某个值.调节变阻器 R_1 使工作电路中的电流达到规定值.再将转换开关 S_2 接标准电池,调节滑动触头 C,并逐步减小保护电阻 R_2,直至 R_2 等于零时,接通灵敏电流计 G,表中也有没电流通过.这时"标准回路"就达到了平衡,记下此时电阻线上 AC_1 段的长度 l_1.

然后,将 R_2 调至最大,将转换开关 S_2 接待测电源,并断开开关 S_3.按以上方法再调节"测量电路"使其达到平衡,并记下此时触头位置所对应的电阻线上 AC_2 的长度 l_2.在调节过程中,R_1 的位置不能动,以保护工作电流不变.此时,由于电阻线的粗细均匀,故有:

$$\frac{\varepsilon_0}{\rho \frac{L_1}{S}} = I = \frac{\varepsilon_x}{\rho \frac{L_2}{S}}$$

即

$$\varepsilon_x = \frac{L_2}{L_1}\varepsilon_0$$

如果要测量待测电源的内阻 r,可以合上 S_3,用以上方法测得待测电源的路端电压:

$$U_x = \frac{L_3}{L_1}\varepsilon_0$$

再根据公式

$$\varepsilon_x = U_x + Ir = U_x\left(1+\frac{r}{R_3}\right)$$

读出电阻箱的阻值 R_3,即可求出电源内阻为:

$$r = R_3\left(\frac{\varepsilon_x}{U_x}-1\right)$$

利用电势差计还可以借助于比较法测电阻,测量方法如图 8.31 所示,其中 R 为标准电阻,

R_x 为待测电阻,先用电势差计测出 R_x 两端的电压 U_x,再用同样的办法测出标准电阻 R 两端的电压 U,由于电势差计没有分流作用,故

$$U : U_x = IR : IR_x = R : R_x$$

因此

$$R_x = \frac{U_x}{U}R$$

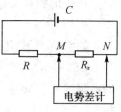

图 8.31

典型例题

例 6 如图 8.32 所示电路中,$\varepsilon_1 = 4.0 \text{ V}, \varepsilon_2 = 1.0 \text{ V}, R_1 = 10 \text{ }\Omega$, $R_2 = 20 \text{ }\Omega, R_3 = 30 \text{ }\Omega$,电源内阻不计.求电容 C 两极板间的电势差 U_{AB}.

【解析】 当电路达平衡时,电容器断路.设电阻 R_1、R_2 和电源 ε_1 组成的电路中 D、E 两点作为电路的两端有源网络的输出端,等效电压源的电动势 ε 和内阻 r 为:

$$\varepsilon = \varepsilon_1 \cdot \frac{R_2}{R_1 + R_2}, \quad r = \frac{R_1 R_2}{R_1 + R_2}$$

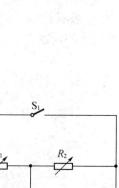

图 8.32

所以通过 R_3, ε_2 的电流强度 I 满足

$$I = \frac{\varepsilon + \varepsilon_2}{R_3 + r} = \frac{\varepsilon_1 \frac{R_2}{R_1 + R_2} + \varepsilon_2}{R_3 + \frac{R_1 R_2}{R_1 + R_2}}$$

$$= \frac{\varepsilon_1 R_2 + \varepsilon_2 (R_1 + R_2)}{R_1 R_3 + R_2 R_3 + R_1 R_2} = 0.1 \text{ A}$$

由此可得 A 点电势为

$$U_A = U_D + IR_3 = U_D + 3.0 \text{ V}$$

而 B 点电势为

$$U_B = U_D + \varepsilon_1 = U_D + 4.0 \text{ V}$$

所以

$$U_{AB} = -1.0 \text{ V}$$

例 7 (卓越)用如图 8.33 所示电路可以测量电源电动势,其中 E、E_N、E_x 分别为工作电源、标准电源和待测电源. R_1、R_2 为电阻箱. R_3 为滑动变阻器,G 为指针可以左右摆动的表头. S_1、S_3 为单刀单掷开关,S_2 为单刀双掷开关. 已知 $E_N = 1.018 \text{ V}$,E_x 约为 1.5 V,E 约为 4 V. 实验过程如下:

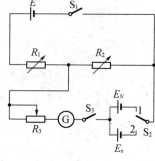

图 8.33

Ⅰ. 实验开始前,为保护表头,将滑动变阻器 R_3 的阻值调至最大,R_1 和 R_2 阻值限定在 $1\,000 \sim 3\,000 \text{ }\Omega$;

Ⅱ. 校准工作电源电动势. 将开关 S_2 置于 1 处,闭合 S_1,反复调节电阻 R_1 的阻值,使当 S_3 闭合时,表头的示数为零. 减小 R_3 的阻值,通过调整 R_1 的阻值,使表头的示数继续为零,直至 R_3 的阻值为零时,表头示数仍为零;

Ⅲ. 测量待测电源电动势. 将开关 S_2 置于 2 处,在重复上述操作过程中适当调节 R_2 的阻

值,使 R_3 的阻值为零时,表头示数为零.

根据上述实验过程回答下列问题:

(1) 在校准工作电源电动势时,测得 $R_{1校}$ 和 $R_{2校}$ 的阻值分别为 2 931 Ω 和 1 069 Ω. 在测量待测电源电动势的过程中,下列关于 R_1 和 R_2 预估值合理的是_____(填字母代号).

A. $R_{1估} = 2\ 437\ \Omega$;$R_{2估} = 1\ 463\ \Omega$　　B. $R_{1估} = 2\ 524\ \Omega$;$R_{2估} = 1\ 376\ \Omega$

C. $R_{1估} = 2\ 420\ \Omega$;$R_{2估} = 1\ 580\ \Omega$　　D. $R_{1估} = 2\ 372\ \Omega$;$R_{2估} = 1\ 628\ \Omega$

(2) 在测量待测电源电动势的实验过程中,当表头示数为零时,$R_{1测}$ 的读数为 2 320 Ω,此时 $R_{2测}$ 的阻值应为_____Ω,待测电源电动势的表达式为_____,根据实验测得的数据计算待测电源电动势为_____V(结果保留四位有效数字).

【解析】(1) 根据题述,E 约为 4 V,E_x 约为 1.5 V,R_1 和 R_2 预估值比必须满足大约为 $\frac{2.5}{1.5}$ 或小于 $\frac{2.5}{1.5}$,所以选项 CD 正确.

(2) 要使 E 的外电压恒定,则外电阻恒定,即

$$R_{1校} + R_{2校} = R_{1测} + R_{2测}$$

解得

$$R_{2测} = R_{1校} + R_{2校} - R_{1测} = (2\ 931 + 1\ 069 - 2\ 320)\ \Omega = 1\ 680\ \Omega$$

待测电源电动势的表达式为

$$E_x = \frac{E_{2测}}{R_{2校}} E_N$$

根据实验测得的数据计算待测电源电动势为

$$E_x = \frac{1\ 680}{1\ 069} \times 1.018\ \text{V} = 1.600\ \text{V}$$

【答案】(1) CD　(2) 1 680　$E_x = \frac{E_{测}}{E_{校}} E_N$　1.600

例 8 (卓越) 某同学设计了一个测量电阻 R_x(约为 10 Ω)阻值的电路,如图 8.34 所示. 图中直流电流表的量程为 50 μA,内阻 R_g 约为 3 kΩ;电源 $E = 3$ V,内阻不计;R_0 为六钮电阻箱(0~999 999 Ω);R 为滑动变阻器(0~500 Ω,额定电流1.5 A);S_1 为开关;S_2 为双刀双掷开关.

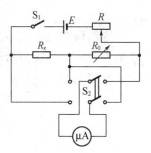

图 8.34

(1) 请简要写出实验步骤;

(2) 请用测量量表示出 R_x;

(3) 分析该电路的适用条件.

【解析】(1) 实验步骤

Ⅰ. 选择 R_0 的阻值略大于 R_x;

Ⅱ. 闭合 S_1,将 S_2 合向 R_0 一侧,调节 R 使电流表指针指到满偏电流 $\frac{2}{3}$ 以上刻度;

Ⅲ. 记下电流值 I_0;

Ⅳ. 保持 R 的滑动触头位置不变;

Ⅴ. 将 S_2 合向 R_x 一侧,读出电流表读数 I_1.

(2)
$$R_x = \frac{I_1}{I_0} R_0$$

(3) 适用条件

Ⅰ. R_x 的阻值应远远小于 50 μA 直流电流表的内阻;

Ⅱ. R_0 阻值的取值应与 R_x 相近.

例 9 用导线连接成如图 8.35 所示的框架, $ABCD$ 是正四面体, 每段导线的电阻都是 1 Ω. 求 AB 间的总电阻.

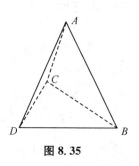

图 8.35

【解析】 设想 A、B 两点上存在电势差 $U_A - U_B$, 由电路的对称性可以知道 D、C、两点的电势都应该介乎 U_A 与 U_B 的中间, 即 $U = \dfrac{U_A - U_B}{2}$, 所以两点应是等电势的. 这样, 去掉 CD 段导线, 对 A、B 间的总电阻不会有影响. 当去掉 CD 段导线后, 就成为三路并联, 即 A—D—B, A—C—B, 和 AB. 于是:

$$\frac{1}{R_\text{总}} = \frac{1}{2} + \frac{1}{2} + 1 = 2$$

所以

$$R_\text{总} = 0.5 \text{ Ω}$$

例 10 10 根电阻均为 r 的电阻丝接成如图 8.36 所示的网络, 试求出 A、B 两点之间的等效电阻 R_{AB}.

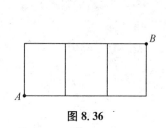

图 8.36

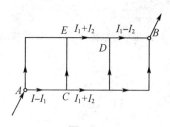

图 8.37

由结构对称性, 要求电流 I 从 A 点流入后在 A 点的电流分布应与电流 I 从 B 点流出前的电流分布相同, 中间四方形必具有上、下电流分布对称和左、右电流分布对称, 因此网络内电流分布应如图 8.37 所示. 对图中 C 点和 D 点, 有电流关联

$$I - I_1 = I_2 + (I_1 + I_2)$$

解得

$$I_1 + I_2 = \frac{1}{2} I \quad ①$$

由 A、E 两点间不同路线等电压的要求, 得:

$$I_1 \cdot 2r = (I - I_1) r + I_2 r$$

即

$$3I_1 - I_2 = I \quad ②$$

解 ①、② 两式得:

$$I_1 = \frac{3}{8} I$$

$$I_2 = \frac{1}{8}I$$

选择线路 $AEDB$，可得：

$$U_{AB} = I_1 \cdot 2r + (I_1+I_2)r + (I-I_1)r = \frac{15}{8}Ir$$

因此，A、B 间等效电阻便为：

$$R_{AB} = \frac{U_{AB}}{I} = \frac{15}{8}r$$

例 11 在如图 8.38 所示电路中，求 A、B 两点间的等效电阻等于多少？

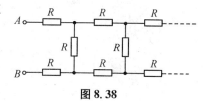

图 8.38

【解析】解法一：设总电流为 I，第一分支点处电流为 $I_1 = eI$、$I'_1 = (1-e)I$；

则在第二分支点处情况一样，电流分配应相同，所以

$$I_2 = eI_1 = e^2 I$$
$$I'_2 = (1-e)I_1 = e(1-e)I$$

依次类推，因并联电路两端电压相等，故

$$(1-e)IR = 2eIR + (e-e^2)IR$$

整理后得：

$$e^2 - 4e + 1 = 0$$
$$e = \frac{4 \pm \sqrt{4^2 - 4}}{2} = 2 \pm \sqrt{3}$$

因为 e 必须小于 1，故舍去 $2+\sqrt{3}$ 这个解，而有

$$e = 2 - \sqrt{3}$$

由欧姆定律

$$U_{AB} = 2IR + (1-e)IR = 2IR + (1-2+\sqrt{3})IR$$
$$= (1+\sqrt{3})IR = I \times 等效电阻$$

可见 AB 间的等效电阻为 $(1+\sqrt{3})R$。

解法二：由于是无穷网格，去掉最左边的三个电阻后电阻仍为 R。

$$R_{AB} = 2R + \frac{R \cdot R_{AB}}{R + R_{AB}}$$

所以

$$R_{AB} = (1+\sqrt{3})R$$

例 12 如图 8.39 所示，两台发电机并联运行，共同供电给负载，负载电阻 $R = 24\ \Omega$。由于某种原因，两台发电机的电动势发生差异，$\varepsilon_1 = 130\ \text{V}$，$r_1 = 1\ \Omega$，$\varepsilon_2 = 117\ \text{V}$，$r_2 = 0.6\ \Omega$，求每台发电机中的电流和它们各自发出的功率。

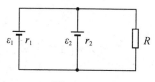

图 8.39

【解析】 解法一：用基尔霍夫定律求解。

第一步:对每支路设一支路电流,如图 8.40 中 I_1、I_2、I_3.

第二步:列 $(n-1)$ 个节点方程,现在 $n=2$,只能列出 $n-1=1$ 个方程

$$-I_1-I_2+I_3=0 \qquad ①$$

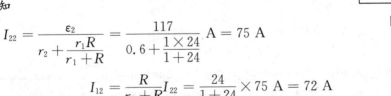

图 8.40

第三步:列出 $m=P-(n-1)=3-(2-1)=2$ 个独立回路方程,选独立回路,如 8.40 图中,1、2 各有一条不为另一回路所含的支路,所以是独立的.

回路 1:
$$I_1 r_1 - I_2 r_2 = \varepsilon_1 - \varepsilon_2 \qquad ②$$

回路 2:
$$I_2 r_2 + I_3 R = \varepsilon_2 \qquad ③$$

第四步:解 ①、②、③ 式求得:

$$I_1 = \frac{(r_2+R)\varepsilon_1 - R\varepsilon_2}{r_1 r_2 + r_2 R + R_1 r} = 10 \text{ A}$$

$$I_2 = \frac{-R\varepsilon_1 + (r_1+R)\varepsilon_2}{r_1 r_2 + r_2 R + r_1 R} = -5 \text{ A}$$

$$I_3 = \frac{r_2 \varepsilon_1 + r_1 \varepsilon_2}{r_1 r_2 + r_2 R + r_1 R} = 5 \text{ A}$$

I_2 为负值,说明实际电流方向与所设方向相反.

第五步:求各发电机输出的功率.

$$P_1 = \varepsilon_1 I_1 - I_1^2 r_1 = 1\,200 \text{ W}$$
$$P_2 = \varepsilon_2 I_2 - I_2^2 r_2 = -600 \text{ W}$$

这说明第二台发电机不仅没有输出功率,而且还要吸收第一台发电机的功率.

解法二:利用电源的独立作用原理求解.

当只考虑电机 ε_1 的作用时,原电路等效为如图 8.41 所示的电路,由图可知

$$I_{11} = \frac{\varepsilon_1}{r_1 + \frac{r_2 R}{r_2+R}} = \frac{130}{1 + \frac{0.6 \times 24}{0.6+24}} \text{ A} = 82 \text{ A}$$

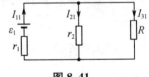

图 8.41

$$I_{21} = \frac{R}{r_2+R} I_{11} = \frac{24}{0.6+24} \times 82 \text{ A} = 80 \text{ A}$$

当只考虑发电机 ε_2 的作用时,原电路等效为如图 8.42 所示的电路,由图可知

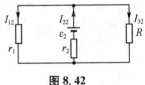

图 8.42

$$I_{22} = \frac{\varepsilon_2}{r_2 + \frac{r_1 R}{r_1+R}} = \frac{117}{0.6 + \frac{1 \times 24}{1+24}} \text{ A} = 75 \text{ A}$$

$$I_{12} = \frac{R}{r_1+R} I_{22} = \frac{24}{1+24} \times 75 \text{ A} = 72 \text{ A}$$

将两次求得的电流叠加,可得到两台发电机的实际电流分别为

$$I_1 = I_{11} - I_{12} = (82-72) \text{ A} = 10 \text{ A}(方向为 I_{11} 的方向)$$

$$I_2 = I_{21} - I_{22} = (80-75) \text{ A} = 5 \text{ A}(方向为 I_{21} 的方向)$$

同理,可解得各发电机的输出功率

$$P_1 = 1\ 200\ \text{W}$$
$$P_2 = -600\ \text{W}$$

负号表明第二台发电机不仅无输出功率,而且还要吸收第一台发电机的功率.

【点评】 从本题计算结果看出,将两个电动势和内电阻都不同的电源并联向负载供电未必是好事,这样做会形成两电源并联部分的环路电流,使电源发热.

运用基尔霍夫定律解题时,对于一个复杂的含有电源的电路,如果由 n 个节点、P 条支路所组成,我们可以对每一支路任意确定它的电流大小和方向,最后解出值为正,说明所设电流方向与实际方向一致,所得值为负则说明所设电流方向与实际方向相反.这个电路中共有 P 个待求电流强度.

在 n 个节点中任意选取其 $(n-1)$ 个节点,根据基尔霍夫第一定律,列出节点电流方程组,再选择 $m = P - (n-1)$ 个独立回路,根据基尔霍夫第二定律,列出回路电压方程组,从而获到 P 方程,即可求解.

例 13 如图 8.43 所示是一个由电阻丝构成的平面正方形无穷网络,各小段的电阻为 R,求 A、B 两点间的等效电阻. 若将 A、B 间的一小段电阻丝换成电阻为 $4R$ 的另一小段电阻丝.试问换后 A、B 间的等效电阻是多少?

【解析】 设想内阻极大的电源加在 A 和地(或无穷远)之间,使由 A 点流进网络的电流为 I,则由对称性可知,流过 AB 的电流为 $\frac{I}{4}$.假设拆去此电源,在 B 点和地(或无穷远)之间加上另一内阻极大的电源,使由 B 点流出网络的电流强度为 I,由对称性可知,流过 AB 的电流仍为 $\frac{I}{4}$.若把上述电源同

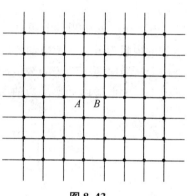

图 8.43

时加上,则由叠加原理可知,流过 AB 的电流为 $\frac{I}{4} + \frac{I}{4} = \frac{I}{2}$.设 AB 间的等效电阻为 R_{AB},所以:

$$IR_{AB} = \frac{I}{2} \cdot R$$

$$R_{AB} = \frac{R}{2}$$

设除 AB 外的其他电阻丝构成的网络的电阻为 R_0,则整个电阻可以看成是 A、B 间电阻丝与 R_0 的并联.则:

$$R_{AB} = \frac{R_0 R}{R_0 + R} = \frac{R}{2}$$

$$R_0 = R$$

当 A、B 间的一小段电阻丝换成电阻为 $4R$ 时,则:

$$R'_{AB} = \frac{R_0 \cdot 4R}{R_0 + 4R} = 0.8R$$

◎ 强化训练

9. 如图 8.44 所示,$R_1 = 5\ \Omega$,$R_2 = R_3 = R_4 = 10\ \Omega$,$\varepsilon = 10\ \text{V}$,不计电源内阻和安培表内阻,求安培表读数.

【解析】 电路的连接是:R_3 与 R_4 并联后再与 R_1 串联,然后再与 R_2 并联. 通过 R_1 的电流为

$$I_1 = 1\ \text{A}$$

R_3 分得的电流为

$$I_3 = \frac{I_1}{2} = 0.5\ \text{A}$$

通过 R_2 的电流为

$$I_2 = \frac{\varepsilon}{R_2} = 1\ \text{A}$$

安培表的电流为通过 R_2 的电流与通过 R_3 的电流之和. 所以通过安培表的电流为

$$I_A = 1.5\ \text{A}$$

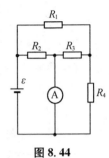

图 8.44

10. 用伏安法测量电源电动势和内电阻时的电路有两种接法,已知伏特表的内阻为 R_V,安培表的内阻为 R_A,电源电动势的真实值为 ε,电源内阻的真实值为 r. 若采用图 8.45(a) 电路,则理论上所测电源电动势的数值应为_____,电源内阻为_____. 若采用图 8.45(b) 电路,则理论上所测电源电动势的数值应为_____,电源内阻为_____.

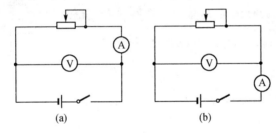

图 8.45

【解析】 图 8.45(a) 中是电压表和电源组成的等效电源的电动势为

$$\varepsilon_1' = \frac{R_V}{R_V + r}\varepsilon$$

内阻为

$$r_1' = \frac{R_V r}{R_V + r}$$

图 8.45(b) 是电流表和电源组成的等效电源

$$\varepsilon_2' = \varepsilon$$
$$r_2' = R_1 + r$$

11. 如图 8.46 所示,若电阻 R_1、R_2、R_3、R_4 的阻值以及电源的电动势 ε_1 和 ε_2 均为已知,不计电源内阻,求通过电阻 R_4 的电流.

【解析】 如图 8.47 所示,把除 R_4 和电源 ε_2 以外的部分等效为电源. 电源的电动势为

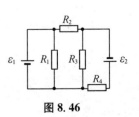

图 8.46

$$\varepsilon_1' = \frac{R_3}{R_2+R_3}\varepsilon_1$$

内阻为

$$r_1' = \frac{R_2 R_3}{R_2+R_3}$$

所以,通过 R_4 的电流为:

$$I = \frac{\varepsilon_1'+\varepsilon_2}{r_1'+R_4} = \frac{\varepsilon_1 R_3+\varepsilon_2(R_2+R_3)}{R_2 R_3+R_2 R_4+R_3 R_4}$$

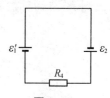

图 8.47

12. 在电路图(图 8.48)中,R_0 为已知,求:

(1) R_1 等于多少时,ab 间的等效电阻才等于 R_0?

(2) 当通过电流时,ab 两端的电压等于 cd 两点间电压的多少倍?

【解析】 (1) 由串并联电路的特点,可得:

$$R_总 = \frac{R_1^2+R_0 R_1}{2R_1+R_0}+R_1 = \frac{3R_1^2+2R_0 R_1}{2R_1+R_0}$$

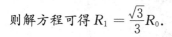

如果 $R_总 = R_0$,

则解方程可得 $R_1 = \frac{\sqrt{3}}{3}R_0$.

(2) 设总电流为 I,通过 R_0 的电流为 I_0,则应有:

$$\frac{I_0}{I-I_0} = \frac{R_1}{R_1+R_0} = \frac{\frac{\sqrt{3}}{3}R_0}{R_0+\frac{\sqrt{3}}{3}R_0} = \frac{\sqrt{3}}{3+\sqrt{3}}$$

$$I_0 = \frac{1}{2+\sqrt{3}}I$$

$$\frac{U_{ab}}{U_{cd}} = \frac{IR_0}{I_0 R_0} = 2+\sqrt{3}$$

13. 三个相同的金属圈两两相交地焊接成如图 8.49 所示的形状,若每一金属圈的原长电阻(即它断开时测两端的电阻)为 R,试求图中 A、B 两点之间的电阻.

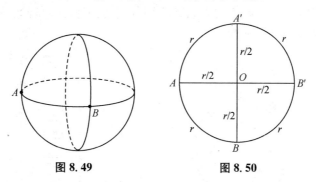

图 8.49　　　　图 8.50

【解析】 从图 8.49 看出,整个电阻网络相对 A、B 两点具有上、下对称性,因此可上、下压缩成如图 8.50 所示的等效简化网络,其中 r 为原金属圈长度部分的电阻,即有:

$$r = R/4$$

网络中从 A 点到 O 点的电流与从 O 点到 B 点的电流必相同;从 A' 点到 O 点的电流与从 O

点到 B' 点的电流必相同. 因此可将 O 点断开,等效成如图 8.51 所示简化电路.

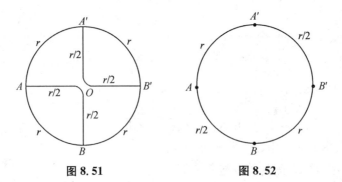

图 8.51 图 8.52

继而再简化成如图 8.52 所示的电路.
最后可算得:

$$R_{AB} = \left(\frac{2}{r} + \frac{2}{5r}\right)^{-1} = \frac{5}{12}r \qquad R_{AB} = \frac{5}{48}R$$

14. 如图 8.53 所示,框架是用同种金属丝制成的,单位长度的电阻为 ρ,一连串内接等边三角形的数目可认为趋向无穷,取 AB 边长为 a,以下每个三角形的边长依次减小一半,则框架上 A、B 两点间的电阻为多大?

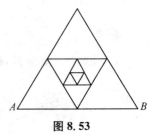

图 8.53

【解析】 从对称性考虑,原电路可以用如图 8.54 所示的等效电路来代替,同时我们用电阻为 $\frac{R_{AB}}{2}$ 的电阻器来代替由无数层"格子"所构成的"内"三角, $R_{AB} = R_x$, $R = a\rho$,因此

$$R_x = R\left(R + \frac{RR_x/2}{R + R_x/2}\right) \cdot \left(R + R + \frac{RR_x/2}{R + R_x/2}\right)$$

解此方程得到:

$$R_{AB} = R_x = \frac{\sqrt{7}-1}{3}R = \frac{1}{3}(\sqrt{7}-1)a\rho$$

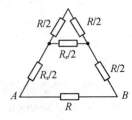

图 8.54

15. 如图 8.55 所示为 6 个阻值均为 R 的电阻与电动势为 ε(内阻不计)的电池. 求流过电池的电流强度?

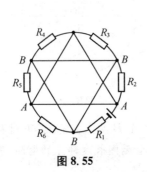

图 8.55

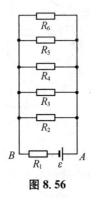

图 8.56

【解析】 由于 6 个节点由 6 条无电阻的导线连接,所以不等电势的点只有两个,分别以 A

和 B 标出,其等效电路如图 8.56 所示. 由图可知,电路的总电阻为

$$R_x = \frac{R}{5} + R = \frac{6}{5}R$$

根据欧姆定律,可求电路中的总电流,也即流过电池的电流为

$$I = \frac{\varepsilon}{R_x}$$

$$I = \frac{\varepsilon}{R_x} = \frac{5\varepsilon}{6R}$$

16. 如图 8.57 所示,有一个无限网络,各电阻阻值按等比级数规律变化. 求等效电阻 R_{AB} 是多少?

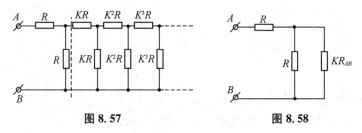

图 8.57　　　　　　图 8.58

【解析】　依题意,从无限网络中去掉虚线左端一个网络,其等效电阻不变,仍为 R_{AB};而虚线右端的网络的电阻正好是原网络的 K 倍. 所以等效电路如图 8.58 所示.

根据串、并联关系有

$$R_{AB} = \frac{R + KR_{AB}R}{KR_{AB} + R}$$

$$KR_{AB}^2 - (2K-1)RR_{AB} - R^2 = 0$$

所以

$$R_{AB} = \frac{\left[(2K-1) + \sqrt{4K^2+1}\right]R}{2K}$$

17. 如图 8.59 所示,无限长金属细框中每一段金属丝的电阻均为 R,试求 A,B 间的等效电阻 R_{AB}.

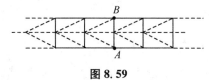

图 8.59

【解析】　解法 1:细框背面的那根无限长金属丝无电流通过,金属丝可拆去. 再将每个小三角形"压成"一条直线段,每条直线段的电阻均为 $\frac{2R \cdot R}{2R + R} = \frac{2}{3}R$.

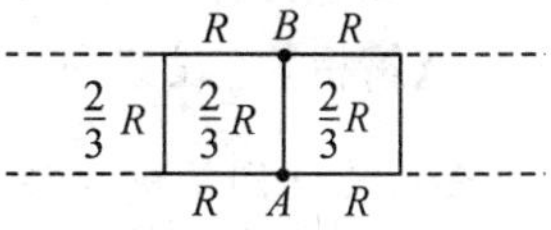

于是,原题图变成图 8.60 所示的(二端)无限网络.

此网络具有相对于 A,B 连线的左、右对称性,可将其以 A,B 为基线对折,且各线段电阻并联,变成如图 8.61 所示的(二端)无限网络.

图 8.60

在图中引入无限靠近 A、B 的 x、y 点，所求的等效电阻 R_{AB} 便可视为 $\frac{2}{3}R$ 电阻与待求的 R_{xy} 电阻的并联电阻.

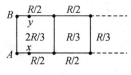

图 8.61

R_{xy} 计算的示意图如图 8.62 所示，R_{k+1} 与 R_k 之间的递推关系推导如下：

$$R_{k+1} = \frac{R}{2} + \frac{R}{2} + \left(\frac{3}{R} + \frac{1}{R_k}\right)^{-1}$$
$$= (4RR_k + R^2)/(3R_k + R)$$

依上式可得

$$R_{xy} = (4RR_{xy} + R^2)/(3R_{xy} + R)$$

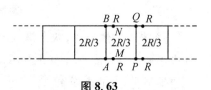

图 8.62

解得

$$R_{xy} = (3 + \sqrt{21})R/6$$

最后为

$$R_{AB} = \left(\frac{3}{2R} + \frac{1}{R_{xy}}\right)^{-1} = 2\sqrt{21}R/21$$

解法 2：在图中，A，B 右侧无限靠近 A，B 处取 M、N 点，并在 A、B 右侧的"第一格"外无限靠近结点取 P，Q 点（如图 8.63）. 设 P，Q 右侧的总电阻为 R_n，M，N 右侧的总电阻为 R_{n+1}，对于此无限格式网络来说，其等效阻值不会因为"多一格"或"少一格"而发生变化，即

$$R_{n+1} = R_n (n \to \infty)$$

而

$$R_{n+1} = \frac{R_n \cdot 2R/3}{R_n + 2R/3} + 2R = R_n$$

解得 $R_n = (3 + \sqrt{21})R/3$，即

$$R_{MN} = (3 + \sqrt{21})R/3$$

显然，A，B 左侧的无限网络的等效电阻的阻值必等于 R_{MN}. 故 R_{AB} 等于 $R_{MN}/2$ 与 R 并联的总电阻. 即

$$R_{AB} = \left(\frac{2}{R_{MN}} + \frac{3}{2R}\right)^{-1} = \frac{2R_{MN} \cdot R}{4R + 3R_{MN}} = \frac{2\sqrt{21}}{21}R$$

18. 如图 8.64 所示为由无数个立方体结构组成的空间网络结构，已知立方体的每条棱长的电阻为 R，求 AB 间的等效电阻.

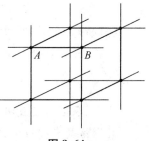

图 8.64

【解析】 设想内阻极大的电源加在 A 和地（或无穷远）之间，使由 A 点流进网络的电流为 I，由对称性可知，流过 AB 的电流为 $\frac{I}{6}$. 再假设拆去此电源，在 B 点和地（或无穷远）之间加上另一内阻极大的电源，使由 B 点流出网络的电流强度为 I，由对称性可知，流过 AB 的电流同样为 $\frac{I}{6}$. 若把上述两个电源同时加上，则由叠加原理可知，流

过 AB 的电流必为 $\dfrac{I}{6}+\dfrac{I}{6}=\dfrac{I}{3}$. 设 AB 间的等效电阻为 R_{AB},所以:

$$IR_{AB}=\dfrac{I}{3}\cdot R$$

$$R_{AB}=\dfrac{R}{3}$$

19. 有一无限大导体平面网络,由大小相同的正六边形网孔组成,如图 8.65 所示,所有六边形每边的电阻均为 R_0,求结点 AB 和 AC 间的等效电阻 R_{AB}、R_{AC}.

【解析】 设有电流 I 自 A 点流入,流到四面八方无穷远处,那么必有 $\dfrac{I}{3}$ 电流由 A 流向 B,假设有电流 I 由四面八方汇集 B 点流出,则有 $\dfrac{I}{3}$ 从 A 流向 B,如果从 A 流入 I,从 B 流出 I,则 AB 中的电流为: $I_{AB}=\dfrac{2}{3}I$.

$$R_{AB}=\dfrac{U_{AB}}{I}=\dfrac{I_{AB}R}{I}=\dfrac{2}{3}R$$

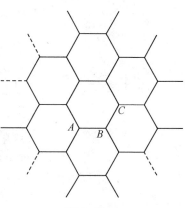

图 8.65

设有电流 I 自 A 点流入,流到四面八方无穷远处,那么必有 $\dfrac{I}{3}$ 电流由 A 流向 B,有 $\dfrac{I}{6}$ 电流由 B 流向 C. 再假设有电流 I 由四面八方汇集到 C 点流出,那么必有 $\dfrac{I}{6}$ 电流由 A 流向 B,有 $\dfrac{I}{3}$ 电流由 B 流向 C.

将以上两种情况综合,即有电流 I 由 A 点流入,自 C 点流出,由电流叠加原理可知

$$I_{AB}=\dfrac{I}{3}+\dfrac{I}{6}=\dfrac{I}{2}$$

$$I_{BC}=\dfrac{I}{2}$$

因此,A、C 间等效电阻

$$R_{AC}=\dfrac{U_{AC}}{I}=\dfrac{I_{AB}R+I_{BC}R}{I}=R$$

20. 如图 8.66 所示为由无数立方体构成的无穷空间网络,已知每一条棱的电阻均为 R,求 AB 间的总电阻.

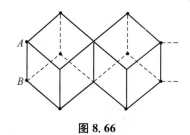

图 8.66

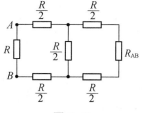

图 8.67

【解析】 设 AB 间的总电阻为 R_x,第一个网格去掉后的总电阻还是 R_x,把空间网格折叠后电路图可以简化为如图 8.67 所示电路.

由于是无穷网格,所以去掉一个立方体后的电阻不变.于是有:

$$R_{AB} = \frac{\left[\dfrac{\left(R_{AB}+\dfrac{R}{2}+\dfrac{R}{2}\right)\cdot \dfrac{R}{2}}{R_{AB}+\dfrac{R}{2}+\dfrac{R}{2}+\dfrac{R}{2}}+\dfrac{R}{2}+\dfrac{R}{2}\right]\cdot R}{\dfrac{\left(R_{AB}+\dfrac{R}{2}+\dfrac{R}{2}\right)\cdot \dfrac{R}{2}}{R_{AB}+\dfrac{R}{2}+\dfrac{R}{2}+\dfrac{R}{2}}+\dfrac{R}{2}+\dfrac{R}{2}+R}$$

解得:

$$R_{AB} = \frac{2(\sqrt{6}-1)}{5}R$$

21. 图 8.68 是一个用补偿电路测定未知电阻 R_x 的电路,已知 $R_S = 20.00\ \Omega$,当 S 拨至 1 时,e、c 电阻线的长度为 $L_1 = 25.38\ \text{cm}$,当 S 拨至 2 时,e、c 电阻线的长度为 $L_2 = 87.47\ \text{cm}$,G 表指针均指零位,试求 R_x 的值.

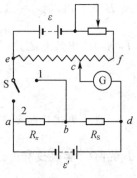

图 8.68

【解析】当 S 拨至 1 时,G 表指针指零,则有

$$U' \cdot \frac{R_S}{R_x + R_S} = U \cdot \frac{l_1}{l}$$

式中,U 为 ef 两点间的电压,U' 为 ad 两点间的电压,l 为 ef 电阻线的全长.

当 S 拨至 2 时,G 表指针也指零,则有

$$U' = U \cdot \frac{l_2}{l}$$

两式相比得

$$\frac{R_S}{R_x + R_S} = \frac{l_1}{l_2}$$

代入数据解得

$$R_x = 48.93\ \Omega$$

第九章 磁 场

知识地图

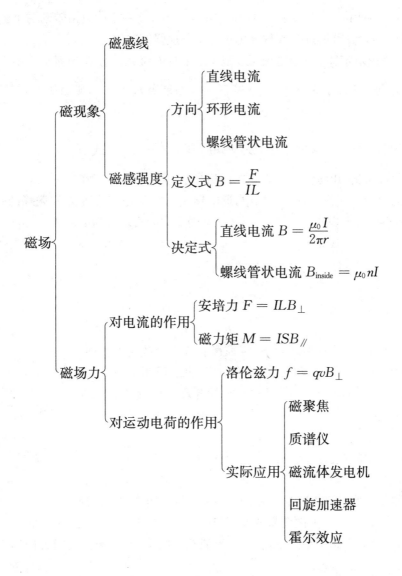

第1节 磁场对电流的作用

考点梳理

1. 将一个长为 L,电流为 I 的电流元放在磁场中某一点,电流元受到的作用力为 F. 当电流元在某一方位时,这个力最大,这个最大的力 F_m 和 IL 的比值,叫做该点的磁感应强度(简称磁感强度).

$$B = \frac{F}{IL}$$

B 的单位为特斯拉,用 T 表示,$1\ \text{T} = 1\ \text{N}/(\text{A} \cdot \text{m})$. 将一个能自由转动的小磁针放在该点,小磁针静止时 N 极所指的方向,被规定为该点磁感应强度的方向.

2. 毕奥-萨伐尔定律:一个电流元 $I\Delta L$,在相对电流元的位置矢量为 $\vec{r}$ 的 P 点所产生的磁场的磁感强度 $\Delta \vec{B}$ 大小为 $\Delta \vec{B} = \frac{k_m I \Delta \vec{L} \times \vec{e}_r}{r^2}$,如果令 $k_m = \frac{\mu_0}{4\pi}$,则 $\Delta \vec{B} = \frac{\mu_0 I \Delta \vec{L} \times \vec{e}_r}{4\pi r^2}$,$\mu_0 = 4\pi \times 10^{-7}\ \text{T} \cdot \text{m} \cdot \text{A}^{-1}$.

3. 真空中长直导线电流周围的磁感应强度:$B = \frac{\mu_0 I}{2\pi r} = \frac{kI}{r}$. 式中 $k = \frac{\mu_0}{2\pi}$,r 为场点到导线间的距离,I 为通过导线的电流,μ_0 为真空中的磁导率,大小为 $4\pi \times 10^{-7}\ \text{H/m}$.

4. 一段通电直导线置于匀强磁场中,通电导线长为 L,电流强度为 I,磁场的磁感应强度为 B,电流 I 和磁感强度 B 间的夹角为 θ,那么该导线受到的安培力为 $F = ILB\sin\theta$. 电流方向与磁场方向平行时,$\theta = 0°$,或 $\theta = 180°$,$F = 0$;电流方向与磁场方向垂直时,$\theta = 90°$,安培力最大,$F = ILB$.

一般情况下,
$$F = ILB\sin\theta$$
或
$$F = ILB_\perp$$

安培力方向由左手定则判断,它一定垂直于 B、L 所决定的平面.

当一段通电导线是任意弯曲的曲线时,如图 9.1 所示,可以用连接导线两端的直线段的长度 l 作为弯曲导线的等效长度,那么弯曲导线所受的安培力为:

$$F = IlB\sin\theta$$

5. 均匀磁场中的载流线圈的磁力矩公式:$M = NBIS\sin\theta$,式中 N 为线圈的匝数,S 为线圈的面积,θ 为线圈平面与磁场方向的夹角.

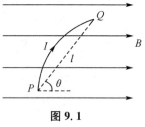

图 9.1

6. 我们称面积很小的载流线圈为磁偶极子,用磁偶极矩 P_m 来描绘它. 其磁偶极矩的大小为平面线圈的面积与所载电流的电流强度的乘积,即 $P_m = IS$,其方向满足右手螺旋定则,即伸出右手,四指绕电流流动方向旋转,大拇指所指方向即为磁偶极矩的方向.

7. 如图 9.2 中 $\vec{n}$ 的方向,则 θ 角即为磁偶极矩 $\vec{P}_m$ 与磁感应强度 $\vec{B}$ 的正方向的夹角. 这样,线圈所受力矩可表示为:

$$M = P_m B \sin\theta$$

矢量式为：

$$\vec{M} = \vec{P}_m \times \vec{B}$$

我们从矩形线圈推出的公式对置于均匀磁场中的任意形状的平面线圈都适合.

图 9.2

典型例题

例 1 如图 9.3 所示，两互相靠近且垂直的长直导线，分别通有电流强度 I_1 和 I_2 的电流，试确定磁场为零的区域.

【解析】 建立图示直角坐标系，用安培定则判断出两电流形成的磁场方向后，可以看出在 Ⅰ、Ⅲ 两象限内，两磁场方向相反，因此，合磁场为零的区域只能出现在这两个象限内.

设 $P(x,y)$ 点合磁感强度为零，即有 $k\dfrac{I_1}{x} - k\dfrac{I_2}{y} = 0$ 得 $y = \dfrac{I_2}{I_1}x$

这就是过原点的直线方程，其斜率为 $\dfrac{I_2}{I_1}$.

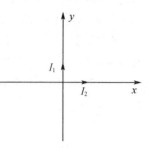

图 9.3

例 2 如图 9.4 所示，将均匀细导线做成的圆环上任意两点 A 和 B 与固定电源连接起来，计算由环上电流引起的环中心的磁感强度.

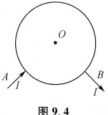

图 9.4

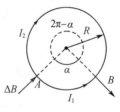

图 9.5

【解析】 磁感强度 B 可以看成是圆环上各部分（将圆环视为多个很小长度部分的累加）的贡献之和，因为对称性，圆环上各部分电流在圆心处磁场是相同或相反的，可简化为代数加减.

设 A、B 两点之间电压为 U，导线单位长度电阻为 ρ，如图 9.5 所示，则两段圆环电流：

$$I_1 = \dfrac{U}{\alpha R \rho}$$

$$I_2 = \dfrac{U}{(2\pi - \alpha) R \rho}$$

由此可得

$$I_1 \alpha = I_2 (2\pi - \alpha)$$

磁感强度 B 可以是圆环每小段 Δl 部分磁场 ΔB 的叠加，在圆心处，ΔB 可表达为：

$$\Delta B = k\dfrac{I \cdot \Delta l}{R^2}$$

所以：

$$B_1 = k\dfrac{I_1}{R^2} \cdot R\alpha$$

$$B_2 = k\dfrac{I_2}{R^2} \cdot R(2\pi - \alpha)$$

因 $I_1\alpha = I_2(2\pi - \alpha)$,故 $B_1 = B_2$,即两部分在圆心处产生磁场的磁感强度大小相等,但磁场的方向正好相反,因此环心处的磁感强度等于零.

例3 图9.6中,无限长直导线中通有恒定电流 I_0,已知由 I_0 产生磁场的公式是 $B = k\dfrac{I_0}{r}$,k 为恒量,r 是场点到 I_0 导线的距离.边长为 $2L$ 的正方形线圈,轴线 OO' 与长直导线平行.某时刻线圈的 ab 边与直导线相距 $2L$,且此时 ab 边与导线所组成的面与线圈平面垂直.已知线圈中通有电流 I.求此时刻线圈所受的磁场力矩.

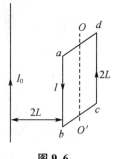

图 9.6

【解析】 画俯视图如图9.7所示,先根据右手螺旋定则确定 B_1 和 B_2 的方向,再根据左手定则判断 ab 边受力 F_1 和 cd 边受力 F_2 的方向,然后求力矩.根据右手螺旋定则和左手定则确定 B_1 和 B_2、F_1 和 F_2 的方向,如图9.7所示.

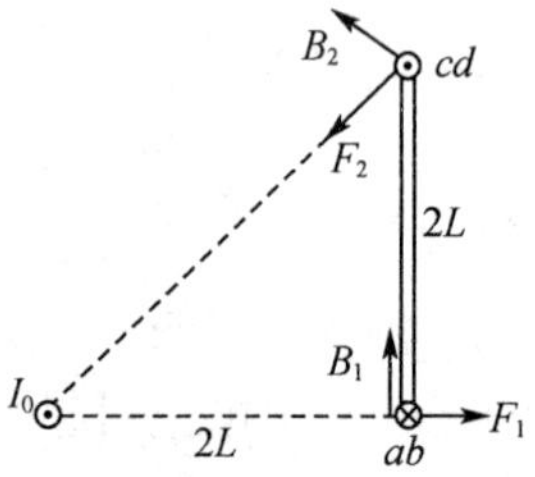

$$B_1 = k\dfrac{I_0}{2L}$$

$$B_2 = k\dfrac{I_0}{2\sqrt{2}L}$$

$$F_1 = I \cdot 2LB_1 = kI_0 I$$

$$F_2 = 2ILB_2 = \dfrac{\sqrt{2}}{2}kI_0 I$$

图 9.7

F_1 对 OO' 轴产生的力矩

$$M_1 = F_1 L = kI_0 IL$$

F_2 对 OO' 轴产生的力矩

$$M_2 = F_2 \cdot \dfrac{\sqrt{2}}{2}L = \dfrac{1}{2}kI_0 IL$$

两个力矩俯视都是逆时针同方向的,所以磁场对线圈产生的力矩:

$$M = M_1 + M_2 = \dfrac{3}{2}kI_0 IL$$

【总结】 安培力最重要的应用就是磁场力矩.这是电动机的原理,也是磁电式电流表的构造原理.一方面要强调三维模型简化为二维平面模型,另一方面则要强调受力边的受力方向的正确判断,力臂的确定,力矩的计算.本题综合运用多个知识点,解决问题的能力层次是较高的,我们应努力摸索和积累这方面的经验.

例4 在距地面 h 高处水平放置距离为 L 的两条光滑金属导轨,与导轨正交的水平方向的线路上依次有电动势为 ε 的电池,电容为 C 的电容器及质量为 m 的金属杆,如图9.8所示,单刀双掷开关 S 先接触头1,再扳过接触头2,由于空间有竖直向下的强度为 B 的匀强磁场,使得金属杆水平向右飞出做平抛运动,测得其水平射程为 s,问电容器最终的带电量是多少?

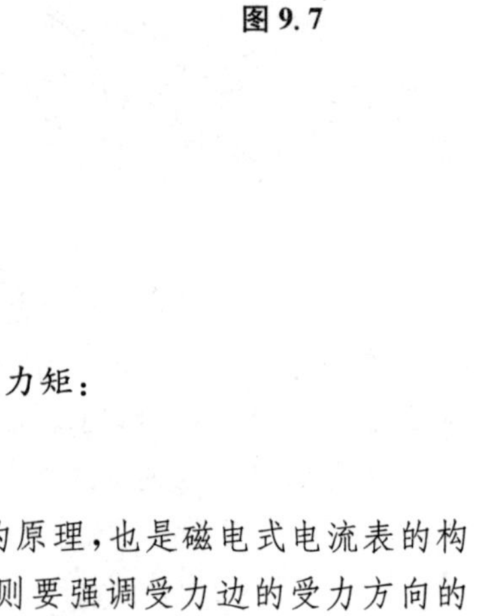

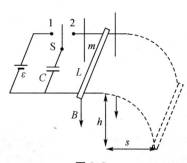

图 9.8

【解析】 开关 S 接1,电源向电容器充电,电量 $Q = C\varepsilon$.S 扳向2,电容器通过金属杆放电,电流通过金属杆,金属杆受磁场力向右,金属杆右边的导轨极短,通电时间极短,电流并非恒定,力也就不是恒力.因此,不可能精确计算每个时刻力产生的效果,只能关心和计算该段时间内变力冲量的效果,令金属杆离开导轨瞬间具有水平向右的动量.根据冲量公式 $F\Delta t = BLi\Delta t = BL\Delta q$,跟安培力的冲量相联系的是 Δt 时间内流经导体的电量.由平抛的高度与射程可依据动量定理求出 Δq,电容器最终带电量可求.

先由电池向电容器充电,充得电量 $Q_0 = C\varepsilon$. 之后电容器通过金属杆放电,放电电流是变化电流,安培力 $F = iLB$ 也是变力.根据动量定理:

$$F \cdot \Delta t = BLi\Delta t = BL\Delta q = mv$$

其中

$$v = \frac{s}{t}$$

$$h = \frac{1}{2}gt^2$$

综合得

$$v = s\sqrt{\frac{g}{2h}}$$

$$\Delta q = \frac{mv}{BL} = \frac{ms}{BL}\sqrt{\frac{g}{2h}}$$

电容器最终带电量

$$Q = Q_0 - \Delta q = C\varepsilon - \frac{ms}{BL}\sqrt{\frac{g}{2h}}$$

【总结】 根据动量定理来研究磁场力冲量产生的效果,实际上就是电量和导体动量变化的关系,这是磁场中一种重要的问题类型.

强化训练

1. 斯图尔特和道尔曼于1917年首次测定了以匀角加速度运动的圆线圈里产生的磁场.一个均匀的细金属导线,单位长度的电阻等于 ρ_0,做成一个圆环,围绕其中心进行匀加速转动,角加速度为 β,计算在环中心的磁感强度 B 的值,电子电荷为 e,质量为 m.

【解析】 电子所受的惯性力我们可以用一个假想的电场做类比,设此假想电场的电场强度为 E,有

$$Ee = mr\beta$$

$$E = \frac{mr\beta}{e}$$

根据电阻定律

$$R = \rho\frac{l}{S}$$

单位长度的电阻为

$$\rho_0 = \frac{R}{l} = \frac{\rho}{S}$$

其中,ρ 为电阻率,S 为导线截面积,电流密度 j 满足

$$j = \sigma E = \frac{E}{\rho} = \frac{E}{\rho_0 S}$$

由此可以得到电流强度 I

$$I = jS = \frac{E}{\rho_0} = \frac{mr\beta}{\rho_0 e}$$

这就是圆环中的电流强度,所以环中心处的磁感强度 B 为

$$B = \frac{\mu_0}{2} \cdot \frac{I}{r} = \frac{\mu_0 m\beta}{2\rho_0 e}$$

也可由此假想电场 E,直接得到单位长金属导线的电势差 $U = E$,电流强度为

$$I = \frac{U}{\rho_0} = \frac{E}{\rho_0}$$

同样得到本问题的解.

2. 半径为 R,通有电流 I 的圆形线圈,放在磁感强度大小为 B、方向垂直线圈平面的匀强磁场中,求由于安培力而引起的线圈内张力.

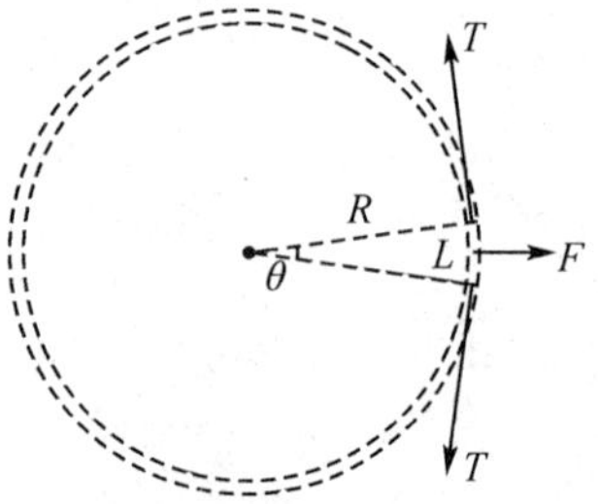

【解析】 解法一:隔离一小段弧,对应圆心角 θ,则弧长 $L = \theta R$. 因为 $\theta \to 0$(在图 9.9 中,为了说明问题,θ 被夸大了),弧形导体可视为直导体,其受到的安培力

$$F = ILB = IR\theta B$$

其两端受到的张力设为 T,则 T 的合力

$$F = 2T\sin\frac{\theta}{2}$$

$$T\theta = IR\theta B$$

$$T = IRB$$

图 9.9

解法二:隔离线圈的一半,根据弯曲导体求安培力的定式和平衡方程即可求出 $T = IRB$.

3. 如图 9.10 所示,一段质量 $m = 10$ g 的导线弯成长方形,水平的一段长 $L = 20$ cm,处在 $B = 0.1$ T 的水平匀强磁场中,导线两端的竖直部分分别插在两个浅水银槽中,两槽水银跟通过导线与电源和开关连接. 实验发现,当开关一接通,导线就从水银槽中跳起来,跳起的最大高度为 $h = 30$ cm,求通过导线的电量.

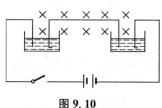

图 9.10

【解析】 过程的前因后果是:开关接通,电流通过导线. 根据左手定则可判断导线受到竖直向上的安培力作用,导线经过极短时间 Δt 就跳离水银面,电流和安培力的存在时间也就是 Δt,我们无需也不可能关心 Δt 内每一时刻杆的运动状态,只需知道 Δt 结束时刻杆具有了向上的动量 mv,并以 v 为初速开始了竖直上抛运动.

$$mv = F\Delta t = BIL\Delta t = BL\Delta q \qquad ①$$

竖直上抛过程机械能守恒,则

$$\frac{1}{2}mv^2 = mgh$$

所以

$$v = \sqrt{2gh}$$

又因为
$$m\sqrt{2gh} = BL\Delta q$$

所以
$$\Delta q = \frac{m}{BL}\sqrt{2gh} = \frac{0.01}{0.2 \times 0.1} \times \sqrt{20 \times 0.3} \text{ C} = \frac{\sqrt{6}}{2} \text{ C}$$

4. 一个半径为 R 的圆线圈,共有 N 匝,放在方向竖直向下的匀强磁场中,磁感应强度为 B. 线圈可绕通过其水平直径的固定轴转动,一个质量为 m 的物体用细线挂在线圈下部,如图 9.11 所示,当线圈通以电流 I 后,最终能在某一位置处于平衡状态,这时线圈平面跟磁场夹角为 θ,写出 θ 的计算式;取 $B = 0.50$ T,$R = 10$ cm,$N = 10$ 匝,$m = 500$ g,$I = 1.0$ A,线圈本身重力忽略不计,求 θ 值.

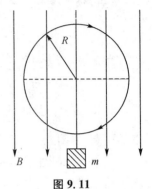

图 9.11

【解析】 从矩形线圈推出的求磁偶极矩的公式对置于均匀磁场中的任意形状的平面线圈都适合.

所以
$$M = nISB\cos\theta = mgR\sin\theta$$
$$nBI\pi R^2 \cos\theta = mgR\sin\theta$$

所以
$$\tan\theta = \frac{nIB\pi R}{mg} = 3.14 \times 10^{-1}$$
$$\theta = 18°$$

5. 如图 9.12 所示,一长方体绝缘容器,容器内部高为 L、厚为 d,两侧装有两根开口向上的管子,上、下装有电极 C(正极) 和 D(负极),并经开关 S 与电源连接. 容器中注满能导电的液体,液体的密度为 ρ_0,将容器置于一匀强磁场中,磁场方向垂直纸面向里,当开关断开时,竖直管子 a、b 中的液面高度相同,开关 S 闭合后,a、b 管中液面将出现高度差. 问:

(1) 开关闭合后,哪个管的液面高些?

(2) 若在回路中接一电流表,并测得电流强度为 I,两管液面高度差为 h,则磁感应强度的大小是多少?

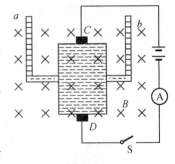

图 9.12

【解析】 当开关 S 闭合后,有电流通过电容器中的导电液体. 由于电流在磁场中受到安培力的作用,使容器的两侧管中产生压强差. 在此压强差的作用下,两侧管中的液面出现高度差. 由左手定则可判断哪一管液面高. 由安培力公式和液体压强公式可导出磁感应强度 B 与可测定量之间的关系.

(1) 由左手定则可以判定通电液体所受安培力方向向右,因而 b 管的液面高于 a 管.

(2) 通电液体在磁场中受到的安培力大小为:
$$F = IlB$$

因此长方体容器两侧的压强差为:
$$p = \frac{F}{S} = \frac{IlB}{dl} = \frac{BI}{d}$$

在此压强的作用下,设两管液面的高度差为 h,则:
$$p = \rho g h$$
由上两式得磁感应强度 B 与可测定量之间的关系为:
$$B = \frac{\rho g d h}{I}$$

【点评】 上式亦可变形为:
$$h = \frac{I}{\rho g d} B$$

由此可知,当电流 I 很大,ρ、d 又很小时,即使磁感应强度 B 很微弱,也会使两管的液面有较大的高度差.所以用此法测量磁感应强度,电流 I 越大,ρ、d 越小,测量的灵敏度越高.

6. 地面上方某区域内有一个辐射状的磁场,空间一点磁感强度大小 $B = \frac{a}{r}$,r 为 O 点至该点的距离,如图 9.13 所示.一金属圆环,半径为 R_0,设法让其有稳恒电流 I. 在 O 点正上方 H_0 处,环心 O' 与 O 处于同一竖直线上,金属导线环能水平静止,现使环面保持水平,竖直方向上偏离平衡位置一个微小量 y,再由静止释放,试分析导电圆环的运动.

【解析】 平衡位置处环所受安培力与环重力平衡,如图 9.14 所示.环上一小段安培力

$$\Delta F = I B \Delta L$$
$$\Delta F_y = \Delta F_A \cdot \sin\theta = I \Delta L B \cdot \sin\theta$$
$$F_y = \sum \Delta F_y = I B \cdot 2\pi R_0 \cdot \sin\theta$$

把 $B = \frac{a}{r_0}$ 和 $\sin\theta = \frac{R_0}{r_0}$ 代入,有

$$mg = \frac{2\pi a I R_0^2}{r_0^2}$$

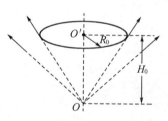

图 9.13

设当圆环竖直向上发生微小位移 y 时,同理可以求得整个环所受安培力为:

$$F_A = \frac{2\pi a I R_0^2}{r^2}$$

其中

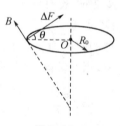

图 9.14

$$r = \sqrt{R_0^2 + (H_0 + y)^2}$$

则环所受合力为:

$$F = F_A - mg = 2\pi a I R_0^2 \left(\frac{1}{r^2} - \frac{1}{r_0^2}\right) = \frac{2\pi a I R_0^2}{r^2 r_0^2}(r_0^2 - r^2)$$
$$= \frac{2\pi a I R_0^2 [H_0^2 - (H_0+y)^2]}{(R_0^2 + H_0^2)[R_0^2 + (H_0+y)^2]}$$
$$= \frac{2\pi a I R_0^2 (-2H_0 y - y^2)}{(R_0^2 + H_0^2)[R_0^2 + (H_0+y)^2]}$$

因为 y 是微小量 $y \ll H_0$,所以合力

$$F \approx -\frac{4\pi a I R_0^2 H_0}{(R_0^2 + H_0^2)^2} \cdot y$$

因此圆环将做简谐振动,振动周期

$$T = 2\pi\sqrt{\frac{m}{k}}$$

其中 k 为:

$$k = \frac{4\pi a IR_0^2 H_0}{(R_0^2 + H_0^2)^2}$$

m 为:

$$m = \frac{2\pi a IR_0^2}{(R_0^2 + H_0^2)g}$$

所以得到

$$T = 2\pi\sqrt{\frac{H_0^2 + R_0^2}{2gH_0}}$$

第 2 节　磁场对运动电荷的作用

○ 考点梳理

8. 磁场对电流有力的作用,电流是由于电荷的定向移动产生的,所以磁场对运动电荷也应有力的作用.磁场对运动电荷的作用力称为洛伦兹力. θ 角为带电粒子的速度 $\vec{v}$ 与 $\vec{B}$ 之间的夹角,则每个电子受到的力即洛伦兹力为:

$$f = \frac{F}{N} = \frac{nqvSB\Delta L\sin\theta}{n\Delta LS} = qvB\sin\theta$$

$$f = qvB_\perp$$

洛伦兹力总是与粒子速度垂直,因此洛伦兹力不做功,不能改变运动电荷速度的大小,只能改变速度的方向,使路径发生弯曲.

9. 带电粒子在匀强磁场中的运动规律

(1) 如果带电粒子原来静止,它即使在磁场中也不会受洛伦兹力的作用,因而保持静止.

(2) 如果带电粒子运动的方向恰与磁场方向在一条直线上,该粒子仍不受洛伦兹力的作用,粒子就以这个速度在磁场中做匀速直线运动.

(3) 带电粒子速度方向与磁场方向垂直,带电粒子在垂直于磁场方向的平面内以入射速度 v 做匀速圆周运动.带电粒子在匀强磁场中做匀速圆周运动的四个基本公式如下.

向心力公式:

$$qvB = \frac{mv^2}{R}$$

轨道半径公式:

$$R = \frac{mv}{qB}$$

周期、频率和角频率公式,即:

$$T = \frac{2\pi R}{v} = \frac{2\pi m}{qB}, \quad f = \frac{1}{T} = \frac{qB}{2\pi m}, \quad \omega = \frac{2\pi}{T} = 2\pi f = \frac{qB}{m}$$

动能公式：
$$E_k = \frac{1}{2}mv^2 = \frac{P^2}{2m} = \frac{(qBR)^2}{2m}$$

(4) 如图 9.15 所示，在洛伦兹力作用下，一个做匀速圆周运动的粒子，不论沿顺时针方向运动还是沿逆时针方向运动，从 A 点到 B 点，均具有下述特点：

① 轨道圆心(O) 总是位于 A、B 两点洛伦兹力(f)的交点上或 AB 弦的中垂线 OO' 与任一个洛伦兹力作用方向的交点上．

② 粒子的速度偏向角 φ 等于回旋角 α，并等于 AB 弦与切线的夹角(弦切角 θ) 的两倍，即
$$\varphi = \alpha = 2\theta = \omega t$$

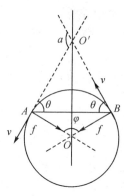

图 9.15

磁场中带电粒子运动的方向一般是任意的，但任何一个带电粒子运动的速度(v)都可以在垂直于磁场方向和平行于磁场方向进行分解，得到 $v_\perp$ 和 $v_\parallel$ 两个分速度．根据运动的独立性可知，这样的带电粒子一方面以 $v_\parallel$ 在磁场方向上做匀速运动，一方面又在垂直于磁场的方向上做速率为 $v_\perp$ 的匀速圆周运动．实际上粒子做螺旋线运动(如图 9.16)，这种螺旋线运动的周期和螺距大小读者自己分析并不难解决．其螺旋运动的周期 $T = \frac{2\pi m}{qB}$，其运动规律：

螺旋运动回旋半径：
$$r = \frac{mv\sin\theta}{qB}$$

螺旋运动螺距：
$$h = v_\parallel \cdot T = \frac{2\pi mv\cos\theta}{qB}$$

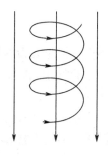

图 9.16

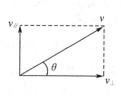

10. 带电粒子在复合场中的运动

(1) 电场和磁场平行

如图 9.17 所示的空间区域有相互平行的电场和磁场 E、B，一带电 $+q$ 的粒子以初速 v_0 射入场区，$v_0 \perp E$(或 B)．则带电粒子在磁场力作用下将做圆周运动，在电场力作用下向上做加速运动，由于向上运动速度分量 v_1 始终与 B 平行，故粒子受洛伦兹力大小恒为 qv_0B，结果粒子运动是垂直于

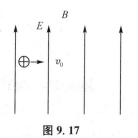

图 9.17

E(或 B) 平面的半径为 $R = \dfrac{mv_0}{qB}$ 的匀速圆周运动和沿 E 方向匀加速直线运动的合运动,即一个螺距逐渐增大的螺旋运动.

(2) 电场力、洛伦兹力都与 v_0 方向垂直,粒子做匀速圆周运动

例如电子绕原子核做匀速圆周运动,电子质量为 m,电量为 e,现在垂直轨道平面方向加一匀强磁场,磁感强度大小为 B,而电子轨道半径不变,已知电场力 3 倍于洛伦兹力,试确定电子的角速度. 在这里电子绕核旋转,电场力、洛伦兹力提供运动所需向心力,即

$$f_电 + f_洛 = mv^2/r$$

而 $f_洛$ 可能指向圆心,也可能沿半径向外的,因而可能是

$$3evB + evB = mv^2/r$$
$$3evB - evB = mv^2/r$$
$$\omega_1 = \dfrac{2eB}{m} \text{ 或 } \omega_2 = \dfrac{4eB}{m}$$

(3) 电场和磁场正交

如图 9.18 所示,空间存在着正交的电场和磁场区域,电场平行于纸面平面向下,大小为 E,磁场垂直于纸面向内,磁感强度为 B,一带电粒子以初速 v_0 进入磁场,$v_0 \perp E$,$v_0 \perp B$,设粒子带电量为 $+q$,则受力: $f = qv_0B$,方向向上;$F_电 = qE$,方向向下. 若满足:

$$qv_0B = Eq$$
$$v_0 = \dfrac{E}{B}$$

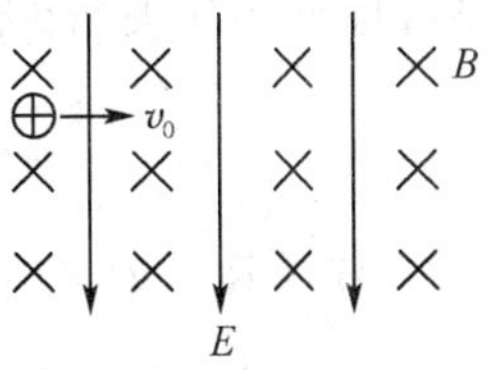

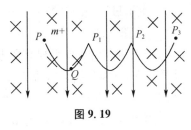

图 9.18

则带电粒子将受平衡力作用做匀速直线运动,这是一个速度选择器模型.

若粒子进入正交电磁场速度 $v \neq v_0$,运动情况将怎样呢?作为一个特殊的例子,$v_0 = 0$,如图 9.19 所示,在正交电磁场中,质量 m、带电量 $+q$ 的粒子由一点 P 静止释放,下面分析其运动情况.

图 9.19

粒子初速为零释放,它的运动轨迹是如图 9.19 所示的周期性的曲线. 初速为零,亦可看成是向右的 v_0 与向左 v_0 两个运动的合运动,其中 v_0 大小为:$v_0 = \dfrac{E}{B}$. 所以 $+q$ 粒子可看成是向右 v_0 匀速直线运动和逆时针的匀速圆周运动的合运动. 电场方向上向下最大位移

$$d_m = 2R$$
$$R = \dfrac{mv_0}{qB} = \dfrac{mE}{qB^2}$$
$$d_m = \dfrac{2mE}{qB^2}$$

经过一个周期,向右移动的距离为 L,即 PP_1 之间的距离为

$$L = v_0 \cdot T$$

$$T = \frac{2\pi m}{qB}$$

代入,得:

$$L = \frac{2\pi m E}{qB^2}$$

最低点 Q 的速度 $v_Q = 2v_0$.

如果初速度不为零,则可将 v 分解为 $v = v_0 + v_1$,粒子的运动可看成是 v_0 与 v_1 两个运动的合运动,因而粒子受到的洛伦兹力可看成是 qv_0B 与 qv_1B 的合力,而 qv_0B 与电场力 Eq 平衡,粒子在电场中所受合力为 qv_1B,结果粒子的运动是以 v_0 做匀速直线运动和以 v_1 做匀速圆周运动的合运动.

11. 磁聚焦

如图 9.20 所示,电子束经过 a、b 板上恒定电场加速后,进入 c、d 极板之间的电场,c、d 板上加交变电压,所以飞出 c、d 板后粒子速度 v 方向不同,从 A 孔穿入螺线管磁场中,由于 v 大小差不多,且 v 与 B 夹角 θ 很小,则

$$v_{/\!/} = v\cos\theta \approx v$$
$$v_\perp = v\sin\theta \approx v\theta$$

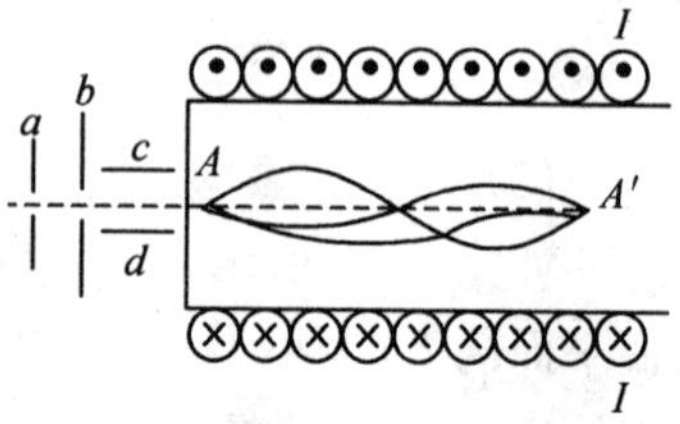

由于速度分量 $v_\perp$ 不同,在磁场中它们将沿不同半径的螺旋线运动. 但由于它们速度 $v_{/\!/}$ 分量近似相等,经过 $h = \frac{2\pi m v_{/\!/}}{qB} \approx \frac{2\pi m v}{qB}$ 后又相聚于 A' 点,这与光束经透镜后聚焦的现象有些类似,所以叫做磁聚焦现象. 磁聚焦原理被广泛地应用于电真空器件,如电子显微镜.

图 9.20

12. 质谱仪

密立根油滴实验可测定带电粒子的电量,而质谱仪能测定带电粒子荷质比 q/m,两者结合可测定带电粒子质量. 如图 9.21 所示为质谱仪的原理图.

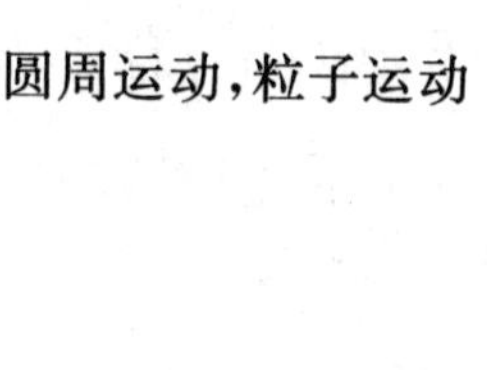

图中粒子源产生质量为 m、电量为 q 的粒子,由于初始速度很小,可以看做是静止的. 粒子经加速电压 U 后,速度为 v,由动能定理:

$$qU = \frac{1}{2}mv^2$$

图 9.21

带电粒子进入磁感应强度为 B 的匀强磁场中,在洛伦兹力作用下做匀速圆周运动,粒子运动半圈后打在 P 点的照相底片上,测得 x,则半径 $R = \frac{x}{2}$,根据向心力公式:

$$qvB = \frac{mv^2}{R}$$

得

$$\frac{q}{m} = \frac{8U}{B^2 x^2}$$

13. 磁约束

在如图 9.22 所示的非匀强磁场中,磁场两端很强,中间较弱,带电粒子在此磁场中向磁场

较强的方向运动时,可做螺旋线运动. 我们知道,螺旋线半径 $r = \dfrac{mv}{qB}$,螺旋线的半径随 B 的增大而减小;同时,带电粒子在磁场中所受洛伦兹力总有一指向磁场较弱方向的分力,此分力的作用效果是阻碍粒子向磁场强的方向运动,最终使带电粒子返回. 就像光线遇到镜面反射一样. 非均匀磁场对带电粒子的这种效应称为磁镜效应. 由于磁场两端强、中间弱,磁镜效应使带电粒子如同被两平面镜反射的光线,在两端之间来回振荡,被约束在一定范围内,形成磁约束. 形成这种磁场效应的装置叫磁镜. 在受控热核反应装置中,一般都采用这种磁镜来约束等离子体.

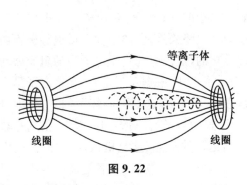

图 9.22

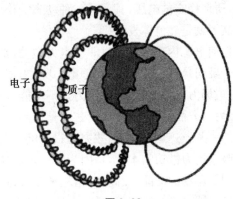

图 9.23

磁约束现象也展现在宇宙空间,例如地球这个大磁体,从赤道到地磁的两极磁场逐渐增强,因此地磁场是一个天然的磁镜,它使来自宇宙射线和"太阳风"的带电粒子围绕地磁场的磁感应线做螺旋运动,而在靠近地磁南、北两极处被反射回来. 这样,带电粒子就在地磁南、北两极之间来回振荡,约束在地磁感线区域,形成所谓范·阿仑辐射带,如图 9.23 所示. 美轮美奂的极光也是范·阿仑辐射带中的粒子因空间磁场的变化而有机会进入地极附近的大气层而产生的.

14. 磁流体发电机

磁流体发电机是一种不依靠机械传动,而直接把热能转变为电能的装置. 如图 9.24 所示为磁流体发电机原理图. 两块平行板充当电极,板间有大小为 B 的匀强磁场,板间距离为 d. 我们知道,6 000 K 或 7 000 K 以上的高温气体是不可能以中性原子形态存在的,只能以正负离子的混合物形态存在,称为等离子体. 在气体中加入钠离子(Na^+),可降低电离所需温度. 我们用一定的压强把等离子体粒子流(称为磁流体)充入

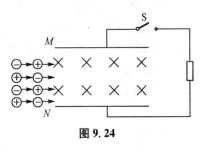

图 9.24

两极板之间,离子速率 v 与磁感线垂直,所有带电粒子都受洛伦兹力作用但正负离子受力反向. 结果正离子向 M 板偏转,负离子向 N 板偏转,异号电荷在两极板上被吸收和积聚的结果,形成了电压和电场,也就是说,电场并不是预先和磁场一起加入的,而是作为磁场力作用的结果. 电场一经产生,立刻就扮演一个阻碍离子向两极板偏转的角色. 就是说,原因产生结果,结果对抗原因. 如果离子受到的电场力小于磁场力,偏转积累仍占优势,板上电荷和板间电场都将继续变大,直到电场力等于磁场力,离子的侧向偏移就停止了. 这时的板间电压是一个稳定的电压,使 M、N 板成为能提供正、负电荷的电源两极.

稳定时,射入两板间离子所受洛伦兹力与电场力平衡

$$qE = qvB$$

两板间场强 $E = B \cdot v$，两板间电势差为

$$U = E \cdot d = Bv \cdot d$$

当开关 S 断开时，此电势差即为磁流体发电机的电动势，即：

$$\varepsilon = Bvd$$

当开关 S 闭合时，M、N 板放电，对外做功，此时两板间电势差小于电动势. 一旦极板向外电阻输出电流和电能，板上电荷下降，变为电场力小于磁场力，离子的偏移积聚就会重新占优势. 因此，所谓稳定的电压，其实是一种动态的稳定，是一种可由装置的内部机制自行调节的稳定. 这个装置就是磁流体发电机.

任何电源内部都是通过非静电力做功，把其他形式能量转化为电能. 磁流体发电机给我们的一个疑问是，什么是它的非静电力呢？当正离子偏向高电势极板，负离子偏向低电势极板的时候，是电场力在做负功. 但电场力是不可能自动地做负功的，是由电荷克服电场力的阻碍做功实现的. 另一方面，不能认为洛伦兹力是非静电力，说它做了正功，根据左手定则，无论离子是沿什么样的一条轨迹运动，洛伦兹力总跟速度方向垂直，总不会做功，这是不能怀疑的. 电荷本身具有克服电场力做功的本领，是因为磁流体是高温高压高速的粒子流. 高温即内能大，指的是微粒无规则热运动的动能大. 高速，指粒子流整体具有定向运动的动能，这是机械能. 磁流体的内能与机械能转变为电能是直接的，在这个过程中伴随的就是电场力做负功. 洛伦兹力的作用只是改变离子运动方向，引导离子向两极板运动. 或者说洛伦兹力提供的是一种约束，限制着离子只能沿一定的轨迹向极板汇聚. 游乐园里的过山车在某段轨道能从低处冲上高处，是因为它具有动能且速度方向沿切线向上，从而克服重力做功，动能减少使重力势能增加. 做正功的力是不存在的，轨道的正压力跟速度方向垂直，提供的也是一种约束，限制车子贴紧轨道运动，正压力并不做功. 这个未必十分恰当的比喻也许有助于我们理解，没有必要在磁流体发电机中寻找做正功的非静电力.

15. 回旋加速器

回旋加速器是利用带电粒子在匀强磁场中做匀速圆周运动的周期与速度无关的原理，实现对粒子反复加速的装置，如图 9.25 所示. 回旋加速器核心部分是两个 D 形金属扁盒，两 D 形盒之间留有狭缝，在两 D 形盒之间加高频交变电压，于是狭缝间形成交变电场，由于电屏蔽，D 形金属盒内电场几乎为零.

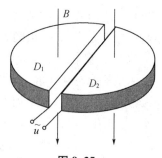

图 9.25

D 形盒置于真空容器中，整个装置又放在巨大的电磁铁两极之间. 磁场垂直于 D 形盒. 狭缝中心处有粒子源 S_0，当 S_0 发出的带电粒子首先通过狭缝被加速，调节高频交变电压变化周期与粒子在 D 形盒中运动周期相等，使粒子每次通过狭缝时都被电场加速，经过反复加速，粒子速度越来越大，回旋半径也越来越大，趋近盒边缘时粒子加速达到最大速度后引出，如图 9.26 所示.

粒子在磁场中回旋时有：

$$qvB = \frac{mv^2}{r}$$

$$r = \frac{mv}{qB}$$

$$T = \frac{2\pi r}{v} = \frac{2\pi m}{qB}$$

粒子速度最大时 $r = R$,R 为 D 形盒半径,所以粒子的最大速度 v_m 为

$$v_m = \frac{qBR}{m}$$

最大动能 E_{km} 为

$$E_{km} = \frac{q^2 B^2 R^2}{2m}$$

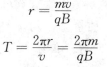

图 9.26

16. 霍尔效应

将一载流导体放在磁场中,由于洛伦兹力的作用,会使带电粒子(或别的载流子)发生横向偏转,在磁场和电流二者垂直的方向上出现横向电势差,这一现象称为霍尔效应.

如图 9.27 所示,电流 I 在导体中流动,设导体横截面高 h、宽为 d,匀强磁场方向垂直于导线前、后两表面向里,磁感强度为 B,导体内自由移动的电荷数密度为 n,定向移动速度为 v

$$I = nevh \cdot d$$

由于洛伦兹力作用,上表面聚集正离子,下表面聚集负离子,结果上下表面间形成电场,存在电势差 U,这个电场对电子的作用力方向向下,大小为:

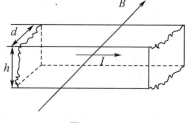

图 9.27

$$F = Eq = \frac{qU}{h}$$

当 F 与洛伦兹力 f 相平衡时,上、下表面电荷达到稳定,则有

$$\frac{qU}{h} = qvB$$

$$U = \frac{IB}{nqd} = k\frac{IB}{d}$$

系数 $k = \frac{1}{nq}$ 称为霍尔系数. 既然 k 跟 n 有关,n 表征电荷浓度,那么通过实验测定 k 值可以确定导体或半导体的电荷浓度 n,半导体的 n 值比金属导体小得多,所以 k 值也大得多. 此外根据左手定则还可知,即使电流 I 就是图 9.27 中的流向,如果参与流动的是正电荷,那么电压就是上正下负;如果参与定向移动的是自由电子,那么电压就是上负下正了. 霍尔电势的高低跟半导体是 P 型的还是 N 型的有如此的关系:上正下负的是 P 型半导体,定向载流子是带正电的空穴;上负下正的是 N 型半导体,如果 k 值小得多就是金属导体,定向载流子是自由电子.

霍尔元件在自动检测、控制领域得到广泛应用,如录像机用来测量录像磁鼓的转速、电梯中用来检测电梯门是否关闭以自动控制升降电动机的电源的通断等.

典型例题

例 5 (华约)如图 9.28 所示,在 xOy 平面内有磁感应强度为 B 的匀强磁场,其中 $x \in (0, a)$ 内

有磁场方向垂直 xOy 平面向里,在 $x \in (a, \infty)$ 内有磁场方向垂直 xOy 平面向外,在 $x \in (-\infty, 0)$ 内无磁场. 一个带正电 q,质量为 m 的粒子(粒子重力不计)在 $x = 0$ 处,以速度 v_0 沿 x 轴正方向射入磁场.

(1) 若 v_0 未知,但粒子做圆运动的轨道半径为 $R = \sqrt{2}a$,求粒子与 x 轴的交点坐标.

(2) 若无(1)中 $R = \sqrt{2}a$ 的条件限制,粒子的初速度仍为 v_0(已知),问粒子回到原点 O 需要使 a 为何值?

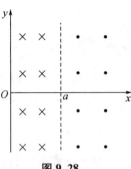

图 9.28

【解析】 (1) 带电粒子在匀强磁场中做匀速圆周运动,设其轨道半径为 R,其第一象限的运动轨迹如图 9.29 所示. 此轨迹由两段圆弧组成,圆心分别在 C 和 C' 处,轨迹与 x 轴交点为 P. 由对称性可知,C' 在 $x = 2a$ 直线上. 设此直线与 x 轴交点为 D,P 点的 x 坐标为 $x_P = 2a + DP$. 过两段圆弧的连接点作平行于 x 轴的直线 EF,则

$$DF = R - \sqrt{R^2 - a^2}$$
$$C'F = \sqrt{R^2 - a^2}$$
$$C'D = C'F - DF$$
$$DP = \sqrt{R^2 - (C'D)^2}$$

由此可得 P 点的 x 坐标为 $x_P = 2a + DP$,

代入题所给条件得 $x_P = 2(1 + \sqrt{\sqrt{2} - 1})a$.

(2) 若要求带电粒子能够返回原点,由对称性,其运动轨迹如图 9.29 所示,这时 C' 在 x 轴上. 设 $\angle CC'O = \alpha$,粒子做圆周运动的轨道半径为 r,由几何关系得:$\alpha = \dfrac{\pi}{6}$

轨道半径

$$R = \dfrac{a}{\cos\alpha} = \dfrac{2\sqrt{3}}{3}a$$

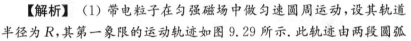

图 9.29

设粒子入射速度为 v_0,由牛顿第二定律和洛伦兹力公式得:

$$qvB = \dfrac{mv_0^2}{R}$$

解得

$$a = \dfrac{\sqrt{3}\,mv_0}{2qB}$$

例6 （华约）在 xOy 平面内，$x>0,y>0$ 的空间区域内存在匀强电场，场强大小为 100 V/m. $x>0,y<3$ m 的区域内存在垂直于 xOy 平面的磁场. 现有一带负电的粒子，电量为 $q=2\times10^{-7}$ C，质量为 $m=10^{-6}$ kg，从坐标原点 O 以一定的初动能射出，经过点 $P(4\text{ m},3\text{ m})$ 时，动能变为初动能的 0.2 倍，速度方向平行于 y 轴正方向. 最后，粒子从 y 轴上点 $M(0,5\text{ m})$ 射出电场，此时动能变为过 O 点时初动能的 0.52 倍. 粒子重力不计.

(1) 写出在线段 OP 上与 M 点等电势点 Q 的坐标.

(2) 求粒子由 P 点运动到 M 点所需的时间.

【解析】 (1) 设粒子在 P 点时动能为 E_k，则初动能为 $5E_k$，在 M 点的动能为 $2.6E_k$，由于洛伦兹力不做功，粒子从 O 点和 P 点及 M 点的电势差分别为：

$$U_{OP} = \frac{4E_k}{q}$$

$$U_{OM} = \frac{(4-1.6)E_k}{q} = \frac{2.4E_k}{q}$$

如图 9.30 所示，由几何关系得 OP 的长度为 5 m，沿 OP 方向电势每米下降 $\dfrac{0.8E_k}{q}$，则 $OQ=3$ m.

设 OP 与 x 轴的夹解为 α，则 $\sin\alpha=0.6,\cos\alpha=0.8$，故 Q 点的坐标为

$$x_Q = OQ\cos\alpha = 2.4 \text{ m}$$
$$y_Q = OQ\sin\alpha = 1.8 \text{ m}$$

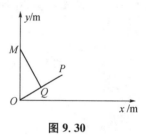

图 9.30

(2) 线段 OP 斜率：$k_{OP}=\dfrac{3}{4}$，

MQ 斜率 $k_{MQ}=\dfrac{1.8-5}{2.4}=-\dfrac{4}{3}$.

由 MQ、OP 满足关系 $k_{MQ}\cdot k_{OP}=-1$ 可知 $MQ\perp OP$，故电场方向与等势线 MQ 垂直，即场强沿 OP 方向. 对场强进行分解，沿 x 方向分量

$$E_x = E\cos\alpha = 80 \text{ V/m}$$

粒子由 P 点运动到 M 点，沿 x 轴方向受到 qE_x 的作用，做初速度为零的匀加速直线运动，则：

$$x_P = \frac{1}{2}\cdot\frac{E_x q}{m}\cdot t^2$$

将 $x_P=4$ m，$E_x=80$ V/m，$q=2\times10^{-7}$ C，$m=10^{-6}$ kg，代入解得 $t=\dfrac{\sqrt{2}}{2}$ s.

例7 （北约）质量相同的小球 A、B，在运动过程中发生弹性正碰撞，则 A 的碰后速度（方向和大小，下同）等于 B 的碰前速度，B 的碰后速度等于 A 的碰前速度. 如图 9.31 所示，光滑水平绝缘大桌取为 O-xy 坐标面，空间有竖直向下（图中朝里）的匀强磁场 B.

(1) O-xy 平面上距 O 稍远处的小球 A，质量 m、电量 $q>0$，初速度方向如图 9.31 所示，大小为 v_0. 而后 A 将做匀速圆周运动，试求圆半径 R 和周期 T.

(2) 图中小球 A_1、A_2 质量也同为 m，电量也同为 q，开始时分别

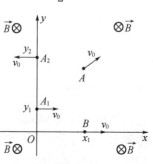

图 9.31

位于 y 轴上的 y_1、$y_2(y_2 > y_1)$ 位置,初速度方向如图 9.31 所示,大小也同为 v_0.设 A_1、A_2 间可能发生的碰撞都是弹性碰撞,且不会相互转移电荷(下同).已知而后 A_1 能到达 y_2 处,试求 $y_2 - y_1$ 的可取值.

(3) 图中小球 B 的质量也为 m,电量也同为 q,$t = 0$ 时位于 x 轴上距 O 稍远的 x_1 位置,大小也为 v_0.现在给你一个质量为 m,电量为 $-q$,初速度大小为 v_0 的小球 B^*. $t = 0$ 时,B^* 的初始位置和初始速度方向由你选定,但要求在 $t = \left(k + \dfrac{1}{2}\right)T$ 时刻(k 为正整数),B 球可达到 x 轴上,与 x_1 相距尽可能远的 $x_2(x_2 > x_1)$ 位置,最后给出你所得的 $x_2 - x_1$ 值.

(附注:解题时略去球之间的电作用力)

【解析】 (1) 由 $qv_0B = m\dfrac{v_0^2}{R}$ 解得 $R = \dfrac{mv_0}{qB}$.

$$T = \dfrac{2\pi R}{v_0} = \dfrac{2\pi m}{qB}$$

(2) 根据题述 A_1 能到达 y_2 处,可知 A_1 的轨道半径为

$$R = \dfrac{1}{2}(y_2 - y_1)$$

$y_2 - y_1$ 的可取值为:

$$y_2 - y_1 = 2R = \dfrac{2mv_0}{qB}$$

若 A_1、A_2 在 $\dfrac{1}{2}(y_2 - y_1)$ 处发生弹性碰撞,由动量守恒定律和能量守恒定律可知,二者交换速度,而后 A_1 能到达 y_2 处,$y_2 - y_1$ 的可取值为

$$y_2 - y_1 = 4R = \dfrac{4mv_0}{qB}$$

(3) 要使 B^* 球可到达 x 轴上,B^* 的初始位置应该选取在第 1 象限.要使 B^* 球到达 x 轴上与 x_1 相距尽可能多的 x_2,B^* 的初始位置可选取在 $\left(x_1, \dfrac{2mv_0}{qB}\right)$,$v_0$ 沿 x 轴正方向,其运动轨迹如图 9.32 所示.

$$x_2 - x_1 = 2R(2k-1) = \dfrac{2(2k-1)mv_0}{qB}$$

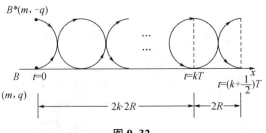

图 9.32

例8 (卓越)如图 9.33 所示,虚线为一匀强磁场的边界,磁场方向垂直于纸面向里.在磁场中某点沿虚线方向发射两个带负电的粒子 A 和 B,其速度分别为 v_A、v_B,两者的质量和电荷量均相同,两个粒子分别经过 t_A、t_B 从 P_A、P_B 射出,则 ( )

A. $v_A > v_B$；$t_A > t_B$
B. $v_A > v_B$；$t_A < t_B$
C. $v_A < v_B$；$t_A > t_B$
D. $v_A < v_B$；$t_A < t_B$

【答案】 B

图 9.33

【解析】 画出粒子运动的轨迹，由图 9.33 可知，$v_A > v_B$，根据运动的周期公式可知，粒子在匀强磁场中运动时间与轨迹所对的圆心角成正比，所以 $t_A < t_B$，选项 B 正确.

例 9 （北约）如图 9.34 所示，在一竖直平面内有水平匀强磁场，磁感应强度 B 的方向垂直该竖直平面朝里. 竖直平面中 a、b 两点在同一水平线上，两点相距 l. 带电量 $q > 0$，质量为 m 的质点 P，以初速度 v 从 a 对准 b 射出. 略去空气阻力，不考虑 P 与地面接触的可能性，设定 q，m 和 B 均为不可改取的给定量.

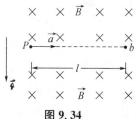

图 9.34

(1) 若无论 l 取什么值，均可使 P 经直线运动通过 b 点，试问 v 应取什么值？

(2) 若 v 为（1）问可取值之外的任意值，则 l 取哪些值，可使 P 必定会经曲线运动通过 b 点？

(3) 对每一个满足（2）问要求的 l 值，计算各种可能的曲线运动对应的 P 从 a 到 b 所经过的时间.

(4) 对每一个满足（2）问要求的 l，试问 P 能否从 a 静止释放后也可以通过 b 点？若能，再求 P 在而后运动过程中可达到的最大运动速率 $v_{\max}$.

【解析】 (1) 要使 P 经直线运动通过 b 点，必有
$$mg = qvB$$
解得
$$v = \frac{mg}{qB} \qquad ①$$

(2) 设质点速度为 $v + \Delta v$，质点所受洛伦兹力为 $q(v + \Delta v)B$，与重力合力为
$$mg + q(v + \Delta v)B = q\Delta vB$$
所以质点的运动可视为沿连线方向做速度为 v 的匀速直线运动和速度为 Δv 的圆周运动的合运动. 要使质点通过 b 点，则：
$$t = nT \quad (n = 1, 2, 3, 4, \cdots) \qquad ②$$
$$T = \frac{2\pi m}{qB} \qquad ③$$
$$l = vt \qquad ④$$

联立 ①、②、③、④ 式解得：
$$l = \frac{2\pi n m^2 g}{q^2 B^2} \quad (n = 1, 2, 3, 4, \cdots) \qquad ⑤$$

(3) 由 ②、③ 式解得
$$t = \frac{2\pi n m}{qB} \quad (n = 1, 2, 3, 4, \cdots)$$

(4) 质点 P 从 a 静止释放后的运动可视为沿水平方向速度 $v = \dfrac{mv}{qB}$ 的匀速直线运动和沿反方向的线速度 $v = \dfrac{mg}{qB}$ 的匀速圆周运动,一个周期质点前进距离

$$L = vT = \dfrac{mg}{qB} \cdot \dfrac{2\pi m}{qB} = \dfrac{2\pi m^2 g}{q^2 B^2}$$

所以 P 从 a 静止释放后可以通过 b 点.

当质点做匀速圆周运动到最低点时运动速率最大,最大运动速率

$$v_{\max} = 2v = \dfrac{2mg}{qB}$$

例 10（北约）如图 9.35 所示,区域中一部分有匀强磁场,另一部分有匀强电场,方向如图 9.35 所示,一个带正电的粒子,从 A 点以速度 v 出发,射入匀强磁场,方向未知,经过 t_1 时间运动到磁场与电场交界处 B 点,此时速度方向垂直于两个场的分界线,此后粒子在电场的作用下,经过 t_2 时间从 C 点离开电场,已知磁场宽度 L_1 与电场宽度 L_2, A 点与 B 点的沿界面方向的距离为 d, A、C 两点连线垂直于边界.

(1) 求整个运动过程中粒子的最大速度.

(2) 求 B/E.

(3) 求 $\dfrac{t_1}{t_2}$.

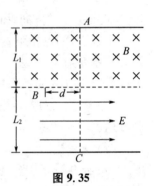

图 9.35

【答案】(1) $v\sqrt{1 + \dfrac{4d^2}{L_2^2}}$ (2) $\dfrac{L_2^2}{v(L_2^2 + d^2)}$ (3) $\dfrac{L_1^2 + d^2}{2dL_2} \cdot \arcsin \dfrac{2dL_1}{L_1^2 + d^2}$

【解析】(1) 如图 9.36 所示,画出带电粒子的运动轨迹,从 A 到 B 为匀速圆周运动,进入电场后,因为刚进入电场时速度方向与电场交界垂直,受力水平向右,故做类平抛运动.

垂直电场方向为匀速直线运动,故时间

$$t_2 = \dfrac{L_2}{v} \qquad ①$$

沿边界方向为初速度为零的匀加速直线运动,加速度 $a = \dfrac{Eq}{m}$,

$$d = \dfrac{1}{2}a t_2^2 = \dfrac{1}{2} \cdot \dfrac{Eq}{m} \cdot \left(\dfrac{L_2}{v}\right)^2 = \dfrac{EqL_2^2}{2mv^2} \qquad ②$$

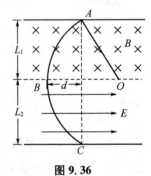

图 9.36

最大速度出现在离开电场区域的时刻,最终速度为垂直电场方向的速度 v 和沿电场方向速度的合成.

沿电场方向速度为

$$v' = at_2 = \dfrac{Eq}{m} \cdot \left(\dfrac{L_2}{v}\right) = \dfrac{EqL_2}{mv} = \dfrac{2dv}{L_2}$$

最大速度

$$v_{\max} = \sqrt{v^2 + v'^2} = v\sqrt{1 + \dfrac{4d^2}{L_2^2}}$$

(2) 设在磁场中运动轨迹所对应的圆心角为 θ，根据图中几何关系，则有：

$$d = R(1-\cos\theta)$$
$$L_1 = R\sin\theta$$

联立解得

$$R = \frac{L_1^2 + d^2}{2d} \qquad ③$$

带电粒子在匀强磁场中运动，有

$$qvB = \frac{mv^2}{R}$$

解得

$$B = \frac{mv}{qR} = \frac{2dmv}{q(L_1^2+d^2)} \qquad ④$$

由②式可得

$$E = \frac{2dmv^2}{qL_2^2} \qquad ⑤$$

$$\frac{B}{E} = \frac{L_2^2}{v(L_1^2+d^2)} \qquad ⑥$$

(3) 带电粒子在匀强磁场中运动时间满足

$$t_1 = \frac{R\theta}{v} \qquad ⑦$$

$$\theta = \arcsin\left(\frac{L_1}{R}\right) = \arcsin\frac{2dL_1}{L_1^2+d^2}$$

代入⑦式得

$$t_1 = \frac{L_1^2+d^2}{2dv} \cdot \arcsin\frac{2dL_1}{L_1^2+d^2} \qquad ⑧$$

由①、⑧式可得

$$\frac{t_1}{t_2} = \frac{L_1^2+d^2}{2dL_2} \cdot \arcsin\frac{2dL_1}{L_1^2+d^2}$$

例11 （卓越）如图 9.37 所示，一个平行板电容器，间距为 d，电压为 U，上极板带正电，下极板带负电，有正交于电场的磁场，垂直纸面向里，下极板有一个电子，质量为 m，带电量为 e。由静止释放该电子，其运动轨迹恰与上极板相切，求：

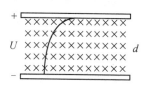

图 9.37

(1) 磁场的磁感应强度大小；

(2) 当电子运行到上极板时，其轨迹的曲率半径（等效匀速圆周运动的半径）.

【解析】 如图 9.38 所示，虚构速度：设电子静止在下极板时具有水平向右和水平向左的等大、反向的速度 v.

(1) 则电子水平向右的速度 v 使其受到竖直向下的洛伦兹力，其大小刚好使洛伦兹力与电子受到的电场力抵消，即合力为零. 电子向右做匀速直线运动，则有：

$$eE = eBv$$

而电场强度 $E = \dfrac{U}{d}$,

两式联立解得速度 $v = \dfrac{U}{dB}$,

而电子水平向左的速度使电子只受洛伦兹力而做匀速圆周运动,有:

$$eBv = m\dfrac{v^2}{r}$$

图 9.38

其中 $r = \dfrac{d}{2}$(轨迹刚好与上极板相切),

将 $v = \dfrac{U}{dB}$ 代入上述两式解得磁感应强度

$$B = \sqrt{\dfrac{2mU}{ed^2}} = \dfrac{1}{d}\sqrt{\dfrac{2mU}{e}}$$

可见电子在复合场中同时参与了两种运动:一是匀速圆周运动,另一个是水平向右的匀速直线运动,其轨迹大致如下.

(2) 由图 9.39 可知,电子到达上极板即最高点时,其速度为向右的匀速直线运动的速度和做匀速圆周运动在最高点的速度的矢量和,设曲率半径为 ρ,有:

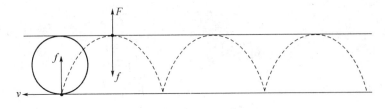

图 9.39

$$f - F = m\dfrac{v'^2}{\rho} = m\dfrac{(2v)^2}{\rho}$$

其中洛伦兹力

$$f = eBv' = 2eBv = \dfrac{2eU}{d}$$

电场力

$$F = eE = \dfrac{eU}{d}$$

代入得

$$\rho = \dfrac{4mU}{deB^2}$$

○ 强化训练

7. 如图 9.40 所示,顶角为 2θ 的光滑圆锥,置于磁感应强度大小为 B,方向竖直向下的匀强磁场中,现有一个质量为 m,带电量为 $+q$ 的小球,沿圆锥面在水平面内做匀速圆周运动,求小球做圆周运动的最小轨道半径.

【解析】 小球在运动时将受重力 mg,圆锥面对球的弹力 N,及洛伦兹力 f 的作用. 设小球做匀速圆周运动的轨道半径为 R，速率为 v，正交分解得（图 9.41）：

$$qvB - N\cos\theta = m\frac{v^2}{R}$$

$$N\sin\theta - mg = 0$$

解得：

$$\frac{mv^2}{R} - qvB + mg\cot\theta = 0$$

因为 v 有实数解，由 $b^2 - 4ac \geqslant 0$，即：

$$(-qB)^2 - 4\frac{m}{R} \cdot mg\cot\theta \geqslant 0$$

得：

$$R \geqslant \frac{4m^2 g\cot\theta}{q^2 B^2}$$

所以小球做圆周运动的最小半径为：

$$R_{\min} = \frac{4m^2 g\cot\theta}{q^2 B^2}$$

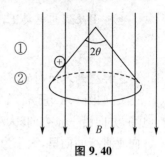

图 9.40

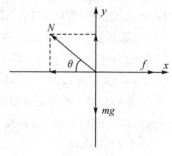

图 9.41

【点评】 本题用的是数学方法求极值，要想用物理方法求极值，则太勉强了.

8. 斯图尔特和道尔曼于 1917 年首次测定了以匀角加速度运动的圆线圈里产生的磁场. 一个均匀的细金属导线，单位长度的电阻等于 ρ_0，做成一个圆环，围绕其中心进行匀加速转动，角加速度为 β，计算在环中心的磁感强度 B 的值，电子电荷为 e，质量为 m.

【解析】 电子所受的惯性力我们可以用一个假想的电场做类比，设此假想电场的电场强度为 E，有

$$Ee = mr\beta$$

$$E = \frac{mr\beta}{e}$$

根据电阻定律

$$R = \rho\frac{l}{S}$$

单位长度的电阻为

$$\rho_0 = \frac{R}{l} = \frac{\rho}{S}$$

其中，ρ 为电阻率，S 为导线截面积. 电流密度 j 满足

$$j = \sigma E = \frac{E}{\rho} = \frac{E}{\rho_0 S}$$

由此可以得到电流强度 I

$$I = jS = \frac{E}{\rho_0} = \frac{mr\beta}{\rho_0 e}$$

这就是圆环中的电流强度，所以环中心处的磁感强度 B 为

$$B = \frac{\mu_0}{2} \cdot \frac{I}{r} = \frac{\mu_0 m\beta}{2\rho_0 e}$$

也可由此假想电场 E，直接得到单位长金属导线的电势差 $U = E$，电流强度为

$$I = \frac{U}{\rho_0} = \frac{E}{\rho_0}$$

同样得到本问题的解.

9. 如图 9.42 所示，在 xOy 平面内，$y > 0$ 区域有匀强电场，方向沿 $-y$ 方向，大小为 E，$y < 0$ 区域有匀强磁场，方向垂直纸面向里，大小为 B，一带电量为 $+q$、质量为 m 的粒子从 y 轴上一点 P 由静止释放，要求粒子能经过 x 轴上 Q 点，Q 点坐标为 $(L, 0)$，试求粒子最初释放点 P 的坐标.

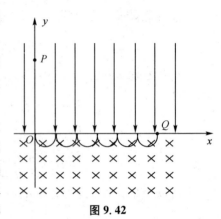

图 9.42

【解析】 解决上述问题的关键是明确带电粒子的受力和运动特点. 从 y 轴上释放后，只受电场力，做加速直线运动，从 O 点射入磁场，然后做匀速圆周运动，半圈后可能恰好击中 Q 点，也可能返回电场中，再减速、加速做直线运动，然后又返回磁场中，再经半圆有可能击中 Q 点…… 那么击中 Q 点应满足

$$n \cdot 2R = L \qquad ①$$

$$R = \frac{mv}{qB} \qquad ②$$

$$Eqy = \frac{1}{2}mv^2 \qquad ③$$

联立以上各式解得

$$y = \frac{qL^2B^2}{8Emn^2}$$

10. 在如图 9.43 所示的直角坐标系中，坐标原点 O 处固定电量为 Q 的正点电荷，另有指向 y 轴正方向（竖直向上方向），磁感应强度大小为 B 的匀强磁场，因而另一个质量为 m、电量力为 q 的正点电荷微粒恰好能以 y 轴上的 O' 点为圆心做匀速圆周运动，其轨道平面（水平面）与 xOz 平面平行，角速度为 ω，试求圆心 O' 的坐标值.

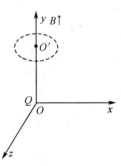

图 9.43

【解析】 带电微粒做匀速圆周运动，可以确定在只有洛伦兹力和库仑力的情况下除非 O' 与 O 不重合，必须要考虑第三个力即重力. 只有这样，三者的合力才能保证微粒绕 O' 在水平面内做匀速圆周运动.

设带电微粒做匀速圆周运动的半径为 R，圆心 O' 纵坐标为 y，圆周上一点与坐标原点的连线和 y 轴夹角为 θ，那么有

$$\tan\theta = \frac{R}{y}$$

带电粒子受力如图 9.44 所示，列出动力学方程为

$$mg = F\cos\theta \qquad ①$$

$$f - F\sin\theta = m\omega^2 R \qquad ②$$

$$f = q\omega RB \qquad ③$$

将②式变换得

$$f - m\omega^2 R = F\sin\theta \qquad ④$$

将③代入④,再由①得

$$y = \frac{mg}{q\omega B - m\omega^2}$$

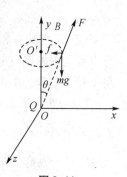

图 9.44

11. 如图 9.45、图 9.46 所示,被 1 000 V 的电势差加速的电子从电子枪发射出来,沿直线 a 方向运动,要求电子击中在 $\varphi = 60°$ 方向、距离枪口 5 cm 的靶 M 上,对以下两种情形求出所用的均匀磁场的磁感应强度 B.

(1) 磁场垂直于由直线 a 与点 M 所确定的平面.

(2) 磁场平行于 TM.

【解析】 (1) 从几何角度考虑得出电子的圆轨道的半径为:

$$r = \frac{d}{2\sin\varphi}$$

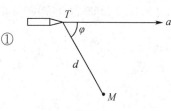

图 9.45

按能量守恒定律,电荷 Q 通过电势差 U 后的速度 v 为

$$\frac{1}{2}mv^2 = eU$$

即

$$v = \sqrt{\frac{2eU}{m}}$$

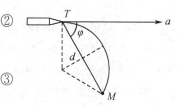

图 9.46

又电子的轨道半径

$$r = \frac{mv}{eB}$$

由以上各式可得

$$B = \frac{2\sin\varphi}{d}\sqrt{\frac{2mU}{e}} \approx 3.7 \times 10^{-3} \text{ T}$$

(2) 如图 9.47 所示,在磁场施加的力与速度垂直,所以均匀恒定磁场只改变电子速度的方向,不改变速度的大小. 我们把电子枪发射的电子速度分解成两个直线分量:沿磁场 B 方向的 $v\cos\varphi$ 和垂直磁场的 $v\sin\varphi$,因为 $v\cos\varphi$ 在磁场的方向上,磁场对它没有作用力. 结果是电子绕 B 方向做螺旋线运动.

电子绕一周的时间是 $T = \dfrac{2\pi m}{eB}$,

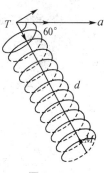

图 9.47

电子在 $\dfrac{d}{v\cos\varphi}$ 时间内,在绕了 k 圈后击中目标. k 是一个整数. 于是

$$\frac{d}{v\cos\varphi} = kT = \frac{2k\pi m}{eB}$$

$$B = k \cdot \frac{2mv\cos\varphi}{ed} = k \cdot \frac{2\pi\cos\varphi}{d}\sqrt{\frac{2mU}{e}}$$

$k = 1$ 时,电子转一圈后击中目标;$k = 2$ 时,电子转两圈后击中目标,等等. 只要角度 α 相同,磁场方向相反与否,无关紧要. 用给出的数据代入,得

$$B = 0.006\,7k \text{ T} \quad (k = 1, 2, 3, \cdots)$$

12. 在空间有相互垂直的场强为 E 的匀强电场和磁感应强度为 B 的匀强磁场. 如图 9.48 所示,一电子从原点静止释放,求电子在 y 轴方向前进的最大距离.

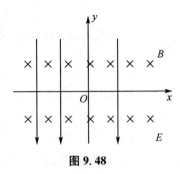

图 9.48

【解析】 虽然电子在 O 点速度为 0,但也可设想其具有沿 x 方向的速度 $+v$ 和逆 x 轴方向的速度 $-v$,v 满足 $Bev = eE$,$v = \dfrac{E}{B}$. 与 $+v$ 所对应的洛伦兹力沿 y 轴反方向,与电子所受电场力平衡. 与 $-v$ 对应的洛伦兹力与 y 轴同向. 电子的运动可视为一个速率为 v 的沿 x 轴正向的匀速直线运动和一个速率为 v 的匀速圆周运动的合成,对匀速圆周运动有

$$evB = m\dfrac{v^2}{R}$$

而

$$R = \dfrac{y_m}{2}$$

$$y_m = \dfrac{2mE}{eB^2}$$

13. 一种半导体材料称为"霍尔材料",用它制成的元件称为"霍尔元件". 这种材料有可定向移动的电荷,称为"载流子",每个载流子的电荷量大小为 1 元电荷,即 $q = 1.6 \times 10^{-19}$ C. 在一次实验中,一块霍尔材料制成的薄片宽 $ab = 1.0 \times 10^{-2}$ m、长 $bc = L = 4.0 \times 10^{-2}$ m、厚 $h = 1 \times 10^{-3}$ m,水平放置在竖直向上的磁感应强度 $B = 1.5$ T 的匀强磁场中,bc 方向通有 $I = 3.0$ A 的电流,如图 9.49 所示,沿宽度产生 1.0×10^{-5} V 的恒电压. 求:

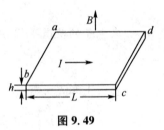

图 9.49

(1) 假定载流子是电子,a、b 两端中哪端电势较高?

(2) 薄板中形成电流 I 的载流子定向运动的速率是多少?

【解析】 (1) 根据左手定则可确定 b 端电势高.

(2) 当导体内由于载流子有沿电流方向所在的直线定向分运动时,受洛伦兹力作用而产生横向分运动,产生横向电场,横向电场的电场力与洛伦兹力平衡时,导体横向电压稳定,设载流子沿电流方向所在直线定向移动的速率为 v,横向电压为 U_{ab},横向电场强度为 E,

电场力:

$$F_E = Ee = \dfrac{U_{ab}e}{d}$$

磁场力:

$$F_B = evB$$

平衡时:

$$Ee = evB$$

得:

$$v = \frac{U_{ab}}{abB} = \frac{1.0 \times 10^{-5}}{1.0 \times 10^{-2} \times 1.5} \text{ m/s} = 6.7 \times 10^{-4} \text{ m/s}$$

14. 用磁聚焦法测比荷的装置如图 9.50 所示. 在真空玻璃管中装有热阴极 K 和带有小孔的阳极 A. 在 A、K 之间加上电压 U 后, 不断地有电子从阴极 K 由静止加速到达阳极 A, 并从小孔射出. 接着电子进入平行板电容器 C, 电容器两极板间加有不大的交变电场, 使不同时刻通过的电子发生不同程度的偏转; 电容器 C 和荧光屏 S 之间加一水平向右的均匀磁场, 电容器和荧光屏间的距离为 L, 电子经过磁场后打在荧光屏上, 将磁场的磁感应强度从零开始缓慢增大到 B 时, 荧光屏上的光点的锐度最大 (这时荧光屏 S 上的亮斑最小).

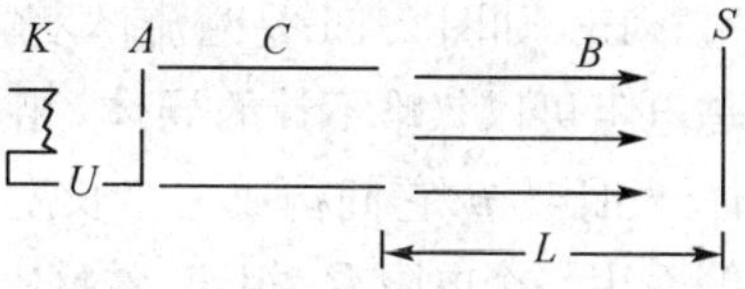

图 9.50

(1) 若平行板电容器 C 的板长为 $\frac{L}{4}$, 求电子经过电容器和磁场区域的时间之比;

(2) 用 U、B、L 表示出电子的比荷;

(3) 在磁场区域再加一匀强电场, 其电场强度的大小为 $E = \frac{U}{L}$, 方向与磁场方向相反, 若保持 U、L 和磁场方向不变, 调节磁场的磁感应强度大小, 仍使电子在荧光屏上聚焦, 则磁感应强度大小满足的条件是什么?

【解析】 (1) 因为电子在电场和磁场中沿水平方向做匀速直线运动, 所以时间之比为 1∶4.

(2)
$$Ue = \frac{1}{2}mv^2$$

电子在磁场中运动的轨迹为螺旋线, 水平速度均相同, 圆周运动的周期也相同, 要使得锐度最大则应满足:

$$\frac{L}{v} = \frac{2\pi m}{eB}$$

联立解得

$$\frac{e}{m} = \frac{8\pi^2 U}{L^2 B^2}$$

(3) 在 K、A 间,

$$Ue = \frac{1}{2}mv^2$$

设打在 S 上的水平方向速度为 v',

$$Ue + ELe = \frac{1}{2}mv'^2$$

设电子在复合场中的时间为 t, 电子在复合场中沿水平方向做匀加速运动,

$$t = \frac{L}{\bar{v}} = \frac{2L}{v + v'}$$

要使得锐度最大, 则应满足

$$t = n\frac{2\pi m}{eB'} \quad (n = 1, 2, 3, \cdots)$$

解得:

$$B' = \frac{(\sqrt{2}+1)}{2}nB \quad (n=1,2,3,\cdots)$$

15. 如图 9.51 是磁流体发电机原理示意图:前后两个侧面是电阻可以忽略不计的导体,相距为 a;上、下两个侧面是绝缘体,相距为 b;它们构成一个长度为 l 的长方体管道.前、后两个侧面用一个电阻 R_0 相连.磁感应强度大小为 B 的匀强磁场垂直于绝缘侧面向上.现有大量等离子气体(由正、负带电粒子组成)持续稳定地流经管道,设横截面上各点流速相同,等离子气体所受阻力与流速成正比,且无论有无磁场时都维持管道两端等离子气体的压强差为 p.已知等离子气体电阻率恒为 ρ;无磁场存在时,等离子气体的流速为 v_0.求此磁流体发电机电动势的大小 E.

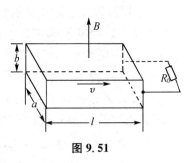

图 9.51

【解析】 由电阻定律可得:

$$r = \frac{\rho a}{bl} \qquad ①$$

无磁场时:

$$p \cdot ab = kv_0 \qquad ②$$

有磁场时电动势为

$$E = Bav \qquad ③$$

由闭合电路欧姆定律

$$I = \frac{E}{r+R_0}$$

管内气体所受安培力

$$F = ILB$$

所以

$$F = \frac{B^2 a^2 v}{R_0 + \rho \frac{a}{bl}}$$

$$p \cdot ab = kv + F$$

即

$$p \cdot ab = kv + \frac{B^2 a^2 v}{R_0 + \rho \frac{a}{bl}} \qquad ④$$

由①、②、③、④式可得

$$E = \frac{pab}{\frac{Ba}{\frac{\rho a}{bl}+R_0} + \frac{pb}{Bv_0}}$$

16. 据有关资料介绍,受控核聚变装置中有极高的温度,因而带电粒子将没有通常意义上的"容器"可装,而是由磁场约束带电粒子运动使之束缚在某个区域内.现按下面的简化条件来讨论这个问题:如图 9.52 所示是一个截面为内径 $R_1 = 0.6$ m、外径 $R_2 = 1.2$ m 的环状区域,区域内有垂直截面向里的匀强磁场.已知氘核的荷质比 $q/m = 4.8 \times 10^7$ C/kg,磁场的磁感强度

$B = 0.4$ T,不计带电粒子的重力.

(1) 实践证明,氦核在磁场区域内沿垂直于磁场方向运动速度 v 的大小与它在磁场中运动的轨道半径有关,试导出 v 与 r 的关系式.

(2) 若氦核沿磁场区域的半径方向平行于截面从 A 点射入磁场,画出氦核在磁场中运动而不穿出外边界的最大圆轨道示意图.

(3) 若氦核在平行于截面从 A 点沿各个方向射入磁场都不能穿出磁场外边界,求氦核的最大速度.

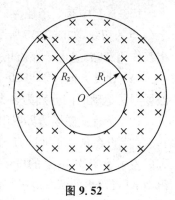

图 9.52

【解析】(1) 设氦核质量为 m,电量为 q,以速度 v 在磁感强度为 B 的匀强磁场中做半径为 r 的匀速圆周运动,由洛伦兹力计算公式和牛顿定律得

$$qvB = m\frac{v^2}{r}$$

所以

$$v = \frac{qBr}{m}$$

(2) 所求轨迹示意图如图 9.53 所示(要与外圆相切).

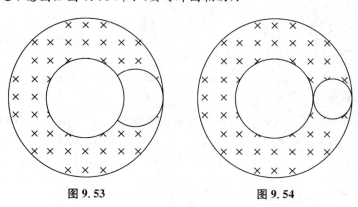

图 9.53　　　　　图 9.54

(3) 当氦核以 v_m 的速度沿与内圆相切方向射入磁场且轨道与外圆相切时,则以 v_m 的速度沿各方向射入磁场区的氦核都不能穿出磁场外界,如图 9.54 所示.

由图中知

$$r' = \frac{R_2 - R_1}{2} = 0.3 \text{ m}$$

由 $qvB = m\dfrac{v^2}{r}$ 得 $r = \dfrac{mv}{qB}$.

在速度为 v_m 时不穿出磁场外边界应满足的条件是

$$\frac{mv_m}{Bq} \leqslant r'$$

所以

$$v_m \leqslant \frac{Bqr'}{m} = 5.67 \times 10^6 \text{ m/s}.$$

17. 真空中有一半径为 r 的圆柱形匀强磁场区域,磁场方向垂直于纸面向里,Ox 为过边界上 O 点的切线,如图 9.55 所示. 从 O 点在纸面内向各个方向发射速率均为 v_0 的电子,设电子间相互作用忽略,且电子在磁场中的偏转半径也为 r. 已知电子的电量为 e,质量为 m.

(1) 速度方向分别与 Ox 方向成 $60°$ 和 $90°$ 夹角的电子,在磁场中的运动时间分别为多少?

(2) 所有从磁场边界射出的电子,速度方向有何特征?

(3) 设在某一平面内有 M、N 两点,由 M 点向平面内各个方向发射速率均为 v_0 的电子. 请设计一种匀强磁场分布,使得由 M 点发出的所有电子都能够汇集到 N 点.

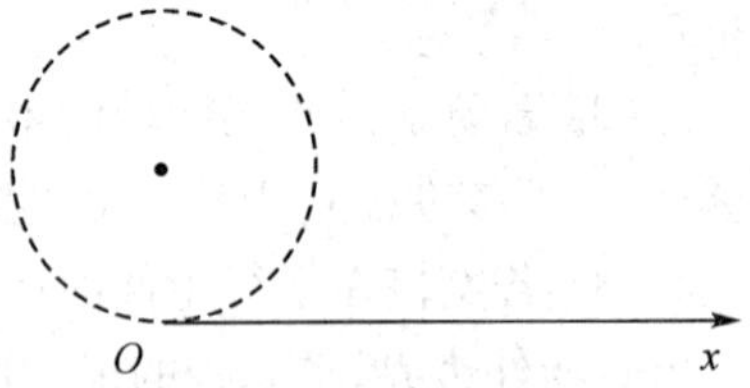

图 9.55

【解析】 (1) 如图 9.56 所示,入射时电子速度与 x 轴夹角为 θ,无论入射的速度方向与 x 轴的夹角为何值,由入射点 O、射出点 A、磁场圆心 O_1 和轨道圆心 O_2 一定组成边长为 r 的菱形. 因 $O_1O \perp Ox$,OO_2 垂直于入射速度,故 $\angle OO_2A = \theta$. 即电子在磁场中所偏转的角度一定等于入射时电子速度与 Ox 轴的夹角.

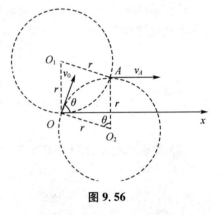

当 $\theta = 60°$ 时,$t_1 = \dfrac{T}{6} = \dfrac{\pi r}{3v}$.

当 $\theta = 90°$ 时,$t_2 = \dfrac{T}{4} = \dfrac{\pi r}{2v}$.

图 9.56

(2) 因 $\angle OO_2A = \theta$ 故 $O_2A \perp Ox$. 而 O_2A 与电子射出的速度方向垂直,可知电子射出方向一定与 Ox 轴方向平行,即所有的电子射出圆形磁场时,速度方向均与 Ox 轴相同.

(3) 上述的粒子路径是可逆的,(2)中从圆形磁场射出的这些速度相同的电子再进入一相同的匀强磁场后,一定会聚焦于同一点,磁场的分布如图 9.57 所示,对于从 M 点向 MN 连线上方运动的电子,两磁场分别与 MN 相切,M、N 为切点,且平行两磁场边界圆心的连线 O_1O_2. 设 MN 间的距离为 l,所加的磁场的边界所对应圆的半径为 r,故应有 $2r \leqslant l$,即 $\dfrac{mv}{eB} \leqslant \dfrac{l}{2}$,所以所加磁场感应强度应满足 $B \geqslant \dfrac{2mv}{el}$.

同理,对于从 M 点向 MN 连线下方运动的电子,只要使半径相同的两圆形磁场与上方的两圆形磁场位置关于 MN 对称且磁场方向与之相反即可.

只要在矩形区域 $M_1N_1N_2M_2$ 内除图中 4 个半圆形磁场外无其他磁场,矩形 $M_1N_1N_2M_2$ 区域外的磁场均可向其余区域扩展.

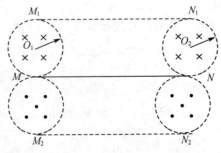

图 9.57

第十章 电磁感应和交流电

知识地图

电磁感应和交流电
- 电磁感应定律
  - 楞次定律
  - 感应电动势 $\varepsilon = \dfrac{\Delta \Phi}{\Delta t}$
    - 动生电动势 $\varepsilon = BLv$
    - 感生电动势 $\varepsilon = S\dfrac{\Delta B}{\Delta t}$
  - 自感现象
    - 自感电动势 $\varepsilon = -L\dfrac{\Delta I}{\Delta t}$
    - 线圈的贮能公式 $E = \dfrac{1}{2}LI^2$
- 交变电流的表征
  - 周期
  - 频率
  - 平均值
  - 瞬时值
  - 有效值
- 交流电路
  - 阻抗
    - 电阻
    - 容抗
      - $X_C = \dfrac{1}{\omega C} = \dfrac{1}{2\pi f C}$
      - 电流超前电压 $\dfrac{\pi}{2}$
    - 电感
      - 感抗 $X_L = \omega L = 2\pi f L$
      - 电压超前电流 $\dfrac{\pi}{2}$
  - 功率
    - 瞬时功率
    - 有功功率
    - 无功功率
    - 视在功率
    - 功率因素
  - 整流
  - 滤波
  - 变压器
- 电磁振荡
  - 振荡电路
  - LC 回路 $T = 2\pi\sqrt{LC}$
- 电磁波
  - 麦克斯韦电磁理论
  - 电磁场

第1节 动生电磁感应

考点梳理

1. 精确的实验表明:闭合回路中的感应电动势 ε 与穿过回路的磁通量的变化率 $\frac{\Delta \Phi}{\Delta t}$ 成正比.这个结论叫做法拉第电磁感应定律.即:

$$\varepsilon = K \frac{\Delta \Phi}{\Delta t}$$

式中,K 是比例常数,取决于 ε、Φ、t 的单位.在国际单位制中,Φ 的单位为韦伯,t 的单位为秒,ε 的单位是伏特,则 $K=1$.

$$\varepsilon = \frac{\Delta \Phi}{\Delta t}$$

这个定律告诉我们,决定感应电动势大小的不是磁通量 Φ 本身,而是 Φ 随时间的变化率.在磁铁插在线圈内部不动时,通过线圈的磁通虽然很大,但并不随时间而变化,那仍然没有感应电动势.

2. 楞次定律:感应电流的磁场总是阻碍引起感应电流的磁通量的变化.其实,可以从三个角度来看楞次定律:

(1) 阻碍原磁通量的变化;
(2) 阻碍相对运动;
(3) 阻碍原电流的变化.

3. 线圈或导体回路相对于磁场运动而引起的电磁感应现象称为动生电磁感应现象.动生电磁感应现象中的电动势称为动生电动势.

4. 导体棒的平动切割磁场

导体棒平动切割磁场时的电动势 $\varepsilon = Blv$,但在方向上要满足 $v \perp l, v \perp B, B \perp l$,若 v 方向与磁场 B 方向存在夹角 θ,如图 10.1 所示,则电动势为

$$\varepsilon = Blv\sin\theta$$

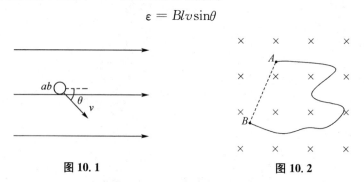

图 10.1   图 10.2

如果切割磁场的导线并非直线,而是一段弯曲导线,如图 10.2 所示.则其电动势大小应等效于连在 AB 间直导线切割磁场时电动势的大小.

5. 导体转动切割匀强磁场

在磁感强度为 B 的磁场中有一段长为 l 导体棒垂直于磁场放置,当导体棒以一端点在垂直于磁场平面以角速度 ω 旋转时,会产生电动势 $\varepsilon = \frac{1}{2}B\omega l^2$.

典型例题

例 1 （北约）如图 10.3 所示,通电直导线旁放一个金属线框且线框和导线在同一平面内. 以下哪种运动方式不能使线框 $abcd$ 中产生感应电流的（　　）

A. 线框以 ab 为轴旋转
B. 线框以 ad 边为轴旋转
C. 线框向右移动
D. 线框以 ab 边为轴旋转

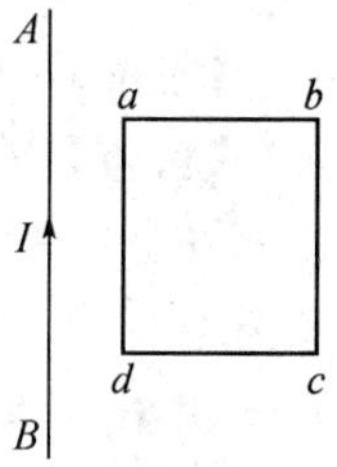

【答案】 A

图 10.3

【解析】 线框以 ab 为轴旋转,线框内磁能量不变,不能使线框 $abcd$ 中产生感应电流,选项 A 正确. 线框 ad 边为轴旋转,线框向右移动,线框中磁通量均变化,产生感应电动势,选项 BCD 错误.

例 2 （卓越）如图 10.4 所示,电阻分布均匀的电阻丝构成的闭合线框 $abcd$ 水平放置在竖直向下的匀强磁场中,电阻不可忽略的导体棒 MN 两端搭接在 ad 和 bc 上,MN 在水平外力 F 的作用下,从靠近 ab 处无摩擦地匀速运动到 cd 附近. MN 与线框始终保持良好接触,在运动过程中（　　）

A. MN 中的电流先减小,后增大
B. MN 两端的电压先增大,后减小
C. MN 上外力的功率先减小,后增大
D. MN 上消耗的电功率先增大,后减小

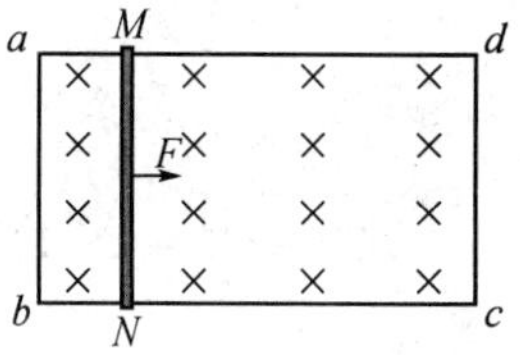

【答案】 ABC

图 10.4

【解析】 MN 在水平外力 F 的作用下,从靠近 ab 处无摩擦地匀速运动到 cd 附近,由法拉第电磁感应定律,MN 中产生的感应电动势相等. 当 MN 运动到中间位置时回路等效电阻最大,MN 两端两压最大,MN 所受安培力最小,水平外力最小,所以 MN 中的电流先减小后增大,MN 两端的电压先增大后减小. MN 上外力的功率先减小后增大,选项 ABC 正确. 由能量守恒定律,MN 上消耗的电功率先减小后增大,选项 D 错误.

例 3 （华约）铁路上使用一种电磁装置向控制中心传输信号以确定火车的位置,能产生匀强磁场的磁铁被安装在火车首节车厢下面,如图 10.5 所示（俯视图）. 当它经过安放在两铁轨间的线圈时,便会产生一个电信号,通过和线圈相连的电压传感器被控制中心接收,从而确定火车的位置. 现一列火车以加速度 a 驶来,则电压信号关于时间的图像为（　　）

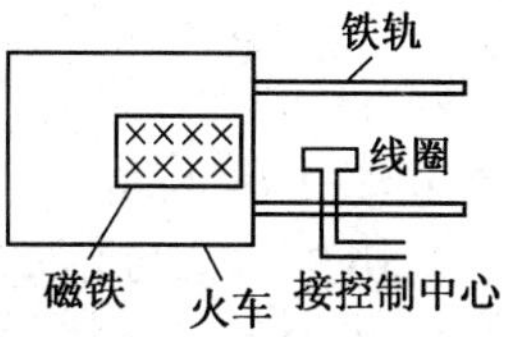

图 10.5

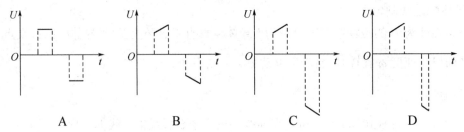

【答案】 D

【解析】 火车以加速度 a 驶来，速度逐渐增大，根据法拉第电磁感应定律，线圈中产生的感应电动势逐渐增大，电压信号逐渐增大，产生电压信号的时间缩短，所以电压信号关于时间的图像为 D.

例 4（华约）如图 10.6 所示，空间某区域内存在匀强磁场，磁场的上下边界水平，方向和竖直平面（纸面）垂直，两个由完全相同的导线制成的刚性线框 a 和 b，其形状分别为周长为 $4l$ 的正方形和周长为 $6l$ 的矩形，线框 a 和 b 在竖直平面内从图示位置开始自由下落．若从开始下落到线框完全离开磁场的过程中安培力对两线框的冲量分别为 I_a、I_b，则 $I_a:I_b$ 为（　　）

图 10.6

A．$3:8$　　　　　　　B．$1:2$

C．$1:1$　　　　　　　D．$3:2$

【答案】 A

【解析】 线框受到的安培力 $F = ILB$，而 $I = \dfrac{E}{R}$，则

$$F = \dfrac{B^2L^2v}{R}$$

设安培力在 Δt 内对线框的冲量为 ΔI，则

$$\Delta I = F\Delta t = \dfrac{B^2L^2v}{R}\cdot \Delta t = \dfrac{B^2L^2\Delta x}{R}$$

整个过程中安培力冲量为

$$I = \sum \Delta I = \sum F\Delta t = \dfrac{B^2L^2}{R}\sum \Delta x = \dfrac{B^2L^2}{R}x$$

故

$$\dfrac{I_a}{I_b} = \dfrac{\dfrac{B^2l^2}{4R}x}{\dfrac{B^2(2l)^2}{6R}x} = \dfrac{3}{8}$$

选项 A 正确.

例 5（北约）如图 10.7 所示，每边长为 a 的等边三角形区域内有匀强磁场，磁感应强度 B 的方向垂直平面朝里．每边长为 a 的等边三角形导体框架 ABC，在 $t=0$ 时恰好与磁场区的边界重合，而后以周期 T 绕其中心沿顺时针方向匀速旋转，于是在框架 ABC 中有感应电流．规定电流按 $A-B-C-A$ 方向流动时电流强度取为正，反向流动时取为负．设框架

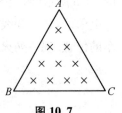

图 10.7

ABC 的总电阻为 R，则从 $t = 0$ 到 $t_1 = T/6$ 时间内平均电流强度 $I_1 = $ _____；从 $t = 0$ 到 $t_2 = T/2$ 时间内平均电流强度 $I_2 = $ _____.

【答案】 $-\dfrac{\sqrt{3}}{2TR}Ba^2$ $-\dfrac{\sqrt{3}}{6TR}Ba^2$

【解析】 边长为 a 的等边三角形导体框架 ABC 面积 $S = \dfrac{\sqrt{3}}{4}a^2$. 从 $t = 0$ 到 $t_1 = T/6$ 时间内，等边三角形导体框架转过 $60°$，磁通量减少 $3 \times 1/9 \cdot BS = \dfrac{\sqrt{3}}{12}Ba^2$. 产生的平均感应电动势 $E_1 = \dfrac{\sqrt{3}}{2T}Ba^2$. 平均电流强度 $I_1 = E_1/R = \dfrac{\sqrt{3}}{2TR}Ba^2$. 从 $t = 0$ 到 $t_2 = T/2$ 时间内，等边三角形导体框架转过 $180°$，磁通量减少 $3 \times 1/9 \cdot BS = \dfrac{\sqrt{3}}{12}Ba^2$. 产生的平均感应电动势 $E_2 = \dfrac{\sqrt{3}}{6T}Ba^2$. 平均电流强度 $I_2 = E_2/R = \dfrac{\sqrt{3}}{6TR}Ba^2$.

【点评】 此题考查法拉第电磁感应定律、闭合电路欧姆定律及其相关知识. 画出等边三角形导体框架经过一定时间转动到达的位置，利用图中几何关系和相关知识得出磁通量变化，利用法拉第电磁感应定律和闭合电路欧姆定律不难得出答案.

例 6 （华约）如图 10.8 所示，电阻为 R 的长直螺线管，其两端通过电阻可忽略的导线相连接. 一个质量为 m 的小条形磁铁 A 从静止开始落入其中，经过一段距离后以速度 v 做匀速运动. 假设小磁铁在下落过程中始终沿螺线管的轴线运动且无翻转.

(1) 定性分析说明：小磁铁的磁性越强，最后匀速运动的速度就越小；
(2) 最终小磁铁做匀速运动时，在回路中产生的感应电动势约为多少？

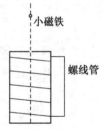

图 10.8

【解析】 (1) 根据楞次定律，小磁铁的磁性越强，通过导线环的磁通量越大，磁通量变化越大，因此下落过程中在导线环中产生的感应电流越大，感应电流产生的磁场也就越强，从而对小磁铁的阻碍也就越大，小磁铁向下运动的加速度就越小，因此小磁铁最后匀速运动的速度就越小.

(2) 设小磁铁做匀速运动时，下落距离 h，在此过程中有：
$$mgh \approx Q \qquad ①$$
式中，Q 为小磁铁下落时在螺线管中产生的焦耳热，其大小为：
$$Q = \dfrac{E^2}{R}\Delta t \qquad ②$$
式中，E 是感应电动势，Δt 是小磁铁通过距离 h 所需的时间. 由于小磁铁匀速运动，因此有
$$mgh = \dfrac{E^2}{R} \cdot \dfrac{h}{v} \qquad ③$$
联立①、②、③式得：
$$E = \sqrt{mgRv} \qquad ④$$

例 7 （华约）如图 10.9 所示，两条光滑的水平导轨间距为 L，左侧连接有阻值为 R 的电阻，磁感应强度为 B 的匀强磁场垂直穿过导轨平面，有一质量为 m 的导体棒以初速度 v_0 向右运动，

设除左边的电阻 R 外,其他电阻不计.棒向右移动最远的距离为 s,问当棒运动到 λs 时 $0 < \lambda < L$,证明此时电阻 R 上的热功率:
$P = \dfrac{B^2 L^2 (1-\lambda)^2 v_0^2}{R}$.

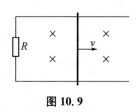

图 10.9

【解析】 取导体棒开始运动时为计时起点,设导体棒向右运动时刻 t 的速度为 v,由法拉第电磁感应定律,产生的感应电动势 $E = BLv$,感应电流 $I = \dfrac{E}{R}$.

导体棒受到的安培力
$$F = ILB$$
解得
$$F = \dfrac{B^2 L^2 v}{R}$$

注意到此力为变力,将区间 $[0,t]$ 分为 n 小段,设第 i 小段时间间隔为 Δt,杆在此段时间的位移为 Δx,规定向右为正方向,由动量定理 $F\Delta t = m\Delta v$ 得
$$\dfrac{B^2 L^2 v}{R}\Delta t = m\Delta v$$
又
$$v\Delta t = \Delta x$$
有
$$\dfrac{B^2 L^2}{R}\Delta x = m\Delta v$$

即瞬间导体棒动量变化量正比于导体棒位移.
在整个过程中,有
$$\sum \dfrac{B^2 L^2}{R}\Delta x = \sum m\Delta v$$
即
$$\sum \dfrac{B^2 L^2}{R}\Delta x = m\sum \Delta v$$
得到
$$\dfrac{B^2 L^2}{R}x = m(v_0 - v)$$

其中, x 为导体棒位移, v 为导体棒瞬时速度.
当 $x = s$ 时, $v = 0$,有
$$\dfrac{B^2 L^2}{R}s = mv_0$$
当 $x = \lambda s$ 时,有
$$v = v_0 - \dfrac{B^2 L^2 \lambda s}{mR}$$
联立解得
$$v = v_0(1-\lambda)$$
此时产生的感应电动势
$$E = BLv = BLv_0(1-\lambda)$$
此时电阻 R 上的热功率

$$P = \frac{E^2}{R} = \frac{B^2L^2(1-\lambda)^2v_0^2}{R}$$

例 8 （北约）如图 10.10 所示，不计电阻的光滑平行轨道 EFG、PMN 构成相互垂直的 L 形，磁感应强度为 B 的匀强磁场方向与水平的 $EFMP$ 平面夹角 $\theta(\theta<45°)$ 斜向上，金属棒 ab、cd 的质量均为 m、长均为 L、电阻均为 R. ab、cd 由细线通过角顶处的光滑定滑轮连接，细线质量不计，ab、cd 与轨道正交，已知重力加速度为 g.

(1) 求金属棒的最大速度 v_{max}；

(2) 当金属棒速度为 v 时，且 v 小于最大速度 v_{max} 时，求机械能损失的功率 P_1 和电阻的发热功率 P_2.

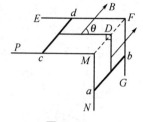

图 10.10

【解析】 (1) 金属棒达最大速度 v_{max} 时，回路中的感应电动势

$$E = B\cos\theta \cdot Lv_{max} - B\sin\theta \cdot Lv_{max} = BLv_{max}(\cos\theta - \sin\theta)$$

回路中电流

$$I = \frac{E}{2R}$$

当两金属棒做匀速运动时，速度达到最大值，有

$$mg = BIL(\cos\theta - \sin\theta)$$

解得

$$v_{max} = \frac{2mgR}{B^2L^2(\cos\theta - \sin\theta)^2}$$

(2) 当金属棒速度为 v 时，回路中的感应电动势

$$E' = B\cos\theta \cdot Lv - B\sin\theta \cdot Lv = BLv(\cos\theta - \sin\theta)$$

回路中电流

$$I' = \frac{E'}{2R}$$

此时安培力

$$F = I'LB = \frac{B^2L^2v}{2R}(\cos\theta - \sin\theta)$$

机械能损失的功率

$$P_1 = Fv\cos\theta - Fv\sin\theta = \frac{B^2L^2v^2}{2R}(\cos\theta - \sin\theta)^2$$

电阻的发热功率

$$P_2 = \frac{E'^2}{2R} = \frac{B^2L^2v^2}{2R}(\cos\theta - \sin\theta)^2$$

○ 强化训练

1. 如图 10.11 所示，光滑固定导轨 M、N 水平放置，两根导体棒 P、Q 平行放于导轨上，形成一个闭合回路. 当一条形磁铁从高处下落接近回路时 （　　）

A. P、Q 将互相靠拢

B. P、Q 将互相远离

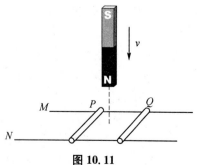

图 10.11

C. 磁铁的加速度仍为 g

D. 磁铁的加速度小于 g

【答案】 AD

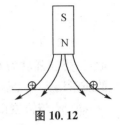

图 10.12

【解析】 设磁铁的下端为 N 极，如图 10.12 所示，根据楞次定律可判断出 P、Q 中的感应电流方向，根据左手定则可判断 P、Q 所受安培力的方向．可见 P、Q 将互相靠拢．由于回路所受安培力的合力方向向下，由牛顿第三定律，磁铁将受到向上的反作用力，所以加速度小于 g．当磁铁的下端为 S 极时，根据类似的分析可得到相同的结果．所以选项 A、D 正确．

【点评】 楞次定律还有另一种表述，即感应电流的效果总是要反抗产生感应电流的原因．本题中的"原因"是回路中磁通量的增加，归根结底是磁铁靠近回路，"效果"便是阻碍磁通量的增加和磁铁的靠近．所以 P、Q 相互靠近且磁铁的加速度小于 g．

2.（华约）匀强磁场中有一长方形导线框，分别以相同的角速度绕图 10.13 中(a)，(b)，(c)，(d) 所示的固定转轴旋转，用 I_a，I_b，I_c，I_d 表示四种情况下线框中电流的有效值，则（　　）

A. $I_a = I_d$ 　B. $I_a > I_b$ 　C. $I_b > I_c$ 　D. $I_c = I_d$

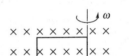

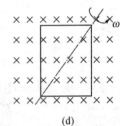

(a)　　　(b)　　　(c)　　　(d)

图 10.13

【答案】 AD

【解析】 对正弦交流电而言，最大值 $\varepsilon_m = NBS\omega$，且 $\varepsilon_m = \sqrt{2}\varepsilon$，$I = \dfrac{\varepsilon}{R}$，所以线框中电流的有效值为

$$I = \frac{NBS\omega}{\sqrt{2}R}$$

线框中电流的有效值只与 N, B, S, ω, R 有关，与固定转轴所处的具体位置无关．故 AD 正确．

3.（卓越）如图 10.14 所示，两根电阻不计的光滑金属导轨竖直放置，相距为 L，导轨上端接有阻值为 R 的电阻，水平条形区域 I 和 II 内有磁感应强度为 B、方向垂直导轨平面向里的匀强磁场，其宽度均为 d，I 和 II 之间相距为 h 且无磁场．一长度为 L、质量为 m、电阻不计的导体棒，两端套在导轨上，并与两导轨始终保持良好接触．现将导体棒由区域 I 上边界 H 处静止释放，在穿过两段磁场区域的过程中，流过电阻 R 上的电流及其变化情况相同．重力加速度为 g，求：

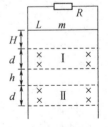

图 10.14

(1) 导体棒进入区域 I 的瞬间，通过电阻 R 的电流大小与方向；

(2) 导体棒穿过区域 I 的过程中，电阻 R 上产生的热量 Q；

(3) 下面四个图像(图 10.15)定性地描述了导体棒速度大小与时间的关系,请选择正确的图像并简述理由.

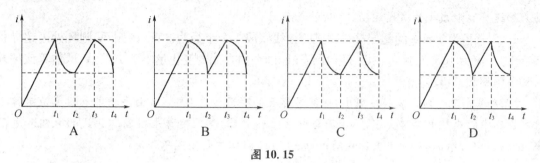

图 10.15

【答案】 (1) $I = \dfrac{BL}{R}\sqrt{2gH}$ 自右向左 (2) $Q = mg(h+d)$ (3) C

【解析】 (1) 设导体棒进入区域 I 瞬间的速度大小为 v,通过电阻 R 的电流大小为 I,感应电动势为 E,由机械能守恒定律得

$$mgH = \dfrac{1}{2}mv^2 \qquad ①$$

由法拉第电磁感应定律得:

$$E = BLv \qquad ②$$

由闭合电路的欧姆定律得:

$$I = \dfrac{E}{R} \qquad ③$$

由①、②、③ 式得:

$$I = \dfrac{BL\sqrt{2gH}}{R} \qquad ④$$

由楞次定律可以判断出通过电阻 R 的电流方向为由右向左.

(2) 设导体棒穿出区域 I 瞬间的速度大小为 v_1,由能量守恒定律得:

$$\dfrac{1}{2}mv^2 + mgd = \dfrac{1}{2}mv'^2 + Q \qquad ⑤$$

由题意知,导体棒穿过两段磁场区域过程中,流过电阻 R 上的电流及其变化情况相同,所以,导体棒在进入区域 I 和区域 II 的瞬间速度相同.导体棒在两磁场之间运动时只受重力作用,由机械能守恒定律得:

$$\dfrac{1}{2}mv'^2 + mgh = \dfrac{1}{2}mv^2 \qquad ⑥$$

由⑤、⑥式可得:

$$Q = mg(h+d) \qquad ⑦$$

(3) 选项 C 正确.

导体棒由静止开始到进入区域 I 之前,只受重力作用,导体棒做自由落体运动,加速度为 g,因此在 $0 \sim t_1$ 时间段内 v-t 图像为直线.导体棒在两磁场之间运动时也只受重力作用,同理在 $t_2 \sim t_3$ 时间段内 v-t 图像也为直线.

依据题意,两磁场区域宽度 d 相同,导体棒穿过两段磁场区域过程中,流过电阻 R 上的电流及其变化情况相同,可知导体棒在进入区域Ⅰ和Ⅱ瞬间的速度相同,且在两磁场区域速度变化相同,因此,导体棒在$t_1 \sim t_2$和$t_3 \sim t_4$时间段内的v-t图像相同,而且导体棒在磁场区域内运动为加速度逐渐减小的减速运动,所以C正确.

4. 用直径为1 mm的超导材料制成的导线做成1个半径为5 cm的圆环.圆环处于超导状态,环内电流为100 A.经过一年,经检测发现,圆环内电流的变化量小于10^{-6} A,试估算该超导材料电阻率数量级的上限.

【解析】 圆环内电流缓慢减小,使穿过环面的磁通量发生变化,由法拉第电磁感应定律不难算出环中的感应电动势大小,再由闭合电路欧姆定律、电阻定律求得圆环导线的电阻和电阻率.根据题中所给的条件,当圆环内通过电流I时,圆环中心的磁感强度

$$B = \frac{\mu_0 I}{2r}$$

穿过圆环的磁通量可近似为

$$\Phi \approx BS = \frac{\mu_0}{2}\pi I r \qquad ①$$

根据法拉第电磁感应定律,电流变化产生的感应电动势的大小

$$E = \frac{\Delta \Phi}{\Delta t} = \frac{\mu_0}{2}\pi r \frac{\Delta I}{\Delta t} \qquad ②$$

圆环的电阻

$$R = \frac{E}{I} = \frac{\mu_0 \pi r}{2I} \cdot \frac{\Delta I}{\Delta t} \qquad ③$$

根据题设条件$r = 0.05$ m,$\mu_0 = 4\pi \times 10^{-7}$ N·A^{-2},$I = 100$ A,$\frac{\Delta I}{\Delta t} \le 10^{-6}$ A·y^{-1} $\approx 3 \times 10^{-14}$ A·s^{-1},

代入③式得

$$R \le 3 \times 10^{-23} \ \Omega \qquad ④$$

由电阻与电阻率ρ、导线截面积S、长度l的关系$R = \rho \frac{l}{S}$及已知导线的直径$d = 1$ mm,环半径$r = 5$ cm,得电阻率

$$\rho = R \frac{S}{L} = R \frac{d^2}{8r} = 7.5 \times 10^{-29} \ \Omega \cdot m \qquad ⑤$$

【点评】 常温下金属导体的电阻率的数量级是$10^{-6} \sim 10^{-8}$ $\Omega \cdot m$.相比之下本题中的环形导线的电阻率可以为无限小,处于超导状态.半径为r的圆环中通以电流I后,圆环中心的磁感强度为$B = \frac{\mu_0 I}{2r}$,式中B、I、r各量均用国际单位,$\mu_0 = 4\pi \times 10^{-7}$ N·A^{-2}.

5. 如图10.16所示,在水平桌面放着长方形线圈$abcd$,已知ab边长为l_1,bc边长为l_2,线圈总电阻为R,ab边正好指向正北方.现将线圈以南北连线为轴翻转$180°$,使ab边与cd边互换位置,在翻转的全过程中,测得通过导线的总电量为Q_1.然后维持ad边(东西方向)不动,将线圈绕ad边转$90°$,使之竖直,测得正竖直过程中流过导线的总电量为Q_2.试求该处地磁场磁感强度B.

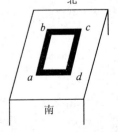

图 10.16

【解析】 由于地磁场存在,无论翻转或竖直,都会使通过回路的磁通量发生变化,产生感应电动势,引起感应电流,导致电量传输.值得注意的是,地磁场既有竖直分量,又有南北方向的分量,而且在南半球和北半球又有所不同,题目中未指明是在南半球或北半球,所以解题过程中应分别讨论.

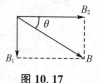

图 10.17

(1) 设在北半球,地磁场 B 可分解为竖直向下的 B_1 和沿水平面由南指向北的 B_2,如图 10.17 所示,其中 B 与水平方向夹角为 θ. 当线圈翻转 $180°$ 时,初末磁通分别为

$$\Phi_1 = B_1 l_1 l_2, \quad \Phi_2 = -B_1 l_1 l_2$$

由

$$\varepsilon = \frac{\Delta \Phi}{\Delta t}, i = \frac{\varepsilon}{R} = \frac{\Delta \Phi}{R \cdot \Delta t}$$

可知: Δt 时间内通过导体截面电量

$$\Delta q = i \Delta t = \frac{\Delta \Phi}{R}.$$

所以在这一过程中有

$$Q_1 = \frac{\Phi_2 - \Phi_1}{R} = \frac{2 B_1 l_1 l_2}{R}$$

将该线圈绕 ad 边转 $90°$,B_1、B_2 均有影响,即

$$\Phi_1 = B_1 l_1 l_2, \quad \Phi_2 = B_2 l_1 l_2$$

$$Q_2 = \frac{1}{R} \mid B_2 - B_1 \mid l_1 l_2$$

于是解得

$$B_1 = \frac{R Q_1}{2 l_1 l_2}$$

$$B_2 = \frac{R}{2 l_1 l_2}(Q_1 \pm 2 Q_2) \quad B_2 > B_1 \text{ 时取正},B_2 < B_1 \text{ 时取负}$$

$$B = \sqrt{B_1^2 + B_2^2} = \frac{\sqrt{2} R}{2 l_1 l_2} \sqrt{Q_1^2 \pm 2 Q_1 Q_2 + 2 Q_2^2}$$

$$\tan \theta = \frac{B_1}{B_2} = \frac{Q_1}{Q_1 \pm 2 Q_2}$$

(2) 设在南半球,B 同样可分解为竖直向上的分量 B_1 和水平面上由南指向北的分量 B_2,如图 10.18 所示.

同上,

$$Q_1 = \frac{\Phi_2 - \Phi_1}{R} = \frac{2 B_1 l_1 l_2}{R}$$

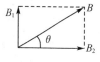

图 10.18

将该线圈绕 ad 边转 $90°$,

$$\Phi_1 = -B_1 l_1 l_2, \quad \Phi_2 = B_2 l_1 l_2$$

则有

$$\Delta \Phi = \Phi_2 - \Phi_1 = (B_1 + B_2) l_1 l_2$$

$$Q_2 = \frac{\Delta \Phi}{R} = \frac{(B_1 + B_2) l_1 l_2}{R}$$

解得:

$$B_1 = \frac{RQ_1}{2l_1l_2}$$

$$B_2 = \frac{R}{2l_1l_2}(2Q_1 - Q_2)$$

所以 B 大小

$$B = \sqrt{B_1^2 + B_2^2} = \frac{\sqrt{2}R}{2l_1l_2}\sqrt{Q_1^2 - 2Q_1Q_2 + 2Q_2^2}$$

方向：

$$\tan\theta = \frac{B_1}{B_2} = \frac{Q_1}{2Q_1 - Q_2}$$

6. 如图 10.19 所示，一很长的薄导体平板沿 x 轴放置，板的宽度为 L，电阻可忽略不计. $aebcfd$ 是圆弧形均匀导线，电阻为 $3R$，圆弧所在的平面与轴垂直，圆弧的两端 a、d 与导体板的两个侧面相接触，并可在其上滑动. 圆弧 $ae = eb = cf = fd = 1/8$ 圆周长，圆弧 $bc = 1/4$ 圆周长. 一个内阻为 $R_g = nR$ 的体积很小的电压表位于圆弧的圆心处，电压表与 b、c 相连. 整个装置处于磁感强度为 B、方向垂直向上的匀强磁场中. 当导体板不动而圆弧导线与电压表一起以恒定速度 v 沿 x 轴方向做平移运动时：

(1) 求电压表的读数.

(2) 求 e 点与 f 点的电势差 U_{ef}.

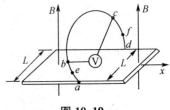

图 10.19

【解析】(1) 画出此装置从左向右看的侧面图，如图 10.20 所示，弧 bc 段产生的感应电动势大小为 $\varepsilon_1 = BLv$. 弧 ae 段产生的感应电动势大小为 $\varepsilon_2 = \frac{1}{2}(\sqrt{2}-1)BLv$. 弧 eb、cf、fd 段产生的感应电动势大小均为 ε_2. 连接电压表的每根导线中产生的感应电动势大小均为 $\varepsilon_3 = \frac{1}{2}\varepsilon_1 = \frac{1}{2}BLv$. 各段的感应电动势的方向可由右手定则来判断.

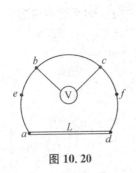

图 10.20

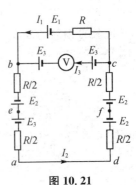

图 10.21

画出图 10.20 的等效电路，如图 10.21 所示. 用 I_1、I_2、I_3 分别表示图中三个支路的电流，其方向如图 10.21 所示.

则有

$$U_{bc} - \varepsilon_1 = -I_1 R$$

$$U_{bc} - 2\varepsilon_3 = -I_3 R_g$$
$$U_{bc} = 2I_2 R$$
$$I_2 = I_1 + I_3$$

联立以上各式,并将 $2\varepsilon_3 = \varepsilon_1, R_g = nR$ 代入,解得
$$I_3 = \frac{\varepsilon_1}{(3n+2)R}$$
$$I_2 = \frac{(n+1)\varepsilon_1}{(3n+2)R}$$

电压表的读数为
$$U = I_3 R_g = \frac{nBLv}{3n+2}$$

(2) 对 e、f 两点下方的支路,有
$$U_{ef} - 2\varepsilon_2 = I_2 R$$

解得
$$U_{ef} = I_2 R + 2\varepsilon_2 = \left(\frac{n+1}{3n+2} + \sqrt{2} - 1\right) BLv$$

7. 如图 10.22 所示,在大小为 B 的匀强磁场区域内跟 B 垂直的平面中有两根固定的足够长的金属平行导轨,在导轨上面平放着两根导体棒 ab 和 cd,两棒彼此平行,构成一矩形回路.导轨间距为 l,导体棒的质量都是 m,电阻各为 R,导轨部分电阻可忽略不计.设导体棒可在导轨上无摩擦地滑行,初始时刻 ab 棒静止,给 cd 棒一个向右的初速 v_0,求两棒之间距离增长量 x 的上限.

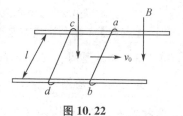

图 10.22

【解析】 过程的定性概况是,cd 棒以初速 v_0 向右运动,切割磁感线,产生电动势 ε_1,有电流通过 ab,ab 受安培力作用也运动起来,而且速度方向与 cd 的 v_0 是相同的.同时 cd 边也受安培力作用而减速,ab 受同样大的安培力作用而加速,此时 ab 边也切割磁感线,产生电动势 ε_2.只要 $\varepsilon_1 > \varepsilon_2$,$\varepsilon_2$ 就是反电动势,因为电流从 ε_2 的正极进入.随着 ε_1 的减小和 ε_2 的变大,电流、安培力、两棒的加速度都在减小,最终当两棒速度相同时,电流、安培力及加速度都会消失,两棒匀速运动,相对距离不再变化,这时两棒之间的距离比初始时刻变大了.我们可以看到,这个过程几乎所有物理量都随时间变化,只有两个物理量是不变的,一是系统的总动量,二是系统的总能量,动量守恒是由于两棒彼此虽无相互作用的内力,但磁场对两棒施加的安培力等大、反向,合力为零.能量守恒表现为系统动能的减小转化为电能的产生和电流在电阻上发热.由于除动量守恒和能量守恒之外所有物理量都变化,牛顿运动定律和匀变速运动公式在这种场合无用武之地.下面我们运用微元元法,通过取一小微元进行分析,令整体上变化的量转化为在局部不变的量.

据动量守恒定律,设两棒共同的末速度为 v_0
$$mv_0 = (m+m)v$$

得
$$v = \frac{1}{2}v_0$$

设在某一时刻,cd 棒与 ab 棒的速度分别是 v_1 和 v_2 在这极短的时间 Δt 内,cd 位移的 $x_1 =$

$v_1 \Delta t$，ab 的位移 $x_2 = v_2 \Delta t$（时间取得那么短，以至于可认为 v_1 与 v_2 不变，两棒做匀速运动）距离增长量在这 Δt 时间内为

$$\Delta x = x_2 - x_1 = (v_2 - v_1)\Delta t$$

这段时间内回路的电流也可认为是不变

$$I = \frac{\varepsilon_2 - \varepsilon_1}{2R} = \frac{Bl}{2R}(v_2 - v_1)$$

对 ab 棒运用动量定理有：$IlB\Delta t = m\Delta v$

所以

$$\Delta x = (v_2 - v_1)\Delta t = (v_2 - v_1)\frac{m\Delta v}{IlB}$$

$$= (v_2 - v_1)m\Delta v \cdot \frac{2R}{B^2 l^2 (v_2 - v_1)} = \frac{2mR\Delta v}{B^2 l^2}$$

对所有极微小的 Δx 求和，$x = \sum \Delta x$，由于对 ab 棒而言，$\sum \Delta v$ 的上限是 $-\frac{v_0}{2}$，所以两棒相对距离的增长量的上限：

$$x = \frac{2mR}{B^2 l^2}\sum \Delta v = -\frac{mRv_0}{B^2 l^2}$$

【点评】 微元法通常包含两步：先是微元，比如取极短的 Δt，使 Δt 中所有量都短暂不变，再求总和，如本题的 $\sum \Delta x$。无数个微小量求和，结果将趋向一个极限值。这实际上是微积分的思想。其次，我们看到 $(v_1 - v_2)$ 这实际上是 Δt 时间内以 cd 为参照系看到的 ab 的相对速度，x 上限的物理意义是：ab 棒以它变化的相对速度运动，在相对速度大小由 v_0 变为 $\frac{1}{2}v_0$ 的过程中，相对 cd 棒最远可远离的路程。求和时 $\sum \Delta v$ 的上限是 $\frac{v_0}{2} - v_0 = -\frac{v_0}{2}$，最后得到的距离上限为 $x = -\frac{mRv_0}{B^2 l^2}$。负号表示以 cd 为参照系，ab 棒向左远离。

第 2 节　感生电磁感应

◇考点梳理

6. 感生电动势

磁场相对于线圈或导体回路改变大小和方向所引起的电磁感应现象称为感生电磁感应现象。在感生电磁感应现象中产生的电动势称为感生电动势。

$$\varepsilon = S\frac{\Delta B}{\Delta t}$$

实验表明，变化的磁场能够在空间激发一种电场，称为涡旋电场或感应电场。涡旋电场也像静电场一样，能够对电荷产生作用力；但其电场线却与静电场的不同，是闭合线。正是由于这种非静性电场的出现，才使处于变化磁场中的导体产生感生电动势。如果用 E_V 表示涡旋电场的电场强度，则它在闭合回路 L 中产生的感生电动势为 ε_V。

如果回路闭合就有感应电流 $i = \frac{1}{R} \cdot \frac{\Delta \Phi}{\Delta t}$，如果回路不闭合，感生电动势仍是 $\varepsilon = \frac{\Delta \Phi}{\Delta t}$，不产生感应电流.

7. 由变化磁场产生的涡旋电场，其特征是：
(1) 空间各点的 E_V 一定处在与磁场垂直的平面上，即 E_V 没有跟 B 平行的分量；
(2) 磁场边界内外都有 E_V. 上面说过，E_V 的场线是与磁场边界的同心封闭圆，任何一个与磁场边界同心的圆周上任意一点的 E_V 沿切线方向；
(3) E_V 的指向与磁场变化的关系遵从楞次定律，即 E_V 的方向就是感应电动势的方向；
(4) 特殊情况下，E_V 的大小，可以从涡旋电场力是非静电力这一点出发来推导.

8. 静电场与感生电场的比较

就产生原因而言，静电场是由静止电荷产生的，而感生电场是由变化的磁场激发的. 就性质而言，当单位正电荷绕封闭合回路一周，静电场力的功为零. 当感生电场驱使单位正电荷绕副线圈一周时，感生电场力的功不为零，其数值恰为副线圈内产生的感生电动势，数值上等于通过副线圈的磁通量对时间的变化率. 静电场中电场力的功与路径无关，我们称这类场为保守场，感生电场中电场力的功与路径有关，我们称这种场是非保守场. 静电场的电场线是有头有尾的不封闭曲线，而感生电场的电力线是无头无尾的闭合曲线.

9. 如果变化的磁场区域是一个半径为 R 的圆形，磁场的磁感应强度变化率为 $\frac{\Delta B}{\Delta t}$，区域内外的感生电场电场线都是与 C 同心的同心圆（图 10.23）.

当 $r < R$ 时，
$$\varepsilon = E_V \cdot 2\pi r = \frac{\Delta \Phi}{\Delta t}$$
即
$$E_V = \frac{1}{2\pi r} \cdot \frac{\Delta B}{\Delta t} \cdot \pi r^2 = \frac{r}{2} \cdot \frac{\Delta B}{\Delta t}$$
当 $r > R$ 时，
$$\varepsilon = E_V \cdot 2\pi r = \frac{\Delta B}{\Delta t} \cdot \pi R^2$$

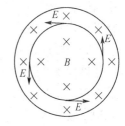

图 10.23

所以
$$E_{感} = \frac{R^2}{2r} \cdot \frac{\Delta B}{\Delta t}$$

E_V 大小在管内与 r 成正比，在管外与 r 成反比. 感生电场电力线的方向可由楞次定律确定，当 $\frac{\Delta B}{\Delta t} > 0$ 时，电力线方向为逆时针方向. 感生电场线是以螺线管轴心为圆心的同心圆，具体涡旋方向服从楞次定律. 感生电场强度的大小规律可以用图 10.24 表达.

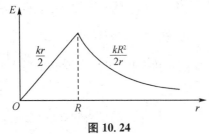

图 10.24

10. 涡流

块状金属放在变化的磁场中,或让它在磁场中运动,金属地内有感应电场产生,从而形成闭合回路,这时在金属内所产生的感生电流构成闭合回路,形成旋涡,所以叫做涡电流."涡电流"简称涡流,又叫傅科电流.

(1) 涡流的大小和磁通量变化率成正比,磁场变化的频率越高,导体里的涡流也越大.

(2) 在导体中涡流的大小和电阻有关,电阻越大涡流越小.为了减小涡流造成的热损耗,电机和变压器的铁芯常采用多层彼此绝缘的硅钢片叠加而成(材料采用硅钢以增加电阻).涡流也有可利用的一面.高频感应炉就是利用涡流作为自身加热用,感应加热,温度控制方便,热效率高,加热速度快,在生产中已用作金属的冶炼.在生活上也已被用来加热食品.

涡流在仪表上也得到运用.如电磁阻尼,在磁式测量仪表中,常把使指针偏转的线圈绕在闭合铝框上,当测量电流流过线圈时,铝框随线圈指针一起在磁场中转动,这时铝框内产生的涡流将受到磁场作用力,抑制指针的摆动,使指针较快地稳定在指示位置上.

11. 自感

由于导体自身电流发生变化而产生的电磁感应现象叫做自感.导体回路由于自感现象产生的感生电动势叫做自感电动势,由于磁感强度与电流强度成正比 $B \propto I$,通过回路的磁通量又与磁感强度成正比 $\Phi \propto B$,所以磁通量的变化率与电流强度的变化率成正比 $\frac{\Delta \Phi}{\Delta t} \propto \frac{\Delta I}{\Delta t}$,从而自感电动势的大小和电流的变化率成正比 $\varepsilon = -L \frac{\Delta I}{\Delta t}$,式中比例常数 L 叫做自感系数.在国际单位制中,自感系数的单位是亨利.自感是导体本身阻碍电流变化的一种属性.对于一个线圈来说,自感系数的大小取决于线圈的长度、直径、匝数以及铁芯的材料性质.

12.
自感现象产生的原因是当线圈中电流发生变化时,该线圈中将引起磁通量变化,从而产生感生电动势.因此,自感电动势的方向也可由楞次定律确定.当电流减小时穿过线圈的磁通量也将减小,这时自感电动势的方向应和正在减小的电流方向一致,以阻碍原电流的减小;当线圈中电流增大时,则穿过线圈的磁通量也随着增大,因而有时将导体的自感现象与惯性现象做类比,它们都表现为对运动状态变化的阻碍,所以自感现象又叫做电磁惯性现象.自感系数又叫做电磁惯量.

13.
自感电动势所阻碍的是电流的变化,而不是阻碍电流本身.所以线圈中电流变化率越大则线圈两端阻碍电流变化的感生电动势值也越大,与电流的大小无直接关系.

14. 磁场的能量

储存在线圈内的能量公式 $E = \frac{1}{2} L I^2$.

从公式看,能量是与产生磁场的电流联系在一起的,下面我们求出直螺线管的自感系数,从而证实能量是磁场的.设长直螺线管长为 L,截面积为 S,共绕有 N 匝线圈,管内为真空.电容器内电场能公式为 $E = \frac{1}{2} C U^2$,储藏在线圈中的磁场能量公式为 $E = \frac{1}{2} L I^2$,因而 L 与 C(电容)相当,I 与 U(电压)相当,自感系数 L 也可叫做"磁容",线圈也可以就叫磁容器.

典型例题

例 9 如图 10.25 所示,在一个半径为 R 的长直螺线管中通有变化的电流,使管内圆柱形的空间产生变化的磁场,且 $\frac{\Delta B}{\Delta t} > 0$. 如果在螺线管横截面内,放置一根长为 R 的导体棒 ab,使得 $Oa = ab = Ob$,那么 ab 上的感生电动势 ε_{ab} 是多少?如果将导体棒延伸到螺线管外,并使得 $ab = bc$,则 ε_{ac} 是多少呢?

【解析】 前面已说过:长直通电螺线管内是匀强磁场,而管外磁场为零,所以本题研究的是一个圆柱形匀强磁场.

尽管根据前述 E 的表达式可知, ab 棒所在各点的电场强度,但要根据这些场强来求出 ε_{ab} 却不是用初等数学能解决的问题,我们可取一个等边三角形面积 Oab,因为 Oa 和 Ob 垂直于感生电场的电力线,所以 Oa 和 Ob 上没有感生电动势.又根据法拉第电磁感应定律, Oab 回路上的感生电动势

$$\varepsilon = \frac{\Delta \Phi}{\Delta t} = \frac{\sqrt{3}}{4}r^2 \frac{\Delta B}{\Delta t}$$

这也就是 ε_{ab} 的大小.

如果将 ab 延伸到 c,则可研究 $\triangle Oac$,根据同样的道理可知

$$\varepsilon_{ac} = \frac{\Delta \Phi}{\Delta t} = \left(\frac{\sqrt{3}}{4} + \frac{\pi}{12}\right)R^2 \frac{\Delta B}{\Delta t}$$

图 10.25

【点评】 本题可解的前提是磁场局限于圆柱形内.如果一根导体棒是放在一个宽广的或是其他范围不规则的磁场内,是得不出上述结果的.

例 10 如图 10.26 所示,均匀导体做成的半径为 R 的 Φ 形环,内套半径为 $R/2$ 的无限长螺线管,其内部的均匀磁场随时间正比例地增大, $B = kt$,试求导体环直径两端 M、N 的电势差 U_{MN}.

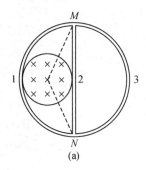
(a)

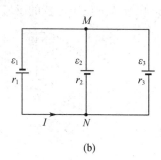
(b)

图 10.26

【解析】 将图 10.26(a) 中的左、中、右三段导体分别标示为 1、2、3,它们均为电源,电动势分别为:

$$\varepsilon_1 = \frac{1}{4}kR^2(\pi - \arctan 2)$$

$$\varepsilon_2 = \varepsilon_3 = \frac{1}{4}kR^2 \arctan 2$$

设导体单位长度电阻为 λ,三"电源"的内阻分别为:

$$r_1 = r_3 = \pi \lambda R$$
$$r_2 = 2\lambda R$$

223

应用楞次定律判断电动势的方向后,不难得出它们的连接方式如图10.26(b)所示. 然后,我们用戴维南定理解图10.26(b)中的电流 I

$$U_{MN} = Ir_1 - \varepsilon_1 = \frac{\varepsilon_3 r_2 r_1 + \varepsilon_2 r_3 r_1 + \varepsilon_1 r_2 r_3}{r_1 r_2 + r_2 r_3 + r_3 r_1}$$

$$= \frac{1}{4}kR^2\left(\arctan 2 - \frac{4+\pi}{2\pi}\right)$$

○ 强化训练

8. 如图10.27所示,如果在螺线管内、外分别放置两段导体 CD 和 EF,它们都是以螺线管轴线为圆心,且圆心角为 θ 的弧形,试求这两段导体两端的电势差.

【解析】 因为在弧线上的场强都是大小恒定的,故可用 $U = E \cdot l_{弧长}$ 求解.

显然,$U_{CD} = \frac{k}{2}\theta r^2$,$U_{EF} = \frac{k}{2}\theta R^2$.

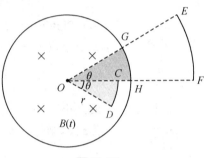

图 10.27

【点评】 我们不难发现,$U_{CD} = \frac{\Delta B}{\Delta t} \times$(扇形 OCD 的面积),$U_{EF} = \frac{\Delta B}{\Delta t} \times$(扇形 OGH 的面积). 感生电动势的大小可以这样计算:用磁感应强度的变化率乘以自磁场变化中心出发引向导体两端的曲边形(在磁场中)的"有效面积".

9. 半径为 R 的螺线管内充满匀强磁场,磁感应强度随时间的变化率 $\frac{\Delta B}{\Delta t}$ 已知. 求长为 L 的直导体在图10.28中 a、b、c 三个位置的感应电动势大小分别是多少?

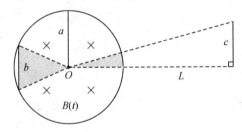

图 10.28

【解析】 在本题中,由于没有考查(以涡旋中心为圆心的)环形回路或弧形回路,所以需要用上面的"推论"解决问题.

显然,这里的"有效面积"分别为

$$S_a = 0$$

$$S_b = \frac{1}{2}L \cdot \sqrt{R^2 - \left(\frac{L}{2}\right)^2}$$

$$S_c = \frac{1}{2}R^2 \cdot \arctan\frac{L}{l+R}$$

【答案】 $\varepsilon_a = 0$;$\varepsilon_b = \frac{L}{4}\frac{\Delta B}{\Delta t}\sqrt{4R^2 - L^2}$;$\varepsilon_c = \frac{R^2}{2}\frac{\Delta B}{\Delta t}\arctan\frac{L}{l+R}$.

10. 如图 10.29 所示,在一个圆柱形区域内存在匀强磁场,圆柱轴线与纸面垂直,磁场方向垂直纸面向里,且磁感应强度随时间均匀增大.在磁场中与磁场方向垂直的平面上有一个直角导体框 abc,其三个顶点恰好在磁场边界的圆周上,$\angle abc = 30°$,导体框电阻分布均匀,求导体框 abc 上三个电势差的比值 $U_{ab} : U_{bc} : U_{ca}$.

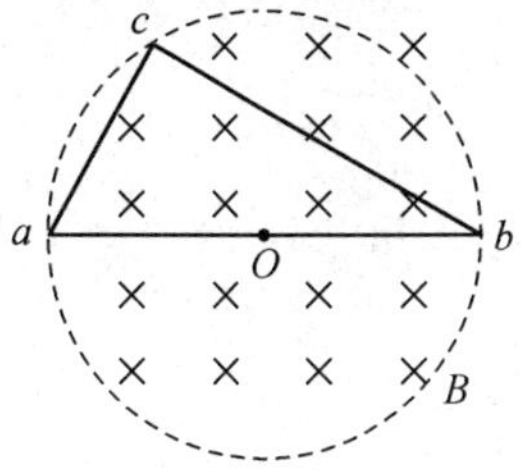

图 10.29

【解析】 设圆周半径为 R,$\dfrac{\Delta B}{\Delta t} = k$,单位长度导线电阻为 λ. 三角形 abc 回路中的电动势

$$E_{\text{总}} = \dfrac{\sqrt{3}}{2}R^2 \cdot \dfrac{\Delta B}{\Delta t} = \dfrac{\sqrt{3}}{2}kR^2$$

故 abc 回路中的电流强度为

$$I = \dfrac{E_{\text{总}}}{R_{\text{总}}} = \dfrac{\sqrt{3}kR}{2(3+\sqrt{3})\lambda}$$

为涡旋电场垂直半径方向,故 $E_{ab} = 0$,同时 $\triangle Oac$ 和 $\triangle Obc$ 面积相同,同时 Oa, Oc, Ob 中都无感应电动势,故有:

$$E_{bc} = E_{ac} = \dfrac{\sqrt{3}}{4}kR^2$$

这样

$$U_{ab} = I \cdot 2R\lambda = \dfrac{\sqrt{3}kR^2}{3+\sqrt{3}}$$

$$U_{bc} = I \cdot \sqrt{3}R\lambda - E_{bc} = -\dfrac{3(\sqrt{3}-1)}{4(3+\sqrt{3})}kR^2$$

$$U_{ca} = I \cdot R\lambda = E_{ca} = -\dfrac{kR^2}{4}$$

所以 $U_{ab} : U_{bc} : U_{ca} = -4\sqrt{3} : 3(\sqrt{3}-1) : (\sqrt{3}+3)$.

11. 如图 10.30 所示,由导线连接成的矩形平面电路,矩形的尺寸如图 10.30 所示,电路中两个电容分别为 C_1 和 C_2,S 是开关,开始时,S 处在接通状态,整个电路处在随时间 t 变化的匀强磁场中,磁场方向垂直于电路所在平面,磁感应强度的大小为 $B = B_0\dfrac{t}{T}$,式中 B_0 和 T 是已知常量. 经过一定时间后,断开 S,同时磁场停止变化,求达到平衡时两个电容器的电荷量.

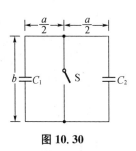

图 10.30

【解析】 当 S 接通时,可以把整个电路分成两个回路:C_1S 回路和 C_2S 回路. 在 t 时刻,磁场对回路 C_1S 的磁通量为:

$$\varphi_1 = \dfrac{1}{2}abB_0\dfrac{t}{T}$$

在 $t + \Delta t$ 时刻,磁场对回路 C_1S 的磁通量为

$$\varphi_1' = \dfrac{1}{2}abB_0\dfrac{t+\Delta t}{T}$$

根据法拉第电磁感应定律,可知回路 C_1S 的感应电动势为

$$\varepsilon_1 = \frac{\varphi_1' - \varphi}{\Delta t} = \frac{1}{2}ab\frac{B_0}{T}$$

同样可得回路 C_2S 的感应电动势为

$$\varepsilon_2 = \frac{1}{2}ab\frac{B_0}{T} = \varepsilon_1$$

等效电路如图 10.31 所示.

因电动势不随时间变化,故电容器极板上的电量也不随时间变化. 以 q_1 和 q_2 分别表示 C_1 和 C_2 所带电量,则

$$q_1 = C_1\varepsilon_1$$
$$q_2 = C_2\varepsilon_2$$

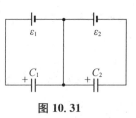

图 10.31

当 S 断开,磁场停止变化,电路中感应电动势消失,这时电容器 C_1 的正极与电容器 C_2 的负极相连,电荷量 q_1 和 q_2 在电容器上重新分布,等效电路如图 10.32 所示.

设此时电容所带电量分别为 q_1' 和 q_2',则有:

$$\frac{q_1'}{C_1} = \frac{q_2'}{C_2}$$
$$q_1' + q_2' = q_1 - q_2$$

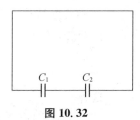

图 10.32

由以上各式可得

$$q_1' = \frac{abB_0}{2T}C_1\frac{C_1 - C_2}{C_1 + C_2}$$
$$q_2' = \frac{abB_0}{2T}C_2\frac{C_1 - C_2}{C_1 + C_2}$$

12. 一有界匀强磁场区域如图 10.33 所示,质量为 m,电阻为 R,半径为 r 的圆形线圈一半在磁场内,一半在磁场外,$t=0$ 时磁感应强度为 B,以后均匀减小直至为零,磁感应强度的变化率 $\frac{\Delta B}{\Delta t}$ 为一常数 k,线圈中产生感应电流,在磁场力作用下运动,不计重力的影响,求:

(1) $t=0$ 时刻线圈的加速度.

(2) 线圈最后做匀速直线运动时回路中的电功率.

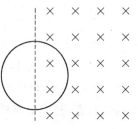

图 10.33

【答案】(1) $a = \dfrac{B\pi kr^3}{mR}$ (2) 有两种可能,$P = 0$ 和 $P = \dfrac{\pi^2 k^2 r^4}{R}$

【解析】(1)

$$\varepsilon = \frac{\Delta B}{\Delta t} \cdot \frac{1}{2}\pi r^2 = \frac{\pi kr^2}{2}$$

$$I = \frac{\pi kr^2}{2R}$$

$$F = B\frac{\pi kr^2}{2R}2r = ma$$

$$a = \frac{B\pi kr^3}{mR}$$

(2) 情况 I :线圈整体进入磁场后将做匀速运动

$$\varepsilon' = \frac{\Delta B}{\Delta t}\pi r^2 = \pi k r^2$$

$$P = \frac{\varepsilon'^2}{R} = \frac{\pi^2 k^2 r^4}{R}$$

情况Ⅱ：当 B 减小到零时，无感应电动势，线圈也会做匀速运动，此时 $P=0$.

13. 两根长度相等、材料相同、电阻分别为 R 和 $2R$ 的细导线，围成一直径为 D 的圆环，P、Q 为其两个接点，如图 10.34 所示. 在圆环所围成的区域内，存在垂直于圆指向纸面里的匀强磁场. 磁场的磁感强度的大小随时间增大，变化率为恒定值 b. 已知圆环中的感应电动势是均匀分布的. 设 MN 为圆环上的两点，MN 间的弧长为半圆弧 $PMNQ$ 的一半. 试求这两点间的电压.

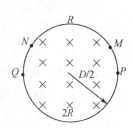

图 10.34

【解析】 就整个圆环而言，导线的粗细不同，因而电阻的分布不同，但感应电动势的分布都是均匀的. 求解时要注意电动势的方向与电势的高低.

根据电磁感应定律，整个圆环中的感应电动势的大小为

$$E = \frac{\Delta \Phi}{\Delta t} = \frac{1}{4}\pi D^2 b$$

此电动势均匀分布在整个环路内，方向是逆时针方向. 由欧姆定律可知感应电流为

$$I = \frac{E}{R+2R}$$

M、N 两点的电压

$$U_M - U_N = \frac{1}{4}E - I\left(2R + \frac{R}{2}\right)$$

由以上各式，可得

$$U_M - U_N = -\frac{7}{48}\pi D^2 b$$

可见，M 点电势比 N 点低.

14. 如图 10.35 所示，用电流传感器研究自感现象. 电源内阻不可忽略，线圈的自感系数较大，其直流电阻小于电阻 R 的阻值. $t=0$ 时刻闭合开关 S，电路稳定后，t_1 时刻断开 S，电流传感器连接计算机分别描绘了整个过程线圈中的电流 I_L 和电阻中的电流 I_R 随时间 t 变化的图像. 图 10.36 的图像中可能正确的是 （　　）

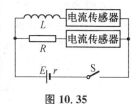

图 10.35

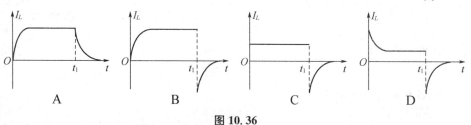

图 10.36

【解析】 $t=0$ 时，线圈中的电流为零，然后增大，断开 S 后线圈中的电流不能发生突变，电流会有一个同方向减小的过程，所以 A 正确. 另一方面，$t=0$ 时，L 断路，R 分得的电压较大，稳

定后 L 相当于是一个电阻, R 与 L 的并联电阻变小, R 分得的电压变小, 所以电流变小, 且 L 分得的电流比 R 中的电流要大. 当断开 S 的瞬间, 通过 L 的较大电流反向通过 R, 所以 D 正确.

15. 如图 10.37 所示, 自感系数为 L_1 和 L_2 的两个线圈, 通过开关 S_1 和 S_2 接入电动势为 E、内电阻为 r 的电源上, 开始时两个开关都断开, 当开关 S_1 闭合并且通过线圈 L_1 的电流达到某个值 I_0 时, 开关 S_2 闭合, 求最终在 L_1 和 L_2 中的稳定电流(线圈的电阻不计).

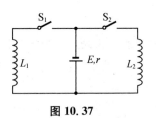

图 10.37

【解析】 如图 10.38 所示, 开关 S_2 闭合瞬间, 通过线圈 L_1 的电流为 I_0, 通过线圈 L_2 的电流为 0. 设达到稳定时, 通过两线圈的电流分别为 I_1 和 I_2, 而通过电源的电流为 $\dfrac{E}{r}$, 由节点电流定律, 有:

$$I_1 + I_2 = \dfrac{E}{r} \quad \text{①}$$

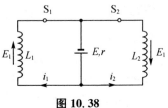

图 10.38

又

$$L_1 \dfrac{\Delta i_1}{\Delta t} = L_2 \dfrac{\Delta i_2}{\Delta t}$$

即

$$L_1 \Delta i_1 = L_2 \Delta i_2$$

两边求和可得:

$$L_1(I_1 - I_0) = L_2 I_2 \quad \text{②}$$

由①、②两式可得:

$$I_1 = \dfrac{L_2 E + L_1 I_0 r}{r(L_1 + L_2)}, \quad I_2 = \dfrac{L_1 E - L_1 I_0 r}{r(L_1 + L_2)}$$

16. 如图 10.39 所示的电路中, 已知电源电动势 ε, R, 电感 L 及其内阻 r, 电源内阻不计, 电感内阻为 r. 问闭合开关 S 后, 有多少电量通过无电阻导线 ab?

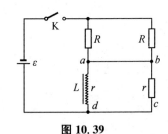

图 10.39

【解析】 当闭合开关 S 后, 由于电感 L 的存在, 支路 ad 段上的电流从零逐渐增大, 直至电流达到稳定. 这时若拆去导线 ab, 会发现 a 点和 b 点等势, 所以稳定时 ab 导线没有电流.

设自闭合 S 到电流稳定的过程中任一时刻, 各支路中的电流如图 10.40 所示. 由无阻导线 ab 相连的两点 a 和 b 电势始终相等. 因此, 流经 R 的电流应相等, 即

$$i_3 = i_4 \quad \text{①}$$

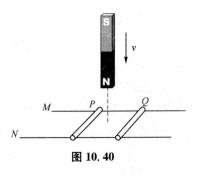

图 10.40

写出 a 点的节点方程:

$$i_3 = i_2 + i \quad \text{②}$$

将每一时刻看成稳恒电流, 得

$$i_4 = i_1 - i \quad \text{③}$$

S 闭合后 L 上电流 i_2 渐增, 回路 $abcda$ 有方程

$$L \dfrac{\Delta i_2}{\Delta t} + i_2 r - i_1 r = 0$$

即
$$L\frac{\Delta i_2}{\Delta t} = (i_1 - i_2)r \qquad ④$$

利用②、③式,得
$$i_1 - i_2 = 2i \qquad ⑤$$

联立④、⑤式得到
$$\frac{L}{2r}\Delta i_2 = i\Delta t \qquad ⑥$$

从闭合 S 直至电流稳定,易知 i_2 从零增加到
$$\frac{1}{2} \cdot \frac{\varepsilon}{\frac{1}{2}(R+r)} = \frac{\varepsilon}{(R+r)}$$

对⑥式两边整个过程求和,得到通过 ab 的电量:
$$q = \frac{L}{2r} \cdot \frac{\varepsilon}{(R+r)}$$

第3节　　交变电流与电磁波

考点梳理

15. 交流电的产生及变化规律

如图 10.41 所示,矩形线圈 $abcd$ 在匀强磁场中匀速转动,闭合电路中产生交流电.

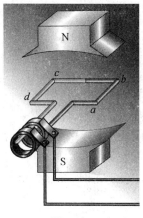

图 10.41

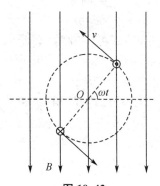

图 10.42

如果从线圈转过中性面的时刻开始计时,那么线圈平面与磁感应强度方向的夹角为 ωt,如图 10.42 所示,线圈中产生的瞬时感应电动势按正弦规律变化:
$$e = nBS\omega\sin\omega t = \varepsilon_m\sin\omega t$$

式中,$\varepsilon_m = nBS\omega$,称为感应电动势的最大值,实际上这个值与线圈形状和转轴位置无关.

电路中的电流强度也按正弦规律变化:$i = I_m\sin\omega t$,I_m 称为交流电流的最大值.

外电路的电压按正弦规律变化:$u = U_m\sin\omega t$,U_m 称为交流电压的最大值.

16. 表征交流电的物理量

(1) 周期和频率

周期和频率是表征交流电变化快慢的物理量.一对磁极交流发电机中的线圈在匀强场中匀速转动一周,电流按正弦规律变化一周.我们把电流完成一次周期性变化所需的时间,叫做交流电的周期 T,单位是秒.我们把交流电在1秒钟内完成周期性变化的次数,叫做交流电的频率 f,单位是赫兹.

(2) 最大值和有效值

交流电流的最大值 I_m 与交流电压的最大值 U_m 是交流电在一周期内电流与电压所能达到的最大值.交流电的最大值 I_m 与 U_m 可以分别表示交流电流的强弱与电压的高低.

交流电的有效值是根据电流热效应来规定的.让交流电和直流电通过相同阻值的电阻,如果它们在相同时间内产生的热效应相等,就把这一直流电的数值叫做这一交流电的有效值.通常用 ε 表示交流电源的有效值,用 I 表示交流电流的有效值,用 U 表示交流电压的有效值.正弦交流电的有效值与最大值之间有如下的关系:

$$\varepsilon = \frac{\varepsilon_m}{\sqrt{2}}, \quad I = \frac{I_m}{\sqrt{2}}, \quad U = \frac{U_m}{\sqrt{2}}$$

当知道了交流电的有效值,很容易求出交流电通过电阻产生的热量.设交流电的有效值为 I,电阻为 R,则在时间 t 内产生的热量 $Q = I^2 R t$.这跟直流电路中焦耳定律的形式完全相同.由于交流电的有效值与最大值之间只相差一个倍数,所以计算交流电的有效值时,欧姆定律的形式不变.

通常情况下所说的交流电流或交流电压是指有效值.

(3) 相位和相差

交流发电机中如果从线圈中性面重合的时刻开始计时,交流电动势的瞬时值是 $e = \varepsilon_m \sin \omega t$.如果从线圈平面与中性面有一夹角 φ_0 时开始计时,那么经过时间 t,线圈平面与中性面有一夹角是 $\omega t + \varphi_0$,如图10.43所示,则交流电的电动势瞬时值是:

$$e = \varepsilon_m \sin(\omega t + \varphi_0)$$

从交流电瞬时值表达式可以看出,交流电瞬时值何时为零,何时最大,不是简单地由时间 t 确定,而是由 $\omega t + \varphi_0$ 来确定.这个相当于角度的量 $\omega t + \varphi_0$ 对于确定交流电的大小和方向起重要作用,称之为交流电的相位.φ_0 是 $t = 0$ 时刻的相位,叫做初相位.在交流电中,相位这个物理量是用来比较两个交流电的变化步调的.

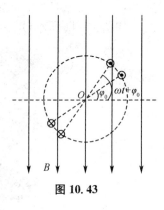

图 10.43

两个交流电的相位之差叫做它们的相差,用 $\Delta \varphi$ 表示,如果交流电的频率相同,相差就等于初相位之差,即:

$$\Delta \varphi = (\omega t + \varphi_{10}) - (\omega t + \varphi_{20}) = \varphi_{10} - \varphi_{20}$$

这时相差是恒定的,不随时间而改变.

两个频率相同的交流电,它们变化的步调是否一致要由相差 $\Delta \varphi$ 来决定.如果 $\Delta \varphi = 0$,这两个交流电称做同相位;如果 $\Delta \varphi = 180°$,这两个交流电称为反相位;若 $\varphi_{10} > \varphi_{20}$,我们说交流电 I_1 比 I_2 相位超前 $\Delta \varphi$,或说交流电 I_2 比 I_1 相位落后 $\Delta \varphi$.

17. 交流电的旋转矢量表示法

交流电的电流或电压是正弦规律变化的.这一变化规律除了可以用公式和图像来表示外,还可以用一个旋转矢量来表示.如图10.44是正弦交流电的旋转矢量表示法与图像表示法的对照图,左边是旋转矢量法,右边是图像法.

在交流电的旋转矢量表示法中,OA 为一旋转矢量,旋转矢量 OA 的大小表示交流电的最大值 I_m,旋转矢量 OA 旋转的角速度是交流电的角频率 ω,旋转矢量 OA 与横轴的夹角 $\omega t+\varphi_0$ 为交流电的相位,旋转矢量 OA 在纵轴上的投影为交流电的瞬时值 $i = I_m\sin(\omega t+\varphi_0)$.

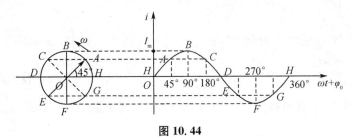

图 10.44

交流电的旋转矢量表示法使交流电的表达更加直观简捷,并且也为交流电的运算带来极大的方便.

18. 互感

由于电路中电流的变化,而引起邻近另一电路中产生电动势的现象叫做互感现象.变压器就是利用互感改变交流电压的装置,由接电源的初级线圈(又叫原线圈)、接负载的次级线圈(又叫副线圈)和铁芯构成(图 10.45).

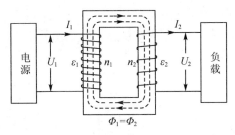

图 10.45

我们把无铜损(导线焦耳热)、无铁损(涡流能耗)、无磁损(漏磁通)的变压器称为理想变压器,显然理想变压器是一个理想模型.对于理想变压器,有:

$$u_1 = -\varepsilon_1 = -\left(-n_1\frac{\Delta\Phi_1}{\Delta t}\right)$$

$$u_2 = \varepsilon_2 = -n_2\frac{\Delta\Phi_2}{\Delta t}$$

即原、副线圈电压瞬时值 $\dfrac{u_1}{u_2} = -\dfrac{n_1}{n_2}$,有效值 $\dfrac{U_1}{U_2} = \dfrac{n_1}{n_2}$,联系功率关系,可得 $\dfrac{I_1}{I_2} = \dfrac{n_2}{n_1}$.

如果负载是纯电阻 R,则变压器与负载可以等效为一个电阻 R':

$$R' = \left(\frac{n_1}{n_2}\right)^2 R$$

变压器交流动态电路主要有两种情况:一是负载电阻不变,原副线圈电压、电流、功率随匝数比变化而变化;二是匝数比不变,原副线圈电压、电流、功率随负载变化而变化.解决变压器交流动态电路问题首先要明确变量之间的相互制约关系.在理想变压器中,副线圈的输出电压 U_2 由原线圈的输入电压 U_1 和匝数比决定,与负载电阻无关,即输入电压 U_1 决定输出电压 U_2;在原线圈输入电压 U_1 和匝数比确定的情况下,原线圈的输入电流由副线圈输出电流决定,副线圈输出电流由负载确定,即负载决定输入电流;变压器输入功率由输出功率确定,即输出功率决定输入功率.分析变压器交流动态电路的思路是:由输入电压和匝数比得出输出电压,由输出电压和负载得出输出电流,最后由输出功率得出输入功率.

19. 电能的输送

当输电功率为 P、输电电压为 U 时,输电线上输电电流 $I = \dfrac{P}{U}$,输电线上损失电压 $U_损 = IR_线$,输电线损失功率 $P_损 = I^2 R_线 = \left(\dfrac{P}{U}\right)^2 R_线$.解决远距离输电问题,要首先画出输电示意图,包括发电机、升压变压器、输电线降压变压器、负载等,在图中标出相应物理量符号,利用 $P_损 = I^2 R_线 = \left(\dfrac{P}{U}\right)^2 R_线$ 及其相关知识解答.

20. 交流电路中的基本元件

在交流电路中,电压和电流之间的关系已变得比较复杂了,从下面的讨论中我们将发现,电流和电压之间不仅存在着量值(即最大值或有效值)的大小关系,还存在着相位关系,在恒定电流电路中,反映一个电阻元件两端电压和其中的电流的比是 $\dfrac{U}{I}$,即元件的电阻. 在交流电路中,反映某一元件上电压 $u(t)$ 和电流 $i(t)$ 的关系,则需要两个量,一是二者峰值之比(等于有效值之比),这个比值叫做元件的阻抗,用 Z 表示:

$$Z = \dfrac{U_m}{I_m} = \dfrac{U}{I}$$

另一个是二者相位之差:

$$\varphi = \varphi_U - \varphi_I$$

(1) 纯电阻电路

如图 10.46 所示,给电阻 R 加上一正弦交流电压 u:

$$u = U_m \sin \omega t$$

电流的瞬时值 I 与 U、R 三者关系仍遵循欧姆定律.

$$i = \dfrac{u}{R} = \dfrac{U_m}{R} \sin \omega t$$

电流最大值 $I_m = \dfrac{U_m}{R}$,它们的有效值同样也满足:

$$I = \dfrac{U}{R}$$

在纯电阻电路中,u、i 变化步调是一致的,即它们是同相,图 10.47(a) 表示电流、电压随时间变化的步调一致特性.图 10.47(b) 是用旋转矢量法来表示纯电阻电路电流与电压的相位关系.

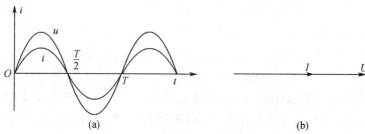

图 10.47

在纯电阻电路中：
$$Z = R$$
$$\varphi = 0$$

（2）纯电感电路

纯电感电路中电压电流关系：

$I = \dfrac{U}{\omega L}$，其中 ωL 称为感抗，用 X_L 表示，$X_L = \omega L = 2\pi f L$．感抗 X_L 的单位为欧姆．

$$I = \dfrac{U}{X_L}$$

纯电感电路中，电压、电流相位关系是，电压超前电流 $\dfrac{\pi}{2}$，它们的图像和矢量表示如图 10.48(a)、(b) 所示．

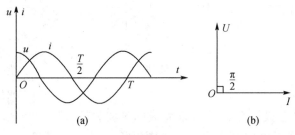

图 10.48

所以在纯电感电路中：
$$Z = X_L$$
$$\varphi = \dfrac{\pi}{2}$$

（3）纯电容电路

所以在纯电容电路中：
$$Z = X_C$$
$$\varphi = -\dfrac{\pi}{2}$$

图 10.49(a)、(b) 分别反映电流、电压随时间的变化图线和它们的矢量表示图．

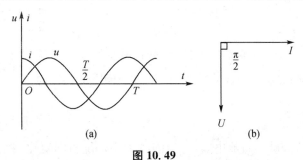

图 10.49

21．整流

把交流电变为直流电的过程叫做整流，通常是利用二极管的单向导电特性来实现整流目的,一般的整流方式为半波整流、全波整流、桥式整流.

(1) 半波整流

如图 10.50 所示电路为半波整流电路,B 是电源变压器,D 是二极管,R 是负载. 当变压器输出正弦交流 $u_{ab} = U_m\sin\omega t$ 时,波形如图 10.51(a) 所示,当 $u_{ab} > 0$ 时,二极管 D 正向导通,设正向电阻为零,则 $u_R = u_{ab}$. 当 $u_{ab} < 0$ 时,在交流负半周期,二极管处于反向截止状态,$R_D \to \infty$,所以 R 上无电流,$u_R = 0$,u_R 变化如图 10.51(b) 所示. 可见 R 上电压是单方向的,而强度是随时间变化的,称为脉动直流电.

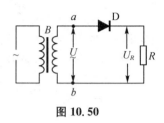

图 10.50

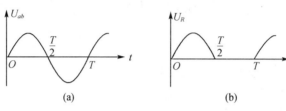

图 10.51

(2) 全波整流

全波整流是用两个二极管 D_1、D_2 分别完成的半波整流实现全波整流,如图 10.52 所示,O 为变压器中央抽头,当 $u_{ab} > 0$ 时,D_1 导通,D_2 截止,当 $u_{ab} < 0$ 时,D_1 截止,D_2 导通,所以 R 上总是有从上向下的单向电流,如图 10.53 所示.

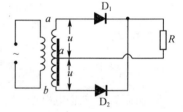

图 10.52

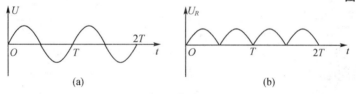

图 10.53

(3) 桥式整流

桥式整流电路如图 10.54 所示,当 $u_{ab} > 0$ 时,D_1、D_3 处于导通状态,D_2、D_4 处于反向截止,而当 $u_{ab} < 0$ 时,D_2、D_4 处于导通,D_1、D_3 处于反向截止,流经 R 的电流总是从上向下的脉动直流电,它与全波整流波形相似. 所不同的是,全波整流时,二极管截止时承受反向电压的最大值为 $2\sqrt{2}U$,而桥式整流二极管截止时,每一个承受最大反向电压为 $\sqrt{2}U$.

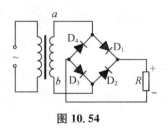

图 10.54

22. 滤波

交流电经整流后成为脉动直流电,其电流强度大小仍随时间变化. 为了使脉动电流为比较平稳的直流,需将其中脉动成分滤去,这一过程称为滤波. 滤波电路常见的是电容滤波、电感滤波和型滤波. 图 10.55 为电容滤波电路,电解电容 C 并联在负载 R 两端. 由于脉动直流可看作是稳恒直流和几个交流电成分叠加而成,因而电容器的隔直流通交流的性质能让脉动直流中的大部分交流成分通过电容器而滤去,使得 R 上获得比较平稳的直流电,如图 10.56 所示.

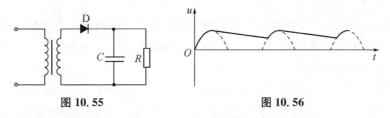

图 10.55　　　　　　　　　图 10.56

电感线圈具有通直流阻交流的作用,也可以作为滤波元件,如图 10.57 所示电路中 L 与 R 串联,电压交流成分的大部分降在电感线圈上,而 L 的电阻很小,电压的直流成分则大部分降在负载电阻上,因此 R 上电压、电流都平稳得多,如图 10.58 所示.

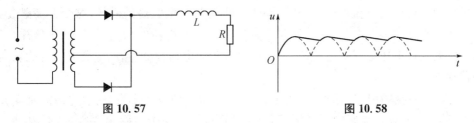

图 10.57　　　　　　　　　图 10.58

把电容和电感组合起来,则可以组成滤波效果更好的 π 型滤波器,如图 10.59 所示.

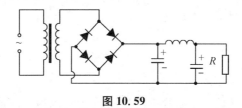

图 10.59

电路中电容器极板上的电荷和电路中的电流及它们相联系的电场和磁场做周期性变化的现象,叫做电磁振荡.在电磁振荡过程中所产生的强度和方向周期性变化的电流称为振荡电流.能产生振荡电流的电路叫振荡电路.最简单的振荡电路,是由一个电感线圈和一个电容器组成的 LC 电路,如图 10.60 所示.

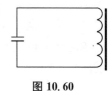

图 10.60

在电磁振荡中,如果没有能量损失,振荡应该永远持续下去,电路中振荡电流的振幅应该永远保持不变,这种振荡叫做自由振荡或等幅振荡.但是,由于任何电路都有电阻,有一部分能量要转变成热,还有一部分能量要辐射到周围空间中去,这样振荡电路中的能量要逐渐减小,直到最后停止下来.这种振荡叫做阻尼振荡或减幅振荡.

电磁振荡完成一次周期性变化时需要的时间叫做周期.一秒钟内完成的周期性变化的次数叫做频率.

振荡电路中发生电磁振荡时,如果没有能量损失,也不受其他外界的影响,即电路中发生自由振荡时的周期和频率,叫做振荡电路的固有周期和固有频率.

LC 电路的周期 T 和频率 f 跟自感系数 L 和电容 C 的关系是:

$$T = 2\pi \sqrt{LC}$$

$$f = \frac{1}{2\pi\sqrt{LC}}$$

23. 电磁场

任何变化的电场都要在周围空间产生磁场,任何变化的磁场都要在周围空间产生电场.变化的电场和磁场总是相互联系的,形成一个不可分割的统一的场,这就是电磁场.麦克斯韦理论是描述电磁场运动规律的理论.

变化的磁场在周围空间激发的电场,其电场呈涡旋状,这种电场叫做涡旋电场.涡旋电场与静电场一样对电荷有力的作用;但涡旋电场又与静电场不同,它不是由静电荷产生的,它的电场线是闭合的,在涡旋电场中移动电荷时电场力做的功与路径有关,因此不能引用"电势""电势能"等概念.

24. 电磁波

如果空间某处产生了振荡电场,在周围的空间就要产生振荡的磁场,这个振荡磁场又要在较远的空间产生新的振荡电场,接着又要在更远的空间产生新的振荡磁场……这样交替产生的电磁场由近及远地传播就是电磁波.电磁波可以脱离电荷独立存在,电磁波具有能量,它是物质的一种特殊形态.

25. 电磁波的电场和磁场的方向彼此垂直,并且跟传播方向垂直,所以电磁波是横波.电磁波不同于机械波,机械波要靠介质传播,而电磁波可以在真空中传播.电磁波在真空中的传播速度等于光在真空中的传播速度 $c = 3 \times 10^8$ m/s. 电磁波在一个周期的时间内传播的距离叫电磁波的波长.电磁波在真空中的波长为:

$$\lambda = cT = \frac{c}{f}$$

典型例题

例 11 (卓越)心电图仪是将心肌收缩产生的脉动转化为电压脉冲的仪器,其输出部分可用一个与大电阻(40 kΩ)相连的交流电源来等效,如图 10.61 所示.心电图仪与一理想变压器的初级线圈相连,以扬声器(可以等效为阻值为 8 Ω 的电阻)与该变压器的次级线圈相连.在等效电源的电压有效值 U_0 不变的情况下,为使扬声器获得最大功率,变压器的初级线圈和次级线圈的匝数比约为 ( )

A. 1∶5 000   B. 1∶70

C. 70∶1   D. 5 000∶1

【答案】 C

【解析】 设变压器的初级线圈和次级线圈的匝数比为 n,把理想变压器和扬声器整体等效为一个负载电阻 R,则有:

$$R_1 = \frac{U_1}{I_1}$$

而

$$U_1 = nU_2$$

$$I_1 = I_2/n$$

$$U_2/I_2 = R_2$$

解得

$$R_1 = n^2 R_2$$

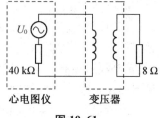

图 10.61

为使扬声器获得最大功率,负载电阻 R 必须获得最大功率.
根据电源输出最大功率条件,负载电阻 R 应等于 R_1,即 $R_1 = n^2 R_2$,解得

$$n = \sqrt{\frac{R_1}{R_2}} = \sqrt{5\,000} = 70$$

选项 C 正确.

例 12 (卓越)如图 10.62 所示,理想变压器有两个接有电阻的独立副线圈甲、乙,其匝数分别为 n_1 和 n_2. 现测得线圈甲上的电流与电压分别为 I_1 和 U_1,线圈乙上的电流为 I_2,则线圈乙上的电压 $U_2 =$ _____,原线圈上的输入功率 $P =$ _____.

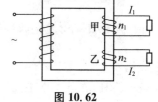

图 10.62

【答案】 $\frac{n_2}{n_1} U_1$ $U_1 I_1 + \frac{n_2}{n_1} U_1 I_2$

【解析】 由变压器公式

$$\frac{U}{n} = \frac{U_1}{n_1} = \frac{U_2}{n_2}$$

线圈乙上的电压

$$U_2 = \frac{n_2}{n_1} U_1$$

由理想变压器功率关系可得原线圈上的输入功率

$$P = U_1 I_1 + U_2 I_2 = U_1 I_1 + \frac{n_2}{n_1} U_1 I_2$$

例 13 一般的日光灯,当加于它两端的电压增大到 $u_1 = 200$ V 时就能发光,发光后如电压降到 $u_2 = 114.2$ V 就会熄灭. 如果日光灯接在电压为 220 V 的照明电路中,试计算日光灯每次发光的延续时间(日光灯的熄灭电压各异,本题只是一个假设情况).

【解析】 220 V 照明电压的瞬时值表达式为:

$$u = U_m \sin(2\pi f t) = 220\sqrt{2} \sin(314 t) \text{ V}$$

如图 10.63 所示,第一个半周期中,从 $t = 0$ 开始,设经 t_1 时间后电压从 0 增大到 u_1,此时日光灯第一次发光,则

$$u_1 = U_m \sin 2\pi f t_1$$

解得:

$$2\pi f t_1 = \arcsin \frac{u_1}{U_m} = \arcsin \frac{200}{220\sqrt{2}} = 40° = \frac{2}{9}\pi$$

$$t_1 = \frac{\frac{2}{9}\pi}{2\pi} \times T = \frac{T}{9}$$

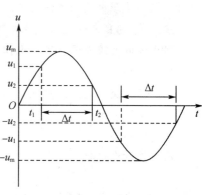

图 10.63

再设经 t_2 时间,电压由零增大到电压的最大值又减小到等于 u_2,这时日光灯第一次熄灭,则:

$$u_2 = U_m \sin(2\pi f t_2)$$

$$2\pi f t_2 = \pi - \arcsin \frac{u_2}{U_m}$$

由于
$$\arcsin \frac{u_2}{U_m} = \arcsin \frac{114.2}{220\sqrt{2}} = \arcsin 0.2681 = \frac{3\pi}{25}$$

所以
$$t_2 = \frac{\pi - \frac{3\pi}{25}}{2\pi} \times T = \frac{11}{25} T$$

所以日光灯发光的持续时间
$$\Delta t = t_2 - t_1 = \frac{11}{25}T - \frac{1}{9}T \approx \frac{1}{3}T = \frac{1}{3} \times \frac{1}{50} \text{ s} = \frac{1}{150} \text{ s}$$

同样,在第二个半周期交流电压反向增大到 u_1 时,日光灯又会发光,持续时间相同,即一个周期内,日光灯明暗交替两次.

例 14 两个完全相同的电热器,分别通过如图 10.64(a)、(b) 所示的电流最大值相等的方波交流电流和正弦交流电流,则这两个电热器的电功率之比 $P_{方} : P_{交}$ 是多少?

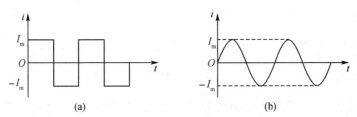

图 10.64

【解析】 交流电通过纯电阻 R 时,电功率 $P = I^2 R$,式中 I 是交流电的有效值.交流电的有效值是交流电流的最大值 I_m 的 $\frac{1}{\sqrt{2}}$,这一结论是针对正弦交流电而言的.至于方波交流电通过纯电阻 R 时,每时每刻都有大小为 I_m 的电流通过,只是方向在做周期性变化.而稳恒电流通过电阻时的热功率跟电流的方向无关.所以最大值为 I_m 的方波交流电通过纯电阻的电功率等于电流强度是 I_m 的稳恒电流通过纯电阻的电功率.

对于方波交流电流流过纯电阻 R 的电功率为:
$$P_{方} = I_m^2 R$$

对于正弦交流电流流过纯电阻 R 的电功率为:
$$P_{交} = I^2 R = \left(\frac{I_m}{\sqrt{2}}\right)^2 R = \frac{1}{2} I_m^2 R$$

所以这两个电热器的电功率之比为:
$$P_{方} : P_{交} = 2 : 1$$

例 15 如图 10.65 所示,正方形线圈 $abcd$ 绕对称轴 OO' 在匀强磁场中匀速运动,转数 $n = 120$ r/min. 若已知 $ab = bc = 0.20$ m,匝数 $N = 20$,磁感应强度 $B = 0.2$ T,求:

(1) 转动中的最大电动势及位置;

(2) 从图示位置转过 $90°$ 过程中的平均电动势;

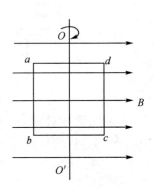

图 10.65

(3) 设线圈是闭合的,总电阻 $R = 10 \ \Omega$,线圈转动过程中受到的最大电磁力矩及位置.

【解析】 这是一个以交流发电机为原型的计算题.根据导线切割磁感线产生感应电动势的公式,可计算出线圈中产生的最大感应电动势;根据线圈中的磁通量的平均变化率,可计算出线圈在转动过程中受到磁力矩.

(1) 当线圈平面与磁场方向平行时,线圈的 ab、cd 边切割磁感线的有效速度最大,产生的感应电动势最大.

$$\varepsilon_m = NBS\omega = NBS \cdot 2\pi \frac{n}{60} = 2.01 \ V$$

(2) 从图示位置转过 $90°$ 的过程中,线圈中发生的磁通量的变化 $\Delta \Phi = BS$,经历的时间为 $\frac{\pi}{2\omega}$,由法拉第电磁感应定律解得平均感应电动势为

$$\bar{\varepsilon} = N \frac{\Delta \Phi}{\Delta t} = \frac{NBS\omega}{\pi/2} = \frac{\varepsilon_m}{\pi/2} = \frac{2.01}{\pi/2} \ V = 1.28 \ V$$

(3) 当线圈平面与磁场方向平行时,线圈中产生的感应电动势最大,产生的感应电流最大.此时线圈的 ab、cd 边受到的安培力最大且与线圈平面垂直,因而磁力矩也就最大.

$$M_m = NI_m SB = N \cdot \frac{\varepsilon_m}{R} SB = \frac{N^2 B^2 S^2 \omega}{R} = 0.030 \ 2 \ N \cdot m$$

例 16 如图 10.66 所示,ACD 是由均匀细导线制成的边长为 d 的等边三角形线框,它以 AD 为转轴,在磁感应强度为 B 的恒定的匀强磁场中以恒定的角速度 ω 转动(俯视为逆时针旋转),磁场方向与 AD 垂直.已知三角形每条边的电阻都等于 R.取图示线框平面转至与磁场平行的时刻为 $t = 0$.

(1) 求任意时刻 t 线框中的电流.
(2) 规定 A 点的电势为 0,求 $t = 0$ 时,三角形线框的 AC 边上任一点 P(到 A 点的距离用 x 表示)的电势 U_P,并画出 U_P 与 x 之间关系的图线.

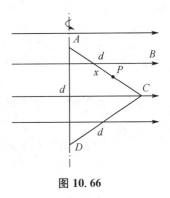

图 10.66

【解析】 (1) 由 $\varepsilon = Bd\omega \cdot \frac{\sqrt{3}}{4} \cdot d\cos\omega t = \frac{\sqrt{3}}{4} Bd^2\omega\cos\omega t$

$$I = \frac{\varepsilon}{3R} = \frac{\sqrt{3}}{12R} Bd^2\omega\cos\omega t$$

(2) $U_P = \varepsilon_{AP} - IR \frac{x}{d} = \frac{\sqrt{3}}{8} B\omega \left(x^2 - \frac{2}{3} xd \right)$

$$= \frac{\sqrt{3}}{8} B\omega \left(x - \frac{1}{3}d \right)^2 - \frac{\sqrt{3}}{72} Bd^2\omega$$

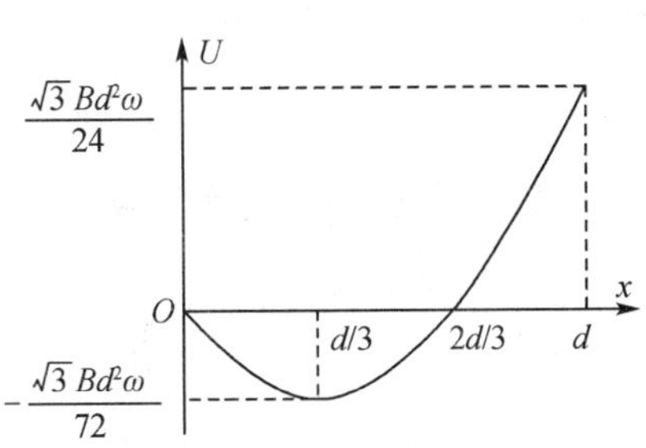

此图线为抛物线,$x = 0$ 和 $x = \frac{2}{3}d$ 时 $U_P = 0$,顶点为 $x = \frac{1}{3}d$,$U_P = -\frac{\sqrt{3}}{72} Bd^2\omega$,$x = d$ 时 $U_P = \frac{\sqrt{3}}{24} Bd^2\omega$,所以图线如图 10.67 所示.

图 10.67

例 17 某发电厂通过两条输电线向远处的用电设备供电.当发电厂输出的功率为 P_0 时,

额定电压为 U 的用电设备消耗的功率为 P_1. 若发电厂用一台升压变压器 T_1, 先把电压升高, 仍通过原来的输电线供电, 到达用电设备所在地, 再通过一台降压变压器 T_2 把电压降到用电设备的额定电压, 供用电设备使用, 如图 10.68 所示. 这样改动后, 当发电厂输出的功率仍为 P_0, 用电设备可获得的功率增加至 P_2. 试求所用升压变压器 T_1 的原线圈与副线圈的匝数比 N_1/N_2 以及降压变压器的原线圈与副线圈的匝数比 n_1/n_2 各为多少?

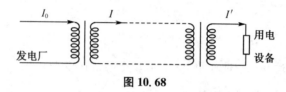

图 10.68

【解析】 电能输送过程中, 用电设备获得的功率为发电厂输出功率和导线上损失功率之差, 升压送电, 降压使用过程中, 电路为非纯电阻电路, 讨论功率应用 $P=UI$ 讨论.

没有用变压器之前, 输电线上消耗的电功率为

$$P_{R_1} = P_0 - P_1 = I_0^2 R$$

(式中 R 为输电线电阻, I_0 为发电厂的输出电流)

输电线电阻

$$R = \frac{P_0 - P_1}{I_0^2} \qquad ①$$

用电设备的电压为

$$U = \frac{P_1}{I_0} \qquad ②$$

用了变压器后, 输电线上消耗的电功率为

$$P_{R2} = P_0 - P_2 = I^2 R \qquad ③$$

(式中的 I 是输电线上的电流, 也是升压变压器副线圈和降压变压器原线圈上的电流)

由 ① 式和 ③ 式可得:

$$I = I_0 \sqrt{\frac{P_0 - P_2}{P_0 - P_1}} \qquad ④$$

所以

$$\frac{N_1}{N_2} = \frac{I}{I_0} = \sqrt{\frac{P_0 - P_1}{P_0 - P_2}}$$

用电设备获得 P_2 的功率时, 通过用电设备的电流为 $I' = \frac{P_2}{U}$

将 ② 式代入后得

$$I' = I_0 \frac{P_2}{P_1} \qquad ⑤$$

由 ④ 式和 ⑤ 式得

$$\frac{n_1}{n_2} = \frac{I'}{I} = \frac{P_2}{P_1} \cdot \sqrt{\frac{P_0 - P_1}{P_0 - P_2}}$$

【点评】 本题是通过求原、副线圈的电流之比达到求原、副线圈的匝数之比, 而不是利用常规的求原、副线圈的电压之比, 进而求原、副线圈的匝数之比. 学生对此途径不熟悉, 致使求解有一

定的困难. 如果通过求用电设备的电阻来求降压变压器副线圈的电流,最后得到错误的结果

$$\frac{n_1}{n_2} = \sqrt{\frac{P_2(P_0-P_1)}{P_1(P_0-P_2)}}$$

用电设备这个概念很广泛,但有一点必须明确,用电设备绝不是纯电阻的用电,没有理由应用 $P=I^2R$ 这个公式来求其电流,就像在电动机的电路中,不能用电动机两端的电压去除以它通过的电流求其电阻的道理是一样的. 这个错误存在的普遍性令人吃惊,一定要注意公式的适用范围.

强化训练

17. 如图10.69所示为 LC 振荡电路中电容器极板上的电量 q 随时间 t 变化的图线,可知 （　　）

A. 在 t_1 时刻,电路中的磁场能最小
B. 从 t_1 到 t_2,电路中的电流值不断变小
C. 从 t_2 到 t_3,电容器不断充电
D. 在 t_4 时刻,电容器的电场能最小

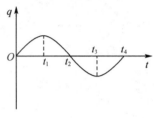

图 10.69

【解析】 此题是从 q-t 图像研究 LC 振荡电路中电容器的电量、线圈上的电流、电场能、磁场能的变化规律. 电容器的带电量多少看图线纵坐标的绝对值;线圈上的电流大小看图线斜率的绝对值;电场能 $E_e = \frac{1}{2}CU^2$;磁场能 $E_m = \frac{1}{2}LI^2$. 据此不难判断此题各选项的正确与否.

t_1 时刻,图线斜率最小,线圈上的电流最小,磁场能最小;从 t_1 到 t_2,图线斜率的绝对值变大,线圈上的电流不断变大;从 t_2 到 t_3,图线纵坐标的绝对值不断增大,电容器带电量增大,电容器不断充电;在 t_4 时刻,图线纵坐标为零,电容器带电量为零,电场能为零. 因此选项 A、C、D 正确.

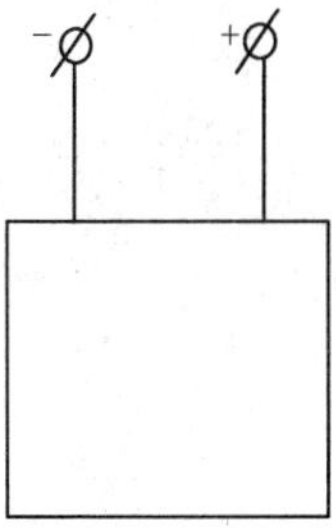

18. 如图10.70所示. 在标有正、负接线柱的黑盒内,由导线连接的电路元件有:$\xi = 2$ V、$r = 1$ Ω 的电池两节,阻值 $R = 1$ Ω 的电阻两个和一个理想二极管. 当单独接入理想电压表和电流表时,电表的示数分别为 $U = 2$ V 和 $I = 2$ V. 试画出盒内的电路.

图 10.70

【解析】 符合题意的电路有6种,如图10.71所示.

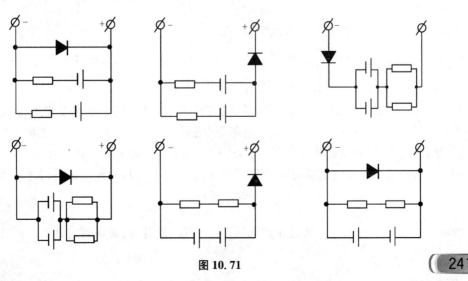

图 10.71

19. 如图 10.72 所示,在开关 S 断开时,给电容量 C 的电容器充上电量 q.闭合开关后,问电感量为 L_1 和 L_2 的线圈中最大电流是多少?

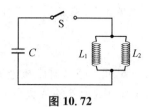

图 10.72

【解析】 电感线 L_1 和 L_2 的电压任何时候都是相等的.线圈对流过其中交变电流的阻抗分别为 ωL_1 和 ωL_2.因此得出:两线圈中电流的幅值和线圈电感量成反比:

$$\frac{I_1}{I_2}=\frac{L_2}{L_1}$$

电流同时达到最大值.由能量守恒定律有

$$\frac{q^2}{2C}=\frac{L_1 I_1^2}{2}+\frac{L_2 I_2^2}{2}$$

解得

$$I_1=q\sqrt{\frac{L_2}{L_1(L_1+L_2)C}}$$

$$I_2=q\sqrt{\frac{L_1}{L_2(L_1+L_2)C}}$$

20. 如图 10.73 所示,LC 振荡电路中,电感器的电感 $L=0.25$ H,电容器的电容 $C=4$ μF.电容器经充电后,上极板带正电,下极板带负电.现闭合开关 S,设电容器开始放电瞬间 $t=0$,那么当 $t=5\times 10^{-3}$ s 时,电容器上极板带何种电荷,电路中的电流方向为如何?

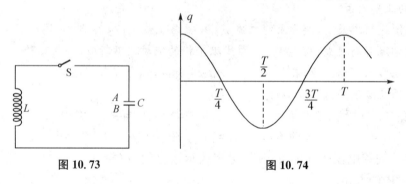

图 10.73　　　　　图 10.74

【解析】 LC 回路的振荡周期为:

$$T=2\pi\sqrt{LC}=6.28\times 10^{-3}\text{ s}$$

电容器 A 板所带电量的 q-t 图线如图 10.74 所示.

时刻 $t=5\times 10^{-3}$ s 处在 $\frac{3}{4}T$ 与 T 之间,图线表明此时电容器上板带负电荷,并且上板所带负电荷正在减少,电路中的电流方向为顺时针方向.

21. 如果回旋加速器的高频电源是一个 LC 振荡器,加速器的磁感强度为 B.被加速的带电粒子质量为 m、带电量为 q,那么 LC 振荡电路中电感 L 和电容 C 的乘积 LC 为何值?

【解析】 带电粒子回旋周期为 T,在加速器中旋转一周两次通过狭缝被加速,所以应使粒子在磁场中回旋周期与高频电源周期相等.带电粒子在匀强磁场中做匀速圆周运动的周期

$$T=\frac{2\pi m}{qB}$$

回旋加速器两个 D 形盒上所接高频电源是一个 LC 振荡器,其振荡周期

$$T' = 2\pi\sqrt{LC}$$

满足带电粒子每次通过D形盒狭缝都被加速,应有
$$T' = T$$
$$2\pi\sqrt{LC} = \frac{2\pi m}{qB}$$

得到
$$LC = \frac{m^2}{q^2B^2}$$

22. 在如图10.75所示的电路中,当电容器C_1上电压为零的各时刻,开关S交替闭合、断开,画出电感线圈L上电压随时间t持续变化的图线,忽略电感线圈及导线上的电阻.

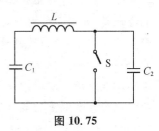

图 10.75

【解析】 在图中所描绘的LC振荡电路中.由于S的开闭,使得电容C不断变化,回路电磁振荡的周期、频率以及电压的振幅随之发生变化.

当S闭合,C_2被短路,L和C_1组成的振荡电路的振荡周期
$$T_1 = 2\pi\sqrt{LC_1}$$

当S被打开时,C_1、C_2串联,总电容C为
$$C = \frac{C_1C_2}{C_1+C_2}$$

它与L组成的振荡器振荡周期
$$T_2 = 2\pi\sqrt{LC} = 2\pi\sqrt{L\frac{C_1C_2}{C_1+C_2}}$$

因为忽略一切电阻,没有能量损耗,故能量守恒,设当振荡周期为T_1、T_2时交流电压的最大值为U_1和U_2,则
$$\frac{1}{2}C_1U_1^2 = \frac{1}{2}\frac{C_1C_2}{C_1+C_2}U_2^2$$

由此得
$$U_2 = U_1\sqrt{1+\frac{C_1}{C_2}}$$

因为S是在C_1上电压为零时刻打开和关闭的,所以L上电压随时间变化的图线如图10.76所示.

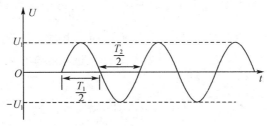

图 10.76

23. 在图 10.77 中，$C_1 = C_2 = C$，最初两个电容器分别带有电量 $Q_1 = Q_2 = Q_0$，线圈的自感系数为 L，整个电路的电阻均可忽略不计。

(1) 若先闭合开关 S_1，则电路中将产生振荡，振荡中，C_1 的带电量的最大值为多少？

(2) 若接着再闭合开关 S_2，C_1 的带电量的最大值有无变化？如有，则变化情况如何？

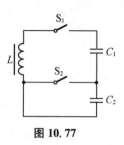

图 10.77

【解析】 LC 振荡电路中发生振荡时，从能量转化的角度来看，是电场能与磁场能交替转化的过程，当电流值为零时，磁场能为零，而电容器的带电量最多，其储存的电场能也最多，即此时系统的全部能量都以电场能的形式存在。当电流值达到最大时，磁场能达到最大值，而此时电容器的带电量为零，即此时系统的全部能量都以磁场能的形式存在。

本题正是可以通过分析振荡中的能量转化来确定振荡中电容器储能的最大值，进而据此以确定电容器带电量的最大值。

(1) 仅闭合 S_1 时，相当于 C_2 与 C_1 串联后作为一个电容与 L 组成 LC 振荡电路，显然两电容器最初的带电量 Q_0 也就是以后振荡过程中每个电容器上带电量的最大值。

(2) 在闭合 S_1 后再闭合 S_2，即在原电路中已发生振荡的情况下，在其振荡过程中闭合 S_2，则 S_2 闭合的时刻在一个原振荡周期中处于不同的位置，将产生不同的结果。

若 S_2 闭合时，原电路中的振荡电流恰好为零，则此时原电路中 C_1 和 C_2 均储存有电场能 $\dfrac{Q_0^2}{2C}$，S_2 闭合后，C_2 被短路而 L 与 C_1 组成新的振荡电路继续发生振荡（振荡周期变为原周期的 $\sqrt{2}$ 倍），这样，在以后的振荡中 C_1 的带电量的最大值就是 Q_0。

若 S_2 闭合时，原电路中的振荡电流恰好为最大值，则原电路中的全部能量（总值为 $2 \times \dfrac{Q_0^2}{2C} = \dfrac{Q_0^2}{C}$）都储存于电感线 L 所形成的磁场中，而闭合 S_2 后振荡电路仅由 L 与 C_1 组成，故当磁场能全部转化为电场能时，C_1 的带电量 Q' 应满足

$$\dfrac{Q'^2}{2C} = \dfrac{Q_0^2}{C}$$

$$Q' = \sqrt{2} Q$$

Q' 也就是在以后的振荡过程中，C_1 带电量的最大值。

若 S_2 闭合时，原电路中的振荡电流既非零值也非最大值，则此时 C_1 中的电场能与 L 中的磁场能之和将小于原有总能量 $\dfrac{Q_0^2}{C}$ 而大于此值的一半（C_2 中此时储有与 C_1 中相等的能量，此二者之和必小于总能量），则以后的振荡过程中，C_1 带电量的最大值应介于 $\sqrt{2} Q_0$ 与 Q_0 之间。

综合以上所述可见，闭合 S_2 后，C_2 上带电量的最大值可能有变化也可能没有变化，其带电量的最大值 Q' 的取值范围为

$$Q_0 \leqslant Q' \leqslant \sqrt{2} Q_0$$

第十一章 热 学

知识地图

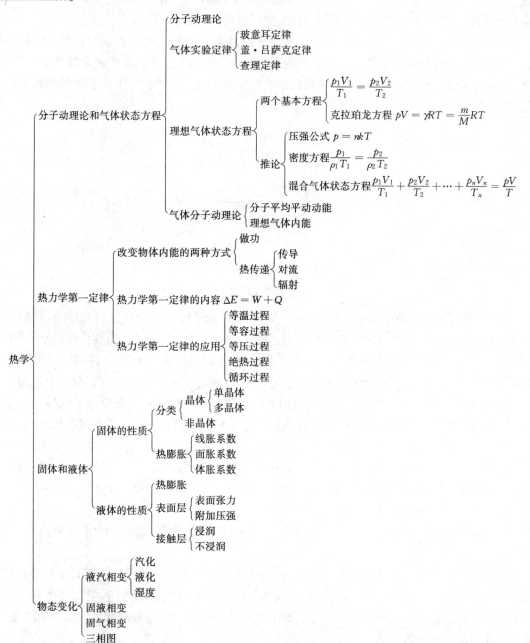

热学
- 分子动理论和气体状态方程
  - 分子动理论
  - 气体实验定律
    - 玻意耳定律
    - 盖·吕萨克定律
    - 查理定律
  - 理想气体状态方程
    - 两个基本方程
      - $\dfrac{p_1 V_1}{T_1} = \dfrac{p_2 V_2}{T_2}$
      - 克拉珀龙方程 $pV = \gamma RT = \dfrac{m}{M}RT$
    - 推论
      - 压强公式 $p = nkT$
      - 密度方程 $\dfrac{p_1}{\rho_1 T_1} = \dfrac{p_2}{\rho_2 T_2}$
      - 混合气体状态方程 $\dfrac{p_1 V_1}{T_1} + \dfrac{p_2 V_2}{T_2} + \cdots + \dfrac{p_n V_n}{T_n} = \dfrac{pV}{T}$
  - 气体分子动理论
    - 分子平均平动动能
    - 理想气体内能
- 热力学第一定律
  - 改变物体内能的两种方式
    - 做功
    - 热传递
      - 传导
      - 对流
      - 辐射
  - 热力学第一定律的内容 $\Delta E = W + Q$
  - 热力学第一定律的应用
    - 等温过程
    - 等容过程
    - 等压过程
    - 绝热过程
    - 循环过程
- 固体和液体
  - 固体的性质
    - 分类
      - 晶体
        - 单晶体
        - 多晶体
      - 非晶体
    - 热膨胀
      - 线胀系数
      - 面胀系数
      - 体胀系数
  - 液体的性质
    - 热膨胀
    - 表面层
      - 表面张力
      - 附加压强
    - 接触层
      - 浸润
      - 不浸润
- 物态变化
  - 液汽相变
    - 汽化
    - 液化
    - 湿度
  - 固液相变
  - 固气相变
  - 三相图

第1节　分子运动论和气体的性质

考点梳理

1. 分子动理论的内容

物质是由大量分子组成的,分子在做永不停息的无规则的热运动,分子间存在着相互作用的引力和斥力.以上就是分子运动论(分子动理论)的基本内容.分子大小的数量级一般为 10^{-10} m,分子质量的数量级为 10^{-27} kg,可用油膜法加以测量.

布朗运动和扩散现象说明分子在做永不停息的无规则的热运动.实验表明扩散的快慢和布朗运动的激烈程度与温度的高低有明显的关系.由此常把大量分子的无规则运动称为热运动,热运动是物质运动的一种基本形式,热现象是它的宏观表现.常温下气体分子热运动的平均速率的数量级为 10^2 m/s.

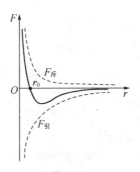

图 11.1

物体不容易被压缩和拉伸说明分子间存在作用力,分子间同时存在引力和斥力,我们平时讲的分子力是二者的合力,如图 11.1 所示,当分子间距离变化时,分子斥力变化快,分子引力变化慢,引力和斥力相等时的位置我们称其为平衡位置,这时的距离用 r_0 表示,一般为 10^{-10} m.当分子间距离较小时($r<r_0$),分子力表现为斥力;当分子间距离较大时($r>r_0$),分子力表现为引力;当分子间距 $r \geq 10r_0$ 时,分子间的作用力已非常小,可以忽略,一般情况下气体分子间的距离就满足这种条件.分子力是保守力,存在着由分子和分子间相对位置所决定的势能,其称为分子力势能.

分子力和热运动是决定物体宏观性质的基本因素.分子力作用倾向于使分子聚集一起,在空间形成某种有序排列;热运动却力图造成混乱,存在向外扩散的趋势.

2. 气体分子运动的特点

(1) 由于气体分子间的距离较大(约为分子直径的 10 倍),故气体分子可看做质点,且相互间没有分子力作用.

(2) 气体分子间的碰撞十分频繁.如标准状况下,一个气体分子在 1 s 内跟其他分子的碰撞次数达 65 亿次.正是这种频繁的碰撞,造成气体分子不断地改变运动方向,使得每个分子可自由运动的行程极短,理论研究表明,通常情况下气体分子自由运动行程的数量级仅为 10^{-8} m,整体上呈现为杂乱无章的运动.

(3) 气体分子运动的统计规律:大量个别偶然事件整体表现出来的规律称为统计规律.任

一时刻,气体分子沿各方向运动的机会均等,即沿各个方向运动的分子数目相同;大量分子的无规则运动,其速率按一定规律分布,即"中间大,两头小"的分布规律,即处于中间速率的分子数多,速率很大的和速率很小的分子数少.温度升高时,气体分子运动的平均速率变大,但中等速率的分子数减少.如下为氧气分子的速率分布规律,其图线如图 11.2 所示.

按速率大小划分的区间(m·s⁻¹)	各速率区间的分子数占总分子数的百分比(%)	
	0 ℃	100 ℃
100 以下	1.4	0.7
100～200	8.1	5.4
200～300	17.0	11.9
300～400	21.4	17.4
400～500	20.4	18.6
500～600	15.1	16.7
600～700	9.2	12.9
700～800	4.5	7.9
800～900	2.0	4.6
900 以上	0.9	3.9

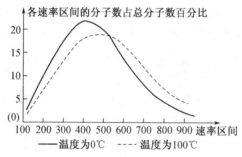

图 11.2

3. 状态参量和平衡态

(1) 热学是研究热现象规律的科学.热学研究的对象都是由大量分子组成的宏观物体或物体系统,这种宏观物体或物体系统即为热力学系统.要研究一个系统的性质及其变化规律,首先要对它的状态加以描述.我们不妨考虑某一容器中一定质量的某种气体,经验告诉我们,关于它的状态,我们可以问的是:压强是多少,它的体积有多大,温度有多高.因此它的状态可以用压强 p、体积 V、温度 T 来描述.这是一种从系统的整体上对其状态进行的描述,所用的物理量如 p、V、T 等,称为宏观量.当然,我们也可以用位置、位移、速度、能量等作为微观量来进行描述某一个分子的状态.这样,我们研究热力学系统的方法就有宏观和微观两种,前者称为热力学方法,后者称为分子运动论的方法(也称为统计物理方法).

(2) 在不受外界影响的条件下,系统的宏观性质不再随时间变化的状态称为平衡态,否则就称为非平衡态.系统处于平衡态,所有宏观物理都具有确定的值,我们就可以选择其中几个物理量来描述平衡态,这几个量称为状态参量.压强 p、体积 V、温度 T 就是气体的状态参量.

(3) 准静态过程

一个热力学系统的状态发生变化时,要经历一个过程,当系统由某一平衡态开始变化,状态的变化必然要破坏平衡,在过程进行中的任一中间状态,系统一定不处于平衡态.如当推动活塞压缩气缸中的气体时,气体的体积、温度、压强均要发生变化.在压缩气体过程中的任一时刻,气缸中的气体各部分的压强和温度并不相同,在靠近活塞的气体压强要大一些,温度要高一些.在热力学中,为了能利用系统处于平衡态的性质来研究过程的规律,我们引进准静态过程的概念.如果在过程进行中的任一时刻系统的状态发生的实际过程非常缓慢地进行时,各时刻的状态也就非常接近平衡态,过程就成了准静态过程.因此,准静态过程就是实际过程非常缓慢进行时的极限情况.

对于一定质量的气体,其准静态过程可用 p-V 图、p-T 图、V-T 图上的一条曲线来表示.注意,只有准静态过程才能这样表示.

4. 气体实验定律

(1) 玻意耳定律

一定质量的气体,当温度保持不变时,它的压强和体积的乘积是一个常数.这就是玻意耳定律.

用 p 表示气体的压强,用 V 表示气体的体积,有:
$$pV = C$$

上式中常数 C 由气体的种类、质量和温度决定.

玻意耳定律是一个实验定律,其适用的范围是温度不太低,压强不太高.当压强为 p_1 时的体积为 V_1,压强为 p_2 时的体积为 V_2,则有:
$$p_1 V_1 = p_2 V_2$$

(2) 盖·吕萨克定律

一定质量的气体,当压强保持不变时,温度每升高 1 ℃,其体积的增加量等于 0 ℃ 时体积的 $\dfrac{1}{273}$.这就是盖·吕萨克定律.

若用 V_0 表示 0 ℃ 时气体的体积,V 表示 t ℃ 时的体积,则 $V = V_0 \left(1 + \dfrac{t}{273}\right)$.若采用热力学温标,则 $273 + t$ 为 t ℃ 所对应的热力学温度 T,273 为 0 ℃ 所对应的热力学温度 T_0.于是,盖·吕萨克定律可写成 $\dfrac{V}{V_0} = \dfrac{T}{T_0}$.若温度为 T 时,体积为 V_1;温度为 T_2 时,体积为 V_2,则有:
$$\dfrac{V_1}{T_1} = \dfrac{V_2}{T_2} \text{ 或 } \dfrac{V}{T} = C$$

故盖·吕萨克定律也可表达为:

一定质量的气体,当压强保持不变时,它的体积与热力学温标成正比.

(3) 查理定律

一定质量的气体,当体积保持不变时,温度每升高 1 ℃,其压强的增加量等于 0 ℃ 时压强的 $\dfrac{1}{273}$.这就是查理定律.

若用 p_0 表示 0 ℃ 时气体的压强,p 表示 t ℃ 的压强,则 $p = p_0 \left(1 + \dfrac{t}{273}\right)$.

查理定律还可以表述为:

一定质量的气体,当体积保持不变时,它的压强与热力学温度成正比.用 p 表示压强,T 表示热力学温度,则有:

$$\frac{p}{T} = C$$

上式中常数 C 由气体的种类、质量和体积决定.

(4) 三个实验定律,即:玻意耳定律、盖·吕萨克定律、查理定律只能反映实验范围内的客观事实,它们都具有一定的近似性和局限性.对于一般的气体,只有当压强不太大,温度不太低时,用三个定律求出的结果与实验数据才符合得很好.如果压强很大或温度很低时,用这三个定律求出的结果与实验结果就会有很大的偏差.

(5) 能严格遵守三个气体实验定律的气体的理论模型称为理想气体.

5. 理想气体状态方程及其推论

(1) 反映气体在平衡态下状态参量之间规律性联系的关系式称为气态方程.我们知道,理想气体状态方程可在气体实验定律的基础上得到,一定质量的理想气体的两平衡参量之间的关系式为:

$$\frac{p_1 V_1}{T_1} = \frac{p_2 V_2}{T_2}$$

在标准状态($p_0 = 1 \text{ atm}, T_0 = 273.15 \text{ K}$),1 mol 任何气体的体积 $V_0 = 22.4 \times 10^{-3} \text{ m}^3/\text{mol}$.

因此 γ mol 气体在标准状态下的体积为 $V = \gamma V_0$,由上式可以得克拉珀龙方程:

$$pV = \gamma RT = \frac{m}{M} RT$$

式中,R 称为摩尔气体恒量,它表示 1 mol 气体在标准状况的 $\frac{pV}{T}$ 的值,其值为:

$$R = \frac{p_0 V_0}{T_0} = 8.31 \text{ J/(mol·K)}$$

(2) 理想气体的压强公式:$p = nkT$,式中,n 为气体分子数密度,k 为玻尔兹曼常数,$k = 1.38 \times 10^{-23}$ J·K^{-1}.

(3) 理想气体的密度方程:

$$\frac{p_1}{\rho_1 T_1} = \frac{p_2}{\rho_2 T_2}$$

(4) 混合气体的状态方程:如果有 n 种理想气体,分开时的状态分别为 (p_1、V_1、T_1),(p_2、V_2、T_2),…,(p_n、V_n、T_n),将它们混合起来后的状态为 p、V、T,那么有:

$$\frac{p_1 V_1}{T_1} + \frac{p_2 V_2}{T_2} + \cdots + \frac{p_n V_n}{T_n} = \frac{pV}{T}$$

典型例题

例 1 将 1 cm^3 的油酸溶于酒精,制成 200 cm^3 的油酸酒精溶液.已知 1 cm^3 溶液有 50 滴,现取 1 滴油酸酒精溶液滴到水面上.随着酒精溶于水,油酸在水面上形成一单分子薄层,已测出薄层的面积为 0.2 m^2.由此可估测油酸分子的直径为多少?

【解析】 先算出 1 滴油酸酒精溶液中所含油酸的体积 V_0,再以单分子薄层的厚度与薄层面积的乘积为这滴油酸的体积 $V_0 = Sd$,这时单分子薄层的厚度 d 即为所求油酸分子的直径.

每滴油酸酒精溶液中所含油酸的体积:

$$V_0 = \frac{1 \times 10^{-6}}{50 \times 200} \text{ m}^3$$

又 $V_0 = Sd$，则单分子薄层的厚度：

$$d = \frac{V_0}{S} = \frac{1 \times 10^{-6}}{50 \times 200 \times 0.2} \text{ m} = 5 \times 10^{-10} \text{ m}$$

此即为所求油酸分子的直径.

【点评】 该题介绍了测油酸分子直径的具体方法——油膜法. 这也是另外一种估算液体分子直径的思路.

例 2 试估算地球大气的总质量 M 和总分子数 N.

【解析】 作为近似计算，可以建立这样的模型：地球表面的大气压强来源于空气的重力，由此结合地球表面的面积便可估算出地球大气的总质量 $M = \frac{F}{g} = \frac{p_0 S}{g}$. 由地球大气的总质量及空气的摩尔质量可知地球大气的总摩尔数，乘以阿伏加德罗常数即得地球大气总分子数，$N = \frac{M}{\mu} N_0$.

地面上的标准大气压强 $p_0 = 1.01 \times 10^5$ Pa，地球半径 $r = 6.4 \times 10^6$ m. 所以地球表面积 $S = 4\pi r^2$，地球表面所受大气总的压力 $F = p_0 S$，它应等于地球大气的重力：

$$M = \frac{p_0 S}{g} = \frac{1.01 \times 10^5 \times 4 \times 3.14 \times (6.4 \times 10^6)^2}{9.8} \text{ kg} = 5.3 \times 10^{18} \text{ kg}$$

空气的摩尔质量约为 $\mu = 29$ g/mol，地球大气的总摩尔数为 M/μ. 因此地球大气的总分子数：

$$N = \frac{M}{\mu} N_A = \frac{5.3 \times 10^{18} \times 6.0 \times 10^{23}}{29 \times 10^{-3}} = 1.1 \times 10^{44}$$

【点评】 本题把所学的物理知识与实际问题联系起来，是一道典型的估算问题.

例 3 （卓越）如图 11.3 所示，在两端开口竖直放置的 U 形管内，两段水银封闭着长度为 L 的空气柱，a、b 两水银面的高度差为 h，现保持温度不变，则（ ）

A. 若再向左管注入些水银，稳定后 h 变大
B. 若再向左管注入些水银，稳定后 h 不变
C. 若再向右管注入些水银，稳定后 h 变大
D. 若两管同时注入些水银，稳定后 h 变大

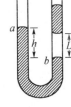

图 11.3

【答案】 BCD

【解析】 若再向左管注入些水银，由于右管空气柱上端的水银柱高度不变，水银稳定后 h 不变，选项 B 正确，A 错误. 若再向右管注入些水银，封闭的空气柱压强增大，稳定后 h 变大，选项 C 正确. 若两管同时注入些水银，稳定后 h 变大，选项 D 正确.

例 4 （华约）在压强不太大、温度不太低的情况下，气体分子本身的大小比分子之间的距离小很多，因而在理想气体模型中忽略分子的大小. 已知液氮的密度 $\rho = 810$ kg/m³，氮气的摩尔质量 $M_{\text{mol}} = 28 \times 10^{-3}$ kg/mol. 假设液氮可看作由立方体分子堆积而成，根据所给数据对标准状态下的氮气做出估算，说明上述结论的合理性.

【解析】 液氮的摩尔体积：

$$V_{\text{mol}} = M_{\text{mol}}/\rho = 3.5 \times 10^{-5} \text{ m}^3/\text{mol}$$

一个氮分子的体积：
$$V_0 = V_{mol}/N_A = 5.8 \times 10^{-29} \text{ m}^3$$
一个氮分子自身边长：
$$l_0 = V_0^{\frac{1}{3}} = 3.9 \times 10^{-10} \text{ m}^3$$
标准状态下 1 mol 氮气体积为 22.4 L $= 22.4 \times 10^{-3} \text{ m}^3$

标准状态下 1 个氮气分子占据体积：
$$V = \frac{22.4 \times 10^{-3}}{6.02 \times 10^{23}} \text{ m}^3 = 3.7 \times 10^{-26} \text{ m}^3$$
标准状态下氮气分子之间的距离：
$$l = V^{\frac{1}{3}} = 3.3 \times 10^{-9} \text{ m}^3$$
故 $l_0 \ll l$，气体分子本身大小比分子间距小很多。

例 5（卓越）如图 11.4 所示，一导热良好、足够长的气缸水平放置在地面上。气缸质量 $M = 9.0$ kg，与地面的动摩擦因数 $\mu = 0.40$。气缸内一质量 $m = 1.0$ kg，面积 $S = 20$ cm^2 的活塞与缸壁光滑密接。当气缸静止，活塞上不施加外力时，活塞与气缸底（即图中气缸最左端）的距离 $L_0 = 8.0$ cm。已知大气压 $p_0 = 1.0 \times 10^5$ Pa，重力加速度 $g = 10$ m/s^2。现用逐渐增大的水平拉力向右拉活塞，使活塞始终相对气缸缓慢移动，近似认为最大静摩擦力与滑动摩擦力相等，求：

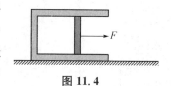

图 11.4

(1) 当拉力达到 30 N 时，活塞与气缸底之间的距离；

(2) 当拉力达到 50 N 时，活塞与气缸底之间的距离。

【解析】(1) 气缸滑动时所受的滑动摩擦力
$$f = \mu(M+m)g = 40 \text{ N}$$
当拉力达到 30 N 时，气缸静止，最后活塞达到平衡，设此时气缸内气体压强为 p，对活塞：
$$F_1 + p_1 S = p_0 S$$
解得
$$p_1 = p_0 - \frac{F_1}{S} = 8.5 \times 10^4 \text{ Pa}$$
设此时活塞与气缸底之间的距离为 L_1，根据玻意耳定律，
$$p_0 L_0 S = p_1 L_1 S$$
解得
$$L_1 = 9.4 \text{ cm}$$

(2) 把气缸和活塞看作整体，由牛顿第二定律，
$$F_2 - f = (M+m)a$$
解得 $a = 1$ m/s^2。

设此时气缸内气体压强为 p，对活塞，
$$F_2 + p_2 S - p_0 S = ma$$
解得
$$p_2 = p_0 - \frac{F_2}{S} + \frac{ma}{S} = 8.0 \times 10^4 \text{ Pa}$$

设此时活塞与气缸底之间的距离为 L_2，根据玻意耳定律，
$$p_0 L_0 S = p_2 L_2 S$$
解得：
$$L_2 = 10 \text{ cm}$$

例 6 氧气瓶容积为 3.2×10^{-2} m³，其中氧气压强为 1.3×10^7 Pa. 氧气厂规定压强降到 10^6 Pa 时就要重新充气. 设某实验室每天用 1 atm 的氧气 0.2 m³，问在温度不变的情况下，一瓶氧气能用多少天？

【解析】 设使用前后瓶中氧气质量分别为 m_1、m_2，每天使用氧气质量为 m_3.

所以
$$m_1 = \frac{M_{\text{mol}} p_1 V}{RT}$$

$$m_2 = \frac{M_{\text{mol}} p_2 V}{RT}$$

$$m_3 = \frac{M_{\text{mol}} p_3 V_3}{RT}$$

可用天数：
$$N = \frac{m_1 - m_2}{m_3} = \frac{(p_1 - p_2)V}{p_3 V_3}$$
$$= \frac{(1.3 \times 10^7 - 10^6) \times 3.2 \times 10^{-2}}{1.013 \times 10^5 \times 0.2} = 19 \text{ 天}$$

例 7 如图 11.5 所示，一根两端封闭、粗细均匀的石英管，竖直放置. 内有一段水银柱，将管隔成上下两部分. 下方为空气，上方为一种可分解的双原子分子气体. 该双原子分子气体的性质为：当 $T > T_0$ 时，其分子开始分解为单原子分子（仍为气体）. 用 n_0 表示 T_0 时的双原子分子数，Δn 表示 $T_0 + \Delta T$ 时分解了的双原子分子数，其分解规律为当 ΔT 很小时，有如下关系：$\frac{\Delta n}{n_0} = \frac{\Delta T}{T_0}$. 已知初始温度为 T_0，此时下方的气柱长度为 $2l_0$，上方气柱长度为 l_0，水银柱产生的压强为下方气压的 α 倍 ($0 < \alpha < 1$). 试讨论当温度由 T_0 开始缓慢上升时，水银柱将上升还是下降.

图 11.5

【解析】 假设水银柱不动. 当温度为 T_0 时，水银柱压强为 αp_0，故当 $T = T_0$ 时，上方气体压强为 $(1-\alpha)p_0$，下方气体压强为 p_0，温度升至 $T_0 + \Delta T$，下方气体压强 $p_1 = p_0 \left(1 + \frac{\Delta T}{T_0}\right)$.

对于上方气体：
$$(1-\alpha) p_0 l_0 S = \frac{n_0 RT}{N_A} \quad \text{①}$$

当温度升至 $T_0 + \Delta T$，有 Δn 个双原子气体分子分解为 $2\Delta n$ 个单原子气体分子，故气体分子数由 n_0 增至 $n_0 + \Delta n$ 个. 令此时压强为 p_2，管横截面积为 S，则有：
$$p_2 l_0 S = \frac{(n_0 + \Delta n) R(T_0 + \Delta T)}{N_A} \quad \text{②}$$

解得

$$p_2 = (1-\alpha)p_0\left(1+\frac{\Delta n}{n_0}\right)\left(1+\frac{\Delta T}{T_0}\right) = (1-\alpha)p_0\left(1+\frac{\Delta T}{T_0}\right)^2$$

上方气体压强增量:
$$\Delta p_2 = (1-\alpha)p_0\left(2+\frac{\Delta T}{T_0}\right)\cdot\frac{\Delta T}{T_0}$$

下方气体压强增量:
$$\Delta p_1 = p_1 - p_0 = p_0\cdot\frac{\Delta T}{T_0}$$

$$\Delta p = \Delta p_2 - \Delta p_1 = (1-2\alpha)p_0\cdot\frac{\Delta T}{T_0} + (1-\alpha)p_0\left(\frac{\Delta T}{T_0}\right)^2$$

因 ΔT 很小,故 $\frac{\Delta T}{T_0}$ 项起主导作用,而 $\left(\frac{\Delta T}{T_0}\right)^2$ 项的影响较之第一项要小得多,故从分析如下:

① 当 $\alpha > \frac{1}{2}$ 时,$\Delta p < 0$,水银柱上升.

② 当 $\alpha < \frac{1}{2}$ 时,$\Delta p > 0$,水银柱下降.

③ 当 $\alpha = \frac{1}{2}$ 时,$\Delta p > 0$ 水银柱下降.

例 8 一球形热气球,其隔热很好的球皮连同吊篮等装载物的总质量为 300 kg. 经加热后,气球膨胀到最大体积,此时它的直径为 18 m,球内外气体成分相同,而球内气体压强与大气压近似相等,试估算刚好能使热气球上升时球内空气的温度. 已知此时大气温度为 27 ℃,压强为 1 atm,在标准状况下空气的密度为 1.3 kg/m³.

【解析】 设热气球的容积为 V,$T_1 = 27$ ℃ 时的空气密度为 ρ_1,到刚好能使热气球上升的温度为 T_2 时的空气的密度为 ρ_2,

$$(\rho_1 - \rho_2)Vg = mg$$

$$\frac{p_1}{\rho_1 T_1} = \frac{p_0}{\rho_0 T_0}$$

$$\frac{p_2}{\rho_2 T_2} = \frac{p_0}{\rho_0 T_0}$$

由以上各式可以解得:
$$T_2 = 54 \text{ ℃}$$

例 9 简单抽气机的构造如图 11.6 所示,它由一个活塞和两个阀门组成. 当活塞向上提升时,a 阀门打开,贮气筒与抽气机相通,气体膨胀减压,此时 b 阀门被关闭. 当活塞向下压缩时,b 阀门打开,a 阀门关闭,抽气机内的气体被压出抽气机,完成一次抽气. 贮气筒被抽气的过程,贮气筒内气体质量不断在减小,气体压强也不断减小. 已知贮气筒的容积为 V,筒内的压强为 p,抽气机的容积为 ΔV,求经过 n 次抽气后的压强.

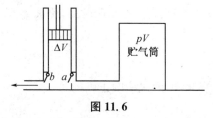

图 11.6

【解析】 设第一次抽气后贮气筒内气压 p_1，第 n 次抽气后贮气筒内气压 p_n. 则有：

$$pV = p_1(V + \Delta V)$$

$$p_1 V = p_2(V + \Delta V)$$

$$\cdots\cdots$$

$$p_n = p_{n-1}(V + \Delta V)$$

整理得

$$p_n = \left(\frac{V}{V + \Delta V}\right)^n p$$

【总结】 简单压气机与抽气机的结构相似，但作用相反. 如图 11.7 所示.

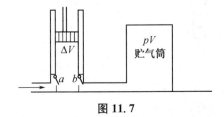

图 11.7

当活塞上提时，a 阀门打开，b 阀门关闭，外界空气进入压气机中，活塞下压时，压气机内空气被压入贮气筒，而此时阀门 a 是关闭的，这就完成了一次压气过程. 每次压气机压入贮气筒的气体是：$p_0 \Delta V$.

故

$$p_n = p + \frac{n p_0 \Delta V}{V}$$

例 10 一根一端封闭的玻璃管长 96 cm，内有一段 20 cm 的水银柱. 当温度为 27 ℃ 且开口端向上时，被封闭的气柱长 60 cm. 试问温度至少为多少度，水银柱才可从管中全部溢出.

【解析】 设气体温度为 T 时，管内的水银柱高度为 x，$x < 20$ cm，大气压强 $p_0 = 76$ cmHg.

$$\frac{(76+20) \times 60}{300} = \frac{(76+x)(96-x)}{T_2} \quad ①$$

得到：

$$x^2 - 20x - \left(76 \times 96 - \frac{96}{5} T_2\right) = 0 \quad ②$$

其中，p 以 cmHg 为单位，长度以 cm 为单位.

要求 x 有实数解的条件：

$$400 + 4 \times \left(76 \times 96 - \frac{96}{5} T_2\right) \geqslant 0$$

可见 $T_2 \leqslant 385.2$ K，$x \geqslant 10$ cm 时，管内气体可以形成平衡状态. 反之，$T > T_2$ 因而 $x < 10$ cm 时，管内气体压强总是 $(76+x)$ cmHg，① 式不再成立，平衡态无法建立而导致非平衡状态，水银柱将全部溢出.

强化训练

1. 关于气体分子的运动情况，下列说法中正确的是 （　　）

A. 某一时刻具有任一速率的分子数目是相等的

B. 某一时刻一个分子速度的大小和方向是偶然的

C. 某一时刻向任意一个方向运动的分子数目基本相等

D. 某一温度下每个气体分子的速率不会发生变化

【答案】 BC

【解析】 具有某一速率的分子数目并不是相等的,呈"中间大,两头小"的统计分布规律,选项A错误.由于分子之间频繁地碰撞,分子随时都会改变自己运动速度的大小和方向,因此在某一时刻一个分子速度的大小和方向完全是偶然的,选项B正确.虽然每个分子的速度瞬息万变,但是大量分子的整体存在着统计规律.由于分子数目巨大,某一时刻向任意一个方向运动的分子数目只有很小的差别,可以认为是相等的,选项C正确.某一温度下,每个分子的速率仍然是瞬息万变的,只是分子运动的平均速率相同,选项D是错误的.该题的正确答案为B、C.

2. 关于气体分子的速率,下列说法正确的是 ( )

A. 气体温度升高时,每个气体分子的运动速率一定都增大

B. 气体温度降低时,每个气体分子的运动速率一定都减小

C. 气体温度升高时,气体分子运动的平均速率必定增大

D. 气体温度降低时,气体分子运动的平均速率可能增大

【答案】 C

【解析】 温度是所有分子热运动的平均动能的标志.温度升高,分子的平均动能增大.温度升高时,气体分子速率大的分子所占的比率增大,速率小的分子所占的比率减小,故气体分子的平均速率一定增大,故选项C正确.而温度降低时则正好相反,故选项D错.每一个分子的运动速率在温度升高时不一定增大,在温度降低时也不一定减小,故选项A、B都错.

3. (北约)相同材料制成的一个圆环A和一个圆盘B,厚度相同,且两者起始温度和质量也相同,把它们都竖立在水平地面上,现给它们相同的热量,假设它们不与任何其他物体进行热交换,则升温后的圆环A的温度t_A与圆盘B的温度t_B的大小关系是 ( )

A. $t_A > t_B$ B. $t_A < t_B$ C. $t_A = t_B$ D. 无法确定

【答案】 B

【解析】 现给它们相同的热量,升温后二者体积都增大,由于圆环A重心升高比圆盘大,重力势能增加多,A的内能减小量比B多,所以A的温度小于B的温度$t_A < t_B$.

4. 设某人的肺活量为$4\,000$ mL,试计算在此人一次吸气过程中,有多少个分子是他在一年前的一次呼气过程中呼出的?

【解析】 因大气压强可以看成是由大气的重力产生,故地球大气层的总质量:

$$m = \frac{G}{g} = \frac{p_0 \cdot 4\pi R^2}{g} = 1.0 \times 10^5 \times \frac{4\pi \times (6.4 \times 10^6)^2}{10} = 5.14 \times 10^{18} \text{ kg}$$

标准状况下,大气层占据的总体积:

$$V = \frac{mV_0}{\mu} = 5.14 \times 10^{18} \times \frac{22.4 \times 10^3}{0.029} \text{ mL} = 4 \times 10^{24} \text{ mL}$$

人呼出的一口气经一年时间在大气层中占据的比率为:

$$n = \frac{V'}{V} = 1 \times 10^{-21}$$

一年后吸一口气中有：
$$n' = 1 \times 10^{-21} \times 4 \times 6.02 \times 10^{23}/22.4 = 107.5 \approx 107$$
即有约 107 个分子是他一年前呼出的.

【点评】 初看本题似乎根本无从下手，但仔细揣摩题意可知一年时间内可认为原来呼出的那口气已充分混合于大气层中，算出这口气在整个大气层中所占的比例，即可求出问题的结果.解本题的关键是要合理地建立起模型，并将实际问题理想化.

5. 取一滴油酸的酒精溶液滴在水面上，已知此滴溶液的体积为 V，体积比浓度为 $1:k$，在水面上形成面积为 S 的单分子油膜，油酸的密度为 ρ，摩尔质量为 M. 请据此推算阿伏加德罗常数的表达式.

【解析】 油酸分子直径 $\quad\quad d = \dfrac{V}{kS}$ ①

油酸分子的体积 $\quad\quad V_0 = \dfrac{1}{6}\pi d^3$ ②

阿伏加德罗常数 $\quad\quad N_A = \dfrac{M}{\rho V_0}$ ③

由 ①②③ 解得 $N_A = \dfrac{6k^3 S^3}{\pi \rho V^3}$.

6. 气体分子的直径约为 2×10^{-10} m，试估算标准状况下近邻气体分子间的平均距离 L 与分子直径 d 的比值(取两位有效数字). 取 $N_A = 6.0 \times 10^{23}$/mol.

【解析】 气体分子间的平均距离比各气体分子本身的大小大得多，它们不是一个挨一个地排列的，中间有较大的空隙，可以把气体分子在体积 V 中平均占据的小立方体体积看成一个气体分子的体积，气体分子占据此小立方体中心，所以相邻气体分子间的平均距离即为该小立方体的边长 l. 关键求出体积 V 中每个分子占据的小立方体体积.

标准状况下，1 mol 气体体积 $V = 22.4 \times 10^{-3}$ m³，每个分子平均占有体积 $\dfrac{V}{N_A}$，所以近邻分子间平均距离：

$$l = \left(\dfrac{V}{N_A}\right)^{\frac{1}{3}}$$

气体分子直径 $d = 2 \times 10^{-10}$ m，所以分子间的平均距离与分子直径之比为：

$$\dfrac{l}{d} = \dfrac{(V/N_A)^{1/3}}{d} = \dfrac{[22.4 \times 10^{-3}/(6.0 \times 10^{23})]^{\frac{1}{3}}}{2 \times 10^{-10}} = 16.7 \approx 17$$

【点评】 估算题可以培养和提高学生思维能力和分析能力. 估算不纯粹是一种数学方法，而是充分利用物理知识，把握问题的本质，抓住主要数量关系，忽略次要因素进行的快速数量级的计算.

7. 2 L 氧气瓶内，装有 4 g 氧气，在室温为 0 ℃ 时，瓶内氧气的压强是多少？

【解析】 本题乍一看似乎缺少已知量，更无法利用理想气体状态方程，但当我们假设这些氧气的标准状态为初态时，则问题就可以解决了.

假设这些氧气的初态为标准状态，则有：

$$V_1 = \dfrac{4}{32} \times 22.4 \text{ L} = 2.8 \text{ L}$$

$$p_1 = 1 \text{ atm}$$
$$T_1 = 273 \text{ K}$$

由已知该氧气的末状态为:
$V_2 = 2 \text{ L}, T_2 = 273 \text{ K}, p_2$ 未知.
由于 $T_1 = T_2$,所以根据玻意耳定律
$$p_1 V_1 = p_2 V_2$$

解得 $p_2 = 1.4 \text{ atm}$.

8. 活塞把密闭气缸分成左、右两个气室,每室各与U形管压强计的两臂相连,压强计的两臂截面处相同,U形管内盛有密度为 $p = 7.5 \times 10^2 \text{ kg/m}^3$ 的液体,开始时左、右两气室的体积都为 $V_0 = 1.2 \times 10^{-2} \text{ m}^3$,气压都为 $p_0 = 4.0 \times 10^3 \text{ Pa}$,且液体的液面处在同一高度,如图 11.8 所示,现缓慢向左推进活塞,直到液体在 U 形管中的高度差 $h = 40 \text{ cm}$,求此时左、右气室的体积 V_1、V_2,假定两气室的温度保持不变,计算时可以不计 U 形管和连接弯道中气体的体积,取 $g = 10 \text{ m/s}^2$.

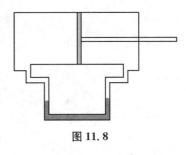

图 11.8

【解析】 这道题稍难一些,一是因为有两部分气体,二是增加了液体压强的知识点.

设压缩后左、右气室的压强分别是 p_1、p_2,体积分别为 V_1、V_2,压缩前两室的压强和体积都是 p_0 和 V_0,对左、右室用玻意耳定律:
$$p_1 V_1 = p_0 V_0$$
$$p_2 V_2 = p_0 V_0$$

气缸总体积不变
$$V_1 + V_2 = 2V_0$$

由下面的液柱高度差 h 可知:
$$p_1 - p_2 = \rho g h$$

由以上四式消去 V_2、p_1、p_2 可得
$$V_1^2 - \frac{2(p_0 + \rho g h) V_0}{\rho g h} V_1 + \frac{2 p_0 V_0^2}{\rho g h} = 0$$

解得
$$V_1 = \frac{V_0(p_0 + \rho g h) \pm \sqrt{p_0^2 + (\rho g h)^2}}{\rho g h}$$

题中说明将活塞向左推,所以 $V_1 > V_0$,应取
$$V_1 = \frac{V_0(p_0 + \rho g h) - \sqrt{p_0^2 + (\rho g h)^2}}{\rho g h}$$

代入题中数据可得
$$V_1 = 8.0 \times 10^{-3} \text{ m}^3$$
$$V_2 = 2V_0 - V_1 = 1.6 \times 10^{-2} \text{ m}^3$$

9. 设空气中含有氧气和氮气的质量百分比分别为 23.6% 和 76.4%,求在压强 $p = 10^5 \text{ Pa}$ 和温度 $t = 17 \text{ °C}$ 时空气的密度.

【解析】 设空气中氧和氮的质量分别为 m_1、m_2，摩尔质量分别为 μ_1、μ_2，由道尔顿分压定理，

空气压强

$$p = p_1 + p_2 + \cdots$$

$$p = \frac{m_1}{\mu_1}\frac{RT}{V} + \frac{m_2}{\mu_2}\frac{RT}{V}$$

所以

$$V = \frac{m_1 + m_2}{\rho}$$

$$\rho = \frac{m_1 + m_2}{V}$$

$$p = \frac{m_1}{m_1+m_2}\frac{\rho RT}{\mu_1} + \frac{m_2}{m_1+m_2}\frac{\rho RT}{\mu_2} = 23.6\% \times \frac{\rho RT}{\mu_1} + 76.4\% \times \frac{\rho RT}{\mu_2}$$

$$\rho = \frac{p}{23.6\% \times \dfrac{RT}{\mu_1} + 76.4\% \times \dfrac{RT}{\mu_2}}$$

$$= \frac{10^5}{23.6\% \times \dfrac{8.31 \times 290}{32 \times 10^{-3}} + 76.4\% \times \dfrac{8.31 \times 290}{28 \times 10^{-3}}} = 1.20 \text{ kg/m}^3$$

10. 热气球的气囊和吊篮的质量为 m，周围空气的温度是 $27\ ℃$，当气囊内所充的空气温度达到 $77\ ℃$ 时，气球才能上升. 若吊篮中装有质量为 $m/2$ 的重物时，在气囊内所充空气的温度至少达到多高时，气球才能上升？已知标准状态下即一个标准大气态 $0\ ℃$ 时空气的密度为 $\rho_0 = 1.29\ \text{kg/m}^3$，薄壁气囊的最大体积远大于吊篮和重物的体积.

【解析】 首先要明白气球升空的原理，即气球受到的浮力大于或等于气囊、热空气、吊篮及所载重物的总重.

设气囊的体积为 V，由于吊篮内没有装重物时，气囊内所充的空气温度达到 $77\ ℃$ 时气球才能上升，则此时有：

$$(\rho_1 - \rho_2)Vg = mg \qquad ①$$

$$(\rho_1 - \rho_3)Vg = mg + \frac{mg}{2} \qquad ②$$

$$\frac{p_1}{\rho_1 T_1} = \frac{p_0}{\rho_0 T_0} \qquad ③$$

$$\frac{p_2}{\rho_2 T_2} = \frac{p_0}{\rho_0 T_0} \qquad ④$$

$$\frac{p_3}{\rho_3 T_3} = \frac{p_0}{\rho_0 T_0} \qquad ⑤$$

由以上 ①、②、③、④、⑤ 式并注意到

$$p_1 = p_2 = p_3 = p_0$$

可得：

$$t = 109\ ℃$$

11. 在光滑的两端封闭且具有两种截面积的竖直管子中用无伸缩细绳将两不漏气、无摩擦

活塞相连,活塞间装有 1 mol 理想气体.上活塞截面积比下活塞截面积大 ΔS,两活塞总质量为 M,外部大气压强为 p_0,如图 11.9 所示.试问要使它们移动距离 L,应使活塞间的气体温度改变多少?

【解析】 这是一道热力学综合题,关键是通过分析上下活塞的受力情况,得出内外压强的联系,然后分析管子内封闭理想气体的变化过程.通过理想气体的状态方程,把体积和温度联系起来,即可求解.

设上下活塞质量分别为 m 及 $M-m$,横截面积分别为 $S+\Delta S$、S,绳子张力为 T,封闭理想气体的压强为 p.由上、下活塞平衡条件可得:

$$p(S+\Delta S) = p_0(S+\Delta S) + mg + T \qquad ①$$
$$p_0 S + T = pS + (M-m)g \qquad ②$$

①、② 两式相加,得:

$$p = p_0 + \frac{Mg}{\Delta S} \qquad ③$$

由 ③ 式可知封闭理想气体的压强在整个过程中都不变,即封闭理想气体在做等压变化.设封闭理想气体温度为 T 时的体积为 V,$T+\Delta T$ 温度时的体积为 $V+\Delta V$,则由盖·吕萨克定律得:

$$\frac{V}{T} = \frac{V+\Delta V}{T+\Delta T} \qquad ④$$

由 1 mol 理想气体的状态方程得:

$$pV = RT \qquad ⑤$$

由题意可知理想气体体积变化量为

$$\Delta V = (S+\Delta S)L - SL = \Delta S L \qquad ⑥$$

由 ③、④、⑤、⑥ 式可得:

$$\Delta T = \frac{\Delta S \cdot L}{R}\left(p_0 + \frac{Mg}{\Delta S}\right)$$

12. 一足够高的直立气缸上端开口,用一个厚度不计的活塞封闭了一段高为 80 cm 的气柱,活塞的横截面积为 0.01 m²,活塞与气缸间的摩擦不计,气缸侧壁通过一个开口与 U 形管相连,开口离气缸底部的高度为 70 cm,开口管内及 U 形管内的气体体积忽略不计. 如图 11.10 所示状态时气体的温度为 7 ℃,U 形管内水银面的高度差 $h_1 = 5$ cm,大气压强 $p_0 = 1.0 \times 10^5$ Pa 保持不变,水银的密度 $\rho = 13.6 \times 10^3$ kg/m³.求:

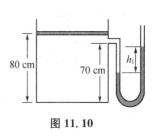

图 11.10

(1) 活塞的重力.

(2) 现在活塞上添加沙粒,同时对气缸内的气体加热,始终保持活塞的高度不变,此过程缓慢进行,当气体的温度升高到 37 ℃ 时,U 形管内水银的高度差为多少?

(3) 保持上题中的沙粒质量不变,让气缸内的气体逐渐冷却,那么当气体的温度至少降为多少时,U 形管内的水银面变为一样高?

【解析】 (1) $p_0 + \dfrac{G_{活塞}}{S} = p_0 + \rho g h_1$

$G_{活塞} = \rho g h_1 S = 13.6 \times 10^3 \times 10 \times 0.05 \times 0.01$ N $= 68$ N

(2) 因为活塞的位置保持不变,所以气缸内的气体近似做等容变化.

由
$$\frac{p_0 + \rho g h_1}{T_1} = \frac{p_0 + \rho g h_2}{T_2},$$

可得 $h_2 = 0.134$ m.

(3) 气体温度下降时,气体的体积会减小,当活塞向下移动到管口下方时,U形管的两臂均与大气相通,两侧液面变为一样高,在此前气体做等压变化.

根据
$$\frac{V_1}{T_1} = \frac{V_3}{T_3}$$

可得
$$\frac{80}{273+37} = \frac{70}{273+t_3}$$

$$t_3 = -1.75 \ ℃.$$

13. 如图 11.11 所示,一块平而薄的长方形匀质玻璃板,用两根质量可略的等长细线悬挂起来,玻璃板两个表面的半个面分别对称地涂了一层化学性质活泼的金属,整个装置放在容器之中,容器内有压强为 p 的氯气.设每一个氯气分子遇到金属分子后发生化学反应的概率为 $q(q<1)$,且 q 为恒量,设玻璃板两边的氯气密度相等,在化学反应过程中,氯气压强的减小可忽略不计,玻璃板的质量为 m,有关几何量如图 11.11 所示.观察到玻璃板绕它的竖直轴转过一个很小的角度 α 后,处于平衡状态,试求 α 的大小.

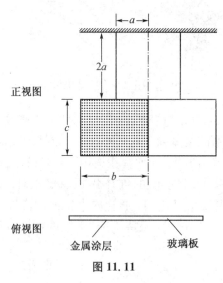

图 11.11

【解析】 氯气压强为 $p = n_0 kT$,对于涂层金属的表面压强为:

$$p' = \frac{1}{2}q n_0 kT + (1-q)n_0 kT = \left(1 - \frac{q}{2}\right)p$$

不涂金属与涂金属面的压强差为:

$$\Delta p = p - p' = \frac{1}{2}qp$$

如图 11.12 所示,Δp 形成的力矩大小为:

$$M' = \Delta p \cdot bc \cdot b = \frac{1}{2} q b^2 cp$$

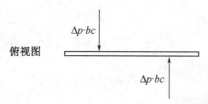

图 11.12

如图 11.13 所示,绳子张力 N 的水平分量 $N\sin\beta$ 产生的力矩为

$$M = 2 \cdot \frac{1}{2} mg \tan\beta \cdot a\cos\alpha$$

由几何关系有:

$$2a\beta = a\alpha$$

所以有:

$$\beta \approx \frac{\alpha}{2}$$
$$\tan\beta \approx \beta$$
$$\cos\alpha \approx 1$$

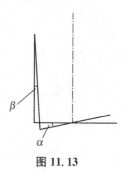

图 11.13

所以

$$M = \frac{1}{2} mg \cdot a\alpha$$

平衡时,两力矩相等反向,$M' = M$. 即:

$$\frac{1}{2} q b^2 cp = \frac{1}{2} mga\alpha$$

所以

$$\alpha = \frac{qb^2 cp}{mga}.$$

14. 如图 11.14 所示,在固定的气缸 A 和 B 中分别用活塞封闭有一定质量的理想气体,活塞的面积之比为 $S_A : S_B = 1 : 2$,两活塞以穿过 B 的底部的刚性细杆相连,可沿水平方向无摩擦地滑动,两个气缸都不漏气,初始时,A、B 中气体的体积皆为 V_0,温度均为 $T_0 = 300$ K,A 中的气体压强 $p_A = 1.5 p_0$,p_0 是气缸外的大气压强,现对 A 加热,使其中气体的压强升到 $p'_A = 2.0 p_0$,同时保持 B 中气体温度不变,求此时 A 中气体温度 T'_A.

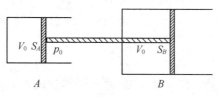

图 11.14

【解析】 活塞两次平衡时有:

$$p_A S_A + p_B S_B = p_0 (S_A + S_B) \qquad ①$$

$$p'_A S_A + p'_B S_B = p_0(S_A + S_B) \qquad ②$$

因为 $S_A : S_B = 1 : 2$ 和 $p_A = 1.5\,\text{Pa}$，所以由 ① 式和 ② 式可得：

$$2p_B = 1.5 p_0 \qquad ③$$

$$2p'_B = 3p_0 - p'_A = p_0 \qquad ④$$

对于 B 中气体，等温过程中有：

$$p_B V_0 = p'_B V_B \qquad ⑤$$

将 ③ 和 ④ 式代入 ⑤ 式后得：

两活塞移动距离相同为

$$\frac{V_A - V_0}{S_A} = \frac{V_B - V_0}{S_B} \qquad ⑥$$

$$V_B = 2V_B - V_0 = 1.5 V_0$$

$$V_A = 1.25 V_0 \qquad ⑦$$

对于 A 中气体，由理想气体状态方程有：

$$\frac{p_A V_0}{T_0} = \frac{p'_A V_A}{T'_A} \qquad ⑧$$

将 ⑦ 式和已知条件代入 ⑧ 式后得：

$$T'_A = 500\,\text{K}$$

第 2 节　热力学定律

◯ 考点梳理

6. 内能

（1）分子动能

由于分子是在做永不停息的无规则的热运动，所以分子有动能，我们称其为分子动能．温度越高，分子动能越大．

（2）分子势能

由于分子间存在相互作用力，所以分子间有势能，这就是分子势能．分子间距离 r_0 为分子力为零的位置，分子势能最小，而 $r \geqslant 10 r_0$ 时，由于分子间的作用力可忽略，故分子势能变为零，如以无穷远处为势能的零点，定性的分子势能曲线可用图 11.15 表示．

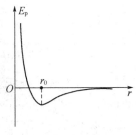

图 11.15

（3）内能就是大量分子的分子动能和分子势能之和．以上的分子动能包括平动动能、转动动能和多原子分子内部的振动动能，分子势能包括分子间的势能和多原子分子内部的原子间的势能．

7. 做功

在热力学中，一般不考虑整体的机械运动．热力学系统状态的变化，总是通过做功或热传递或两者兼施并用而完成的．在力学中，功定义为力与位移这两个矢量的标积．在热力学中，功的概念要广泛得多，除机械功外，主要的有：流体体积变化所做的功、表面张力所做的功、电流所做的功．

流体体积变化所做的功:

我们以气体膨胀为例. 设有一气缸,其中气体的压强为 p,活塞的面积 S,如图 11.16 所示,当活塞缓慢移动一微小距离 Δx 时,在这一微小的变化过程中,认为压强 p 处处均匀而且不变,因此是个准静态过程. 气体对外界所做的元功 $W = pS\Delta x$,外界(活塞)对气体做功 $W' = -W = pS\Delta x = p\Delta V$,当气体膨胀时 $\Delta V > 0$,外界对气体做功 $W' < 0$;气体压缩时 $\Delta V < 0$,外界对气体做功 $W' > 0$.

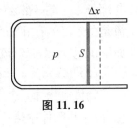

图 11.16

如图 11.17 所示,准静态过程可用 p-V 图上一条曲线来表示,功 W 为 p-V 图中过程曲线下的面积,当气体被压缩时 $W > 0$,反之 $W < 0$.

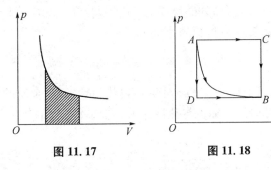

图 11.17　　　　图 11.18

如图 11.18 所示,由 A 态到 B 态的三种过程,气体都对外做功,由过程曲线下的面积大小可知:ACB 过程对外做功最大,AB 次之,ADB 的功最小. 由此可知,当给定系统的初态和终态,并不能确定功的数值. 功是一个过程量,只有当系统的状态发生变化经历一个过程,才可能有功;经历不同的过程,功的数值一般而言是不同的.

8. 热传递

当一个热力学系统与温度较高的外界热接触时,热力学系统的温度会升高,其内能增加,状态发生了变化. 在这个状态变化的过程中,是外界把一部分内能传递给了该系统,我们就说系统从外界吸收了热量. 如果系统与外界没有通过功来交换能量,系统从外界吸收了多少热量,它的内能就增加多少. 热量是过程量. 没有做功而使系统内能改变的过程称为热传递或称传热. 它是物体之间存在温度差而发生的转移内能的过程. 在热传递中被转移的内能数量称为热量,用 Q 表示. 传递的热量与内能变化的关系是:

$$E_2 - E_1 = Q$$

做功和传递热量都可以使系统的内能发生变化,但它们本质上是有区别的. 做功总是和一定宏观位移或定向运动相联系,是分子有规则运动能量向分子无规则运动能量的转化和传递;传热则是基于温度差而引起的分子无规则运动,能量从高温物体向低温物体的传递过程. 传递热量是通过分子之间的相互作用来完成的,是系统外物体分子无规则运动与系统内分子无规则运动之间的传递,从而使系统的内能有所改变. 为了区别起见,我们把热量传递叫做微观功. 简言之,做功是内能的转化过程,热传递是内能的转移过程. 热传递的方式有三种:对流、热传导和辐射.

(1) 对流

固、液、气都能导热,但在液体和气体中还有另一种传热方式,就是流体中由于温度不同的各部分相互混合的宏观运动所引起的传热现象称为对流.对流分自然对流和强迫对流.自然对流是由于流体存在温差而引起密度差,较热的流体密度小由于浮力而上升,较冷的流体密度大而下沉,从而引起对流传热.强迫对流是通过人工方式,如风扇等来迫使流体流动的.

(2) 热传导

物体或物体系由于各处温度不同引起的热量从温度较高处传递到温度较低处的现象叫热传导.它是固体中热传递的主要形式,在气体或液体中,热传导过程往往和对流同时发生.

从分子动理论的观点看,温度高处分子的平均热运动能量大,温度低处分子的平均热运动能量小,于是通过分子间的相互碰撞,一部分内能将从温度高处传递到温度低处.

如果导热体各点温度不随时间变化,这种导热过程称为稳定导热,在这种情况下,考虑长度为 l,横截面积为 S 的柱体,两端截面处的温度为 T_1、T_2,且 $T_1 > T_2$,则热量沿着柱体长度方向传递,在 Δt 时间内通过横截面 S 所传递的热量为:

$$Q = K \frac{T_1 - T_2}{l} S \Delta t$$

式中,K 为物质的导热系数.固体、液体和气体都可以热传导,其中金属的导热性最好,液体除水银和熔化的金属外,导热性不好,气体的导热性比液体更差.石棉的热传导性能极差,因此常作为绝热材料.

(3) 热辐射

在任何温度下,物体都会向外以电磁波的形式发射能量,这种热传递方式就是热辐射,这种热传递的方式具有如下特点:

① 不依靠气体或液体的流动,也不依靠分子之间碰撞来传导,因而在真空环境中也能进行;② 热辐射与周围物体的温度高低是无关的.

热辐射的本身不是热学所研究的范围,因为它和我们通常所说的"热是大量分子的无规则运动"是有明显区别的.但是热辐射能量来自物体的热运动.

物体在任何温度下(只要不是绝对零度)都向四周进行热辐射,也从周围吸收这种辐射.

9. 黑体的热辐射

(1) 黑体

热辐射的规律是很复杂的,我们知道,各种物体由于它有不同的结构,因而它对外来辐射的吸收以及它本身对外的辐射都不相同.但是有一类物体其表面不反射电磁波,它们能够在任何温度下,吸收射来的一切电磁辐射,这类物体就叫做绝对黑体,简称黑体.

黑体不一定是黑色的物体,黑色的物体也不一定是黑体.

绝对黑体是我们研究热辐射时为使问题简化的理想模型(图 11.19). 实际上黑体只是一种理想情况,但如果做一个闭合的空腔,在空腔表面开一个小孔,小孔表面就可以模拟黑体表面. 这是因为从外面射来的辐射,经小孔射入空腔,要在腔壁上经过多次反射,才可能有机会射出小孔. 因此,在多次反射过程中,外面射来的辐射几乎全部被腔壁吸收. 在实验中,可在绕有电热丝的空腔上开一个小孔来实现,正因为实验所用的绝对黑体都是空腔辐射,因此,黑体辐射又称为空腔辐射.

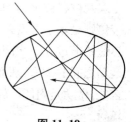

图 11.19

(2) 斯特藩-玻尔兹曼定律

1879 年,斯特藩(J. Stefan,1835 ～ 1893 年)从实验观察到黑体的辐出度(单位表面积的辐射功率)与绝对温度 T 的四次方成正比,即:

$$J = \sigma T^4$$

1884 年玻尔兹曼从理论上给出这个关系式. 其中 $\sigma = 5.670\,32 \times 10^{-8}$ W/(m² · K⁴).

对一般物体而言,$J = \varepsilon \sigma T^4$,$\varepsilon$ 为表面辐射系数,也叫发射率,J 为辐出度,称为斯特藩-玻尔兹曼常数. 通常 $\varepsilon < 1$,但对黑体而言,$\varepsilon = 1$(即为完全辐射).

如果物体周围的环境温度为 T_0,则须考虑物体表面对入射辐射能的吸收. 假定入射的辐射能通量密度为 σT_0^4,则该物体表面所吸收的辐射能通量密度为 $J' = \alpha T_0^4$,其中 α 为物体表面的吸收率.

显然,物体表面的放射率和吸收率相等,即 $\varepsilon = \alpha$,因此我们可以说:容易辐射能量的物体,也容易吸收入射的能量.

通常 $\alpha < 1$,但对黑体而言,$\alpha = 1$(即为完全吸收). 因此物体表面对入射能量的反射率为 $r = 1 - \alpha$.

黑体是热辐射理想的吸收体和发射体,例如太阳可近似看作黑体.

10. 热力学第零定律

如果两个热力学系统中的每一个都与第三个热力学系统处于热平衡(温度相同),则它们彼此也必定处于热平衡. 热力学第零定律的重要性在于它给出了温度的定义和温度的测量方法.

11. 热力学第一定律

当系统与外界间的相互作用既有做功又有热传递两种方式时,设系统在初态的内能 E_1,经历一过程变为末态的内能 E_2,令 $\Delta E = E_2 - E_1$. 在这一过程中系统从外界吸收的热量为 Q,外界对系统做功为 W,则:

$$\Delta E = W + Q$$

式中,各量是代数量,有正负之分. 系统吸热 $Q > 0$,系统放热 $Q < 0$;外界做功 $W > 0$,系统做功 $W < 0$;内能增加 $\Delta E > 0$,内能减少 $\Delta E < 0$. 热力学第一定律是普遍的能量转化和守恒定律在热现象中的具体表现.

12. 热力学第二定律

(1) 克劳修斯表述:不可能把热从低温物体传到高温物体而不产生其他影响. 热传递的方向性.

(2) 开尔文表述:不可能从单一热源吸取热量使之完全转换为有用的功而不产生其他影响. 第二类永动机是不可能制成的. 机械能和内能转化的方向性.

(3) 热力学第二定律的微观意义

一切自发过程总是沿着分子热运动的无序性增大的方向进行.

13. 热力学第三定律

不可能用有限个手段和程序使一个物体冷却到绝对温度零度.

14. 绝热过程

气体始终不与外界交换热量的过程称之为绝热过程,即 $Q = 0$. 例如用隔热良好的材料把容器包起来,或者由于过程进行得很快,来不及和外界发生热交换,这些都可视作绝热过程.

理想气体发生绝热变化时，$p、V、T$ 三量会同时发生变化，仍遵循 $\dfrac{pV}{T}=C$.

绝热过程的状态方程是：

$$pV^{\gamma}=C$$
$$p_1V_1^{\gamma}=p_2V_2^{\gamma}$$

其中： $\gamma=\dfrac{C_p}{C_V}$

根据热力学第一定律，因 $Q=0$，有：

$$W=\Delta E=nC_V\Delta T=\dfrac{i}{2}(p_2V_2-p_1V_1)$$

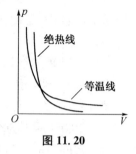

图 11.20

这表明气体被绝热压缩时，外界所做的功全部用来增加气体内能，体积变小、温度升高、压强增大；气体绝热膨胀时，气体对外做功是以减小内能为代价的，此时体积变大、温度降低、压强减小. 气体绝热膨胀降温是液化气体获得低温的重要方法. 其图线如图 11.20 所示.

15. 循环过程

系统由某一状态出发，经历一系列过程又回到原来状态的过程，称为循环过程. 热机循环过程在 p-V 图上是一根顺时针绕向的闭合曲线（如图 11.21）. 系统经过循环过程回到原来状态，因此 $\Delta E=0$.

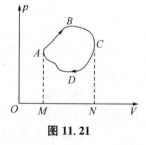

图 11.21

由图可见，在 ABC 过程中，系统对外界做正功，在 CDA 过程中，外界对系统做正功. 在热机循环中，系统对外界所做的总功为 $ABCD$ 循环曲线所包围的面积. 而且由热力学第一定律可知：在整个循环中系统从外界吸收的热量总和 Q_1，必然大于放出的热量总和 Q_2，而且：

$$Q_1-Q_2=W$$

热机效率表示吸收来的热量有多少转化为有用的功，是热机性能的重要标志之一，效率的定义式为：

$$\eta=\dfrac{W}{Q}=1-\dfrac{Q_2}{Q_1}<1$$

16. 气体的自由膨胀

气体向真空的膨胀过程称为气体的自由膨胀. 气体自由膨胀时，没有外界阻力，所以外界不对气体做功 $W=0$；由于过程进行很快，气体来不及与外界交换热量，可看成是绝热过程 $Q=0$；根据热力学第一定律可知，气体绝热自由膨胀后其内能不变，即 $\Delta E=0$.

如果是理想气体自由膨胀，其内能不变，气体温度也不会变化，即 $\Delta T=0$；如果是离子气体自由膨胀，虽内能不变，但分子的平均斥力势能会随着体积的增大而减小，分子的平均平动动能会增加，从而气体温度会升高，即 $\Delta T>0$；如果是存在分子引力的气体自由膨胀后，其内能不变，但平均分子引力势能增大，分子平均平动动能会减小，气体温度会降低，即 $\Delta T<0$.

典型例题

例 11 （华约）把高压气体压入一个瓶子中，当把瓶子盖打开时，外界对气体_____（填写"做正功"或"做负功"或"不做功"），气体的温度_____（填写"升高"或"降低"或"不变"）.

【答案】 做负功　降低

【解析】 当把瓶子盖打开时，气体对外做功，也就是外界对气体做负功. 由热力学第一定律可知,气体对外做功,内能减小,气体温度降低.

例 12 如图 11.22 所示,一直立容器中间有一隔板,上部装密度较小的气体,下部装密度很大的气体.若将隔板抽去,并给容器加热,直到最后容器内气体各部分密度均匀.在这一过程中气体从外界吸热 Q,气体内能增量为 ΔE,设容器不漏气,则 ( )

A. $Q > \Delta E$　　　　　　B. $Q = \Delta E$
C. $Q < \Delta E$　　　　　　D. 条件不足无法比较

【答案】 A

【解析】 将隔板抽去后,由于气体的扩散,上、下两部分气体最后的密度相同,所以与抽出隔板之前相比较,整个系统的重心将有所上升(因为开始时上部气体密度较小),因此系统的重力势能也有所增加.根据能量的转化和守恒定律可知:气体从外界吸收的热量 Q 一部分增加了气体的内能,一部分则转化为气体的重力势能,所以 $Q > \Delta E$. 应选 A.

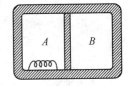

图 11.22

例 13 (北约)在一个绝热的竖直气缸里面放有一定质量的理想气体,绝热的活塞原来是固定的.现拆去销钉(图中未画出),气体因膨胀把活塞及重物举高后如图 11.23 所示.则在此过程中气体的 ( )

A. 压强不变,温度升高　　　B. 压强不变,温度降低
C. 压强减小,温度升高　　　D. 压强减小,温度降低

【答案】 D

【解析】 绝热膨胀的关键是绝热,即气体与外界没有热量的交换.膨胀时体积变大,气体对外界做功.根据热力学第一定律,在绝热条件下对外做功,那么气体内能一定减小.由于气体的内能完全是温度的函数,所以温度降低,进而压强减小.选项 D 正确.

例 14 (华约)如图 11.24 所示,绝热容器的气体被绝热光滑密封活塞分为两部分 A、B,已知初始状态下 A、B 两部分体积、压强、温度均相等,A 中有一电热丝对 A 部分气体加热一段时间,稳定后 ( )

A. A 气体压强增加,体积增大,温度不变
B. B 气体的温度升高,B 中分子运动加剧
C. B 气体的体积减小,压强增大
D. A 气体的内能变化量等于 B 气体的内能变化量

【答案】 BC

【解析】 电热丝对 A 部分气体加热,A 气体的温度升高,压强增大,推动活塞压缩 B 气体,对 B 气体做功,B 气体内能增大,温度升高,B 中分子运动加剧,选项 A 错误,B 正确;B 气体的体积减小,压强增大,选项 C 正确;稳定后,A、B 压强相等,由于活塞绝热,A 气体温度高于 B 气体温度,A 气体的内能变化量大于 B 气体的内能变化量,选项 D 错误.

例 15 (北约)如图 11.25 所示,一定质量的理想气体从状态 A 依次经过状态 B、C 和 D 后再回到状态 A.其中,$A \to B$ 和 $C \to D$ 为等温过程,$B \to C$ 和 $D \to A$ 为绝热过程(气体与外界无热量交换).这就是著名的"卡诺循环".该循环过程中,下列说法正确的是 ( )

A. $A \to B$ 过程中,外界对气体做功
B. $B \to C$ 过程中,气体分子的平均动能增大

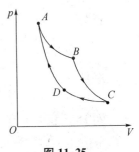

图 11.25

C. $C \to D$ 过程中,单位时间内碰撞单位面积器壁的分子数增多

D. $D \to A$ 过程中,气体分子的速率分布曲线不发生变化

【答案】 C

【解析】 $A \to B$ 过程为等温过程,内能不变,体积增大,气体对外界做功,选项 A 错误. $B \to C$ 为绝热过程,没有与外界热交换,体积增大,气体对外界做功,内能减小,所以 $B \to C$ 过程中,气体分子的平均动能减小,选项 B 错误. $C \to D$ 过程中,体积减小,单位时间内碰撞单位面积器壁的分子数增多,选项 C 正确. $D \to A$ 为绝热过程,体积减小,外界对气体做功,气体温度升高,所以 $D \to A$ 过程中,气体分子的速率分布曲线向速度大的方向移动,发生变化,选项 D 错误.

例 16 (华约)假设房间向环境传递热量的速度正比于房间和环境之间的温度差,暖气片向房间传递热量的速度也正比于暖气片与房间之间的温差. 暖气片温度恒定为 T_0,当环境温度为 $-5\ ℃$ 时,房间温度保持为 $22\ ℃$;当环境温度为 $-15\ ℃$ 时,房间温度保持为 $16.5\ ℃$.

(1) 求暖气片的温度 T_0.

(2) 给房子加一层保温材料,使得温差一定时房间散热速度下降 20%,求环境温度为 $15\ ℃$ 时房间的温度.

【解析】 (1) 设暖气片向房间散热的导热系数为 k_1,房间向环境散热的导热系数为 k_2,房间温度为 T_1,环境温度为 T_2.

由于房间温度恒定,则房间内能不变,由于能量守恒,则暖气片向房间热传递的速度等于房间向环境传递热量的速度,即:

$$k_1(T_0 - T_1) = k_2(T_1 - T_2)$$

代入两组数据解得:

$$T_0 = 55\ ℃$$

(2) 增加保温材料后,房间温度仍保持恒定,因此:

$$k_1(T_0 - T_1) = 0.8 k_2(T_1 - T_2)$$

当 $T_2 = 15\ ℃$ 时,代入数据得 $T_1 = 20.4\ ℃$

【点评】 此题以房子内热量传递切入,涉及的知识点可以说主要是能量守恒定律. 只要依据能量守恒的思想,初中学生就可以顺利解答.

例 17 如图 11.26 所示,A,B,C 各为 $1\ m$ 长均匀金属杆,依次相接触,它们的热导率之比为 $2:3:6$. 杆与杆充分接触,露着的两端的温度分别保持 $100\ ℃$ 和 $0\ ℃$,侧面不向外散热. 问稳定时距 A 杆露出端多远处温度为 $50\ ℃$?

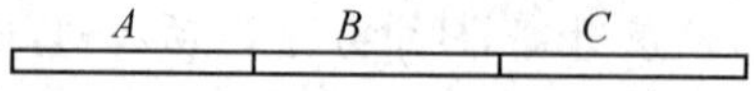

图 11.26

【解析】 令 t_{AB} 为 A,B 杆接触处的温度,t_{BC} 为 B,C 杆接触处的温度.

$$2K \cdot \frac{100 - t_{AB}}{l} \cdot S \cdot \Delta t = 3K \cdot \frac{t_{AB} - t_{BC}}{l} \cdot S \cdot \Delta t = 6K \cdot \frac{t_{BC} - 0}{l} \cdot S \cdot \Delta t$$

解得:

$$t_{AB} = 50\ ℃$$

例 18 已知地球与太阳的半径分别是 $R_e = 6 \times 10^6\ m, R_s = 7 \times 10^8\ m$,两者相距 $d = 1.5 \times 10^{11}\ m$,若地球与太阳均可看作黑体,估算太阳表面温度.

【解析】 设太阳和地球的表面温度分别是 T_s, T_e, 则太阳和地球发射的辐射功率:

$$q_s = 4\pi R_s^2 \cdot \sigma T_s^4$$

$$q_e = 4\pi R_e^2 \cdot \sigma T_e^4$$

太阳的辐射能只有一小部分落在地球表面上，其比例为 $K = \dfrac{\pi R_e^2}{4\pi d^2}$. 若不计地球本身的热源，根据地球能量平衡 $q_e = Kq_s$, 取 $T_e = 290$ K 得太阳表面温度 $T_s = \left(\dfrac{2d}{R_s}\right)^{\frac{1}{2}} T_e = 6\,003$ K.

例 19 取一个不高的横截面积是 $3\ \text{dm}^2$ 的圆筒，筒内装水 0.6 kg，在阳光垂直照射下，经 2 min 温度升高 1 ℃，若把太阳看成黑体，已知太阳半径和地球到太阳的距离分别为 $R = 7 \times 10^8$ m 和 $d = 1.5 \times 10^{11}$ m，并考虑到阳光传播过程中的损失，地球大气层的吸收和散射，水所能吸收的太阳能仅是太阳辐射能的一半，试估算太阳表面的温度. 已知 $\sigma = 5.67 \times 10^{-8}$ W/(m²·K⁴).

【解析】 筒内水所吸收的热量

$$Q = cm\Delta t \qquad ①$$

每平方米水面吸收热功率

$$J' = \dfrac{Q}{St} \qquad ②$$

单位面积上的热功率与距离平方成反比，即

$$\dfrac{J'}{J_1} = \dfrac{R^2}{d^2} \qquad ③$$

斯特藩公式

$$J_2 = 2J_1$$
$$J_2 = \sigma T^4 \qquad ④$$

联立①、②、③、④式得:

$$T = \left(\dfrac{2cm\Delta t d^2}{\sigma St R^2}\right)^{\frac{1}{4}} \approx 6 \times 10^3 \text{ K}$$

【总结】 由斯特藩公式可知，要估算太阳表面的温度，就应先求出太阳表面每单位面积向外辐射电磁波的功率，而题中所提供的水被辐射晒热的实验可以得到地面上所获得的太阳辐射功率，再从距离关系即可求出太阳单位面积的辐射功率.

例 20 （华约）自行车胎打足气后骑着很轻快. 当一车胎经历了慢撒气(缓慢漏气)过程后，车胎内气体压强下降了四分之一. 求漏掉气体占原来气体的比例 η. 已知漏气过程是绝热的，不考虑气体之间的热交换，且一定质量的气体，在绝热过程中其压强 p 和体积 V 满足关系 $pV^\gamma =$ 常量，式中参数 γ 是与胎内气体有关的常数.

【解析】 解法1：以轮胎内的所有气体为研究对象.

设原来气体压强为 p、体积为 V. 绝热膨胀漏气后气体压强变为 p'，体积为 V'. 根据题意有：

$$p' = \left(1 - \dfrac{1}{4}\right)p = \dfrac{3}{4}p$$

漏气过程绝热，则有：

$$pV^\gamma = p'V'^\gamma \text{ 或 } V' = \left(\dfrac{p}{p'}\right)^{\frac{1}{\gamma}} V$$

因此，漏出气体占原来气体的比例为:

$$\eta = \frac{V'-V}{V'} = 1 - \frac{V}{V'} = 1 - \left(\frac{p'}{p}\right)^{\frac{1}{\gamma}} = 1 - \left(\frac{3}{4}\right)^{\frac{1}{\gamma}}$$

解法 2：以最终轮胎内的气体为研究对象.

设轮胎内原来气体质量为 m、压强为 p、体积为 V. 漏气后变为质量 m'，压强 $p' = \frac{3}{4}p$，体积仍为 V.

漏气过程绝热，可以设想，漏气前质量为 m' 的气体占有体积 $V_1 = \frac{m'}{m}V$，经绝热过程而膨胀到整个轮胎体积 V. 于是有：

$$p\left(\frac{m'}{m}V\right)^{\gamma} = p'V^{\gamma}$$

由此得：

$$\frac{m'}{m} = \left(\frac{p'}{p}\right)^{\frac{1}{\gamma}} = \left(\frac{3}{4}\right)^{\frac{1}{\gamma}}$$

漏出气体占原有气体的比例为：

$$\eta = \frac{m-m'}{m} = 1 - \frac{m'}{m} = 1 - \left(\frac{3}{4}\right)^{\frac{1}{\gamma}}$$

例 21 0.020 kg 的氦气温度由 17 ℃ 升高到 27 ℃. 若在升温过程中，试就以下各种情况下分别求出气体内能的增量，吸收的热量和外界对气体做的功.

(1) 体积保持不变；

(2) 压强保持不变；

(3) 不与外界交换热量.

【解析】 气体的内能是个状态量，且仅是温度的函数. 在上述三个过程中气体内能的增量是相同的且均为：

$$\Delta E = nC_V\Delta T = 5 \times 1.5 \times 8.31 \times 10 = 623 \text{ J}$$

(1) 等容过程

$$W = 0$$
$$Q = \Delta E = 623 \text{ J}$$

(2) 等压过程

$$Q = nC_p\Delta T = n(C_V+R)\Delta T = 5 \times 2.5 \times 8.31 \times 10 = 1.038 \times 10^3 \text{ J}$$
$$W = \Delta E - Q = -415 \text{ J}$$

(3) 绝热过程

$$Q = 0$$
$$W = \Delta E = 623 \text{ J}$$

强化训练

15. 如图 11.27 所示，给定两个同样的球，其一放在水平面上，另一以细线悬挂，供给两球相同的热量，问两球温度是否趋于相同？说明你的理由(忽略各种热量损失).

第十一章 热 学

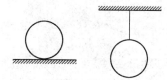

图 11.27

【解析】 球体受热,体积增加,第一个球的重心升高,克服重力做功要耗费一部分热量,于是用于提高球体温度的热量就减少了一些,结果,第一个球的温度将稍低于第二个球的温度(这一差别是极小的,对于半径为 10 cm 的铜球来说,相对差值约为 10^{-7}).

16. 如图 11.28 所示,气缸内封闭一定质量的某理想气体,活塞通过滑轮和一重物连接并保持平衡,已知活塞距缸口 0.2 m,活塞面积 10 cm², 大气压强 1.0×10^5 Pa,物重 50 N,活塞质量及一切摩擦不计. 缓慢升高环境温度,使活塞刚好升到缸口,封闭气体吸收了 60 J 的热量. 则封闭气体的压强将_____(选填"增加""减小"或"不变"),气体内能变化量为_____J.

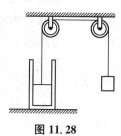

图 11.28

【答案】 不变 50 J

【解析】 设气缸内气体的压强为 p,以活塞为研究对象,有:
$$pS + mg = p_0 S$$
$$p = 0.5 \times 10^5 \text{ Pa}$$

在活塞向上运动的过程中,压强保持不变.
活塞刚好升到缸口时对外做功为
$$W = p\Delta V = 10 \text{ J}$$

由热力学第一定律
$$\Delta E = Q - W = 50 \text{ J}$$

17. (南大) 如图 11.29 所示,把长度分别为 l_1 和 l_2 两根杆串接在一起,它们的导热系数分别为 k_1 和 k_2,求接触处 P 的温度以及两杆的等效导热系数.

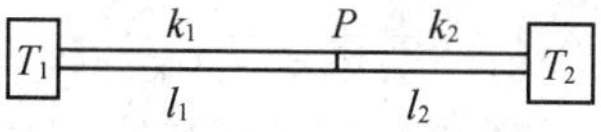

$$\boxed{T_1 \quad \underset{l_1}{k_1} \quad P \quad \underset{l_2}{k_2} \quad T_2}$$

图 11.29

【解析】 设接触处 P 的温度为 T,则
$$Q = k_1 \frac{T_1 - T}{l_1} S \cdot \Delta t$$
$$Q = k_2 \frac{T - T_2}{l_2} S \cdot \Delta t$$

可得:
$$T = \frac{k_1 l_2 T_1 + k_2 l_1 T_2}{k_1 l_2 + k_2 l_1}$$

令
$$Q = k \frac{T_1 - T_2}{l_1 + l_2} S \cdot \Delta t$$

则有：
$$k = \frac{k_1 k_2 (l_1 + l_2)}{k_1 l_2 + k_2 l_1}$$

18. 容积均为 $V = 4\,\text{L}$，高度均为 $H = 40\,\text{cm}$ 的两个同质料的容器，其中一个是圆形截面，另一个是方形截面，在室温为零度时，两只瓶中均灌满 $100\,^\circ\text{C}$ 的水，经过一段时间后，圆筒形瓶内的水温降为 $95\,^\circ\text{C}$，问另一瓶内的水温降到了多少度？

【解析】 经同样时间，相同材料的热水瓶向外传送的热量跟内外面的温度差和瓶的表面积的乘积成正比.

设导热系数为 α，瓶面积为 S，室温为 T_0，沸水温度为 T，当圆瓶中水温降为 T_1 时，方瓶中水温降为 T_2，瓶中水的质量为 m，水的比热为 c，圆瓶中的水温由 T 降至 T_1 时所经过的时间为 t，则：

对于圆瓶：
$$cm(T - T_1) = \alpha S_1 (T - T_0)$$

对于方瓶：
$$cm(T - T_2) = \alpha S_2 (T - T_0)$$

两式相除得：
$$\frac{T - T_1}{T - T_2} = \frac{S_1}{S_2}$$

由数学知识易得：
$$S_1 = \frac{2V}{H} + 2\sqrt{\pi H V}$$
$$S_2 = \frac{2V}{H} + 4\sqrt{HV}$$

代入上式化简并代入数据后得 $T_2 = 367.4\,\text{K}$ 即降为 $94.4\,^\circ\text{C}$.

【总结】 本题中因瓶中热水温度比室温高许多，且两瓶热水降温后温度相差不大，故在计算散热时未考虑热水温度的降低对散热的影响.

19. 自然界中物体由于具有一定的温度，会不断向外辐射电磁波，这种辐射因与温度有关，称为热辐射. 热辐射具有如下特点：辐射的能量中包含各种波长的电磁波；物体温度越高，单位时间从物体表面单位面积上辐射的能量越大；在辐射的总能量中，各种波长所占的百分比不同. 处于一定温度的物体在向外辐射电磁波能量的同时，也要吸收由其他物体辐射的电磁波能量，如果它处在平衡状态，则能量保持不变. 若不考虑物体表面性质对辐射与吸收的影响，我们定义一种理想的物体，它能 100% 地吸收入射到其表面的电磁辐射，这样的物体称为黑体. 单位时间内从黑体表面单位面积辐射的电磁波的总能量与黑体绝对温度的四次方成正比，即 $P_0 = \sigma T^4$，其中 $\sigma = 5.670 \times 10^{-8}\,\text{W/(m}^2 \cdot \text{K}^4)$. 在下面的问题中，把研究对象都简单地看作黑体. 有关数据及数学公式：太阳半径 $R_s = 696\,000\,\text{km}$，太阳表面温度 $T = 5\,770\,\text{K}$，火星半径 $r = 3\,395\,\text{km}$. 球面积 $S = 4\pi R^2$，其中 R 为球半径.

(1) 每小时从太阳表面辐射的总能量为多少？

(2) 火星受来自太阳的辐射可认为垂直射到面积为 πr^2（r 为火星半径）的圆盘上. 已知太阳到火星的距离约为太阳半径的 400 倍，忽略其他天体及宇宙空间的辐射，试估算火星的平均温度.

【解析】（1）每小时从太阳表面辐射的总能量为：
$$W = 4\pi R_s^2 \sigma T^4 t = 1.38 \times 10^{30} \text{ J}$$

（2）设火星表面温度为 T_1，太阳到火星的距离为 d，火星单位时间内吸收来自太阳的能量为：
$$P_{in} = 4\pi R_s^2 \sigma T^4 \cdot \frac{\pi r^2}{4\pi d^2} = \frac{\pi \sigma T^4 r^2}{(400)^2}$$

火星单位时间内向外辐射电磁波能量为：
$$P_{out} = 4\pi r^2 \sigma T_1^4$$

所以
$$P_{in} = P_{out}$$

即
$$\frac{\pi \sigma T^4 r^2}{(400)^2} = 4\pi r^2 \sigma T_1^4$$

由上式求得火星的平均温度为 $T_1 = 204$ K.

20. 如图 11.30，两个黑体的平面互相平行，一个处于恒定的高温 T_h，另一个处于恒定的低温 T_l，平面之间为真空. 为减小由热辐射形成的热流，在两个平面之间放置一组由两块相互绝热的黑体薄板组成的热障，这两块薄板平行于黑体平面. 求：放置热障后稳定的热辐射能流与放置热障前稳定的热辐射能流间的比值 ξ（略去因表面有限线度造成的边缘效应）.

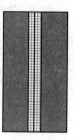

图 11.30

【解析】 放置热障后达热平衡时的温度和热流分布，应有：
$$M = \sigma(T_h^4 - T_1^4)$$
$$M = \sigma(T_1^4 - T_2^4)$$
$$M = \sigma(T_2^4 - T_l^4)$$

式中，J 为热辐射能流密度，σ 为比例常量，三式相加得：
$$3M = \sigma(T_h^4 - T_l^4) = M_0$$

式中，J_0 为放置热障前达到热平衡时的热辐射能流密度.

最后，可得所求比值为：
$$\xi = \frac{J}{J_0} = \frac{1}{3}$$

21. 已知太阳在单位时间内垂直照射在地球表面单位面积上的能量为 1 350 J，日地距离 $R = 1.5 \times 10^{11}$ m，太阳直径 $2r = 1.39 \times 10^9$ m，试估计太阳表面温度.

【解析】 以太阳为中心、日地距离为半径的球面面积为
$$4\pi R^2 = 2.827 \times 10^{23} \text{ m}^2$$

这个面积上每秒内从太阳接受的总辐射能为：
$$2.827 \times 10^{23} \times 1 350 \text{ J} = 3.816 \times 10^{26} \text{ J}$$

太阳表面积为
$$4\pi r^2 = 4\pi \times (0.695 \times 10^9)^2 \text{ m}^2 = 6.07 \times 10^{18} \text{ m}^2$$

设其表面温度为 T，则太阳每秒向外辐射的总能量为：

$$6.07 \times 10^{18} \times \sigma T^4 = 6.07 \times 10^{18} \times 5.67 \times 10^{-8} T^4$$

二者相等,有

$$3.816 \times 10^{26} = 6.07 \times 10^{18} \times 5.67 \times 10^{-8} T^4$$

解得 $T = 5\,770$ K。

22. 三个大小相同并可看作为黑体的球体,测得其最大单色辐出度所对应的波长分别为 0.300 m,0.400 m 和 0.500 m,试求它们的温度以及它们在单位时间内向空间辐射的能量之比。

【解析】 根据维恩位移律可以求得它们的温度,分别为:

$$T_1 = \frac{b}{\lambda_{m1}} = 9.66 \times 10^3 \text{ K}$$

$$T_2 = \frac{b}{\lambda_{m2}} = 7.25 \times 10^3 \text{ K}$$

$$T_3 = \frac{b}{\lambda_{m3}} = 5.80 \times 10^3 \text{ K}$$

根据斯特藩-玻耳兹曼定律 $M_0(T) = \sigma T^4$ 和上面已经得到的温度,就可以求出它们的辐出度 M_0。辐出度是表示该黑体在单位时间内从其表面单位面积上辐射出的能量,因为三个球体大小相同,它们在单位时间内向空间辐射的能量之比,就等于它们的辐出度之比,即:

$$E_1 : E_2 : E_3 = M_{01} : M_{02} : M_{03} = T_1^4 : T_2^4 : T_3^4 = 8.71 : 2.76 : 1.13$$

23. 长江大桥的钢梁是一端固定,另一端自由的。这是为什么?如果在 -10 ℃ 时把两端都固定起来,当温度升高到 40 ℃ 时,钢梁所承担的胁强(压强)是多少?(钢的线胀系数为 $12 \times 10^{-6}/℃$,弹性模量为 2.0×10^5 N/mm^2,$g = 10$ m/s^2)

【解析】 长 1 m、横截面积为 1 mm^2 的杆,受到 10 N 拉力后伸长的量,叫伸长系数,用 a 来表示,而它的倒数叫弹性模量 E,$E = \frac{1}{a}$。当杆长为 L_0 m,拉力为 F,S 为横截面积(单位为 mm^2),则有伸长量:

$$\Delta L = \frac{L_0 F}{ES}$$

所以有公式:

$$p = \frac{F}{S} = E \frac{\Delta L}{L_0}$$

又由于

$$L = L_0(1 + a\Delta t)$$

所以

$$\frac{L - L_0}{L_0} = a\Delta t$$

得

$$p = \frac{F}{S} = E \cdot \frac{L - L_0}{L_0} = Ea\Delta t$$

代入数据得

$$p = 2.0 \times 10^5 \times 12 \times 10^{-6} \times [40 - (-10)] \text{ N/mm}^2 = 120 \text{ N/mm}^2$$

大桥一端是自由端,是为了避免钢梁热胀冷缩而产生的有害胁强;否则钢梁会因热胀冷缩

引起的胁强而断裂,即如果两端固定,由于热胀冷缩会对钢梁产生拉伸或压缩的压强而使钢梁受损.此时钢梁所承受的胁强为:
$$p = 120 \text{ N/mm}^2$$

24. 有 1 mol 双原子理想气体,从图 11.31 中 a 点起顺时针循环,求:

(1) 过程的总功及热量总变化;

(2) 循环效率;

(3) 证明:$p_a \cdot p_c = p_b \cdot p_d$.

【证明】(1) 对 $a \to b$ 是等容过程:
$$Q_{ab} = \gamma C_V \cdot \Delta T$$

其中 $\gamma = 1$ mol,$C_V = \dfrac{5}{2}R$,$\Delta T = 100$ K,

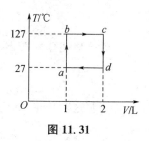

图 11.31

所以
$$Q_{ab} = 2.08 \times 10^3 \text{ J}$$

对 $b \to c$ 是等温过程:
$$Q_{bc} = RT_{bc}\ln\dfrac{V_c}{V_b} = 2.33 \times 10^3 \text{ J}$$

$$Q_{cd} = -2.08 \times 10^3 \text{ J}$$

$$Q_{da} = RT_{da}\ln\dfrac{V_a}{V_d} = -1.75 \times 10^3 \text{ J}$$

总功 $W = -(Q_{ab} + Q_{bc} + Q_{cd} + Q_{da}) = -580$ J,

总吸热 $= Q_{ab} + Q_{bc} = 4.41 \times 10^3$ J,

总放热 $= Q_{cd} + Q_{da} = 3.83 \times 10^3$ J,

热量总改变量 $= 580$ J.

(2) 效率 $\eta = \dfrac{580}{4.41 \times 10^3} = 13.2\%$

(3)
$$p_a V_a = \gamma R T_a$$

$$p_a = \dfrac{\gamma R T_a}{V_a}$$

同理
$$p_b = \dfrac{\gamma R T_b}{V_b}, \quad p_c = \dfrac{\gamma R T_c}{V_c}, \quad p_d = \dfrac{\gamma R T_d}{V_d}$$

$$p_a p_c = \dfrac{\gamma R T_a}{V_a} \cdot \dfrac{\gamma R T_c}{V_c} = \dfrac{\gamma R T_d}{V_b} \cdot \dfrac{\gamma R T_b}{V_d} = p_b \cdot p_d$$

25. 绝热容器 A 经一阀门与另一容积比 A 的容积大得多的绝热容器 B 相连.开始时阀门关闭,两容器中盛有同种理想气体,温度均为 30 ℃,B 中气体的压强是 A 中的两倍.现将阀门缓慢打开,直至压强相等时关闭.问此时容器 A 中气体的温度为多少?假设在打开到关闭阀门的过程中处在 A 中的气体与处在 B 中的气体之间无热交换.已知每摩尔该气体的内能为 $E = 2.5RT$.

【解析】 因为 B 容器的容积远大于 A 的容积,所以在题述的过程中,B 中气体的压强和温度均视为不变.B 容器内部分气体进入 A 容器,根据题设,A 容器内气体是个绝热过程.外界(B 容器的剩余气体)对 A 气体做功等于其内能的增量,从而求出 A 气体的最终温度.

设气体的摩尔质量为 M, A 容器的体积 V, 打开阀门前, 气体质量为 m, 压强为 p, 温度为 T. 打开阀门又关闭后, A 中气体压强为 $2p$, 温度为 T', 质量为 m', 则有:

$$pV = \frac{m}{M}RT$$

$$2pV = \frac{m'}{M}RT'$$

进入 A 气体质量:

$$\Delta m = m' - m = \frac{MpV}{R}\left(\frac{2}{T'} - \frac{1}{T}\right)$$

设这些气体处在 B 容器中时所占体积为 ΔV:

$$\Delta V = \frac{\Delta m}{2Mp} \cdot RT = \left(\frac{T}{T'} - \frac{1}{T}\right)V$$

为把这些气体压入 A 容器, B 容器中其他气体对这些气体做的功为:

$$W = 2p\Delta V = pV\left(\frac{2T}{T'} - 1\right)$$

A 中气体内能的变化:

$$\Delta E = \frac{m'}{M} \cdot \frac{5R}{2}(T' - T)$$

根据热力学第一定律有:

$$W = \Delta E$$

$$pV\left(\frac{2T}{T'} - 1\right) = 5pV\left(1 - \frac{T}{T'}\right)$$

$$T' = 354 \text{ K}$$

第 3 节 相 变

◎ 考点梳理

17. 晶体和非晶体

固体可以分为晶体和非晶体两大类. 岩盐、水晶、明矾、云母、冰、金属等都是晶体; 玻璃、沥青、橡胶、塑料等都是非晶体.

晶体又要分为单晶体和多晶体两种. 单晶体具有天然规则的几何外形, 如雪花的形状总是六角形的. 并且, 单晶体在各个不同的方向上具有不同的物理性质, 即各向异性. 如力学性质(硬度、弹性模量等)、热性质(热胀系数、导热系数等)、电学性质(介电常数、电阻率等)、光学性质(吸收系数、折射率等). 如云母结晶薄片, 在外力作用下很容易沿平行于薄片的平面裂开, 但在薄片上裂开则要困难得多; 在云母片上涂一层薄薄的石蜡, 然后用烧热的钢针去接触云母片的反面, 则石蜡将以接触点为中心、逐渐向四周熔化, 熔化了的石蜡成椭圆形, 如果用玻璃片做同样的实验, 熔化了的石蜡成圆形, 这说明非晶体玻璃在各方向的导热系数相同, 而晶体云母沿各方向的导热系数不同.

因多晶体是由大量粒(小晶体)无规则地排列组合而成, 所以, 多晶体不但没有规则的外形,而且各方向的物理性质也各向同性.常见的各种金属材料就是多晶体.

但不论是单晶体还是多晶体,都具有确定的熔点,例如不同的金属存在着不同的熔点.

非晶体没有天然规则的几何外形,各个方向的物理性质也相同,即各向同性.非晶体在加热时,先逐渐变软,接着由稠变稀,最后成为液体,因此,非晶体没有一定的熔点.晶体在加热时,温度升高到熔点,晶体开始逐渐熔化直到全部熔化,温度保持不变,其后温度才继续上升.因此,晶体有一定的熔点.

18. 空间点阵

晶体与非晶体性质的诸多不同,是由于晶体内部的物质微粒(分子、原子或离子)依照一定的规律在空间中排列成整齐的行列,构成所谓的空间点阵的结果.

如图 11.32 所示是食盐的空间点阵示意图,在相互垂直的三个空间方向上,每一行都相间地排列着正离子(钠离子)和负离子(氯离子).

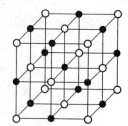

图 11.32

19. 晶体外观的天然规则形状和各向异性特点都可以用物质微粒的规则排列来解释. 图 11.33 中表示在一个平面上晶体物质微粒的排列情况. 从图 11.33 上可以看出,沿不同方向所画的等长直线 AB、AC、AD 上,物质微粒的数目不同,直线 AB 上物质微粒较多,直线 AD 上较少,直线 AC 上更少. 正因为在不同方向上物质微粒排列情况不同,才引起晶体在不同方向上物理性质的不同.

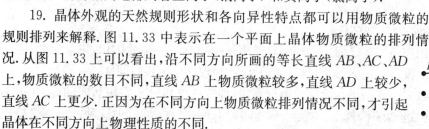

图 11.33

组成晶体的粒子之所以能在空间构成稳定、周期性的空间点阵,是由于晶体微粒之间存在着很强的相互作用力,晶体中粒子的热运动不能破坏粒子之间的结合,粒子仅能在其平衡位置(结点处)附近做微小的热振动. 晶体熔解过程中达熔点时,它吸收的热量都用来克服有规则排列的空间点阵结构,所以,这段时间内温度就不会升高.

20. 固体的热膨胀

几乎所有的固体受热温度升高时,都要膨胀. 在铺设铁路轨时,两节钢轨之间要留有少许空隙,给钢轨留出体胀的余地. 一个物体受热膨胀时,它会沿三个方向各自独立地膨胀.

固体的温度升高时,它的各个线度(如长、宽、高、半径、周长等) 都要增大,这种现象叫固体的线膨胀. 我们把温度升高 1 ℃ 所引起的线度增长跟它在 0 ℃ 时线度之比,称为该物体的线胀系数.

设一物体在某个方向的线度的长度为 l,由于温度的变化 ΔT 所引起的长度的变化 Δl. 由实验得知,如果 ΔT 足够小,则长度的变化 Δl 与温度的变化成正比,并且也与原来的长度 l 成正比. 即 $\Delta l = \alpha l \Delta T$. 式中的比例常数 α 称作线膨胀系数. 对于不同的物质,α 具有不同的数值. 将上式改写为 $\alpha = \dfrac{\Delta l}{l} \cdot \dfrac{1}{\Delta T}$. 所以,线膨胀系数 α 的意义是温度每改变 1 K 时,其线度的相对变化.

取摄氏温标有:

$$\alpha = \frac{l_t - l_0}{l_0 t}$$

式中,α 的单位是 1/℃,l_0 为 0 ℃ 时固体的长度,l_t 为 t ℃ 时固体的长度,一般金属的线胀系数大约在 10^{-5} K^{-1} 的数量级.

上述线胀系数公式,也可以写成下面形式:
$$l_t = l_0(1+\alpha t)$$
如果不知道 0 ℃ 时的固体长度,但已知 t_1 时固体的长度,则 t_2 时固体长度 l_2 为:
$$l_1 = l_0(1+\alpha t_1)$$
$$l_2 = l_0(1+\alpha t_2)$$
于是 $l_2 = \dfrac{l_1}{1+\alpha t_1}(1+\alpha t_2) \approx l_1[1+\alpha(t_2-t_1)]$,这是线膨胀有用的近似计算公式.

随着每一个线度的膨胀,固体的表面积和体积也发生膨胀,其面膨胀和体膨胀规律分别是:
$$S_t = S_0(1+\beta t)$$
$$V_t = V_0(1+\gamma t)$$
考虑各向同性的固体,不难证明其面胀系数 β、体胀系数 γ 跟线胀系数 α 的关系为
$$\beta = 2\alpha$$
$$\gamma = 3\alpha$$

21. 液体的宏观特性及微观结构

液体的性质介于固体与气体之间,一方面,它像固体一样具有一定的体积,不易压缩;另一方面,它又像气体一样,没有一定的形状,具有流动性,在物理性质上各向同性.

液体分子排列的最大特点是远程无序而短程有序,即首先液体分子在短暂时间内,在很小的区域(与分子距离同数量级)做规则的排列,称为短程有序;其次,液体中这种能近似保持规则排列的微小区域是由诸分子暂时形成的,其边界和大小随时改变,而且这些微小区域彼此之间的方位取向完全无序,表现为远程无序.因而液体的物理性质在宏观上表现为各向同性.

液体分子间的距离小,相互作用力较强,分子热运动主要表现为在平衡位置附近做微小振动,但其平衡位置又是在不断变化的,因而,宏观上表现为液体具有流动性.

22. 液体的热膨胀

液体没有一定的形状,只有一定的体积,因此对液体只有体膨胀才有意义.实验证明,液体的体积跟温度的关系和固体的相同,也可以用下面的公式表示:
$$V_t = V_0(1+\beta t)$$
式中,V_0 是液体在 0 ℃ 时的体积,V_t 是液体在 t ℃ 时的体积,β 是液体的体胀系数,一般液体的体胀系数比固体大 1~2 个数量级,并且随温度升高有比较明显的增大.

液体除正常的热膨胀外,还有反常膨胀的现象,例如水的反常膨胀,水在 4 ℃ 时体积最小,密度最大,而 4 ℃ 以下体积反而变大,密度变小,直到 0 ℃ 时结冰为止,正是由于水的这一奇特的性质,使得湖水总是从湖面开始结冰,随着气温下降,冰层从湖面逐渐向下加厚,也亏得这一点,水中的生物才安然地度过严冬.

23. 物质的密度和温度的关系

固体和液体的体积随温度而变化,这将引起物体的密度变化,设某物体的质量为 m,它在 0 ℃ 时的体积为 V_0,则 0 ℃ 时该物体的密度是 $\rho_0 = \dfrac{m}{V_0}$. 设物体在 t ℃ 时密度 ρ_t,体积 V_t,则:
$$\rho_t = \dfrac{m}{V_t}$$
又有 $V_t = V_0(1+\beta t)$,式中 β 是固体或液体的体膨胀系数,代入 ρ_t 表达式得:

$$\rho_t = \frac{m}{V_0(1+\beta t)} = \frac{\rho_0}{1+\beta t}.$$

24. 表面张力和表面张力系数

液体下厚度为分子作用半径的一层液体,叫做液体的表面层.表面层内的分子,一方面受到液体内部分子的作用,另一方面受到气体分子的作用,由于这两个作用力的不同,使液体表面层的分子分布比液体内部的分子分布稀疏,分子的平均间距较大,所以表面层内液体分子的作用力主要表现为引力,正是分子间的这种引力作用,使表面层具有收缩的趋势.

液体表面的各部分相互吸引的力称为表面张力,表面张力的方向与液面相切,作用在任何一部分液面上的表面张力总是与这部分液面的分界线垂直.

表面张力的大小与所研究液面和其他部分的分界线长度 L 成正比,因此可写成:

$$f = \sigma L$$

式中,σ 称为表面张力系数,在国际单位制中,其单位是 N/m,表面张力系数 σ 的数值与液体的种类和温度有关.

25. 表面能

我们再从能量角度研究张力现象,由于液面有自动收缩的趋势,所以增大液体表面积需要克服表面张力做功,由图 11.34 可以看出,设想使 AB 边向右移动距离 x,则此过程中外界克服表面张力所做的功为:

$$W = F_{外} \Delta x = 2f \Delta x = \sigma \cdot 2\overline{AB} \cdot \Delta x = \sigma \Delta S$$

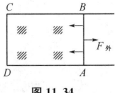

图 11.34

式中,ΔS 表示 AB 边移动 Δx 时液膜的两个表面所增加的总面积.若去掉外力,AB 边会向左运动,消耗表面自由能而转化为机械能,所以表面自由能相当于势能,凡势能都有减小的趋势,而 $E \propto S$,所以液体表面具有收缩的趋势,例如体积相同的物体以球体的表面积最小,所以若无其他作用力的影响,液滴等均应为球体.

26. 浸润和不浸润

液体与固体接触的表面,厚度等于分子作用半径的一层液体称为附着层.在附着层中的液体分子与附着层外液体中的分子不同.若固体分子对附着层内的分子作用力——附着力,大于液体分子对附着层的分子作用力——内聚力时,则附着层内的分子所受的合力垂直于附着层表面,指向固体,此时若将液体内的分子移到附着层时,分子力做正功,该分子势能减小.故一个系统处于稳定平衡时,应具有最小的势能,因此液体的内部分子就要尽量挤入附着层,使附着层有伸长的趋势,这时我们称液体浸润固体;反之,我们称液体不浸润固体.

在液体与固体接触处,分别作液体表面的切线与固体表面的切线,在液体内部这两条切线的夹角 α,称为接触角.图 11.35 中,液体与固体浸润时,θ 为锐角;液体与固体不浸润时,θ 为钝角.两种理想情况是 $\theta = 0$ 时,称为完全浸润;$\theta = \pi$ 时,称为完全不浸润.

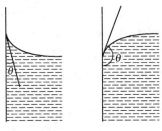

图 11.35

例如：水和酒精对玻璃的接触角 $\theta \approx 0°$，是完全浸润；水银对玻璃的接触角 $\theta \approx 140°$，几乎完全不浸润.

由于液体对固体有浸润和不浸润的情况，所以细管内的液体自由表面呈现不同的弯曲面，叫做弯月面. 若液体能浸润管壁，管内液面呈凹弯月面；若液体不能浸润管壁，管内液面呈凸弯月面. 液体完全浸润管壁，则 $\theta = 0$，弯月面是以管径为直径的凹半球面；液体完全不浸润管壁，则 $\theta = \pi$，弯月面是以管径为直径的凸半球面.

27. 毛细现象

管径很细的管子叫做毛细管. 将毛细管插入液体内时，管内、外液面会产生高度差. 如果液体浸润管壁，管内液面高于管外液面；如果液体不浸润管壁，管内液面低于管外液面. 这种现象叫毛细现象. 如图 11.36 所示为浸润液体的情形.

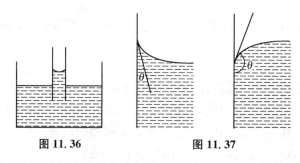

图 11.36　　　　图 11.37

设毛细管的半径为 r，液体的表面张力系数为 α，接触角 θ，管内液面比管外液面高 h. 则凹形液面产生的向上的表面张力是 $F = 2\pi r \alpha \cos\theta$，管内 h 高的液柱的重力是 $G = \rho g \pi r^2 h$，固液体平衡，则：

$$h = \frac{2\alpha \cos\theta}{\rho g r}$$

对于液面不浸润管壁的情况，如图 11.37 所示，上式仍正确，此时 θ 是钝角，h 是负值，表示管内液面低于管外液面.

如果液体完全浸润管壁 $\theta = 0$，为凹半球弯月面，表面张力沿管壁身上，$h = \dfrac{2\alpha}{\rho g r}$.

28. 表面张力产生的附加压强

由于液体表面张力的存在，弯曲液面下液体的压强不同于平坦液面下液体的压强，这两者压强之差就称为附加压强. 在凸状弯曲液面的情况下，附加压强为正值，凸状弯曲液面下液体的压强大于平坦液面下液体的压强；在凹状弯曲液面的情况下，附加压强为负值，凹状弯曲液面下液体的压强小于平坦液面下液体的压强.

让我们来分析半径为 R 的凸状球形液面下附加压强的情形. 图 11.38 画出了这个凸状球形液面的一部分，面积为 ΔS，其周界是半径为 r 的圆周. 周界以外的液面作用于所取液面 ΔS 的表面张力，处处与该周界垂直并与球面相切. 如果 $\mathrm{d}f$ 是周界以外的液面通过周界线元 $\mathrm{d}L$ 作用于液面 ΔS 的表面张力，那么其大小可以表示为：

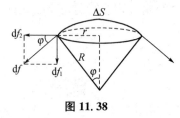

图 11.38

$$\mathrm{d}f = \sigma \mathrm{d}L$$

由图可见，$\mathrm{d}f$ 的竖直分量 $\mathrm{d}f_1$ 和水平分量 $\mathrm{d}f_2$ 可分别表示为：
$$\mathrm{d}f_1 = \mathrm{d}f\sin\varphi = \sigma\mathrm{d}L\sin\varphi$$
$$\mathrm{d}f_2 = \mathrm{d}f\cos\varphi = \sigma\mathrm{d}L\cos\varphi$$

要求通过整个周界作用于所取液面 ΔS 的表面张力，应分别对竖直分力 $\mathrm{d}f_1$ 和水平分力 $\mathrm{d}f_2$ 沿整个周界求积分。对水平分力 $\mathrm{d}f_2$ 沿周界叠加的结果应互相抵消。而对于竖直分力 $\mathrm{d}f_1$，因各处的方向相同，沿周界叠加就可以求得液面 ΔS 所受竖直方向的合力。这个合力的大小为：
$$f_1 = 2\pi r \sigma \sin\varphi$$

由图可以看出
$$\sin\varphi = \frac{r}{R}$$

可得：
$$f_1 = \frac{2\pi r^2 \sigma}{R}$$

可求得凸状球形液面下液体所受的附加压强：
$$\Delta p = \frac{f_1}{\pi r^2} = \frac{2\pi r^2 \sigma}{R \cdot \pi r^2} = \frac{2\sigma}{R}$$

由上式可见，凸状球形液面下液体的附加压强与液体的表面张力系数 σ 成正比，与液面的曲率半径 R 成反比。

对于凹状球形液面，用同样的方法可以求得其附加压强为：
$$\Delta p = -\frac{2\sigma}{R}$$

式中，负号表示凹状球形液面下液体的压强比平坦液面下液体的压强小。

29．相变

事物存在的状态我们称之为相。在热学中，相指的是热学系统中物理性质均匀的部分，一个相与其他部分之间由一定的分界面隔离开来。例如冰和水的混合物中，因为冰和水的物理性质不同，故为不同的相，但它们的化学成分相同。

30．液体的汽化

物质由液态转变为气态叫汽化。在一定压强下，单位质量液体变为同温度气体时所吸收的热量称为汽化热，一般用 L 表示。在汽化和凝结过程中，吸收或放出的热量为 $Q = mL$。

液体的汽化有蒸发和沸腾两种不同的形式。蒸发是发生在液体表面的汽化过程，在任何温度下都可以进行。沸腾是整个液体内部发生汽化过程，只有在沸点下才能进行。

（1）蒸发

从微观上看，蒸发就是液体分子从液面跑出来的过程。分子从液面跑出来时，需要克服液体表面层中分子的引力做功，所以只有那些热运动动能较大的分子可以跑出来。如果不吸热，就会使液体中剩余分子的平均动能减小，温度降低。另一方面蒸气分子不断地返回到液体中去，凝结成液体。因此液体分子蒸发的数量，是液体分子跑出液面的数量，减去蒸气分子进入液面的数量。

对于液面敞开的情况，影响蒸发快慢的因素，主要有以下三种：一是液面的表面积，二是温度，三是液面上的通风情况。在液面敞开的情况下，液体会不断蒸发，直到液体全部转变为蒸气为止.

在密闭的容器中,随着蒸发的不断进行,容器内气的密度不断增大,这时返回液体中的蒸气分子数也不断增多,直到单位时间内跑出液面的分子数与返回液面的分子数相等时,宏观上看蒸发现象就停止了.这时液面上的蒸气与液体保持动态平衡,此时的蒸气叫做饱和蒸气,它的压强叫饱和蒸气压.

饱和汽压与液体的种类有关(图 11.39,图 11.40),在相同的温度下,易蒸发的液体的饱和汽压大,不易蒸发的液体的饱和汽压小.对于同一种液体,饱和汽压随温度的升高而增大.饱和汽压的大小还与液面的形状有关,当液面是凸面时,其饱和汽压大于平面时的饱和汽压,而凹面时则相反.分子由液相经过凸面(或凹面)的逸出功,小于(或大于)经过平面时的逸出功.对于凹液面,分子逸出液面所需做的功比平面时小.反之,对于凸液面,如小液滴或小气泡,才会显示出来.饱和汽压的数值与液面上蒸气的体积无关,与该体积中有无其他气体无关.

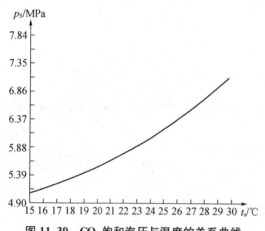

图 11.39　CO_2 饱和汽压与温度的关系曲线

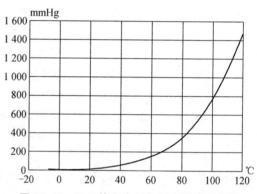

图 11.40　H_2O 饱和汽压与温度的关系曲线

(2) 沸腾

液体内部和容器壁上存有小气泡,它能使液体能在其内部汽化,起着汽化核的作用.气泡内的总压强是泡内空气分压强 $p_a = \dfrac{nRT}{V}$ 和液体的饱和汽压 p_S 之和;气泡外的压强是液面上的外界压强 $p_外$ 和 $\rho g h$ 之和,通常情况下,液体静压强 $\rho g h$ 忽略不计.因此,在某一温度下,液内气泡的平衡条件为:

$$n \cdot \frac{RT}{V} + p_S(T) = p_外$$

当液体温度升高时,p_S 增大,同时由温度升高和汽化,体积膨胀,导致 p_S 下降,这样在新的条件下实现与 $p_外$ 的平衡.当 $p_S = p_外$ 时,无论气泡怎样膨胀也不能实现平衡,处于非平衡状态.此时骤然胀大的气泡,在浮力作用下,迅速上升到液面破裂后排出蒸气,整个液体剧烈汽化,这就是沸腾现象.相应的温度叫做沸点.对于同种液体,沸点与液面上的压强有关,压强越大,沸点越高.沸点还与液体的种类有关,在同一压强下,不同液体的沸点不同.

在汽化过程中,体积增大,要吸收大量的热量.单位质量的液体完全变成同温度下的蒸气所吸收的热量,叫做该物质在该温度下的汽化热.如 100 ℃ 水的汽化热 $L = 4.07 \times 10^4$ J/mol.液体汽化时吸热,一方面用于改变系统的内能,同时也要克服外界压强做功.如果 1 mol 液体和饱

和汽的体积分别为 V_L、V_g，且 $V_L \ll V_g$，对饱和汽采用理想气体方程近似处理：
$$L = \Delta E + p(V_E - V_L) = \Delta E + RT$$

31. 气体的液化

物质由气态转化为液态的过程叫液化. 在一定压强下, 单位质量的气体凝结为同温度液体时所放出的热量称为凝结热, 和汽化热一样, 数值也是 L, 在汽化和凝结过程中, 吸收或放出的热量为 $Q = mL$.

我们知道, 当饱和汽的体积减小或温度降低时, 它就可以凝结为液体, 因此要使未饱和汽液化, 首先必须使之变成饱和汽, 方法有二：① 在温度不变的条件下, 加大压强以减小未饱和汽体积, 相应就可以增大它的密度, 直至达到该温度下饱和汽的密度, 从而把未饱和汽变为饱和汽; ② 对较高温度下的未饱和汽, 在维持体积不变的条件下降低其温度, 也可以使它变为在较低温度下的饱和汽. 把未饱和汽变为饱和汽以后, 只要继续减小其体积或降低其温度, 多余的气就可凝结成液体.

降温或加压, 是使气体液化的条件. 但只加压, 不一定能使气体液化, 因为气体有一个特殊温度, 在这个温度以上, 无论怎样增大压强, 都不能使它液化, 这个温度就称为该气体的临界温度. 所以要想仅使用加压来使所体液化, 应使气体在临界温度以下.

例如, 水蒸气的临界温度为 374 ℃, 远比常温度要高, 因此, 平常水蒸气极易冷却成水. 其他如乙醚、氨、二氧化碳等, 它们的临界温度高于或接近室温, 这样的物质在常温下很容易被压缩成液体. 但也有一些临界温度很低的物质, 如氧、空气、氢、氦等都是极不容易液化的气体. 其中氦的临界温度为 -268 ℃. 要使这些气体液化. 必须具备一定的低温技术和设备, 使它们达到它们各自的临界温度以下, 而后再用增大压强的方法使其液化.

32. 气液转变的等温线

要使未饱和汽转变成饱和汽并使之液化, 在等压条件下, 气体通过降温可以转变为液体; 在保持温度不变的条件下, 通过增大压强减小体积的方式, 也可以使气体液化. 图 11.41 为某气体液化的过程曲线. AB 是液化以前气体的等温压缩过程, 气体逐渐趋于饱和状态, B 点对应于饱和汽状态, 继续压缩就会出现液体; 在液化过程 BC 中, 压强 p_0 保持不变, 气液化的总体积减小, BC 过程中每一状态都是气液平衡共存的状态, 因此 p_0 为这一温度下的饱和汽压. C 点相当于气体全部液化时的状态. CD 段就是液体的等温压缩过程.

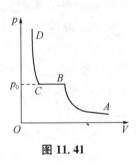

图 11.41

若等温转变时饱和汽密度为 ρ_B, BC 段液体密度为 ρ_C, 系统的总质量为 m, 当汽液平衡共存时的体积为 V, 其中汽、液的体积分别是 V_1、V_2 有：
$$V_1 + V_2 = V, \quad \rho_B V_1 + \rho_C V_2 = m$$

解得：
$$V_1 = \frac{\rho_C V - m}{\rho_C - \rho_B}, \quad V_2 = \frac{m - \rho_B V}{\rho_C - \rho_B}$$

图 11.42 为 CO_2 的 p-V 图线, 横坐标为单位质量 CO_2 的体积即比容, 可以理解为取 1 kg 的 CO_2, 研究其压强与体积的关系. 整个图线可以分为 4 个区域：液态区、气态区、汽态区、汽液共存区.

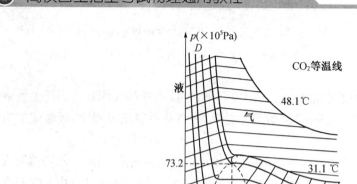

图 11.42

图 11.42 中的 C 点所对应的温度即为临界温度,对应的状态就是临界状态,在这个状态饱和汽、液分不清,不能区别此时 CO_2 是气态还是液态.从上图中还可以看出:

(1) 压强越小,气体越容易被压缩(压强增加量相同的条件下,体积减小量越大,我们就认为越易被压缩);

(2) 液体比气体难压缩;

(3) 饱和汽最容易被压缩;

(4) 温度越低,饱和汽的密度越小,比容越大;

(5) 在临界温度,饱和汽的密度和同温度的液体的密度相同.

H_2O 的临界参数:临界温度 $t_{cr} = 373.99\ ℃$,压强 $p_{cr} = 22.064\ \text{MPa}$,比容 $v_{cr} = 0.003\ 106\ \text{m}^3/\text{kg}$.

33. 混合气体的等温液化

混合气体的等温转变,应分解为各组分气体的等温转变过程来考虑.沸点不同的各组分气体,当等温压缩时,达到饱和开始液化的先后不同.同在 1 atm 沸点高的气体,其饱和汽密度要小些,等温压缩它会先达到饱和开始液化.混合气体等温线的转折点,一定是某组分气体物态的转变点.

34. 空气的湿度

由于地面水分的蒸发,空气中总会有水蒸气,而空气中所含水气的多少就决定了空气的潮湿程度.

(1) 绝对湿度:空气中所含水气的分压强大小.

(2) 相对湿度:某温度时空气的绝对湿度跟同一温度下水的饱和汽压的百分比.

如果 B 表示相对湿度,P_t 表示绝对湿度,P 表示同温度下饱和汽的压强,则:

$$B = \frac{P_t}{P} \cdot 100\%$$

空气干燥、潮湿程度直接决定于相对湿度,当相对湿度接近 100% 时,空气中水气接近饱和状态,水分难于蒸发,衣服晾不干,人也觉得十分烦闷,人体感到适中的相对湿度是 60%~70%.

(3) 露点

空气里的未饱和汽在气温降低时会逐渐接近饱和,使空气里的水气恰好达到饱和时的温度,称为露点.通过测定露点可以测出空气的湿度,因为当空气中水气的密度保持不变时,露点温度下的饱和水气压强就可以认为是空气的绝对湿度.大气中的水气在气温降低时也同样趋于饱和,白天温度较高时处于未饱和状态的水气,夜里气温下降时如达到露点或露点以下(0℃以上),则空气中水气将在树叶、草皮上凝结,这就是露.

如果空气中含有较多的尘埃或离子,达到饱和的水气将以尘埃或离子为中心凝结,这就形成雾,开启冰箱门,"冷气"所到之处,常达到露点以下,因此常形成为雾.

(4) 湿度计

湿度计是用来测量空气湿度的仪器.常见的有:露点湿度计、干湿泡湿度计和毛发湿度计.

① 露点湿度计:通过测定露点,然后查出该露点的饱和水气压和原温度的饱和水气压,即可求出相对湿度.

② 干湿泡湿度计:它在一支温度计泡上包着纱布,纱布下端浸入水中.若空气中水气未饱和,湿纱布的水会蒸发,温度降低.这样湿泡温度计的温度值比干泡温度计的要低些.相对湿度越小,这个差值就越大.利用这个差值的大小可由表检查出空气的相对湿度.

35. 固液相变

(1) 熔解

物质从固态变成液态,叫做熔解.对于晶体来说,熔解就是在一定的温度下进行的,该温度叫做这种晶体的熔点.晶体在熔解的过程中要吸收热量,但温度保持在其熔点不变,直至晶体全部熔解为止.

对于大多数晶体,熔解时体积增大,但还有少数的晶体,如冰、铋、灰铸铁在熔解时体积反而缩小.

晶体的熔点与晶体的种类有关,对于同一种晶体,其熔点与压强有关.熔解时体积增大的物质,其熔点随压强的增加而增大,熔解时体积减小的物质,其熔点随压强的增大而减小.

晶体在熔解时,需要吸收热量.单位质量的某种物质,由固态熔解为液态时,所吸收的热量叫做物质的熔解热,记为 λ,因此对质量为 m 的物体全部熔解所需吸收的热量:

$$Q = \lambda m$$

(2) 凝固

物质由液相变为固相称为凝固.其中晶体的熔液凝固时形成晶体,这个过程又称为结晶.结晶的过程是无规则排列的粒子形成空间点阵的过程.在此期间,固、液两态平衡共存,温度保持不变.

在结晶过程中,单位质量的物质对外释放的热量称为凝固热.它与该物质在同温度下的熔解热相同.

36. 固气相变

(1) 升华

物质从固态直接变为气态的过程叫做升华.常温常压下,干冰、硫、磷等有显著的升华现象.升华时粒子直接由点阵结构变为气体分子,一方面要克服粒子间的作用力做功,同时还要克服外界压强做功.使单位质量的物质升华时所吸收的热力做功,同时还要克服外界压强做功.使单位质量的物质升华时所吸收的热量称为升华热,它等于汽化热与熔解热之和,即 $L_{升} = L_{熔} + L_{汽}$.

(2) 凝华

从气态直接转变为固态的过程叫做凝华。大气中水蒸气分压低于 612 Pa, 气温降到 0 ℃ 以下, 水蒸气便直接凝华成冰晶为结霜。

用久的电灯泡会显得黑, 是因为钨丝受热升华形成的钨蒸气又在灯光泡壁上凝华成极薄的一层固态钨。又如自然界中"霜"的形成, 室内的水蒸气常在窗玻璃上凝华成冰晶, 还有美丽的雾凇, 都是凝华现象。

典型例题

例 22（清华）理想气体无法通过相变变成液体, 这是因为 （　　）

A. 理想气体分子之间无作用力　　B. 理想气体没有分子势能
C. 理想气体分子体积很小　　　　D. 理想气体分子没有碰撞

【答案】B

【解析】 理想气体是一个理想化模型, 气体分子本身没有大小, 分子间没有相互作用力, 但在相互碰撞时会有作用力。气体要变成液体, 需要分子之间有相互作用的引力, 这种相互作用力与分子势能相联系。选项 B 正确。

例 23 有一摆钟在 25 ℃ 时走时准确, 它的周期是 2 s, 摆杆为钢质的, 其质量与摆锤相比可以忽略不计, 仍可认为是单摆。当气温降到 5 ℃ 时, 摆钟每天走时如何变化? 已知钢的线胀系数 $\alpha = 1.2 \times 10^{-5}$ ℃$^{-1}$。

【解析】 钢质摆杆随着温度的降低而缩短, 摆钟走时变快。不管摆钟走时准确与否, 在盘面上的相同指示时间内, 指针的振动次数是恒定不变的, 这是由摆钟的机械结构所决定的, 从而求出摆钟每天走快的时间。

设 25 ℃ 时摆钟的摆长为 l_1, 周期 $T_1 = 2$ s, 5 ℃ 时摆长为 l_2, 周期 T_2, 则:

$$T_1 = 2\pi\sqrt{\frac{l_1}{g}}, \quad T_2 = 2\pi\sqrt{\frac{l_2}{g}}$$

由于 $l_2 < l_1$, 因此 $T_2 < T_1$, 说明在 5 ℃ 时摆钟走时加快, 在一昼夜内 5 ℃ 的摆钟振动次数 $n_2 = \dfrac{24 \times 3\,600}{T_2}$, 此温度下摆钟指针指示的时间是 $n_2 T_1 = \dfrac{24 \times 3\,600}{T_2} T_1$。此摆钟与标准时间的差值为 t。

$$\Delta t = \frac{24 \times 3\,600}{T_2} \cdot T_1 - 24 \times 3\,600$$

$$= 24 \times 3\,600 \times \frac{2\pi\sqrt{\dfrac{l_1}{g}}(1 - \sqrt{1 - 2.4 \times 10^{-4}})}{2\pi\sqrt{\dfrac{l_1}{g}}\sqrt{1 - 2.4 \times 10^{-4}}} = 10.37 \text{ s}$$

例 24（华约）当压强不变、温度变化量 Δt 不太大时, 液体或固体在某一温度下的体膨胀系数 α 可以表示为 $\alpha = \dfrac{\Delta V}{V \Delta t}$, 其中 ΔV 为该温度时的体积, ΔV 为体积的变化量。一般来说, 在常温下液体的体膨胀系数分别在 10^{-3}/K 量级和 $10^{-6} \sim 10^{-5}$/K 量级。如图 11.43 所示的装置可以用来测量控温箱中圆筒形玻璃容器内液体的体膨胀系数, 实验步骤如下:

图 11.43

① 拿掉浮标,将液体的温度调控为接近室温的某一温度 t_0,测量液体的高度 h.
② 放入浮标,保持压强不变,将液体的温度升高一个不太大的量 Δt,用精密的位置传感器确定指针高度的变化量 h.
③ 利用步骤 ① 和 ② 中测得的数据计算液体在 t_0 时的体膨胀系数 α.

回答下列问题:
(1) 不考虑温度变化导致的液体密度变化,写出用测量量表示的 α 的表达式;
(2) 步骤 ① 在温度升高过程中,液体密度变化会对用上面的表达式计算出的结果有什么影响?为什么?
(3) 在所用的浮标为直立圆柱体时,某同学对如何减少这一影响提出以下几条建议,其中有效的是_____.(填入正确选项前的字母)

A. 选用轻质材料制成的浮标
B. 选用底面积较大的浮标
C. 选用高度较小的浮标
D. 尽量加大液柱的高度 h
E. 尽量选用底面积大的玻璃容器

【答案】 (1) $\alpha = \dfrac{\Delta h}{h \Delta t}$ (2) α 会偏大 (3) ADE

【解析】 (1) 设圆筒形玻璃容器内液体的底面积为 S,则 $\alpha = \dfrac{\Delta V}{V \Delta t} = \dfrac{S \cdot \Delta h}{S \cdot h \Delta t} = \dfrac{\Delta h}{h \Delta t}$.

(2) α 会偏小.因为温度升高,液体膨胀,则液体体积增大,故液体密度 $\rho_{液}$ 会减小.根据阿基米德定律有 $\rho_{液} V_{排} g = m_{物} g$,则 $V_{排}$ 越大,即浮标进入液体的深度会越深,测得的 Δh 偏小,导致 α 偏小.

(3) 由 $\rho_{液} V_{排} g = m_{物} g$ 可知,浮标质量越小,对 $V_{排}$ 的影响就越小,即对 Δh 的影响减小,选项 A 正确.由 $\rho_{液} V_{排} g = \rho_0 V_{物} g$ 可知,浮标底面积的大小、浮标的高度都不影响 $V_{排}$,即 Δh 不变,选项 BC 错误.加大液柱的高度 h,选用底面积大的玻璃容器,则浮标进入的深度变化对液柱高度变化量 Δh 影响减小,选项 DE 正确.

【点评】 以上解法为普通流行解法,值得商榷.

例 25 在量热器内有两层水,下层较冷,上层较热.当温度均匀时,水的总体积会改变吗?

【解析】 用 t 表示最后的共同温度.用 m_1、V_1、t_1 分别表示较冷的水的质量、体积和温度,V_1' 表示它在 t 时的体积;用 m_2、V_2、t_2 表示较热的水的量,V_2' 表示它在 t 时的体积,根据热平衡方程有:

$$m_2 c(t_2 - t) = m_1 c(t - t_1)$$

比热容 c 可以约去.
另一方面,体积随温度而变化的表达式为

$$V_1 = \dfrac{m_1}{\rho_1} = \dfrac{m_1(1+\alpha t_1)}{\rho_0}, \quad V_1' = \dfrac{m_1(1+\alpha t)}{\rho_0}$$

$$V_2 = \dfrac{m_2(1+\alpha t_2)}{\rho_0}, \quad V_2' = \dfrac{m_2(1+\alpha t)}{\rho_0}$$

式中,ρ_0、ρ_1 表示水在 $0\ ℃$ 和 t_1 时密度,α 表示体胀系数(认为是常量).由上列五式有:

$$V_1 + V_2 = V'_1 + V'_2$$

即水的总体积不变.

例 26 已知滴管中滴下 50 滴液体,其总质量为 1.65 g,滴管内径为 1.35 mm,试求此液体的表面张力系数.

【解析】 滴管中的液体滴出,先形成一小袋状,上部的颈部愈变愈细,直至液滴离开管口为止.假设颈部直径等于滴管内径 d 时,作用在液滴上的力有两个:一个是液滴质量 m,一个是颈部周界向上的表面张力 F,在脱离之前,两力是相等的,即 $F = G = mg$,或者:

$$m = \frac{1.65}{50} = 0.33 \text{ g} = 3.3 \times 10^{-4} \text{ kg}$$

$$\pi d \cdot \alpha = mg$$

因此

$$\alpha = \frac{G}{\pi d} = 7.63 \times 10^{-2} \text{ N/m}$$

【点评】 这是测定液体 α 值的一种方法.

例 27 一支水银温度计,它的石英泡的容积是 0.300 cm³,指示管的内径是 0.010 0 cm,如果温度从 30.0 ℃ 升高至 40.0 ℃,温度计的水银指示线要移动多远?(石英的线胀系数 $\alpha = 0.4 \times 10^{-6}$ ℃⁻¹,水银的体胀系数 $\gamma = 1.82 \times 10^{-4}$ ℃⁻¹)

【解析】 石英的体胀系数 $3\alpha = 1.2 \times 10^{-6}$ ℃⁻¹ 与水银的体胀系数 $\beta = 1.82 \times 10^{-4}$ ℃⁻¹ 相比很小,可忽略不计,所以当温度升高时,可以认为石英泡的容积不变,只考虑水银的膨胀,水银体积的增量:

$$\Delta V = \gamma V \Delta T = 1.82 \times 10^{-4} \times 0.300 \times 10 \text{ cm}^3 = 5.46 \times 10^{-4} \text{ cm}^3$$

水银体积的增量 ΔV,这是在水银指示管中水银上升的体积,所谓水银指示线移动的长度,就是水银上升的高度,即:

$$h = \frac{\Delta V}{\pi r^2} = \frac{5.46 \times 10^{-4}}{3.14 \times 0.005^2} \text{ cm} = 7.0 \text{ cm}$$

【总结】 有些仪器,例如液体温度计,就是利用液体体积的热膨胀特性作为测量依据的.由于体胀系数 β 与测量物质的种类有关,而且即使是同种物质,β 还与温度及压强有关,因此在使用这些仪器时,应考虑到由于 β 的变化而引起的测量误差.例如一支水银温度计,在冰点校准为 0 ℃,在水的沸点校准为 100 ℃,然后将二者间均分 100 份,刻上均匀刻度.严格地说,这种刻度是不准确的.由于 β 值随温度的升高而增大,所以在高温处刻度应该稀一些,在低温处应该密一些;如果均匀刻度,则在测高温时读数会偏高,而在低温时读数会偏低.不过这种差别并不大,一般可以忽略.

例 28 在一个足够长,两端开口,半径为 $r = 1$ mm 的长毛细管里,装有密度 $\rho = 1.0 \times 10^3$ kg/m³ 的水.然后把它竖直放置,水和玻璃管的接触角 $\theta = 0°$,表面张力系数为 $\sigma = 7.5 \times 10^{-2}$ N/m,请计算留在毛细管中的水柱有多长?

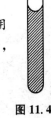

图 11.44

【解析】 由于表面张力的原因,毛细管上下各有一个弯曲液面;在水的重力作用下,这两个液面的凹面向上凸面向下(如图 11.44 所示),毛细管竖直地放置在空中时,两液面产生的竖直向上的表面张力和水柱的重力平衡.

上下两个弯曲液面的分界面的总长度为

产生的总表面张力为
$$l = 2 \times 2\pi r = 4\pi r$$
$$f = \sigma l = 4\sigma\pi r$$
水柱产生的重力为
$$G = \rho g h S = \rho g h \pi r^2$$
所以有
$$4\sigma\pi r = \rho g h \pi r^2$$
毛细管中的水柱的高度为
$$h = \frac{4\sigma}{\rho g r} = \frac{4 \times 7.5 \times 10^{-2}}{1.0 \times 10^3 \times 9.8 \times 1 \times 10^{-3}} \text{ m} = 0.030\,6 \text{ m}$$

例29 有一水银气压计其玻璃管的内半径 $r = 0.20$ cm. 求管内外水银面高度差 $h = 75.8$ cm 时, 实际大气压. 设水银的表面张力系数 $\sigma = 0.49$ N/m.

【解析】 由于水银完全不浸润玻璃, 它将沿管内壁收缩, 因此实际大气压应比气压计所示的压强高, 可由毛细管形成的管内外高度差公式加以修正. 毛细管内外高度差公式为
$$\Delta h = \frac{2\sigma\cos\theta}{\rho g r}$$
水银不浸润玻璃
$$\cos\theta \approx \cos 180° = -1$$
$$\Delta h = \frac{2\sigma\cos\theta}{\rho g r} = -\frac{2\sigma}{\rho g r}$$
其中负号表示管内液面低于管外.
求得
$$\Delta h = -\frac{2 \times 0.49}{13.6 \times 10^3 \times 9.8 \times 0.20 \times 10^{-2}} \text{ m} = -0.003\,68 \text{ m}$$
故实际水银柱高度应为:
$$h_0 = h + |\Delta h| = (75.8 + 0.37) \text{ cm} = 76.17 \text{ cm}$$
所以实际大气压强应为 1.015×10^5 Pa.

例30 将端点相连的三根细线掷在水面上, 如图11.45所示, 其中1,2线各长1.5 cm, 3线长1 cm, 若在图中 A 点滴下某种杂质, 使表面张力系数减小到原来的0.4, 求每根线的张力. 然后又把该杂质滴在 B 点, 求每根线的张力. 已知水的面表张力系数 $\sigma = 0.07$ N/m.

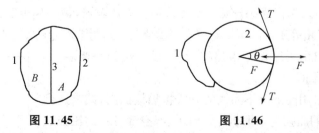

图 11.45　　　　　图 11.46

【解析】 A 滴入杂质后, 形成图11.46形状, 取圆心角为 θ 的一小段圆弧, 该线段在线两侧张力和表面张力共同作用下平衡, 则有:

$$2T\sin\frac{\theta}{2} = (\sigma - 0.4\sigma)\theta R_1$$

式中,$\sin\frac{\theta}{2} \approx \frac{\theta}{2}$,$R_1 = \frac{2.5}{2\pi}$ cm 代入后得:

$$T_2 = T_3 = T = 1.67 \times 10^{-4} \text{ N}$$
$$T_1 = 0$$

B 中也滴入杂质后,线 3 松弛即 $T'_3 = 0$,形成圆半径 $R_2 = \frac{3}{2\pi}$ cm,仿上面解法得

$$T'_1 = T'_2 = 0.6\sigma R_2 = 2 \times 10^{-4} \text{ N}$$

例 31 有一体积 22.4 L 的密闭容器,充有温度 T_1、压强 3 atm 的空气和饱和水气,并有少量的液态水;今保持温度 T_1 不变,将体积加倍,压强变为 2 atm,底部的液态水恰好消失,试问 T_1 是多少?若保持温度 T_1 不变,体积增为开始体积的 4 倍,试问这时容器内的压强是多少?容器内水(包括液态和气态)和空气的摩尔数各是多少?设未饱和水气可看作是理想气体.

【解析】 设初态、中态的压强分别为 p_1、p_2;初态、中态中的水气均为温度 T_1 的饱和汽,设饱和水气压为 p_x;末态中水气和干空气的总压强为 p,则有:

$$p_1 + p_x = 3 \text{ atm}$$
$$p_2 + p_x = 2 \text{ atm}$$

从初态变为中态的过程中,空气质量未变而水气质量增加,对空气分压可用玻意耳定律:

$$(3 - p_x) \times 22.4 = (2 - p_x) \times 44.8$$

得 $p_x = 1$ atm,故 $T_1 = 373$ K,$p_1 = 2$ atm,$p_2 = 1$ atm.

从中态变为末态的过程,水气和空气的总质量不变,应用玻意耳定律:

$$2 \times 44.8 = p \times 22.4 \times 4$$
$$p = 1 \text{ atm}$$

容器内空气的摩尔数:

$$n_1 = \frac{p_1 V_3}{RT_1} = 1.46 \text{ mol}$$

末态时空气和水气的总摩尔数:

$$n = \frac{pV_3}{RT_1} = 2.92 \text{ mol}$$

故容器内水和水气的总摩尔数:

$$n_2 = n - n_1 = 1.46 \text{ mol}$$

例 32 如图 11.47,由固态导热材料做成的长方体容器,被一隔板等分为两个互不连通的部分,其中分别贮有相等质量的干燥空气和潮湿空气,在潮湿空气中水气质量占 2%.

(1) 若隔板可自由无摩擦地沿器壁滑动,试求达到平衡后干、湿空气所占体积的比值.

(2) 若一开始采用能确保不漏气的方式将隔板抽出,试求达到平衡后容器内气体的压强与未抽出隔板时干、湿空气各自的压强这三者的比值(设干、湿空气均可视为理想气体).

图 11.47

【解析】 (1) 隔板平衡的条件是:隔板两侧气体的压强相同,温度也相同(因容器和外界导

热),所以对干空气有:

$$pV_D = \frac{M}{m_{air}}RT \qquad ①$$

而对潮湿空气有:

$$p_1 V_W = \frac{M_{air}}{m_{air}} RT$$

$$p_2 V_W = \frac{M_{water}}{m_{water}} RT$$

而

$$p = p_1 + p_2$$
$$m_{air} = 0.98M$$
$$m_{water} = 0.02M$$

故得:

$$pV_W = \left(\frac{0.98}{m_{air}} + \frac{0.02}{m_{water}}\right)MRT \qquad ②$$

得

$$V_D : V_W = \frac{1}{m_{air}} : \left(\frac{0.98}{m_{air}} + \frac{0.02}{m_{water}}\right) = 1 : 1.012$$

(2) 隔板抽出前,干湿空气的体积为 V_0,压强分别为 p_D、p_W,则由克拉珀龙方程得:

$$p_D V_0 = \frac{M}{m_{air}} RT \qquad ③$$

$$p_W V_0 = \frac{0.98M}{m_{air}} RT + \frac{0.02M}{m_{water}} RT \qquad ④$$

抽出隔板以后,干、湿空气混合以后系统的压强为 p,则:

$$p(2V_0) = \left(\frac{1.98}{m_{air}} + \frac{0.02M}{m_{water}}\right) RT \qquad ⑤$$

故要求的三个压强之比为:

$$p : p_D : p_W = \frac{1}{2}\left(\frac{1.98}{m_{air}} + \frac{0.02M}{m_{water}}\right)RT : \frac{1}{m_{air}} : \left(\frac{0.98M}{m_{air}}RT + \frac{0.02M}{m_{water}}RT\right)$$
$$= 1.006 : 1 : 1.012$$

说明湿空气在未达到饱和前遵循理想气体状态方程,当然克拉珀龙方程也适用,而在达到饱和以后,克拉珀龙方程仍可用,但理想气体状态方程则不适用了,因为水气的质量会发生变化.

○ 强化训练

26. 在以下事例中,能用液体表面张力来解释的是 ( )
  A. 草叶上的露珠呈圆球形
  B. 油滴在水面上会形成一层油膜
  C. 用湿布不易擦去玻璃窗上的灰尘
  D. 油瓶外总是附有一层薄薄的油

【答案】 ACD

【解析】 液体的表面层由于与空气接触,所以表面层里分子的分布比较稀疏,分子间呈引力作用,在这个力作用下,液体表面有收缩到最小的趋势,这个力就是表面张力,结合四个例子看,只有 B 中油膜不是收缩而是扩散,所以 B 不能用表面张力的理论来解释.

27. 一个玻璃瓶中装有半瓶液体,拧紧瓶盖经一段时间后,则 ( )

A. 不再有液体分子飞出液面

B. 停止蒸发

C. 蒸发仍进行

D. 在相同时间内从液体里飞出的分子数等于返回液体的分子数,液体和汽达到了动态平衡

【答案】 CD

【解析】 分子的运动是永不停息的,此时还有液体分子从液面飞出及蒸发,但是同时也有气体分子被碰撞而回到液体中去,当液体上的汽达到饱和时,单位时间内逸出液面的分子数与回到液体中的分子数相等而呈动态平衡状态,液体不再减少,从宏观上看好像液体不再蒸发了.

28. 关于饱和汽,正确的说法是 ( )

A. 在稳定情况下,密闭容器中如有某种液体存在,其中该液体的蒸气一定是饱和的

B. 密闭容器中有未饱和的水蒸气,向容器内注入足够量的空气,加大气压可使水气饱和

C. 随着液体的不断蒸发,当液化和汽化速率相等时液体和蒸气达到的一种平衡状态叫动态平衡

D. 液体的饱和汽压随着温度的升高而增大

【答案】 ACD

【解析】 在饱和状态下,液化和汽化达到动态平衡,即达到稳定状态,所以 AC 正确;液体的饱和汽压与其温度有关,即温度升高饱和汽压增大,所以 D 正确;饱和汽压是指液体蒸气的分气压,与其他气体的压强无关,所以 B 错误.

29. 某地大气中的水气没有达到饱和状态,若无其他水气来源,则当气温升高后,以下各物理量:(1) 饱和水气压_____;(2) 相对湿度_____;(3) 绝对湿度_____;(4) 露点_____.(以上各空填"增大""减小"或"不变")

【答案】 (1) 增大 (2) 减小 (3) 不变 (4) 不变

【解析】 饱和汽压随温度的升高而增大.单位体积空气中所含水蒸气的质量叫做空气的绝对湿度,当无其他水气来源时,单位体积空气中所含水蒸气的质量不变,所以绝对湿度不变.在某一温度时,空气的绝对湿度与在同一温度下的饱和水气压的百分比值,叫做当时空气的相对湿度.所以相对湿度减小.由于空气的绝对湿度不变,所以露点不变.

30. 有两根长度均为 50 cm 的金属丝 A 和 B 牢固地焊在一起,另两端固定在牢固的支架上,如图 11.48 所示.其线胀系数分别为 $\alpha_A = 1.1 \times 10^{-5}/℃, \alpha_B = 1.9 \times 10^{-5}/℃$,劲度系数分别为 $k_A = 2 \times 10^6$ N/m, $k_B = 1 \times 10^6$ N/m;金属丝 A 受到 450 N 的拉力时就会被拉断,金属丝 B 受到 520 N 的拉力时才断,假定支架的间距不随温度改变.问:温度由 $+30\ ℃$ 下降至 $-20\ ℃$ 时,会出现什么情况?(A, B 丝都不断呢,还是 A 断或者 B 断呢,还是两丝都断呢?)不计金属丝的重量,在温度为 30 ℃

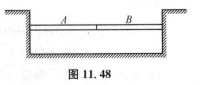

图 11.48

时它们被拉直但张力为零.

【解析】 金属丝 A 和 B 从自由状态降温，当温度降低 Δt 时的总缩短为：

$$\Delta l = \Delta l_A + \Delta l_B = (\alpha_A + \alpha_B) l_0 \Delta t \qquad ①$$

而在 $-20\ ℃$ 时，若金属丝中的拉力为 F，则根据胡克定律，A、B 的伸长量分别为 $\dfrac{F}{k_A}$ 和 $\dfrac{F}{k_B}$. 所以：

$$\dfrac{F}{k_A} + \dfrac{F}{k_B} = \Delta l \qquad ②$$

$$\dfrac{F}{k_A} + \dfrac{F}{k_B} = (\alpha_A + \alpha_B) l_0 \Delta t \qquad ③$$

所以

$$F = \dfrac{(\alpha_A + \alpha_B) l_0 \Delta t}{\dfrac{1}{k_A} + \dfrac{1}{k_B}} = 500\ \text{N}$$

因为 $F > 450\ \text{N}$，所以温度下降到 $-20\ ℃$ 前 A 丝即被拉断. A 丝断后，$F = 0$，即使温度再下降很多，B 丝也不会断.

31. 厚度均为 $a = 0.2\ \text{mm}$ 的钢片和青铜片，在 $T_1 = 293\ \text{K}$ 时，将它们的端点焊接起来，成为等长的平面双金属片，若钢和青铜的线膨胀系数分别为 $10^{-5}/℃$ 和 $2 \times 10^{-5}/℃$，当把它们的温度升高到 $T_2 = 293\ \text{K}$ 时，它们将弯成圆弧形，试求这圆弧的半径，在加热时忽略厚度的变化.

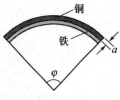

图 11.49

【解析】 如图 11.49 所示，本题可认为每一金属片的中层长度等于它加热后的长度，而与其是否弯曲无关. 设弯成的圆弧半径为 r，l 为金属片原长，φ 为圆弧所对的圆心角，α_1 和 α_2 分别为钢和青铜的线膨胀系数，Δl_1 和 Δl_2 分别为钢片和青铜片温度由 T_1 升高到 T_2 时的伸长量，那么对于钢片：

$$\varphi\left(r - \dfrac{a}{2}\right) = l + \Delta l_1 \qquad ①$$

$$\Delta l_1 = l \alpha_1 (T_2 - T_1) \qquad ②$$

对于青铜片：

$$\varphi\left(r + \dfrac{a}{2}\right) = l + \Delta l_2 \qquad ③$$

$$\Delta l_2 = l \alpha_2 (T_2 - T_1) \qquad ④$$

将 ② 代入 ①、④ 代入 ③ 并消去 φ，代入数据后得：$r = 20.03\ \text{cm}$.

32. 将一充满水银的气压计下端浸在一个广阔的盛水银的容器中，读数为 $p = 0.950 \times 10^5\ \text{N/m}^2$.

(1) 求水银柱高度.

(2) 考虑毛细现象后，真正的大气压强多大？已知毛细管直径 $d = 2.0 \times 10^{-3}\ \text{m}$，接触角 $\theta = \pi$，水银表面张力系数 $\alpha = 0.49\ \text{N/m}$.

(3) 若允许误差 0.1%，求毛细管直径所允许的极小值.

【解析】 (1) 水银柱高度：

$$h = \dfrac{p}{\rho g} = 0.71\ \text{m}$$

(2) 考虑毛细效应,管内水银面系凸半球弯月面,存在附加压强,因此真实大气压强为

$$p_0 = p + \frac{4\alpha}{d} = \left(0.95 \times 10^5 + \frac{4 \times 0.49}{2 \times 10^{-3}}\right)\text{Pa} = 0.96 \times 10^5 \text{ Pa}$$

(3) 气压计由于表面效应引起相对误差为:

$$\frac{p_0 - p}{p_0} = \frac{4\alpha/d}{\rho g h + 4\alpha/d} \approx \frac{4\alpha}{\rho g h d} \leq \frac{0.1}{100}$$

因此有 $d \geq \dfrac{4\alpha}{0.1\rho g h/100} = 2.06$ cm,

$$d_{\min} = 2.06 \text{ cm}$$

毛细管直径的最小值为 2.06 cm.

33. 如图 11.50 所示,有一总长度为 L、粗细均匀的 U 形毛细管,将它的两个开口端竖直向下稍微浸入两个容器的等高液面之中. 因毛细作用,液体1和液体2分别在毛细管中上升了 h_1 和 h_2 的高度. 设液体1和液体2的密度分别为 ρ_1 和 ρ_2,它们与毛细管壁的接触角均为 $0°$,设液体在毛细管中上升时管内气体无外漏,大气压强为 p_0. 试求液体1与液体2的表面张力因数的比值.

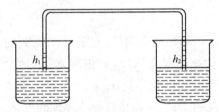

图 11.50

【解析】 试管中封闭气体在插入前后的过程中有:

$$p_0 L = p(L - h_1 - h_2)$$

而:

$$p_1 = p - \frac{2\alpha_1}{R}$$

$$p_1 = p_0 - \rho_1 g h_1$$

由以上三式得:

$$p_0 - \rho_1 g h_1 = p - \frac{2\alpha_1}{R} = \frac{L}{L - h_1 - h_2}p_0 - \frac{2\alpha_1}{R}$$

同理得:

$$p_0 - \rho_2 g h_2 = \frac{L}{L - h_1 - h_2}p_0 - \frac{2\alpha_2}{R}$$

由以上两式得:液体表面张力因数之比为:

$$\frac{\alpha_1}{\alpha_2} = \frac{(h_1 + h_2)p_0 + \rho_1 g h_1(L - h_1 - h_2)}{(h_1 + h_2)p_0 + \rho_2 g h_2(L - h_1 - h_2)}$$

34. 把一个半径为 R 的球形液滴分散成 n 个小液滴,如果液体的表面张力系数为 σ,问需要做多少功?

【解析】 要使大液滴分成小液滴,就必须克服液体的表面张力做功. 消耗的机械能将储存在液体表面层中,称为液体"表面自由能". 因此液体"表面自由能"的增量,就等于外力做的功.

设每个小液滴的半径为 r,液体分散时总体积不变,所以

$$\frac{4}{3}\pi R^3 = n \cdot \frac{4}{3}\pi r^3$$

于是 $R^3 = nr^3$.

大液滴的表面积为 S_1,且 $S_1 = 4\pi R^2$;小液滴的表面积为 S_2,且 $S_2 = 4\pi r^2$. 液滴分散时,表面积的增量 ΔS 为:

$$\Delta S = nS_2 - S_1 = 4\pi(nr^2 - R^2)$$

液体分散时,液体"表面自由能"的增量 ΔE.

$$\Delta E = \sigma \Delta S = 4\pi\sigma(nr^2 - R^2)$$

所以,消去 r 可得:

$$\Delta E = 4\pi\sigma R^2(n^{\frac{1}{3}} - 1)$$

因为外力做功与液体"表面自由能"的增量相等,所以:

$$W = \Delta E = 4\pi\sigma R^2(n^{\frac{1}{3}} - 1)$$

35. 已知水的表面张力系数为 $\sigma_1 = 7.26 \times 10^{-2}$ N/m,酒精的表面张力系数为 $\sigma_2 = 2.2 \times 10^{-2}$ N/m,由两个内径相同的滴管滴出相同质量的水和酒精,求两者的液滴数之比.

【解析】 此题的关键是分析液滴刚刚离开滴管口时的受力情况,可以认为液滴在此瞬间是平衡的. 假设液滴在刚脱离滴管时,是半径与滴管横截面积的半径近似相等的半球. 此时,液滴受重力及管口周边向上的表面张力的合作用.

假设水和酒精的质量都为 M,滴管内径为 d,水滴数为 N_1,酒精滴数为 N_2,于是有:

$$\frac{Mg}{N_1} = \pi d \sigma_1 \text{ 和 } \frac{Mg}{N_2} = \pi d \sigma_2$$

由此可得:

$$\frac{N_2}{N_1} = \frac{\sigma_1}{\sigma_2} = 3.3$$

36. 在一个密闭容器中有 $T_0 = 100\ ℃$ 的饱和水蒸气 0.1 kg 和 0.001 kg 水. 继续对容器加热,问:

(1) 当水刚好蒸发完毕时的温度是多少?

(2) 所需热量是多少? 已知温度每升高 1 K,饱和蒸气压增加 3.7×10^3 Pa,水的汽化热为 $L = 2.25 \times 10^6$ J·kg^{-1},水蒸气的定容比热容 $c_V = 1.38 \times 10^3$ J·kg^{-1}·K^{-1}.

【解析】 在汽液共存的情况下,饱和汽一般来说是不符合气态方程的,但如果仅研究饱和汽,气态方程还是可以用的. 设温度升高 ΔT 后,水刚好全部汽化,饱和汽压增大了

$$\Delta p = \alpha \Delta T \qquad ①$$

式中 $\alpha = 3.7 \times 10^3$ Pa,研究加热前的饱和汽,有:

$$pV = \frac{m}{M}RT_0 \qquad ②$$

研究水全部汽化之后的饱和汽,有:

$$(p + \Delta p)V = \frac{m' + m}{M}R(T_0 + \Delta T) \qquad ③$$

① 式代入 ③ 式后再除以 ② 式,可得:

$$\frac{p+\alpha \Delta T}{p} = \frac{m'+m}{m} \cdot \frac{T_0 + \Delta T}{T_0}$$

解得

$$\Delta T = \frac{m'T_0 p}{mT_0\alpha - mp - m'p} = 0.29 \text{ K}$$

所需热量包括两个部分，一部分是使 0.001 kg、100 ℃ 的水汽化成 100 ℃ 的水蒸气所需要的热量，另一部分是 0.101 kg、100 ℃ 的水蒸气等容升温到 100.29 ℃ 所需的热量.

$$Q = Lm' + c_V(m'+m)\Delta T = (2.25 \times 10^6 \times 10^{-3} + 1.38 \times 10^3 \times 0.101 \times 0.29) \text{ J}$$
$$= 2.29 \times 10^3 \text{ J}$$

37. 密闭容器中装有 1 atm、温度为 0 ℃ 的干燥空气 10 L，加入 3 g 水后将系统加热到 100 ℃，求容器的压强.

【解析】 在 100 ℃ 时，全部水都处于汽相. 3 g 水是 $\frac{1}{6}$ mol，它们在 100 ℃ 和 1 atm 下的体积是：

$$22.4 \times \frac{1}{6} \times \frac{373}{273} = 5.10 \text{(L)}$$

由状态方程求出 $\frac{1}{6}$ mol 水蒸气的压强：

$$1 \times 5.10 = p_{\text{water}} \times 10$$

得

$$p_{\text{water}} = 0.510 \text{ atm} = 5.10 \times 10^4 \text{ Pa}$$

由空气的状态方程：

$$\frac{1}{273} = \frac{p_{\text{空气}}}{373}$$

得

$$p_{\text{air}} = 1.366 \text{ atm} = 1.366 \times 10^5 \text{ Pa}$$

把两部分压强相加得到总压强为：

$$p = p_{\text{water}} + p_{\text{air}} = (0.510 + 1.366) \text{ atm} = 1.876 \text{ atm} = 1.876 \times 10^5 \text{ Pa}$$

【总结】 本题看起来简单，但实际用到的知识很多.

38. 一个铜容器重 200 g，铜的比热容 $c = 3.78 \times 10^2$ J/(kg·K)，它有两个管子与外界连通着，其余部分是封闭着的. 先在容器里放进一些冰，待温度平衡后，倒掉已化出来的水，那时容器还留有 20 g 的冰. 这时把 100 ℃ 的水蒸气从一根管子通入，让另一管子开着，蒸汽经过容器内部和冰混合接触后从开着的管子溢出，这些溢出的蒸汽假定还是 100 ℃，经过一段时间，由于蒸汽的作用，容器里的冰完全熔化了，变成了温度为 40 ℃ 的水. 如果热量没有其他损失，容器里共有水多少克？已知冰的熔化热 $\lambda = 3.36 \times 10^5$ J/kg，水的汽化热 $L = 2.26 \times 10^6$ J/kg.

【解析】 设容器内共有 m kg 的水. 水蒸气通过容器时变为 40 ℃ 的水，其质量为 $m - m_{\text{冰}}$，放热

$$Q_1 = L(m - m_{\text{冰}}) + c_{\text{水}}(m - m_{\text{冰}})(t_1 - t)$$

冰及铜容器吸热

$$Q_2 = \lambda m_{\text{冰}} + c_{\text{水}} m_{\text{水}}(t - t_2) + c_{\text{铜}} m_{\text{铜}}(t - t_2)$$

根据热平衡方程 $Q_1 = Q_2$，并代入数据得

$$m = 25.2 \text{ g}$$

39. 在质量为 m_1 的铜量热器中装有质量为 m_2 的水，共同的温度为 t_{12}；一块质量为 m_3，温

度为 t_3 的冰投入量热器中,试求出在各种可能情形下的最终温度,计算中 t_3 应取负值.已知铜的比热容 c_1,水的比热容 c_2,冰的比热容 c_3,冰的熔解热 L.

【解析】 可能存在三种不同的终态,分别讨论如下:

(1) 只有冰

冰变得较热,达到某一(负)温度 t_c;放出的热量与吸收的热量相等:
$$c_3 m_3 (t_c - t_3) = (c_1 m_1 + c_2 m_2)(t_{12} - 0) + m_2 L + (c_1 m_1 + c_2 m_2)(0 - t_c)$$

得出最终温度为
$$t_c = \frac{(c_1 m_1 + c_2 m_2) t_{12} + c_3 m_3 t_3 + m_2 L}{c_1 m_1 + c_2 m_2 + c_3 m_3} \quad ①$$

情况 ① 的条件是 $t_c < 0$,如果上式的分子为负值,我们得到下列条件:
$$(c_1 m_1 + c_2 m_2) t_{12} < -c_3 m_3 t_3 - m_2 L \quad ②$$

(2) 只有水

现在让我们讨论冰块全部熔化的情况.冰块吸收的热量等于量热器和水放出的热量:
$$c_3 m_3 (0 - t_3) + m_3 L + c_3 m_3 t_c = (c_1 m_1 + c_2 m_2)(t_{12} - t_c)$$

得出最终温度为
$$t_c = \frac{(c_1 m_1 + c_2 m_2) t_{12} + c_3 m_3 t_3 - m_3 L}{c_1 m_1 + c_2 m_2 + c_3 m_3} \quad ③$$

这种情况只有在 $t_c > 0$ 时才能发生.取上式的分子为正值,得到下列条件:
$$-c_3 m_3 t_3 + m_3 L < (c_1 m_1 + c_2 m_2) t_{12} \quad ④$$

(3) 冰和水混合

这种情况是冰和水混合以后都以 $0\,°C$ 共存于量热器中,根据 ② 式和 ④ 式,条件为
$$-c_3 m_3 t_3 + m_3 L < (c_1 m_1 + c_2 m_2) t_{12} < -c_3 m_3 t_3 - m_2 L$$

如果混合以后有 x g 的冰熔化了,则
$$-c_3 m_3 t_3 + x L = (c_1 m_1 + c_2 m_2) t_{12}$$

故熔化了的冰的质量为
$$x = \frac{(c_1 m_1 + c_2 m_2) t_{12} + c_3 m_3 t_3}{L}$$

于是混合后,在量热器中有质量为 $m_3 - x$ 的冰和质量为 $m_3 + x$ 的水. x 为负值意味着有水结为冰,冰的质量增加.对于给定的数值,我们可以从公式得到最终的结果.

第十二章 光　学

知识地图

光学
- 光线光学
  - 实验定律
    - 直线传播
    - 独立传播
    - 反射定律
    - 折射定律
  - 费马原理
  - 光线光学中的基本仪器
    - 平面镜
    - 球面折射镜 $\begin{cases} \dfrac{n'}{s'} - \dfrac{n}{s} = \dfrac{n'-n}{R} \\ m = \dfrac{ns'}{n's} \end{cases}$
    - 球面反射镜
      - 成像规律
      - 成像公式 $\begin{cases} \dfrac{1}{s'} + \dfrac{1}{s} = \dfrac{2}{R} \\ m = -\dfrac{s'}{s} \end{cases}$
      - 成像作图 $\begin{cases} 三条特殊光线 \\ 副光轴特点 \end{cases}$
    - 棱镜
      - 改变电路
      - 成像
      - 色散
    - 透镜
      - 成像规律
      - 成像公式 $\begin{cases} \dfrac{1}{s'} - \dfrac{1}{s} = \dfrac{1}{f'} \\ m = \dfrac{s'}{s} \end{cases}$
      - 成像作图 $\begin{cases} 三条特殊光线 \\ 副光轴特点 \end{cases}$
- 波动光学
  - 惠更斯原理
  - 波的干涉
    - 相干条件
    - 干涉种类
  - 光的衍射
    - 单缝衍射
    - 光栅
  - 光的偏振

第十二章 光　学

第1节　几何光学的基本规律

考点梳理

1. 光在同一种均匀媒质中沿直线方向传播. 小孔成像和物体的影子足以证明这一观点.

2. 光的反射定律

光在传播途中遇到两种不同媒质的光滑分界面时,将会发生反射现象,反射光线的传播方向由反射定律决定. 反射定律的内容为:反射光线、入射光线和入射点处分界面上的法线在同一平面内,反射光线和入射光线分居于法线的两侧,反射角等于入射角.

3. 光的折射定律

光线射在两种介质分界面上,当一部分光线射入另外一种介质时,光线传播方向发生改变,这称为折射. 在第二种介质中折射光线和分界面法线的夹角称为折射角. 光的折射定律的内容为:折射光线在入射光线和法线所决定平面内;折射光线和入射光线分居法线两侧;入射角 i_1 与折射角 i_2 满足:

$$\frac{\sin i_1}{\sin i_2} = n_{21}$$

n_{21} 是一个常数,称为第二种介质对第一种介质的相对折射率. 相对折射率与介质的性质有关,并且,光的颜色不同,相对折射率也不同.

n_{21} 等于光在两种介质中传播的速度之比,即

$$n_{21} = \frac{v_1}{v_2}$$

式中,v_1、v_2 分别为光在第一种介质和第二种介质中的传播速度. 这个公式我们将在后面给出证明.

我们把介质对真空的折射率称为绝对折射率. 第一种介质和第二种介质的绝对折射率(简称折射率)分别为:

$$n_1 = \frac{c}{v_1}$$

$$n_2 = \frac{c}{v_2}$$

所以

$$n_{21} = \frac{v_1}{v_2} = \frac{n_2}{n_1}$$

因此,折射定律的表达式常写成:

$$n_1 \sin i = n_2 \sin r$$

4. 费马原理和光路可逆原理

光的直线传播定律、反射定律和折射定律这三个实验定律是几何光学的基础. 这三个定律可由光的波动性进而由惠更斯原理得到解释. 顺便指出,用光的微粒说也能解释这三个定律,但由微粒说解释折射定律时必须假定光在折射率较大的媒质中传播速度较快,而这与实验不符.

1667年,法国科学家费马则将它们概括为一个统一的原理. 现在,费马原理可表述如下:光线在两点间的实际路径是使所需的传播时间为极值的路径. 在大部分情况下,此极值为极小值,但有时为极大值,有时为恒定值.

$$t = \sum t_i = \sum \frac{x_i}{v_i} \qquad ①$$

$$n_i = \frac{c}{v_i} \qquad ②$$

由①、②两式可得：

$$t = \sum \frac{n_i x_i}{c}$$

我们定义折射率与路径长的乘积为光程，用 l 表示，$l = nx$. 于是，费马原理又可表述为：光线在两点之间的实际路径，是使光程为极值的路径.

此外，我们不难看出，在光的直线传播、反射、折射中光线均可以沿着其传播路径返回，所以光在传播的过程中光路是可逆的，这就是光路可逆原理.

5. 平面镜

平面镜是一种反射镜，平面镜成像可由光的反射定律说明. 平面镜所成的像大小和物体相等，像和物体关于平面镜成镜面对称. 平面镜所成的像并非是光线真正聚散之处，称为虚像；而由光线直接照射所成的像称为实像. 实像可以在屏幕上显示出来，而虚像只能在镜中见到(图 12.1).

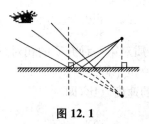

图 12.1

平面镜是最简单的光学仪器，用它可以改变光线前进的方向，控制光路. 光线方向的改变用偏向角表示. 偏向角是指出射光线（反射、折射）偏离入射光线的角度(图 12.2).

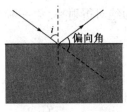

图 12.2

6. 全反射

当光由光密介质向光疏介质中传播，且入射角大于临界角 C 时，将发生全面反射现象（折射率为 n_1 的光密介质对折射率为 n_2 的光疏介质的临界角 $\sin C = \frac{n_2}{n_1}$），如图 12.3 所示.

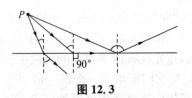

图 12.3

如图 12.4 所示，将一条折射率较高的玻璃纤维丝（纤芯）外包一层折射率较低的介质（包层),如光线射到纤芯与包层的分界面上的入射角处处大于临界角,则光线在纤芯内相继地从纤芯与包层间的界面上做全反射,从纤维的一端经很长距离传到另一端. 这种起传光作用的玻璃丝叫做光学纤维,简称光纤. 将数以万计的光学纤维组成一股光纤束,各条纤维内的光不会相互穿越,如将光纤束中各条光纤按一定顺序排列,则不仅能传递光能量,也能用来传递图像.

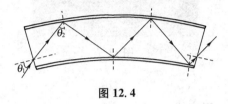

图 12.4

7. 棱镜

(1) 棱镜可以改变光的传播方向,使光线偏向底边. 出射光线与入射光线之间的夹角称为偏向角,由图 12.5 的几何关系可以得到:

$$\delta = (i_1 - i_2) + (i'_1 - i'_2) = i_1 + i'_1 - \alpha$$

其中

$$\sin i_1 = n\sin i_2, n\sin i'_2 = \sin i'_1$$

当棱镜中折射光线相对于顶角 α 对称成等腰三角形时,

$$i_1 = i'_1, i_2 = i'_2$$

相应的偏向角取最小值 δ_m,这时有:

$$n = \frac{\sin\dfrac{\delta_m + \alpha}{2}}{\sin\dfrac{\alpha}{2}}$$

此式可用来测棱镜的折射率.

(2) 来自物体的光线经棱镜折射后可以成虚像,此像偏向顶角. 当 i_1, α 很小时, $i_1 \approx n i_2, n i'_2 = i'_1$ 即:

$$\delta = (n-1)\alpha \qquad \text{①}$$

厚度不计、顶角 α 很小的三棱镜称之为光楔,①式表明,对近轴光线而言,δ 与入射角大小无关,各成像光线经光楔后都偏折同样的角度 δ,所以作光楔折射成像光路图时可画成一使光线产生偏折角的薄平板,如图 12.6 所示. 设物点 S,离光楔距离为 L,则像点 S' 在 S 的正上方.

$$h = L\delta = (n-1)L\alpha$$

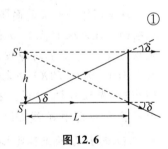

图 12.6

(3) 色散

我们把包含有各种颜色的光称为是复色光,只有单一颜色的光称为单色光,把复色光分解为单色光的现象叫做光的色散. 棱镜可以使光发生色散现象. 复色光进入棱镜后,由于它对各种颜色(对应着光波的频率)的光具有不同折射率,对红光的折射率最小,对紫光的折射率最大,于是各种色光的传播方向有不同程度的偏折,因而在离开棱镜时就各自分散,如图 12.7 所示.

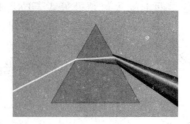

图 12.7

典型例题

例 1 由费马原理导出反射定律.

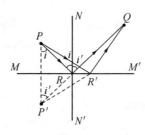

图 12.8

【解析】 如图 12.8 所示,找出 P 点相对于平面 MM' 的对称点 P',从 P 点经平面 MM' 上任一点 R' 到达 Q 点的路径 $PR'Q$ 的长度与 $P'R'Q$ 的长度相等.显然,在所有可能的路径中,以直线路径 $P'RQ$ 的长度为最短,根据费马原理,PRQ 为光线的实际路径.由对称性不难看出,此路径满足反射定律,因而有 $i = i'$,即反射角等于入射角.

例 2 由费马原理导出折射定律.

【解析】 设光从介质 1 中 P 点经两种介质的交界面 MM' 到达介质 2 中的 Q 点,如图 12.9 所示.

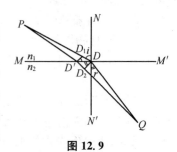

图 12.9

这里图像的所在的面即为过 P、Q 而又垂直于 MM' 的平面(即入射面).设光从 P 点到 Q 点的某条路径为 PDQ,只要使 PDQ 的光程为极值,根据费马原理,PDQ 即为实际路径.因此,D 点必在入射面上.为使 PDQ 的光程为极值,只要使其十分邻近的路径 $PD'Q$ 的光程与 PDQ 的光程几乎相等即可(这是极值点的特点).由 D 点向 $D'Q$ 作垂线 DD_2,由 D' 点向 PD 作垂线 $D'D_1$,PD' 的光程比 PD 的光程减小了 $n_1 \overline{D_1D}$,而 $D'Q$ 的光程比 DQ 的光程增加了 $n_2 \overline{D'D_2}$,其中 n_1 和 n_2 分别为介质 1 和介质 2 的折射率,而 $\overline{D_1D} = \overline{D'D}\sin i$,$\overline{D'D_2} = \overline{D'D}\sin r$,其中 i 和 r 分别为 PD 和 DQ 与 MM' 的法线 NN' 的夹角.令 $n_1 \overline{D_1D} = n_2 \overline{D'D_2}$,即:

$$n_1 \overline{D'D}\sin i = n_2 \overline{D'D}\sin r$$

即得:

$$n_1 \sin i = n_2 \sin r$$

例 3 如图 12.10 所示,湖中有一小岛 A,A 垂直湖岸的距离为 d,湖岸边的一点 B,B 沿湖岸方向与 A 点的距离为 l,一人自 A 点出发,要到达 B 点.已知他在水中游泳的速度为 v_1,在岸上走的速度为 v_2,且 $v_1 < v_2$,要求他由 A 至 B 所用的时间最短,此人当如何选择其运动的路线?

【解析】 根据费马原理,若要人由 A 到 B 的时间最短,则所走路径应类似于光线所走路径.这时的水和岸相当于介质,折射率分别为 n_1、n_2.设最短时间为如图所示路径.则等效光线由水到岸满足下式:

$$\frac{v_1}{v_2} = \frac{\sin C}{\sin 90°} = \frac{n_2}{n_1}$$

$$\sin i = \frac{v_1}{v_2}$$

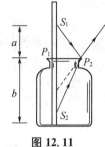

图 12.10

这时的 C 实际上为光线发生全反射的临界角.

所以,我们不难得到:

当 $l > d\tan C$ 时,人所走的路径为如图 12.10 所示的路径.即沿着和垂直于岸的方向成 C 的角度游向岸边再在岸上走至 B 点.

当 $l \leqslant d\tan C$ 时,人由 A 直接游到 B 点.

【点评】 本题若从运动学角度分析,也可以作出解答,但比较麻烦.

例4 如图 12.11 所示,广口瓶中盛满水,从瓶口的 P_2 处可以看到直尺上 S_2 处的刻度在水中的像和直尺 S_1 处刻度的像重合.由直尺刻度中可以得到 $P_1S_1 = a$,$P_1S_2 = b$,并测得广口瓶的宽度为 d,则水的折射率 n 是多大?(用 a、b、d 来表示)

【解析】 由

$$n = \frac{\sin i}{\sin r}$$

$$\sin i = \frac{d}{\sqrt{d^2 + a^2}}$$

$$\sin r = \frac{d}{\sqrt{d^2 + b^2}}$$

$$n = \frac{\sqrt{d^2 + b^2}}{\sqrt{d^2 + a^2}}$$

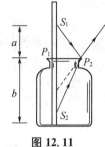

图 12.11

例5 由两个以上的平面镜组成的光学系统叫做组合平面镜,射向组合平面镜的光线往往要在平面镜之间发生多次反射,因而会出现生成复像的现象.如图 12.12 所示,两面互相垂直的平面镜(交于 O 点)镜间放一点光源 S,试确定复像的个数和位置.

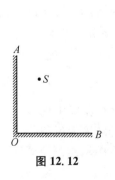

图 12.12

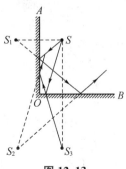

图 12.13

【解析】 先看一种较简单的现象,如图 12.13 所示,两面互相垂直的平面镜(交于 O 点),镜间放一点光源 S,S 发出的光线经过两个平面镜反射后形成了 S_1、S_2、S_3 三个虚像.用几何的方法不难证明:这三个虚像都位于以 O 为圆心、OS 为半径的圆上,而且 S 和 S_1、S 和 S_3、S_1 和 S_2、S_2 和 S_3 之间都以平面镜(或它们的延长线)保持着对称关系.

【点评】 如图 12.14 所示，两面平面镜 AO 和 BO 成 $60°$ 角放置，用上述规律，很容易确定像的位置：

(1) 以 O 为圆心、OS 为半径作圆；

(2) 过 S 作 AO 和 BO 的垂线与圆交于 S_1 和 S_2；

(3) 过 S_1 和 S_2 作 BO 和 AO 的垂线与圆交于 S_3 和 S_4；

(4) 过 S_3 和 S_4 作 AO 和 BO 的垂线与圆交于 S_5，$S_1 \sim S_5$ 便是 S 在两平面镜中的 5 个像．

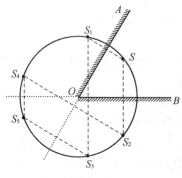

图 12.14

例 6 如图 12.15 所示，两镜面间夹角 $\alpha = 15°$，$OA = 10 \text{ cm}$，A 点发出的垂直于 L_2 的光线射向 L_1 后在两镜间反复反射，直到光线平行于某一镜面射出，则从 A 点开始到最后一次反射点，光线所走的路程是多少？

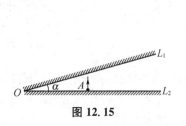

图 12.15   **图 12.16**

【解析】 如图 12.16 所示，光线经 L_1 第一次反射的反射线为 BC，根据平面反射的对称性，$BC' = BC$，且 $\angle BOC' = \alpha$．在 C 点经第二次反射，反射线为 CD，显然 $CD = C'D'$．上述 A、B、C'、D' 均在同一直线上，因此光线在 L_1、L_2 之间的反复反射就跟光线沿 ABC' 直线传播等效．设 N' 是光线第 n 次反射的入射点，且该次反射线不再射到另一个镜面上，则 n 值应满足的关系是 $n\alpha < 90° \leqslant (n+1)\alpha$，$n < \dfrac{90°}{\alpha} = 6$．取 $n = 5$，$\angle N'OA = 75°$，总路程 $AN' = OA\tan(5\alpha) = 37.3 \text{ cm}$．

例 7 （北约）人在平面镜前看到站在自己身边朋友在镜中的像时，虽然上下不颠倒，左右却互换了．今将两块相互平行的平面反射镜如图 12.17 放置，观察者 A 在图示右侧位置可看到站在图示左侧位置的朋友 B，则 A 看到的像必定是　　　　（　　）

A. 上下不颠倒，左右不互换

B. 上下不颠倒，左右互换

C. 上下颠倒，左右不互换

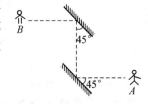

图 12.17

D. 上下颠倒,左右互换

【答案】 A

【解析】 根据平面镜成像规律,A 看到的像必定是上下不颠倒,左右不互换,选项 A 正确.

例 8 (华约)如图 12.18 所示,若实心玻璃管长 40 cm,宽 4 cm,玻璃的折射率为 $\dfrac{2}{\sqrt{3}}$,光从管的左端正中心射入,则光最多可以在管中反射几次 (　　)

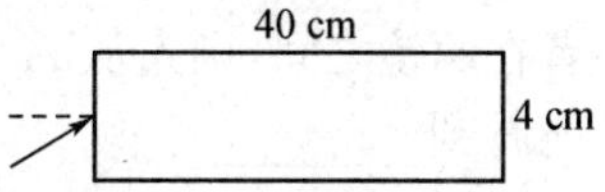

A. 5   B. 6

C. 7   D. 8

图 12.18

【答案】 B

【解析】 入射角越大,折射角越大,光在管中反射次数越多.当入射角接近 90° 时,由折射定律可得折射角 $r=60°$,发生第一次反射,光沿玻璃管中心前进距离

$$s_1 = \frac{1}{2}d\tan r = 2\sqrt{3}\ \text{cm}$$

第二次反射,光沿玻璃管中心前进距离

$$s_2 = d\tan r = 4\sqrt{3}\ \text{cm}$$

所以光最多可以在管中反射次数

$$N = \frac{L-s_1}{s_2}+1 = 6$$

选项 B 正确.

例 9 (北约)如图 12.19 所示,等腰直角三角形棱镜 ABC,一组平行光垂直斜边 AB 射入.

(1) 如果光线不从 AC、BC 面射出,求三棱镜的折射率 n 的范围.

(2) 如果光线顺时针转过 $\theta=30°$,即与 AB 成 60° 角斜向下,不计反射两次以上的光线,当 n 取(1)中最小值时,能否有光线从 BC、AC 边射出?(不考虑经过多次反射的情况)

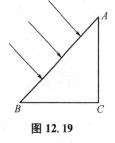

图 12.19

【解析】 (1) 光线穿过 AB 面后方向不变.在 AC、BC 面上的入射角均为 45°,发生全反射的条件为

$$\sin 45° \geqslant \frac{1}{n}$$

解得

$$n \geqslant \sqrt{2}$$

(2) 在 n 取 $\sqrt{2}$ 时,全反射的临界角 $i_C=45°$.

折射光路图如图 12.20 所示,

$$\sin 30° = n\sin\alpha$$

解得

$$\alpha = \arcsin\frac{\sqrt{2}}{4}$$

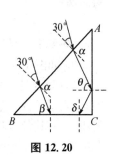

图 12.20

$\beta=45°-\alpha<i_C=45°$,所以光线可以从 BC 边射出.

$\beta=45°+\alpha>i_C=45°$,所以光线在 AC 边发生全反射,不可以从 AC 边射出.

所以只有 BC 边有光射出.

强化训练

1. (北约)如图 12.21 所示,OA、OB 是两面镜子,成 36° 夹角,观察者在两镜之间,则人从 A 镜中最多能看到_____个像;从 B 镜中最多能看到_____个像.

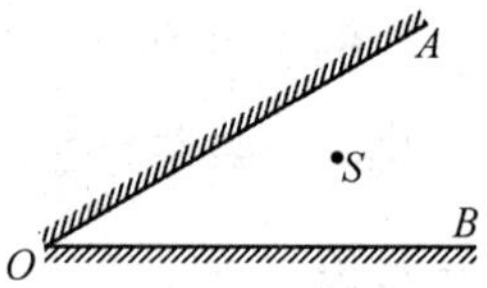

【答案】 4　4

图 12.21

【解析】 要使物体在第一个平面镜中成的像能通过第二个平面镜成像,第一个像必须在第二个平面镜的前面,且第二个平面镜必须处在第一个像的可见区域中,使物射向第一个平面镜的光线的反射线才能射向第二个平面镜并再反射成像.

设两平面镜夹角为 α,物点 S 与 O 点连线与 OA 所成的角为 θ,则在 OA 中第一次成像其像点 S' 与 O 点连线与 OB 所成的角为 $\alpha+\theta$.像点 S' 在 OB 中所成的像与 O 点连线与 OB 所成角为 $\alpha+\theta$,该像在 OA 中第二次成像其像点 S'' 与 O 点连线与 OA 所成的角为 $2\alpha+\theta$.依次类推,该像在 OA 中第二次成像的像点 S'' 与 O 点连线与 OA 所成的角为 $n\alpha+\theta$,而 $n\alpha+\theta<\pi$,所以人从 A 镜中最多能够看到 4 个像. 同理,从 B 镜中最多能看到 4 个像.

2. 玻璃棱镜的折射棱角 α 为 60°,对某一波长的光其折射率 $n=1.6$,试求最小偏折角和此时的入射角,并计算能使光线从 α 角两侧透过棱镜的最小入射角.

【解析】 代入公式:

$$n = \frac{\sin\frac{\delta_m + \alpha}{2}}{\sin\frac{\alpha}{2}}$$

可以得到

$$\delta_m = 46°16'$$

由几何关系可以得到:

$$i = 53°08'$$

当入射角 i 较小时,光线会在出射面上发生全反射,利用几何关系可以得到这个临界的入射角为

$$i = 35°35'$$

【答案】 $46°16'$　$53°08'$　$35°35'$

3. 如图 12.22 所示,AB 表示一直立的平面镜,P_1P_2 是水平放置的米尺(有刻度的一面朝着平面镜),MN 是屏,三者互相平行,屏 MN 上的 ab 表示一条竖直的缝(即 a、b 之间是透光的).某人眼睛紧贴米尺上的小孔 S(其位置见图),可通过平面镜看到米尺的一部分刻度.试在本题的图上用三角板作图求出可看到的部位,并依次写出作图步骤.

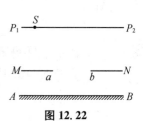

图 12.22

【解析】 作图步骤可如下:(如图 12.23 所示)

(1) 分别作米尺 P_1P_2、屏 Ma、bN 对于平面镜 AB 的对称线(即它们对于平面镜 AB 的像)$P_1'P_2'$、$M'a'$、$b'N'$.

(2) 连接 S、a 并延长交 $P_1'P_2'$ 于某一点,作这一点对于 AB 在 P_1P_2 上的对称点,即为通过平面镜看到米尺刻度的左端.

(3) 连接 S、b' 并延长交 $P_1'P_2'$ 于某一点,作这一点对于 AB 在 P_1P_2 上的对称点,即为通过平面镜看到米尺刻度的右端.

讨论:

(1) 还可以用更简单的办法,即作出眼睛 S 的像 S',再由 S' 来确定看到的范围.

(2) 作出屏和尺的像,人眼看到像的范围即为人眼看到尺的范围.

两种思路:正向思维,尺发光经平面镜反射进入眼睛的范围即为眼睛所能看到的范围;逆向思维,眼睛相当于发光点,其光照射到尺上的范围即为能看到的范围.

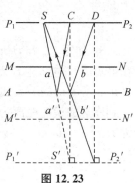

图 12.23

确定边界光线的基本思想是:两点确定一条直线.在均匀介质中光是沿直线传播的,在非均匀介质中,光线发生弯曲,但人眼的感觉光仍是沿直线传播的.所以确定尺和屏的像,由两点一线来确定边界光线.

4. 内径为 r、外径为 $R(R>r)$ 的玻璃管内装满了某种液态的荧光物质.液体在伦琴射线的照射下发绿光,玻璃对绿光的折射率为 n_1,液体对绿光的折射率为 n_2.从旁边看玻璃管,玻璃管的厚度像是零,那么 r/R 应满足什么条件?

【解析】 如图 12.24 所示,当从柱形玻璃管出来的、到达人眼的光线是沿玻璃外表面相切的方向传播时,人才会产生玻璃管壁的厚度等于零的感觉.

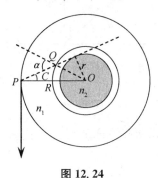

图 12.24

(1) 若 $n_1 < n_2$

$$\sin C = \frac{1}{n_1}$$

$$r_{\min} = R\sin C$$

即

$$\frac{r}{R} \geq \frac{1}{n_1}.$$

(2) 若 $n_1 > n_2$,R 一定,则 α 越大,则 r 内径越小.

由折射定律

$$n_1 \sin\alpha_{\max} = n_2 \sin 90°$$

再对三角形 PQO 应用正弦定理:

$$\frac{r_{\min}}{\sin C} = \frac{R}{\sin(180°-\alpha_{\max})}$$

即

$$r_{\min} = \frac{R}{n_2}$$

$$\frac{r}{R} \geqslant \frac{1}{n_2}$$

5. 如图 12.25 所示,某人在沙滩上的 A 点发现一名游泳者在水中的 B 点发出呼救,他若要在最短时间内到达 B 点,则他应取什么样的运动路径?求人其在沙滩上奔跑的速度方向与岸的夹角 α 所满足的关系式。已知人在沙滩上的速度为 $v_1 = 5 \text{ m/s}$,在水中的速度为 $v_2 = 1 \text{ m/s}$,A 点到岸边的最短距离为 $h_A = 40 \text{ m}$,B 点到岸边的最短距离为 $h_B = 30 \text{ m}$。A、B 两点沿岸的距离为 $L = 60 \text{ m}$。

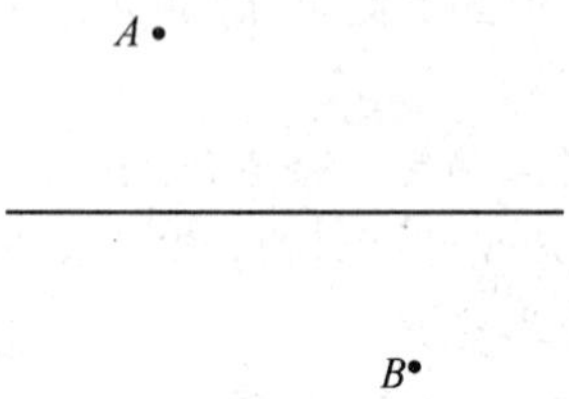

图 12.25

【解析】 根据费马原理,若要人由 A 到 B 的时间最短,则所走路径应类似于光线所走路径。

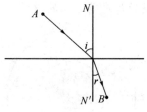

图 12.26

这时的沙滩和水相当于介质,设折射率分别为 n_1、n_2。设最短时间为如图 12.26 所示路径。则等效光线由水到岸满足下式:

$$\frac{\sin i}{\sin r} = \frac{n_2}{n_1} = \frac{v_1}{v_2} \qquad ①$$

$$h_A \tan i + h_B \tan r = L \qquad ②$$

$$\sin i = \cos \alpha \qquad ③$$

$$\frac{4\cos\alpha}{\sin\alpha} + \frac{3\cos\alpha}{\sqrt{25 - \cos^2\alpha}} = 6$$

6. 如图 12.27 所示,有人在 A 处从一竖直的小平面镜 M 中可以看到直立的一根细杆 B。当平面镜绕镜面竖直轴 O 绕过 θ 角,则可以看到远处的一棵树 C,如果不通过平面镜,从 A 处直接看杆 B,则细杆 B 恰好遮住了树 C。设杆和平面镜轴 O 的距离为 d,并且 $AB \perp OB$,求树和杆的距离。

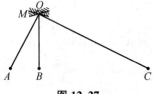

图 12.27

【解析】 因为从 A 处直接看杆 B 恰好遮住树 C,则 A、B、C 在一直线上,$OB=d$,且 $OB \perp AB$,当平面镜转过 θ 角后,$\angle BOC=2\theta$,如图 12.28 所示,由直角三角形 BOC 可求出 $BC=d\tan2\theta$.

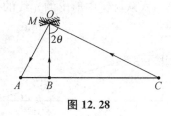

图 12.28

7. 一个大游泳池,池底是水平面,池水深 1.2 m,有一直杆竖直于池底,浸入水中部分杆长是杆全长的一半;当太阳以与水平方向成 $37°$ 角射在水面上时,测得杆在池底的影长为 2.5 m. 求水的折射率.

【解析】 如图 12.29 所示,运用折射定律与几何关系可以得到:

$$n = \frac{\sin i}{\sin r} = \frac{4}{3}$$

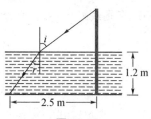

图 12.29

8. 如果平行光束是以 $45°$ 角从空气射到折射率为 $\sqrt{2}$ 的半圆柱的平面表面上,如图 12.30 所示,此时从半圆柱面上出射的光束范围是多大?

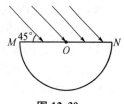

图 12.30

【解析】 如图 12.31 所示:
由折射定律

$$\sin 45° = \sqrt{2}\sin r$$

得

$$\sin r = \frac{1}{2}, \quad r = 30°$$

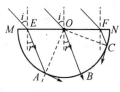

图 12.31

即所有折射光线与垂直线的夹角均为 $30°$. 考虑在 E 点发生折射的折射光线 EA,如果此光线刚好在 A 点发生全反射,则有 $n\sin\angle EAO = \sin 90°$,而 $n=\sqrt{2}$,即有 $\angle EAO=45°$,因 EA 与 OB 平行,所以 $\angle EAO = \angle AOB=45°$,所以:

$$\varphi = 180° - 45° - 60° = 75°$$

即射向 A 点左边 MA 区域的折射光($\varphi < 45°$)因在半圆柱面上的入射角均大于 $45°$ 的临界角而发生全反射不能从半圆柱面上射出,而 A 点右边的光线($\varphi > 45°$)则由小于临界角而能射出,随着 φ 角的增大,当 $\angle FCO=45°$ 时,将在 C 点再一次达到临界角而发生全反射,此时 $\angle FOC=15°$,故只能够从半圆柱球面上出射的光束范围限制在 AC 区域上,对应的角度为:

$$75° < \varphi < 165°$$

【总结】 正确作出光路图并抓住对边界光线的分析是解答问题的两个重要方向,要予以足够重视.

9. 直角三棱镜的顶角 $\alpha = 15°$,棱镜材料的折射率 $n = 1.5$,一细束单色光如图 12.32 所示垂直于左侧面射入,求该入射光第一次从棱镜中射出的光线的折射角.作出示意图.

【解析】 示意图如下：

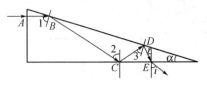

图 12.32

$$C = \arcsin \frac{1}{n} = \arcsin \frac{2}{3}$$

$30° < C < 45°$

而由几何知识易知：

$$\angle 1 = 75°, \quad \angle 2 = 60°, \quad \angle 3 = 45°, \quad r = 30°$$

光在 B、C、D 发生全反射,在 E 处有光线射出.射出光线与其法线所夹的角为 i,由

$$n = \frac{\sin i}{\sin r}$$

得

$$i = \arcsin 0.75$$

10. 如图 12.33 所示,两块平面镜宽度均为 $l = 5$ cm,相交成角 $\alpha = 12°$,构成光通道,两镜的右端相距 $d = 2$ cm. 左端靠在光接收器的圆柱形感光屏上,试问入射光线与光通道的轴成的最大角 $\Phi_{\max}$ 为多少,才能射到光接收器上.

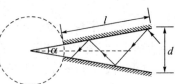

图 12.33

【解析】 光束在两平面镜之间不断反射,一旦光束的方向与平面镜垂直即会沿原路返回,若此时光束还会射到光接收器上将不满足题设条件.所以,以最大角度入射的光线应当与光接收器表面相切.

为了简化解题,我们讨论入射光线在两块平面镜之间未经多次反射就通过平面镜系统,如图 12.34 所示,由三角形 AOC 得到光接收器圆柱形表面的半径

$$L + r = \frac{d}{2\sin\frac{\alpha}{2}}$$

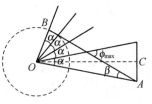

图 12.34

从三角形 ABO 中可以知道

$$\sin\beta = \frac{r}{L+r} = 1 - \frac{2L}{\alpha}\sin\frac{\alpha}{2} \approx 0.5$$

即

$$\beta = 30°$$

于是

$$\Phi_{\max} = \beta + \frac{\alpha}{2} = 36°$$

【总结】 本题中将折线化为直线的方法不仅在解平面镜成像问题中经常用到,而且在力学问题中也有涉及(如小球在两挡板之间来回地碰撞).

11. 圆锥形的内表面镀上反射层,构成圆锥面镜.在圆锥形内沿轴拉紧一根发光的细丝,要使细丝发出的光线在圆锥内表面上反射不多于一次,试求圆锥形最小的展开角 α.

【解析】 我们研究细丝上某一个发光点和它发出的任意一条光线 AB,过这条光线和发光细丝作一个平面.从几何学的知识显而易见,该光线在一切可能的反射情况下,其反射光线都在所作的平面内,如图 12.35 所示.

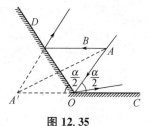

图 12.35

光线 AB 从锥面第一次反射后,其反射光线好像是从 A 点的虚像 A' 点发出来的一样.要使从 A 点发出的光线中,没有一条光线在第一次反射后,再一次射到镜面上,必须使 A' 点不在直线 OC 的上方(直线 OC 是圆锥体的第二条母线,位于上述的光平面内,O 点是锥面的顶点).这种现象的发生要求

$$\angle A'OD + \angle AOD + \angle AOC = 3 \cdot \frac{\alpha}{2} \geqslant 180°$$

因此

$$\alpha \geqslant 120°$$
$$\alpha_{\min} = 120°$$

第 2 节　球面折射与反射

考点梳理

8. 符号法则

为便于对几何光学中的成像问题的研究,必须先引入一套符号法则.所谓符号法则,就是一套关于长度和角度的正负的约定.下面就是一套常见的符号法则:

(1)所有距离都从参照点量起,向右为正,向左为负,向上为正,向下为负.

这里常取入射点为参照点,如透镜的顶点.显然,以上规定相当于在参照点(如入射点)建立了一个坐标系,向右和向上为坐标轴的正方向.

(2)角度是从参照线量起,顺时针为正,逆时针为负.

这里的参照线一般取主轴、副光轴、法线等.显然,以上规定相当于在垂直于纸面的方向上规定了角位移的方向,即垂直于纸面向内的角位移为正,垂直于纸面向外的角位移为负.实际上是在第一条符号法则的基础上在参照点引入了一条垂直纸面坐标轴,并规定向里的方向为正.

上面的符号法则也叫做笛卡尔符号法则,看起来非常复杂,但是熟悉以后就会感到非常方便.在对几何光学的深入研究中引入笛卡尔符号法则是非常必要的.

(3)图中标定:在图中出现的长度和角度(几何量)只用正值.例如 s 表示的某线段值是负的,则应用 $(-s)$ 来表示该线值的几何长度.

9. 球面折射镜

如图 12.36 所示,为一球面折射镜.下面证明其成像公式.

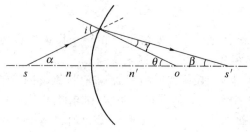

图 12.36

这里为便于叙述,先不应用符号法则,即所有的量都取其绝对值,显然有:
$$i = \theta + \alpha, \quad r = \theta - \beta$$
设入射点和球面顶点间的距离为 d,物距为 u,像距为 v,球半径为 r,由傍轴条件可得:
$$\frac{n'}{n} = \frac{i}{r} = \frac{\theta+\alpha}{\theta-\beta} = \frac{\dfrac{d}{r}+\dfrac{d}{u}}{\dfrac{d}{r}-\dfrac{d}{v}} = \frac{\dfrac{1}{r}+\dfrac{1}{u}}{\dfrac{1}{r}-\dfrac{1}{v}}$$

$$\frac{n}{u} + \frac{n'}{v} = \frac{n'-n}{r}$$

应用符号法则:
$$u = -s, \quad v = s', \quad R = r$$
可以得到:
$$\frac{n'}{s'} - \frac{n}{s} = \frac{n'-n}{R}$$

可以证明各种球面和物距的各种情形,最终可以得到和上式相同的形式.

横向放大率是像和物沿着与轴垂直方向上的大小之比,用 m 表示,$m = \dfrac{y'}{y}$. 可以用作图法得到物体的横向放大率为:
$$m = \frac{ns'}{n's}$$

$|m|>1$ 表示像对物是放大的;$|m|<1$ 表示像对物是缩小的;$m>0$ 表示像是倒立的,物、像分居于折射面两侧,且是实像;$m<0$ 表示像是正立的,物、像同侧,且是虚像.

可以对球面折射公式作进一步讨论:

令 $\dfrac{n'}{s'} - \dfrac{n}{s} = \dfrac{n'-n}{R}$ 中 $s \to \infty$ 可得:
$$s' = f' = \frac{n'}{n'-n}R$$

令 $\dfrac{n'}{s'} - \dfrac{n}{s} = \dfrac{n'-n}{R}$ 中 $s' \to \infty$ 可得:
$$s = f = -\frac{n}{n'-n}R$$

于是有:
$$\frac{f'}{R} + \frac{f}{R} = 1$$

$s \to \infty$ 表示的是平行光照射球面折射镜.这时光线会聚于一点,此点即为像方焦点,用 F' 表

312

示,焦点到折射面的距离 $f' = \frac{n'}{n'-n}R$ 又称为像方焦距.

$s' \to \infty$ 表示的是物点发出的光线照射到球面折射镜后平行的现象. 这时物点所在位置称为物方焦点,用符号 F 表示,焦点到折射面的距离 $f = -\frac{n}{n'-n}R$ 又称为物方焦距.

$$\frac{f'}{f} = -\frac{n'}{n}$$

连接球心 C 和球面顶点 O 的线称为主光轴或主轴,其他过 O 点的直线称为副光轴.平行于光轴的光线必会聚于光轴上,即焦点在与平行光平行的那条光轴上. 每条光轴上都有一个焦点,主光轴上的焦点称为主焦点,其他光轴上的焦点称为副焦点. 所有焦点所形成的面称为是焦平面.

由 $\frac{f'}{f} = -\frac{n'}{n}$ 知,焦点分居于顶点的两侧,折射率大的一侧焦距短.

$f' > 0$,即 $\frac{n'}{n'-n}R > 0$,表示球面折射镜对光线是会聚的. f' 越短,则会聚能力越强.

$f' < 0$,即 $\frac{n'}{n'-n}R < 0$,表示球面折射镜对光线是发散的. $|f'|$ 越短,则表示发散能力越强.

10. 平面折射镜

我们不难得到平面折射镜公式:

$$\frac{n'}{s'} - \frac{n}{s} = 0$$

其中 s' 为像距,s 为物距. 均已包含符号法则. 由公式可知,s 和 s' 同号,即物像同侧,为虚像. 对于物和像而言,哪一方的折射率大,其到达介质分界面的距离就大.

$m = \frac{ns'}{n's} = 1$,表示物和像等大、正立、虚像.

11. 球面折射镜的逐次成像

物点发出的光在传播的过程中可能受到若干个球面的折射,并在最后有一像点与之对应,这样,对于第一个球面来说是出射的折射光线,对于第二个球面来说就是入射光束(此时第二个球面的物空间与第一个球面的像空间重叠),所以第一个球面所成的像,就可看作是第二个球面的物,依次逐个对各球面成像,最后就能求出物体通过整个球面折射系统所成的像. 逐次成像的放大率为:$m = m_1 \cdot m_2$.

12. 球面镜成像公式

反射面是球面的一部分的反射镜称为球面镜. 以球面的内表面作反射面的叫做凹面镜,又称凹镜. 用球面的外表面作反射面的叫做凸面镜,又叫凸镜.

我们不难发现,若把符号法则代入反射定律可以得到入射角和反射角的关系为:

$$i = -r$$

与折射定理比较,会发现反射可以视为入射光线进入折射率为 $n' = -1$ 的介质. 因此,对于球面折射镜公式:

$$\frac{n'}{s'} - \frac{n}{s} = \frac{n'-n}{R}$$

只要令 $n' = -n$,代入上式可得到球面镜成像公式:

$$\frac{1}{s'}+\frac{1}{s}=\frac{2}{R}$$

f' 称为像方焦距，f 称为物方焦距．

不难发现 $f'=f=\dfrac{R}{2}$，于是有：

$$\frac{1}{s'}+\frac{1}{s}=\frac{1}{f'}$$

对于光线自左向右的成像系统，我们不难得到下列结论：

(1) $s>0$ 虚物，$s<0$ 实物；
(2) $s'>0$ 虚像，$s'<0$ 实像；
(3) $R>0$ 球心在右，$R<0$ 球心在左；
(4) $f'>0$ 凸面镜，$f'<0$ 凹面镜．

我们可以得到放大率公式：$m=-\dfrac{s'}{s}$，同样不难得到：

$|m|>1$ 表示像对物是放大的；$|m|<1$ 表示像对物是缩小的；$m>0$ 表示正立；$m<0$ 表示倒立．

凸镜对光线具有发散作用，凹面镜对光线具有会聚作用（图 12.37），而平面镜则不改变光线的敛散性．

图 12.37

对于球面镜成像公式 $\dfrac{1}{s'}+\dfrac{1}{s}=\dfrac{2}{R}$，令 $R\to\infty$ 可以得到：$\dfrac{1}{s'}+\dfrac{1}{s}=0$

$s'=-s$ 这实际上就是平面镜成像公式，$k=-\dfrac{s'}{s}=1$，表示正立等大，且平面镜的像为虚像．

13. 球面镜的三条特殊光线和球面镜成像作图法

在近轴条件下，一个物点发出的到达球面镜的光线经球面镜反射后将会聚（或反向延长相交）于一点，即有唯一的像点．因此只要画出任意两条反射线的交点，即可求出像点．在进行球面镜成像作图时，常用到球面镜成像的三条特殊光线．这三条特殊光线是：

(1) 经过球面中心 C 的光线经反射后沿原路返回；
(2) 平行于主轴的光线经反射后过像方焦点；
(3) 经过像方焦点的光线经反射后平行于主轴．

14. 球面镜成像规律

(1) 凹镜成像规律

物的性质	物的位置	像的位置	像的大小	像的正倒	像的虚实
实物	∞	同侧 f	缩小	倒	实
	$\infty\to 2f$	同侧 $f\to 2f$	缩小	倒	实
	$2f$	同侧 $2f$	等大	倒	实
	$2f\to f$	同侧 $2f\to\infty$	放大	倒	实
	f	∞	放大		
	$f\to 0$	异侧 $\infty\to 0$	放大	正	虚

第十二章 光 学

(2) 凸镜成像规律

物的性质	物的位置	像的位置	像的大小	像的正倒	像的虚实
实物	$0 \to \infty$	异侧 $0 \to f$	缩小	正	虚

典型例题

例 10 如图 12.38 所示,欲使由无穷远处发出的光的近轴光线通过透明球体并成像在右半球面的顶点处,问这透明球体的折射率应为多少?

【解析】 平行光线要受到两个球面的折射,经右半球面折射的像在球面处,即像距为零,则由

$$\frac{n'}{s'} - \frac{n}{s} = \frac{n'-n}{R}$$

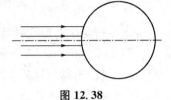

图 12.38

可知,其对应的物距也应为零.

由此可知,平行光经左半球面折射时,其像距在 $2R$ 处.

令上式中 $s' = 2R, s = \infty, n = 1$,可以解得:$n' = 2$.即透明球体的折射率为 2.

例 11 如图 12.39 所示,有半径为 3 cm 的半球形玻璃透镜,折射率为 1.5.若置点光源于透镜之前 4 cm 处的透镜主轴上 A 点,求光线通过透镜后所成的像将在凸面的哪一侧,并求像的虚实、距凸面的距离.

【解析】 第一次经球面折射成像:

$$\frac{n'}{s'} - \frac{1}{s} = \frac{n'-1}{r} \quad ①$$

第二次经平面折射镜成像:

$$\frac{1}{s''} - \frac{n}{r-s'} = 0 \quad ②$$

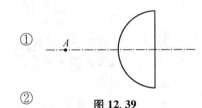

图 12.39

把 $s = -4$ cm,$r = 3$ cm 代入 ① 式可得:

$$s' = -18 \text{ cm}$$

再代入 ② 式可得:

$$s'' = -14 \text{ cm}$$

上式中负号表示像在平面折射镜的左侧 14 cm 处,即像在凸面的左侧,为虚像,距凸面的距离为 14 cm − 3 cm = 11 cm.

例 12 一个点状物体 P 放在凹面镜前 0.05 m 处,凹面镜的曲率半径为 0.20 m(图 12.40),试确定像的位置和性质.

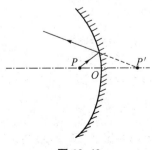

图 12.40

【解析】 若光线自左向右传播,如图 12.40 所示,这时:
$$s = -0.05 \text{ m} \quad R = -0.20 \text{ m}$$
由
$$\frac{1}{s'} + \frac{1}{s} = \frac{2}{R}$$
可得:
$$s' = 0.10 \text{ m}$$
表示的是像在凹面镜后 0.10 m 处,且为虚像.

例 13 如图 12.41 所示,一凸镜和一平面镜相距 28 cm,相对而立,平面镜与凸镜的主轴垂直.在距两镜距离相等的主轴上放一点光源 S.利用遮光板使光线先由凸镜反射,再经平面镜反射,所成的像在平面镜后 38 cm 处.求凸镜的曲率半径.

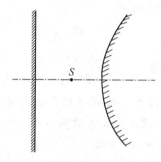

图 12.41

【解析】 由平面镜成像规律,平面镜中的像所对应的物在平面镜的右方,与凸镜的顶点 O 相距 10 cm. 对于凸面镜由符合法则可知:
$$s = -14 \text{ cm} \quad s' = 10 \text{ cm}$$
代入球面镜成像公式:
$$\frac{1}{s'} + \frac{1}{s} = \frac{2}{R}$$
可得:
$$R = 70 \text{ cm}$$

例 14 一曲率半径 $R = 60$ cm 的凹面镜水平放置,使其凹面向上,并在其中装满水,水的折射率为 $n = \frac{4}{3}$,假如装满水后水的深度比半径 R 小得多,试问平行光束成像于何处?

【解析】 解法一:直接用折射定律和反射定律来做,未装水时,平行光束经镜面反射后通过焦点 F',它离开镜面顶点的距离为 30 cm,若装有水,当 α、β 为小角度,由图 12.42 可知:
$$\tan\alpha = \sin\alpha = \frac{a}{f} = \frac{2a}{R}$$
$$\tan\beta = \sin\beta = \frac{a}{f}$$
由折射定律:

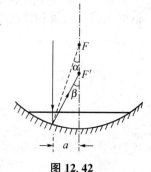

图 12.42

$$n = \frac{\sin\beta}{\sin\alpha} = \frac{R}{2f}$$

$$f = \frac{R}{2n} = 22.5 \text{ cm}$$

解法二：用逐次成像法，物体先经过平面折射成像：

$$\frac{n}{s_1'} - \frac{1}{s_1} = 0$$

再经球面反射成像：

$$\frac{1}{s_2'} + \frac{1}{s_2} = \frac{2}{-R}$$

由于水很浅，所以：

$$s_2 = s_1'$$

令 $s_1 \to \infty$ 可得：

$$s_2' = -\frac{R}{2}$$

再经平面折射：

$$\frac{1}{s_3'} - \frac{n}{s_3} = 0$$

$$s_3 = s_2'$$

$$f' = s_3' = -\frac{R}{2n} = -22.5 \text{ cm}$$

例 15 （华约）如图 12.43 所示，凸透镜和球面反射镜的中心与光源 S 在同一条直线上. 半径为 R 的球面反射镜放置在焦距为 f 的凸透镜右侧，其中心位于凸透镜的光轴上，并可沿凸透镜的光轴左右调节.

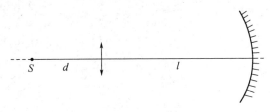

图 12.43

（1）固定凸透镜与反射镜之间的距离 l，将一点光源放置于凸透镜的左侧光轴上，调节光源在光轴上的位置，使该光源的光线经凸透镜 — 反射镜 — 凸透镜后，成实像于点光源处. 问该点光源与凸透镜之间的距离 d 可能是多少？

（2）根据（1）的结果，若固定距离 d，调节 l 以实现同样的实验目的，则 l 的调节范围是多少？

【解析】 （1）可分下列三种情况讨论：

第一种情况：通过调节光源与透镜之间的 d 值（$d > f$），如图 12.44 所示. 当 $v + R = l$，即：由光源发出的任意光线穿过透镜后，点光源成实像于透镜右侧光轴上的 C 点，而 C 点正好处在反射镜的球心位置上，光线会沿反射镜的半径方向入射到它上面，并将沿同一路径反射回去，所有这样的光线都将会聚于光源所在点.

由

$$\frac{1}{d}+\frac{1}{v}=\frac{1}{f}$$

解得

$$d=\frac{fv}{v-f}=\frac{f(l-R)}{l-R-f}$$

第二种情况:调节左侧光源与透镜之间的 d 值($d<f$),如图 12.45 所示.当 $v+R=l, v<0$,

即:由点光源发出的光线穿过透镜后,点光源成虚像于透镜左侧光轴上的 C 点,而 C 点正好处在反射镜的球心位置上,光线会沿反射镜的半径方向入射到它上面,并将沿同一路径反射回去,所有这样的光线都将会聚于光源所在点.

由

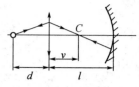

图 12.44

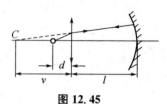

图 12.45

$$\frac{1}{d}+\frac{1}{v}=\frac{1}{f}$$

解得

$$d=\frac{fv}{v-f}=\frac{f(l-R)}{l-R-f}=\frac{f(R-l)}{R+f-l}$$

第三种情况:如正好有条件 $R=l$,调节左侧光源与透镜之间的 d 值($d>f$),如图 12.46 所示.

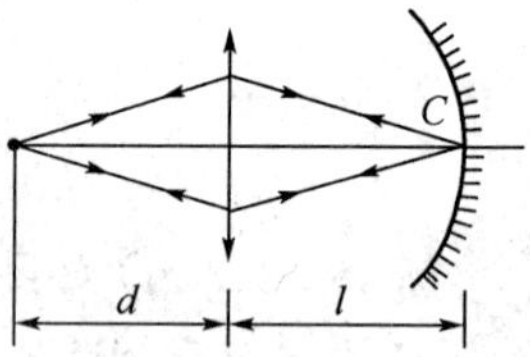

当 $v=R=l$,

即:由点光源发出的光线通过透镜后,点光源成实像于透镜右侧光轴上的 C 点,C 点正好处在反射镜的对称中心,光线可被反射镜对称反射,再经凸透镜后,形成如图光路(由上到下或由下到上),也将会聚于光源所在点.

由

图 12.46

$$\frac{1}{d}+\frac{1}{v}=\frac{1}{f}$$

解得

$$d=\frac{fv}{v-f}=\frac{fR}{R-f}=\frac{fl}{l-f}$$

(2) 对应于(1)中的三种情况.

对应于第一种情况,即:根据 $d>f$,当 $d=\dfrac{fv}{v-f}=\dfrac{f(l-R)}{l-R-f}$;

实现实验目的 l 可调节范围是:$l>R+f$;

对应于第二种情况,即:根据 $d<f$,当 $d=\dfrac{fv}{v-f}=\dfrac{f(l-R)}{l-R-f}=\dfrac{f(R-l)}{R+f-l}$;

实现实验目的 l 可调节范围是:$l<R$;

对应于第三种情况,即:根据 $d>f, R=l, d=\dfrac{fv}{v-f}=\dfrac{fR}{R-f}$;

实现实验目的需调节:$l=R$.

【点评】 此题涉及凸透镜成像和凹面镜成像,对能力要求较高.

强化训练

12. 眼睛与物体之间有一块折射率为 1.5 的玻璃平板. 如图 12.47 所示,平板的厚度为 30 cm. 求物体与像之间的距离 d.

【**解析**】 利用平面折射镜公式

$$\frac{n'}{s} - \frac{n}{s} = 0$$

经过两次成像,很容易得到:

$$d = 10 \text{ cm}$$

【**点评**】 如果是顶角为 α 的光楔呢?

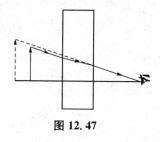

图 12.47

13. 如图 12.48 所示,有一直径为 4 cm 的实心玻璃球,球内有一小气泡,当观察者的眼睛与球心、气泡在同一条直线上时,气泡像相距球面 1 cm,试求此气泡距球面的真实距离. 玻璃的折射率为 1.5.

【**解析**】 据题意:

$$\frac{n'}{s'} - \frac{n}{s} = \frac{n' - n}{R}$$

$s' = -1 \text{ cm}, R = -2 \text{ cm}$,代入上式可得:

$$s = -1.2 \text{ cm}.$$

图 12.48

14. 如图 12.49 所示,直径为 1 m 的球形鱼缸的中心处有一条小鱼,若玻璃缸壁的影响可忽略不计,求缸外观察者所看到的小鱼的表观位置和横向放大率,已知水的折射率为 $n = 1.33$.

【**解析**】 由球面折射镜公式:

$$\frac{n'}{s'} - \frac{n}{s} = \frac{n' - n}{R}$$

可知当 $s = R$ 时, $s' = R$.
由于 $ni = r$,
物长为 $y = Ri$,像长为 $y' = Rr$,所以放大率为:

$$m = \frac{y'}{y} = \frac{r}{i} = n = 1.33$$

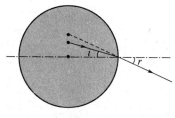

图 12.49

【**总结**】 本题求放大率也可用公式:

$$m = \left|\frac{s'n}{sn'}\right| = n = 1.33$$

15. 一个折射率为 1.53、直径为 20 cm 的玻璃球内有两个小气泡,看上去一个恰好在球心,另一个从最近的方向看去,好像在表面与球心连线的中点,求气泡的实际位置.

【解析】 在球心处的物体的物距为 $s = R$,由

$$\frac{n'}{s'} - \frac{n}{s} = \frac{n'-n}{R}$$

不难看出物体的像也应在球心.

对于另一个球,其像距为:

$$s' = -5 \text{ cm}, R = -10 \text{ cm}$$

代入球面折射镜公式可得:

$$s = -6.05 \text{ cm}$$

所以离球心的距离为

$$10 \text{ cm} - 6.05 \text{ cm} = 3.95 \text{ cm}$$

16. 玻璃棒一端成半球形,其曲率半径为 2 cm.将它水平地浸入折射率为 1.33 的水中,沿着棒的轴线离球面顶点 8 cm 处的水中有一物体,求像的位置及横向放大率.设玻璃的折射率为 1.5.

【解析】 由球面折射镜公式:

$$\frac{n'}{s'} - \frac{n}{s} = \frac{n'-n}{R}$$

代入已知条件: $s = -8 \text{ cm}, R = 2 \text{ cm}$,解得: $s' = -17.647 \text{ cm}$.

再代入放大率公式

$$m = \left| \frac{ns'}{n's} \right| = 1.96$$

17. 如图 12.50 所示,P 点的相对位置不变,试确定这时像的位置和性质.一个点状物体 P 放在凹面镜前 0.05 m 处,凹面镜的曲率半径为 0.20 m,试确定像的位置和性质.

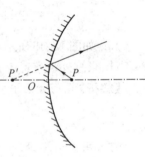

图 12.50

【解析】 若光线自左向右传播,如图 12.50 所示,这时:

$$s = 0.05 \text{ m} \quad R = 0.20 \text{ m}$$

由

$$\frac{1}{s'} + \frac{1}{s} = \frac{2}{R}$$

可得:

$$s' = -0.10 \text{ m}$$

表示的是像在凹面镜后 0.10 m 处,且为虚像.

18. 高 5 cm 的物体距凹面镜顶点 12 cm,凹面镜的焦距是 10 cm,求像的位置及高度和放大率,并作出光路图.

【解析】 对于凹面镜,由符号法则可知:

$$s = -12 \text{ cm}, \quad f' = -10 \text{ cm}$$

代入公式

$$\frac{1}{s'} + \frac{1}{s} = \frac{1}{f'}$$

可得:

$$s' = -60 \text{ cm}$$

放大率为

$$m = \left|\frac{s'}{s}\right| = 5$$

所以像长

$$y' = my = 25 \text{ cm}.$$

光路图如图 12.51 所示.

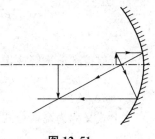

图 12.51

19. 一凸面镜的曲率半径为 20 cm,若将一长 5 mm 的小物体垂直于主轴置于镜前 15 cm 的地方,求所成像的位置、性质和大小.

【解析】 由符号法则:
$R = 20 \text{ cm}, s = -15 \text{ cm}$,代入球面镜成像公式:

$$\frac{1}{s'} + \frac{1}{s} = \frac{2}{R}$$

$$s' = 6 \text{ cm}$$

$$m = \left|\frac{s'}{s}\right| = 0.4$$

像长为 $y' = my = 2 \text{ mm}$,且为虚像.

20. 一个 5 cm 的物体放在球面镜前 10 cm 处成 1 cm 高的虚像.求此镜的曲率半径并判断此镜是凸面镜还是凹面镜.

【解析】 据题意:$s = -10 \text{ cm}, m = \left|\frac{s'}{s}\right| = \frac{1}{5}$,

所以:$|s'| = 2 \text{ cm}$,又因为是虚像,所以必和物体在异侧.因此有:$s' = 2 \text{ cm}$,代入公式

$$\frac{1}{s'} + \frac{1}{s} = \frac{2}{R}$$

可得:$R = 5 \text{ cm}$,此镜为凸面镜.

第 3 节 透 镜

考点梳理

15. 薄透镜成像公式

一个薄透镜可以看成是由两个球面折射镜组成的,假设最一般的情形,即物方折射率为 n_1,像方折射率为 n_2,透镜的折射率为 n_0,应用球面折射镜公式:

$$\frac{n_0}{s_1'} - \frac{n_1}{s_1} = \frac{n_0 - n_1}{R_1}$$

$$\frac{n_2}{s_2'} - \frac{n_0}{s_2} = \frac{n_2 - n_0}{R_2}$$

$$s_2 = s_1'$$

$$\frac{n_2}{s'} - \frac{n_1}{s} = \frac{n - n_1}{R_1} + \frac{n_2 - n}{R_2}$$

令：
$$f' = \frac{n_2}{\dfrac{n-n_1}{R_1}+\dfrac{n_2-n}{R_2}}, \quad f = -\frac{n_1}{\dfrac{n-n_1}{R_1}+\dfrac{n_2-n}{R_2}}$$

可以得到薄透镜成像公式：

$$\frac{f'}{s'} + \frac{f}{s} = 1 \qquad ①$$

上式又称为高斯公式. 或

$$\frac{1}{s'} - \frac{1}{s} = \frac{1}{f'} \qquad ②$$

如果将透镜放于空中，则 $n_1 = n_2 = 1, n_0 = n$,

$$\frac{1}{s'} - \frac{1}{s} = \frac{n-1}{R_1} - \frac{n-1}{R_2}$$

由上式还可以得到"造镜者公式"

$$\frac{1}{f'} = (n-1)\left(\frac{1}{R_1} - \frac{1}{R_2}\right)$$

f' 称为像方焦距（又称为是第二焦距），此焦距对应的焦点称为像方焦点或第二焦点记为 F'，f 称为物方焦距（又称为是第一焦距），此焦距对应的焦点称为物方焦点或第一焦点记为 F.

对于光线自左向右的成像系统，我们不难得到下列结论：

(1) $s > 0$ 虚物，$s < 0$ 实物；

(2) 若 $s' > 0$ 实像，$s' < 0$ 虚像；

(3) $R > 0$ 球心在右，$R < 0$ 球心在左；

(4) $f' > 0$ 会聚透镜即凸透镜，$f' < 0$ 发散透镜即凹透镜.

放大率有横向放大率、轴向放大率、角放大率. 横向放大率是像和物沿与轴垂直方向上大小之比，用 m 表示，$m = \dfrac{y'}{y} = \dfrac{n_2 s'}{n_1 s}$. 轴向放大率是指若物沿轴向有一位移 Δx，则像相应地沿轴有一位移 $\Delta x'$，$\Delta x'$ 和 Δx 之比称为轴向放大率，用 t 表示. $t = \dfrac{\Delta x'}{\Delta x}$. 角放大率是指折射线与轴夹角和入射线与轴夹角之比，用 k 表示. $k = \dfrac{\alpha'}{\alpha}$.

16. 透镜成像作图（图 12.52）

(1) 三条特殊光线

① 与主光轴平行的光线折射后通过像方焦点.

② 通过光心的光线方向不变.

③ 通过物方焦点的光线经透镜折射后平行于主光轴.

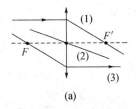
(a)
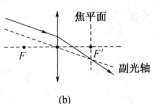
(b)

图 12.52

(2) 焦平面

① 平行于副光轴的光线经透镜折射后会聚于这条副光和焦平面的交点(图 12.52(b)).

② 过焦平面上某点的光线经透镜折射后平行于过这点的副光轴.

(3) 关物透镜成像的两类基本问题

① 由光线求透镜；

② 由透镜求光线.

17. 透镜成像规律

(1) 凸透镜成像规律

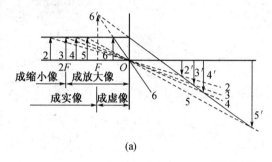
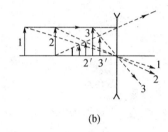

图 12.53

从图 12.53(a) 可以看出,随着物和焦点之间的相对位置的不同,成像的情况也不同. 具体情况如下表所示:

物的性质	物的位置	像的位置	像的大小	像的正倒	像的虚实
实物	∞	异侧 f	缩小	倒	实
	$\infty \to 2f$	异侧 $f \to 2f$	缩小	倒	实
	$2f$	异侧 $2f$	等大	倒	实
	$2f \to f$	异侧 $2f \to \infty$	放大	倒	实
	f	∞	放大		
	$f \to 0$	同侧 $\infty \to 0$	放大	正	虚

(2) 凹透镜成像规律

如图 12.53(b) 所示,凹透镜所成的像,无论物体的位置在焦点以外还是焦点以内,它经凹透镜折射后,所成的像,都是缩小的(放大率 $K < 1$),正立的虚像. 像和物在透镜的同侧. 因此它的成像规律,不同于凸透镜那样复杂.

物的性质	物的位置	像的位置	像的大小	像的正倒	像的虚实
实物	$0 \to \infty$	同侧 $0 \to f$	缩小	正	虚

(3) 共轴光具组

多个光学元件组成的主轴重合的光学系统称为共轴光具组. 在近轴条件下,解决共轴光具组的成像问题,可以采用逐次成像法,即把第一个元件所成的像,看作是第二个元件的物,依次逐个对各个元件成像,最后就能求出物体能通过系统所成的像. 前面曾运用这种方法分析了多个球面折射镜存在时的成像,实际上,这种方法适用于各种光学元件.

由于前一次的像距为后一次成像的物距,在采用逐次成像法时常用到:$s_{n+1} = s'_n - d_n$,其中 d_n 为第 n 个光学元件和第 $n+1$ 个光学元件之间的距离.

共轴光具组的放大率为各光学元件的放大率的乘积，$m = m_1 m_2 \cdots m_n$. 最后一次成像的虚实和正倒情况要根据实际情况确定.

两个焦距分别为 f_1 和 f_2 的共轴的透镜，当紧靠在一起时，系统的焦距 f 满足下式：

$$\frac{1}{f'} = \frac{1}{f'_1} + \frac{1}{f'_2}$$

证明如下：

$$\frac{1}{s'_1} - \frac{1}{s_1} = \frac{1}{f'_1}$$

$$\frac{1}{s'_2} - \frac{1}{s_2} = \frac{1}{f'_2}$$

又

$$s_2 = s'_1$$

所以

$$\frac{1}{s'_2} - \frac{1}{s_1} = \frac{1}{f'_1} + \frac{1}{f'_2}$$

对照

$$\frac{1}{s'} - \frac{1}{s} = \frac{1}{f'}$$

可得证.

18. 眼睛

眼睛能看清物体必要的条件是：(1) 物体的像不但要落在视网膜上，并且要落在黄斑中央的中央凹处；(2) 像应该有一定的照度．进入眼中的光通量是由瞳孔自行调节，达到一定照度．这一照度是在视网膜透应机能范围之内；(3) 视角一般不能小于 $1'$（长 1 cm 的线段在距眼睛 34 m 处的视角约为 $1'$）．在适当的照度下，物体离开眼睛 25 cm 时，在视网膜上造成的像最清晰，并且看起来不易感到疲劳，这个距离叫做明视距离．人的眼睛就是一个透镜系统．外界的景物通过成像在视网膜上而被视觉神经所感受．

下面是几种屈光不正常的眼睛与屈光正常眼睛的对比（图 12.54）.

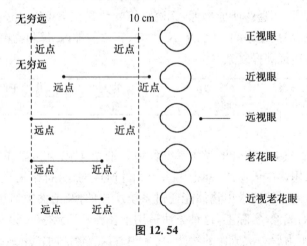

图 12.54

19. 望远镜

望远镜是帮助人眼对远处物体进行观察的光学仪器.观察者是以对望远镜像空间的观察代替物空间的观察.而所观察的像,实际上并不比原物大,只是相当于把远处的物体移近,增大视角,以便观察.

望远镜也是由物镜和目镜组成的.物镜用反射镜的称反射式望远镜,物镜用透镜的称折射式望远镜.目镜是会聚透镜的称为开普勒望远镜,目镜是发散透镜的称为伽利略望远镜.

(1) 开普勒望远镜

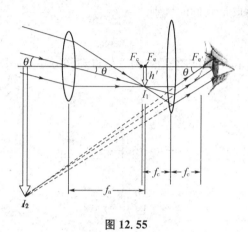

图 12.55

由两个会聚薄透镜分别作为物镜和目镜所构成的天文望远镜,是开普勒于 1611 年首先提出的,这种望远镜完全由透镜折射成像,所以又称折射望远镜.如图 12.55 所示,我们不难证明望远镜的放大本领为:

$$|J| = \left|\frac{y'}{y}\right| = \left|\frac{\alpha'}{\alpha}\right| = \left|\frac{f'_1}{f'_2}\right|$$

由此可见物镜的焦距 f'_1 越长,目镜的焦距 f'_2 越短,则望远镜的放大本领就越大.开普勒望远镜成的是倒立的像.

(2) 伽利略望远镜

伽利略于 1609 年创制的这种望远镜的特点,是用发散透镜来做目镜.物镜的像方焦点仍和目镜的物方焦点相重合.如图 12.56 所示.

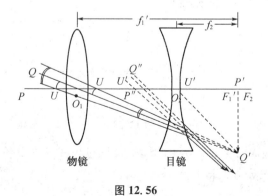

图 12.56

故望远镜的放大本领为:

$$|J| = \left|\frac{y'}{y}\right| = \left|\frac{\alpha'}{\alpha}\right| = \left|\frac{f_1'}{f_2'}\right|$$

伽利略望远镜,成正立的像.开普勒望远镜(或伽利略望远镜)的物镜和目镜所成的复合光具组的间隔等于零.这样的光具组叫做望远光具组,它的特点是平行光束通过时,透射出来的仍是平行光束,但方向改变.整个光具组的焦点在无限远.

显微镜和望远镜都是由两同轴透镜构成的,这是它们相似的地方.但是显微镜的焦点间隔是一个较大的数值.而望远镜的焦点间隔是为零.再者,显微镜的物镜焦距必须很短,而望远镜的物镜焦距必须很长.这两点是它们的区别.

典型例题

例 16 如图 12.57 所示,已知凸透镜的物方焦点和像方焦点,作出光源 S 发出的经过 P 点的光线.

图 12.57

【解析】 如图 12.58 所示,作出 S 点的像 S',连接 S' 和 P 交透镜于 Q 点,连接 SQ 的光线即为所求的入射光线,光线 QP 即为所求的出射光线.

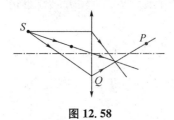

图 12.58

例 17 光源 A 位于主光轴上,离透镜2倍焦距.光源 B 放在离光轴较近处,并使这两个点光源的连线与光轴成角 $\alpha = 30°$,如图 12.59 所示.问应当与光轴成多大角度放一块平面光屏,才能在此光屏上同时得到两个光源的清晰像?

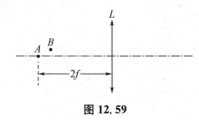

图 12.59

【解析】 A 通过透镜成的像在 $s' = 2f$ 处,则可设想从 A 点发出的一条光线恰过 B 点,经透镜折射后必过 A' 点,设光屏与主轴夹角 β,则

$$2f\tan\alpha = 2f\tan\beta$$

即:

$$\beta = \alpha = 30°$$

例 18 如图 12.60 所示,在凸透镜的主轴上距透镜 2 倍焦距的 B 点垂直于主轴放置一物体 AB,AB 长度为透镜直径的 1/4. 图中已画出成像的三条特殊光线,$A'B'$ 为 AB 的像. 如果在透镜右侧主光轴上的焦点处垂直于主轴放置一块挡板 PQ,要使 AB 完全消失,则 PQ 的长度至少应为 AB 长度的几倍?

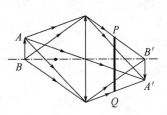

图 12.60

【解析】 如图 12.60 所示,据题意,AB 的像的与 AB 大小相等,且成在 2 倍焦距处,透镜的直径为 $4\overline{AB}$,透镜和 AB 的像 $A'B'$ 构成梯形,PQ 为其中位线,所以 $\overline{PQ} = \dfrac{4\overline{AB} + \overline{AB}}{2} = 2.5\overline{AB}$,即 PQ 的长度至少为 AB 长度的 2.5 倍.

例 19 如果有一幻灯机,当幻灯片与银幕相距 2.5 m 时,可在银幕上得到放大率为 24 的像;若想得到放大率为 40 的像,那么,假设幻灯片不动,镜头和银幕分别移动多少?

【解析】 根据第一次放映可知

$$-s_1 + s_1' = 2.5 \text{ m} \qquad ①$$

$$\frac{s_1'}{-s_1} = 24 \qquad ②$$

$$\frac{1}{s_1'} - \frac{1}{s_1} = \frac{1}{f'} \qquad ③$$

由①、②、③式可得:

$$s_1 = -0.1 \text{ m}, \quad s_1' = 2.4 \text{ mm}, \quad f' = 0.096 \text{ m}$$

第二次放映:

$$\frac{1}{s_2'} - \frac{1}{s_2} = \frac{1}{f'} \qquad ④$$

$$\frac{s_2'}{-s_2} = 40 \qquad ⑤$$

可得:

$$s_2 = -0.0984 \text{ m}, \quad s_2' = 3.94 \text{ m}$$

比较 s_1 和 s_2 可知镜头缩回 1.6 mm;比较 s_1' 和 s_2' 可知银幕应移远 1.54 m.

例 20 有一水平的平行平面玻璃板 H,厚 3 cm,折射率为 $n = 1.5$. 在其下表面 2 cm 处有一个小物体 S;在玻璃板上方有一个薄凸透镜 L,其焦距为 $f = 30$ cm,透镜的主轴与玻璃板面垂直;物体 S 位于透镜的主轴上,如图 12.61 所示. 若透镜上方的观察者顺主轴方向观察到 S 的像就在 S 处,问透镜与玻璃板上表面的距离为多少?

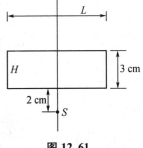

图 12.61

【解析】 经过两次平面折射成像,再经过凸透镜成像.

$$\dfrac{n}{s_1'} - \dfrac{1}{s_1} = 0 \qquad ①$$

$$\dfrac{1}{s_2'} - \dfrac{n}{s_2} = 0 \qquad ②$$

$$\frac{f'}{s_3'} + \frac{-f}{s} = 1 \qquad ③$$

再由

$$s_1 = -2 \text{ cm}, \quad s_2 = s_1' - d, \quad s_3 = s_2' - x$$
$$s_3' = s_1 - d - x.$$

可得:$x = 1.0$ cm,即 L 应置于距玻璃板 H 上表面 1.0 cm 处.

【点评】 这里用了平面折射镜公式,各物理量的符号是关键,只要符号不看错,本质问题就是解方程.

例 21 某远视眼的近点为 100 cm,为看清眼前 25 cm 处的物,求所配眼镜的焦距.

【解析】 对于眼镜,若 $s = -25$ cm,则 $s' = -100$ cm,将此二值代入透镜的物像公式,有:

$$\frac{f'}{s'} + \frac{f}{s} = 1$$

$$\frac{f'}{-100} + \frac{-f'}{-25} = 1$$

$$f' = 33 \text{ cm}$$

【点评】 在配制眼镜的工作中,习惯上用光焦度而不用焦距,所谓光焦度即为像方焦距的倒数(又叫做焦度、折射本领),用字母 Φ 表示,单位为 m^{-1},称屈光度.屈光度再乘以 100 就化成我们通常所说的度.

$$\Phi = \frac{1}{f'}$$

例 22 某人的眼睛的近点是 10 cm,明视范围是 80 cm(即能够看清的物体距眼睛的范围为 $10 \sim 90$ cm),当他配上 -100 度的近视镜后明视范围变成多少?

【解析】 在配置眼镜中,通常把眼睛焦距的倒数称为焦度,用 D 表示.当焦距的单位用 m 时,所配眼镜的度数等于焦度的 100 倍.

本题中此人所配近视眼镜数是 -100 度,此人眼睛的度数 $-100 = \frac{1}{f} \times 100$,所以此近视镜的焦距为 $f = -\frac{100}{100} = -1.00$ m.

当此人戴上此眼镜看最近距离的物体时,所成的虚像在他能看清的近点 10 cm,由:

$$\frac{f'}{s_1'} + \frac{f}{s_1} = 1$$

解得物距:

$$\frac{-1}{-0.1} + \frac{1}{s_1} = 1$$

$$s_1 = -\frac{1}{9} \text{ m}$$

因为此人的明视远点是:

$$10 \text{ cm} + 80 \text{ cm} = 90 \text{ cm}$$

所以此人戴上眼镜以后在看清最远的物体时,所成的虚像在离他 90 cm 处,再根据透镜公式可解得他能看清的最远物距是:

$$\frac{-1}{-0.9} + \frac{1}{s_2} = 1$$

$$s_2 = -9 \text{ m}$$

所以,他戴上 -100 度的近视镜后,明视范围是 $0.11 \sim 9.0$ m.

例 23 试证明如图 12.62 所示的开普勒望远镜的视角放大率为:$|J| = \left|\dfrac{f_1}{f_2}\right|$.

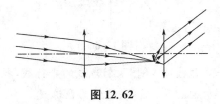

图 12.62

【解析】 证明:如图 12.63 所示,注意过光心的两条光线,不难看出,不用望远镜时入射光线的视角为 $\alpha_1 = \left|\dfrac{y'}{f'_1}\right|$,若用望远镜,则视角为 $\alpha_2 = \left|\dfrac{y'}{f'_2}\right|$,

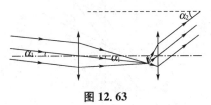

图 12.63

所以,望远镜的放大率为:

$$J = \left|\frac{f_1}{f_2}\right|$$

强化训练

21. 画出如图 12.64 所示的折射光线.

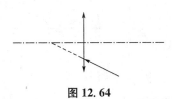

图 12.64

【解析】 我们可以设想该光线是由某点光源 S 发出的无数条光线中的一条,因此点光源 S 必在这条光线上. 所以可设在如图 12.65 中的位置. 由于 S 要向外发射无数条光线,而在这无数条光线中必然包括"三条特殊光线",为此我们可以利用这样的特殊光线先确定出点光源 S 经凸透镜所成的像 S'. 又因为从 S 发出的所有光线经凸透镜折射后必都通过 S 的像点 S',所以题目中要求画的光线也必通过 S',故连接 AS' 的直线便是所求的折射光线.

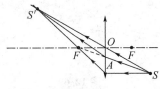

图 12.65

22. 如图 12.66 所示,已知一条入射及其经过透镜折射后的出射光线,求此透镜是凸透镜还是凹透镜,用作图法找到透镜的物方焦点和像方焦点.

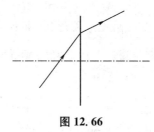

图 12.66

【解析】 如图 12.67 所示,过光心 O 作入射光线的平行线,和出射光线交于 M 点,则过 M 作主轴的垂线,则垂足必为像方焦点 F'. 显然,透镜为凸透镜.

过光心 O 作出射光线的平行线,和入射光线交于一点 P,过 P 作主轴的垂线,垂足必为物方焦点 F.

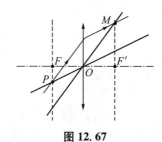

图 12.67

23. 物体 AB 被置于一薄凸透镜的焦点 F 和光心 O 之间,并垂直于透镜的主轴. 透镜的大小、焦点的位置、物体 AB 的长度和位置都如图 12.68 所示.

(1) 在图 12.68 上用作图法(以透镜中通过光心的一段虚线代表薄透镜)画出凸透镜成像光路和像.

图 12.68

(2) 要想看到物体 AB 的完整的像,眼睛必须处在某一范围内. 试作图确定图上的这一范围(用斜线标明.)

【解析】 (1) 成像光路图如图 12.69 所示.

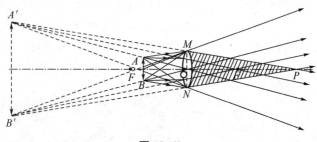

图 12.69

(2) 眼睛位置在图 12.69 中斜线标出的范围内.

24. 用焦距 8 cm 的凸透镜,使一根每小格为 1 mm 的直尺成像在直径是 6.4 cm 的圆形光屏上. 要求光屏上显示 16 个小格,应将直尺放在离透镜多远的地方?已知直尺和光屏都垂直于透镜的主光轴,光屏的圆心在主光轴上,直尺与主光轴相交.

【解析】 按题目的要求,在屏上能成像的一段物高 $y = 1.6$ cm. 屏直径即像高 $y' = 6.4$ cm. 代入放大率公式:

$$m = \left| \frac{s'}{s} \right| = 4$$

考虑到符号法则:

$$s' = -4s \qquad ①$$

再由成像公式:

$$\frac{f'}{s'} + \frac{f}{s} = 1 \qquad ②$$

解①、②两式可得:

$$s = -10 \text{ cm}$$

所以直尺到透镜的距离应是 10 cm.

25. 证明薄透镜的成像物距与像距关系的牛顿公式:$ff' = xx'$,式中 x 和 x' 分别为以物方焦点和像方焦点作为参考点的物距和像距.

【证明】
$$\frac{f'}{s'} + \frac{f}{s} = 1$$

又

$$s' = f' + x', \quad s = -f' + x = f + x$$

代入上式可得:

$$ff' = xx'$$

26. 某人透过焦距为 10 cm,直径为 4.0 cm 的薄凸透镜观看方格纸,每个方格的边长均为 0.30 cm. 他使透镜的主轴与方格纸垂直,透镜与纸面相距 10 cm,眼睛位于透镜主轴上离透镜 5.0 cm 处. 问他至多能看到同一行上几个完整的方格?

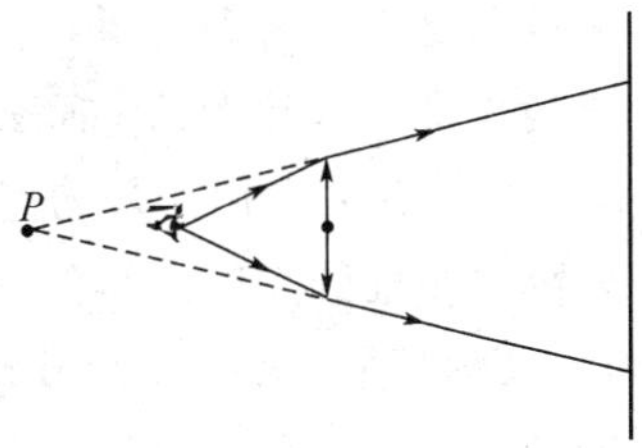

【解析】 如图 12.70 所示,先求人眼的像的位置,据题意,$s = -5$ cm,$f' = -f = 10$ cm 代入凸透镜成像公式:

$$\frac{f'}{s'} + \frac{f}{s} = 1$$

可以求得:

$$s' = -10 \text{ cm}$$

图 12.70

如图 12.70 所示,把人眼看成是光源,则此光源能照亮的方格纸的部分即为人眼能看到的那部分.

设人能看到的方格纸的长度为 l,则由几何关系不难得到:

$$\frac{20 \text{ cm}}{40 \text{ cm}} = \frac{4 \text{ cm}}{l}$$

$$l = 8 \text{ cm}$$

即人能看到的方格数为 26 格.

27. 透过焦距为 0.30 m 的凸透镜观察在平静的水面下 0.04 m 的一条小鱼,若透镜在水面上方 0.02 m,观察者看到的鱼位于何处?假设鱼位于透镜的主轴上,水的折射率为 1.33.

【解析】 鱼先经平面折射镜成像:

$$\frac{n'}{s_1'} - \frac{n}{s_1} = 0 \qquad ①$$

再经凸透镜成像:

$$\frac{f'}{s_2'} + \frac{f}{s_2} = 1 \qquad ②$$

$$s_2 = s_1' - d \qquad ③$$

上式中 d 为透镜到水面的距离. 考虑到符号法则:
$s_1 = -0.04 \text{ m}, n' = 1, n = 1.33, f' = -f = 0.30 \text{ m}$,代入①、②、③式可得:
$s_2' = -0.06 \text{ m}$,所以像在透镜下 0.06 m 处,即在水面下 0.04 m 的地方.

28. 如图 12.71 所示,一根米尺垂直主轴放在凸透镜焦点内,要从透镜中看到米尺上 AB 间全部刻度的像,试作图求出观看者所在的范围.(用斜线表示出此范围)

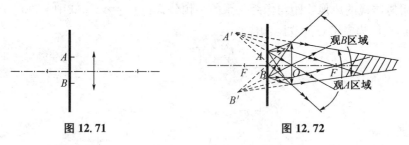

图 12.71　　　　　　图 12.72

【解析】 首先利用特殊光线确定出 AB 两点通过凸透镜所成的虚像 A' 和 B',再分别画出通过凸透镜可看到 A' 和 B' 的区域,如图 12.72 所示,则这两个区域的公共部分即为观看者要从透镜中看到米尺上 AB 间全部刻度的像所在的范围.

29. 有一半径为 R 的透镜,一点光源 S 放于透镜主轴上距透镜 20 cm 处,在透镜另一侧焦点处垂直主轴的光屏上得到一个半径为 $3R$ 的亮圆,试分析所用透镜的种类和焦距的大小.

【解析】 已知物距为 $u = 20$ cm,在光屏上得到半径为 $3R$ 的亮圆时有两种可能,如图 12.73 所示.

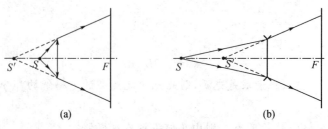

图 12.73

在图 12.73(a) 中为凸透镜,根据几何关系可知,像距为 $s' = -f'/2$,代入透镜公式则可解得

凸透镜的焦距为 $f' = 60$ cm.

在图 12.73(b)中为凹透镜,根据几何关系可知,像距为 $s' = -f'/2$,代入透镜公式则可解得凹透镜的焦距大小为 $f' = -20$ cm.

30. 物与屏相距 L,二者之间放一凸透镜,前后移动透镜,发现透镜有两个位置可以使物成像在屏上,测得这两个位置之间的距离 d.

(1) 求透镜焦距.

(2) 利用此法测焦距有何优点?对 L 值有何限制?

【解析】 (1) 设第 1、第 2 次成像的物距和像距分别为 s_1、s_1'、s_2、s_2',则:

$$-s_1 + s_1' = L \qquad ①$$

$$-s_2 + s_2' = L \qquad ②$$

由光路可逆原理:

$$-s_2 = s_1' \qquad ③$$

$$-s_1 = s_2' \qquad ④$$

$$s_1' - s_2' = d \qquad ⑤$$

由①、②、③、④、⑤式可得:

$$s_1' = \frac{L+d}{2}$$

$$s_2' = \frac{L-d}{2} = -s_1$$

代入公式:

$$\frac{f'}{s_1'} - \frac{f'}{s_1} = 1$$

可得:

$$f' = \frac{L^2 - d^2}{4L} \qquad ⑥$$

(2) 由⑥式可得:

$$L^2 - 4f'L - d^2 = 0$$

可见 $L \geq 4f'$.

利用此法测出焦距的优点是待测数据只有 L 和 d,这两个量都容易测准,而避免了直接测 s 和 s'. 直接测 s 和 s' 是不准的,因为透镜总有一定厚度,这两个量本身难以测准.

【点评】 此式的证法不止一种,下面再提供一种方法.

$$\frac{1}{s_1'} - \frac{1}{s_1} = \frac{1}{f'}$$

$$\frac{1}{L - s_1'} - \frac{1}{-L + s_1} = \frac{1}{f'}$$

由以上两式解出 s_1 就不难得出结果.

31. 由折射率为 1.5 玻璃制成的一只薄平凹透镜,凹面半径为 0.5 m. 现把平面靠在一平面镜上,如图 12.74 所示,在此系统的左侧主轴上放一物 S,S 距系统 1.5 m,问 S 成像于何处?

【解析】 本题可等效为物点 S 先经薄平凹透镜成像,其像为平面镜的物,平面镜对物成像又为薄平凹透镜成像的物,根据成像规律,逐次求出最终像的位置.

根据以上分析,首先考虑物 S 经球面折射镜成像:
根据公式

$$\frac{n}{s_1'} - \frac{1}{s_1} = \frac{n-1}{R} \qquad ①$$

其中

$$R = -0.5 \text{ m}, s_1 = -1.5 \text{ m}, n = 1.5$$

代入①式可得:

$$s_1' = -0.9 \text{ m}$$

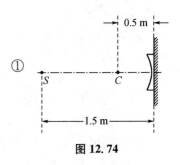

图 12.74

成像在左侧,为虚像,该虚像再经平面镜成像,在平面镜右侧,像距为 0.9 m. 平面镜中的像再经平凹透镜成像,这时光线是从左到右. $s_2 = 0.9$ m, $R = -0.5$ m,球面折射镜成镜公式:

$$\frac{1}{s_2'} - \frac{n}{s_2} = \frac{1-n}{R} \qquad ②$$

故 $s_2' = 0.375$ m 成虚像于系统右侧 0.375 m 处.

32. 如图 12.75 所示,薄凹透镜 L_1 和薄凸透镜 L_2 共轴,放置在空气中,L_1 的焦距为 20 cm,L_2 的焦距为 10 cm,L_1 和 L_2 相距置 10 cm,物 S 在 L_1 前方 20 cm 处. 试求像的位置和横向放大率.

【解析】 对 L_1 用透镜成像公式

$$\frac{f_1'}{s_1'} + \frac{f_1}{s_1} = 1 \qquad ①$$

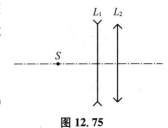

图 12.75

解得

$$s' = -10 \text{ cm} \quad k_1 = \frac{s'}{s} = \frac{1}{2}$$

对于 L_2,有:

$$\frac{f_2'}{s_2'} + \frac{f_2}{s_2} = 1 \qquad ②$$

再把 $s_2 = s' - 10 \text{ cm} = -20 \text{ cm}$ 代入②式可得:

$$s_2' = 20 \text{ cm}$$

$$k_2 = \left|\frac{s_2'}{s_2}\right| = 1$$

$k = k_1 k_2 = 0.5$,即成倒立缩小为原来 $\frac{1}{2}$ 的实像.

33. 某人既近视又老花,他的眼睛的调节范围缩小为 0.4 m ~ 2.0 m. 问应如何用配镜的物理方法将调节范围扩大到 0.25 m ~ ∞.

【解析】 他需要配带两种眼镜,看远处物体时配戴近视镜的焦距:

$$\frac{1}{f} = \frac{1}{-l_{\text{远点}}}$$

$$f = -2 \text{ m}$$

看近处物体时,配戴远视镜的焦距:

$$\frac{1}{f} = \frac{1}{0.25} + \frac{1}{-l_{\text{近点}}}$$

$$f = 0.67 \text{m}$$

34. 某同学用一块直径 12.5 cm,焦距 1 m 的凸透镜 L_1 和一块直径是 1 cm,焦距 10 cm 的凸透镜 L_2 自制一个开普勒望远镜.

(1) 当用它沿水平方向观察 50 m 远处的旗杆并使其最终成像于 10 m 远处时,镜筒应多长? 这时旗杆如果位于望远镜的轴线杆所在的竖直面上,它上面应有多长的一段能被观察到?

(2) 如果要使被观察到的旗杆长度增加一倍,且尽可能增加像的亮度(处理的方法是让物点发出的过光心的光线也过目镜的光心),现在不能改变镜筒的长度,但可以在物镜和目镜之间放上一块适当的凸透镜. 则这个透镜应放在何处?直径及焦距应取多大?

【解析】 (1) 物体先经物镜成像,再经目镜成像:

$$\frac{1}{s_1'} - \frac{1}{s_1} = \frac{1}{f_1'} \qquad ①$$

$$\frac{1}{s_2'} - \frac{1}{s_2} = \frac{1}{f_2'} \qquad ②$$

$s_1 = -5\,000$ cm, $f_1' = 100$ cm, $f_2' = 0.01$ m, $s_2' = 10$ m,代入 ①、② 两式可得:

$$s_1' = 102 \text{ cm}, \quad s_2 = 9.9 \text{ cm}$$

由于物镜的像就是目镜的物,所以有:

$$L = 102 \text{ cm} + 9.9 \text{ cm} = 111.9 \text{ cm}$$

虽然物体发出的光都可以进入物镜成像,但是,像所发出的光不一定均能进入目镜,如图 12.76 所示,P' 是所能看到的像的最上端,同时也是所能看到的棋杆的最下端. 而与 P' 关于主轴对称的点 Q' 应是所能看到的物的最上端. 光线 a 是一条临界光线,设像长为 h',物镜的直径为 d_1,目镜的直径为 d_2,由几何关系可得:

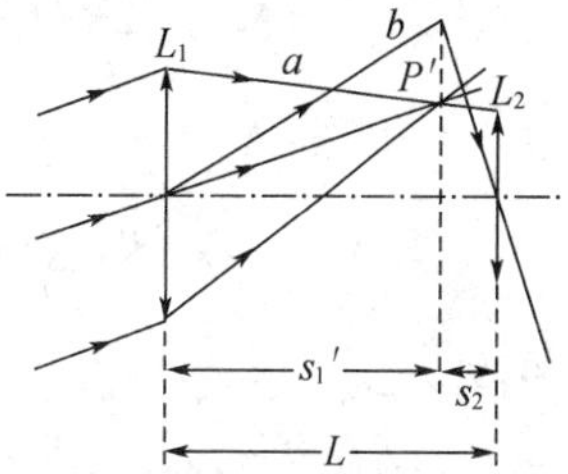

$$h' = d_2 + (d_1 - d_2) \cdot \frac{-s_2}{L} = 1 + (12.5 - 1) \times \frac{9.9}{112} = 2 \text{ cm}$$

被观察到的旗杆长为 h:

$$\frac{h'}{h} = \frac{s_1'}{s_1} \qquad ③$$

所以 $h = 98$ cm.

(2) 放入第三块管镜 L_3 后,成像情况不变,仅视野和亮度增加,所以 L_3 放入后对于原来的 L_1 所成的像的大小和位置不变,这时 L_3 只能放在原来 L_1 所成像的位置,但要使视野增加一倍,则 L_3 的大小应为 $2h' = 4$ cm. 如图 12.77 所示,旗杆上某点发出的光本不可以进入目镜,但放入透镜后,过 L_1 光心的光线 b 经 L_3 折射后经过 L_2 的光心. 不难看出,在 L_1 光心处的物点经透镜 L_3 必成像于 L_2 的光心. 于是有:

$$\frac{1}{s_3'} - \frac{1}{s_3} = \frac{1}{f_3'} \qquad ④$$

其中 $s_3' = 9.9$ cm,$s_3 = -102$ cm,代入 ④ 式得:

$$f_3' = 9.0 \text{ cm}$$

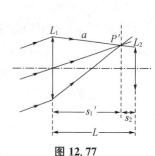

图 12.76

图 12.77

第4节 波动光学

考点梳理

20. 光的干涉的理论

我们知道,两列波要产生干涉时,必须要满足下列三个条件:① 振动频率相同;② 振动方向相同;③ 相差恒定.以上称为相干条件.满足相干条件的光称为相干光.两束或两束以上的相干光相遇时,在重叠区形成稳定的强弱分布的现象称为光的干涉.

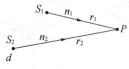

图 12.78

如图 12.78 所示,光源 S_1、S_2 发出的两列相干光到达 P 点发生叠加,和机械波一样,两列相干波叠加后的合振动的振幅为:$A = \sqrt{A_1^2 + A_2^2 + 2A_1 A_2 \cos\Delta\varphi}$.两列波在 P 点引起的振动的相位差为:

$$\Delta\varphi = 2\pi f\left(\frac{r_1}{v_1} - \frac{r_2}{v_2}\right) = 2\pi f\left(\frac{n_1 r_1}{c} - \frac{n_2 r_2}{c}\right) = \frac{2\pi f}{c}(n_1 r_1 - n_2 r_2) = \frac{2\pi f \Delta}{c}$$

上式中 $\Delta = n_1 r_1 - n_2 r_2$ 为光程差.

当 $\Delta\varphi = 2k\pi$ 即 $\Delta = n_1 r_1 - n_2 r_2 = \frac{\lambda}{2} \cdot 2k$ $(k = 0, \pm 1, \pm 2, \pm 3, \cdots)$ 时,振动加强,$A = A_1 + A_2$.

当 $\Delta\varphi = (2k+1)\pi$ 即 $\Delta = n_1 r_1 - n_2 r_2 = \frac{\lambda}{2} \cdot (2k+1)$ $(k = 0, \pm 1, \pm 2, \pm 3, \cdots)$ 时,振动减弱,$A = |A_1 - A_2|$.

研究表明,有两种方法可以得到相干光,一种是从光源中同一点发出的光线波中分离出来的两列光波,称为振幅分割法(分光线);另一种是在同一波阵面上取出两部分作为相干光源的方法称为波阵面分割法(分光束).

21. 波阵面分割法:杨氏双缝干涉实验

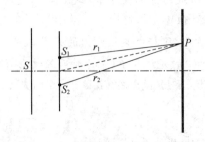

图 12.79

如图 12.79 所示是杨氏双缝干涉装置示意图. S 是一单缝,S_1、S_2 是两个单缝,且 $SS_1 = SS_2$,E 为光屏.根据惠更斯原理,单色光依次通过 S 和 S_1、S_2 激发出两列波,由于它们来自同一光源,因此能在双缝后面的区域叠加产生干涉,在 P 上可以看到明暗相间的干涉条纹,在屏上某位置出现明条纹还是暗条纹,取决于光从 S_1 和 S_2 分别到达该处时的光程差.两列波到达重合点的相位差为:

$$\Delta\varphi = \frac{2\pi f \Delta}{c} = \frac{2\pi \Delta}{\lambda}.$$

令 $\Delta\varphi = 2k\pi$ 可得 $\Delta = 2k \cdot \dfrac{\lambda}{2}$,振动加强.即两列光波的光程差为半波长的偶数倍时出现明条纹.

令 $\Delta\varphi = 2k\pi + \pi$ 可得 $\Delta = (2k+1) \cdot \dfrac{\lambda}{2}$,振动减弱.即两列光波的光程差为半波长的奇数倍时出现暗条纹.

如图 12.80 所示,不难看出两光源到 P 点的光程差 $\Delta = d\theta = \dfrac{dx}{l}$.

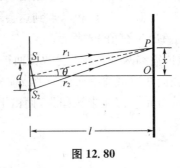

图 12.80

当光程差为波长的整数倍时是相长干涉,屏上为明条纹;当光程差为半波长的奇数倍时为相消干涉,屏上为暗条纹.

令 $\Delta = \pm k\lambda$ 可得:

$$x = \frac{kl\lambda}{d} \quad (k = 0, 1, 2, 3, \cdots)$$

表示当离开屏中央 $x = \dfrac{kl\lambda}{d}$ 时出现明条纹.

相邻两条明条纹或暗条纹间的距离为 $\Delta x = \dfrac{\lambda}{d}$.式中 l 为双缝到光屏的距离,d 为双缝的间距,λ 为相干波的波长.

22. 振幅分割法

光射向薄膜时,薄膜的上下表面都会对光产生反射,这两束反射光都来自同一入射光.这两部分光频率相同,因经过的路径不同,因此有恒定的相差,这样两束光相遇时就产生干涉.例如,水面上油膜的彩色就是薄膜干涉的结果.

值得注意的是,光由光疏介质射向光密介质的分界面上发生反射时,光的相位要发生 180°的变化,相当于反射光的光程在反射过程中损失了半个波长,这种现象叫做半波损失.这种情况和机械波的半波损失很相似.对于折射光,无论是由光密介质到光疏介质,还是由光疏介质到光密介质,都没有半波损失.

薄膜干涉是采用分振幅法获得相干光束的.当入射光到达薄膜的表面时,被分解为反射光和折射光.折射光经下表面的反射和上表面的折射,又回到上表面上方的空间,与上表面的反射光交叠而发生干涉.因为反射光和折射光都只携带了入射光的一部分能量,而能量与振幅的平方成正比,所以利用界面将入射光分解而获得相干光束的方法属于分振幅法.薄膜干涉一般分为两类,即等倾干涉和等厚干涉.

(1) 等倾干涉

设一面光源所发出的波长为 λ 的单色光,照射到一折射率为 n、厚度为 e 的均匀透明薄膜上,而薄膜放置在空气或真空中.由光源的 S 点发出的一束光经薄膜的上、下两个表面反射成为两束光 a 和 b,如图 12.81 所示.

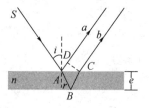

图 12.81

因为薄膜的厚度均匀,其上、下两个表面互相平行,所以 a 光和 b 光将在无限远处交叠并发生干涉.若用透镜会聚,干涉条纹将呈现在透镜的焦面上.在相遇点上光振动的振幅决定于 a 光和 b 光之间的光程差.过薄膜上表面 b 光的折射点 C 作 a 光的垂线,并与 a 光交于 D 点.由 D 点和 C 点到达会聚点的距离相等,光程相等.所以 a 光与 b 光的光程差,就是 AD 与 ABC 之间的光程差.

当光波从折射率较小的介质传播到两种介质的分界面而被分界面反射时,反射波将产生 π 相位的跃变,这种相位突变就是我们在机械波中所说的半波损失.在图 12.81 中,薄膜的折射率大于空气或真空的折射率,所以反射光 a 存在半波损失,而由下表面反射的 b 光不存在半波损失.π 的相位对应于半波长的光程.

于是可将 a 光和 b 光的光程差表示为:

$$\Delta = n(AB+BC) - \left(AD - \frac{\lambda}{2}\right) \quad ①$$

设光在薄膜上表面 A 点的入射角为 i,折射角为 r,则根据图 12.81 所表示的几何关系,可以求得:

$$AB = BC = \frac{e}{\cos r}$$

$$AD = 2e\tan r \sin i$$

由折射定律 $n\sin r = \sin i$ 可得:

$$AD = 2ne\sin r\tan r = 2ne\frac{\sin^2 r}{\cos r}$$

将以上求得的 AB、BC 和 AD 代入式 ①,并整理得:

$$\Delta = 2ne\cos r + \frac{\lambda}{2} \quad ②$$

这就是由薄膜上、下两个表面所形成的反射光 a 和 b 之间的光程差公式.由此式可见,对于给定波长的单色光,a 与 b 的光程差决定于薄膜的折射率 n、厚度 e 和折射角 r(或入射角 i).当光程差 Δ 满足:

$$\Delta = 2k\cdot\frac{\lambda}{2} \quad (k=0,\pm 1,\pm 2,\cdots) \quad ③$$

时,a 光与 b 光的相遇点干涉加强,处于明条纹上;当光程差 Δ 满足:

$$\Delta = (2k+1)\cdot\frac{\lambda}{2} \quad (k=0,\pm 1,\pm 2,\cdots) \quad ④$$

时，a 光与 b 光的相遇点干涉减弱，处于暗条纹上.

由式②可知，对于我们这里讨论的厚度均匀的薄膜，光程差只决定于光在薄膜的入射角 i. 相同倾角的入射光所形成的反射光，到达相遇点的光程差相同，必定处于同一条干涉条纹上. 或者说，处于同一条干涉条纹上的各个光点，是由从光源到薄膜的相同倾角的入射光所形成的，故把这种干涉称为等倾干涉. 图 12.82 为等倾干涉图样.

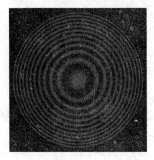

图 12.82

(2) 等厚干涉

如果透明薄膜的厚度不均匀，同时光源离开薄膜较远，观察干涉条纹的范围又较小，以致入射角 i 可认为不变，那么由式 $\Delta = 2ne\cos r + \frac{\lambda}{2}$ 所表示的反射光的光程差只决定于薄膜的厚度. 所以薄膜上厚度相同的地方的反射光到达相遇点的光程相同，相位相同，必定处于同一条干涉条纹上. 或者说，处于同一条干涉条纹上的各个光点，是由薄膜上厚度相同的地方的反射光所形成的，故称这种干涉为等厚干涉.

在很多实际问题中，光线常常是垂直入射于薄膜表面的，这时 $i = r = 0°$，式 $\Delta = 2ne\cos r + \frac{\lambda}{2}$ 可简化为：

$$\Delta = 2ne + \frac{\lambda}{2} \qquad ⑤$$

在等厚干涉中，干涉条纹不再呈现于无限远处，而是呈现在薄膜表面附近，如图 12.83 中的点 P 所示. 由于入射光相对薄膜的取向不同，点 P 可能在薄膜的下方，也可能在薄膜的上方，只要薄膜很薄，光的入射角不大，总可以认为干涉条纹都呈现在薄膜的表面.

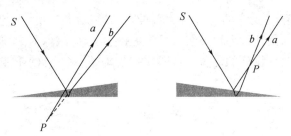

图 12.83

由式 $\Delta = 2ne\cos r + \frac{\lambda}{2}$ 或式 $\Delta = 2ne + \frac{\lambda}{2}$ 可见，等厚干涉条纹的形状决定于薄膜上厚度相等的点的轨迹. 对于厚度均匀变化的劈形薄膜，干涉条纹是平行于劈刃的明暗相间的直线，如图 12.84 所示. 在劈刃 AB 处厚度 $e = 0$，满足干涉减弱的条件，应为暗条纹. 若用白光照射，则干涉条纹变为彩条. 水面上的油膜和肥皂泡所呈现的艳丽色彩，正是这种干涉的结果.

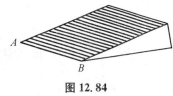

图 12.84

(3) 增透膜

为了减少光学元件界面上能量的反射，增加透射率，人们在其表面镀制了一层薄膜，这就是增透膜. 增透膜的厚度必须满足膜的前后表面反射光相消. 由于膜的折射率比玻璃的折射率小，所以在两个表面上的反射光都会产生半波损失.

$$2nd = (2k+1)\frac{\lambda}{2} \quad (k=0,1,2,3,\cdots)$$

(4) 空气劈尖

把两块平板玻璃的一端相接触,另一端被一直径为 D 的细丝隔开,从而形成一空气薄层,叫做空气劈尖.

由于 θ 很小,所以垂直射向劈尖的前后表面的反射光线均可看成是垂直于玻璃板表面.

$$\delta = 2nd + \frac{\lambda}{2} = k\lambda \quad (k=1,2,3,\cdots),明条纹.$$

$$\delta = 2nd + \frac{\lambda}{2} = (2k+1)\frac{\lambda}{2} \quad (k=0,1,2,3,\cdots),暗条纹.$$

由于同一条纹所对应的空气薄膜的厚度相同,所以这里的干涉现象又叫做等厚干涉.

可以看出,在两玻璃片接触处 $\delta = \frac{\lambda}{2}$,故在相互接触的棱边处应为暗条纹(图 12.85).

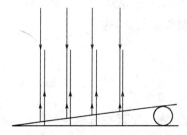

图 12.85

(5) 牛顿环

在一块光平的玻璃片上放一曲率半径为 R 的平凸透镜,利用透镜和玻璃板间的空气膜就可以观察到环形干涉条纹.因这种环形条纹最早为牛顿观察到,故称为牛顿环.牛顿环是薄膜干涉的典型例子.图 12.86 为牛顿环的装置示意图,图 12.87 为观察到的干涉图样示意图.

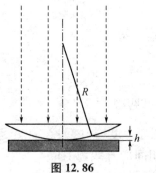

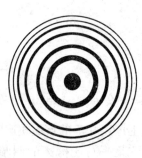

图 12.86　　　　图 12.87

$$\delta = 2h + \frac{\lambda}{2} = k\lambda \quad (k=1,2,3,\cdots) 时为明环;$$

$$\delta = 2h + \frac{\lambda}{2} = (2k+1)\frac{\lambda}{2} \quad (k=0,1,2,3,\cdots) 时为暗环.$$

显然,$h=0$ 时,$\delta = \frac{\lambda}{2}$,为暗环,称为中央暗环,又称为零级暗环.

$$R^2 = (R-h)^2 + r^2$$

$$2Rh = h^2 + r^2 \approx r^2$$

所以有：

$$r = \sqrt{\frac{(2k-1)R\lambda}{2}} \quad (k=1,2,3,\cdots),\text{明环}$$

$$r = \sqrt{kR\lambda} \quad (k=0,1,2,3,\cdots),\text{暗环}$$

(6) 迈克尔逊干涉仪

迈克尔逊(A. A. Michelson,1852—1931)干涉仪是利用光的干涉精确测量长度和长度变化的仪器. 这种仪器不仅由于迈克尔逊和莫雷曾利用它进行过著名的否定旧以太说的实验,在物理学中占有一定地位,而且在近代科学技术中也有重要应用.

图 12.88 是迈克尔逊干涉仪的光路图. 由面光源上一点 S 发出的光,射到玻璃板 G_1 上,被 G_1 下表面所镀的半透明银膜分解为透射光和反射光. 其中透射光透过补偿玻璃板 G_2,到达固定的平面反射镜 M_1,并被 M_1 反射,再次透过 G_2 回到 G_1 下表面的银膜,并被银膜反射到观察者的眼睛. 而反射光透过 G_1 到达可动的平面反射镜 M_2,并被反射,透过 G_1 和银膜也到达观察者的眼睛. 到达眼睛的这两束光是按分振幅法获得相干光束的,它们将发生等倾干涉或等厚干涉. 补偿玻璃板 G_2 与玻璃板 G_1 完全相同,只是底面没镀银膜. 放置 G_2 的目的是使两相干光束都三次穿越相同的玻璃板,不致引起额外的光程差.

从观察者看来,相干光束好像是从干涉仪的 M_1 和 M_2' 之间的空气层的上、下表面反射而来的. 平板的厚度 d 为 M_1 和 M_2 至半反膜的距离差,因此反射的两光的光程差为：

$$\Delta = 2d\cos i'$$

当 M_1 和 M_2' 完全平行时,所得干涉为等倾干涉. 其条纹图样为明暗相间的同心圆环.

当 M_1 和 M_2 两平面镜不完全垂直时,即由 M_1 和 M_2' 的平面构成一个楔形空气层时,可得到等厚干涉条纹,若 d 很小,如果达到 M_1 和 M_2' 相交,此时干涉图样为一组明暗相间的直条纹.

当 M_1 和 M_2' 之间距离变大时,圆形干涉条纹从中心冒出并向外扩张,干涉条纹变密变细.

当 M_1 和 M_2' 之间距离变小时,圆形干涉条纹向中心缩入并向内收缩,干涉条纹变疏变粗.

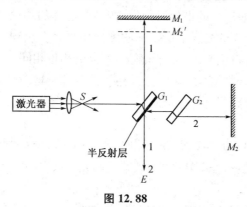

图 12.88

干涉条纹的位置随可动镜 M_2 的移动而变化,当 M_2 平移的距离为 $\frac{\lambda}{2}$ 时,干涉环将移过一个条纹. 假如 M_2 平移的距离使干涉环移过 m 个条纹,则 M_2 平移的距离必定为：

$$d = m\frac{\lambda}{2}.$$

根据这个公式就可以利用迈克尔逊干涉仪测量长度或长度的变化,如果长度已知,则可以测量光波的波长.

(7) 透镜的等光程性

在研究光的干涉现象时,光路中常会出现透镜,值得注意的是,使用透镜不会引起附加的光程差,这就是透镜的等光程性.

如图 12.89 所示,S 是放在透镜主轴上的点光源,S' 是透镜对 S 所成的实像.经过透镜中心与边缘的两条光线,其几何路程是不同的,边缘长,中心短.但透镜的折射率大于 1,可以证明两者的光程是相等的.这就是薄透镜主轴上物点和像点之间的等光程性.

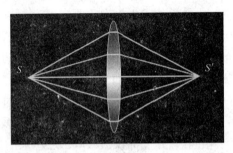

图 12.89

从光的波动观点来看,S 发出球面波,波阵面是以 S 点为圆心的圆弧,通过透镜后,球面波的波阵面又逐渐会聚成以像点 S' 为圆心的圆弧.因为波阵面上各点具有相同的相位,所以从物点到像点的各光线经历相同的相位差,也就是经历相等的光程.

从上述分析可知,在光的干涉和以后将要谈到的光的衍射实验中,常常用薄透镜将平行光线会聚成一点,而不会引起附加的光程差,只能改变光波的传播方向.

23. 光的衍射

光偏离直线传播绕到障碍物阴影里去的现象叫做光的衍射.任何波通过障碍物时都会发生衍射,但要发生明显的衍射现象必须满足:障碍物或孔的尺寸比波长小或者差不多.当时法国著名的数学家泊松在阅读了菲涅耳的报告后指出,按照菲涅耳的理论,如果让平行光垂直照射不透光的圆盘,那么在圆盘后面的光屏上所留下的黑影中央将会出现一个亮斑.因为垂直于圆盘的平行光照到时,圆盘边缘将位于同一波阵面上,各点的相位相同,它们所发出的子波到达黑影中央的光程差为零,应当出现增强干涉.泊松原想不能观察到这一亮斑来否定波动说,但菲涅耳勇敢地面对挑战,用实验得到了这个亮斑.

24. 光的偏振

光波是横波,这可以用光的偏振实验来证明.通过两块偏振片来观察某一普通发光源,旋转其中一块偏振板,我们会发现,每旋转 360°,观察到的光强会由暗变亮再变暗再变亮的交替变化两次,下面来解释这一现象.

普通光源是为数众多的分子或原子在发光,虽然第一个原子发出的光只有一个特定的振动,但众多的原子发出光的振动方向是杂乱的,没有哪一个方向比其他方向更特殊,这种光称为自然光.而偏振片具有让一个方向的振动通过(称为透光方向).另一个垂直方向的振动具有全部吸收的功能.这样,自然光通过偏振片后,只有一个方向振动及其他方向振动在该方向的分量通过从而形成只有一个振动方向的线偏振光.当该线偏振光通过第二偏振片时,若第二偏振片的透光方向与线偏方向(第一偏振片的透光方向)成 α 角.透过第二偏振片的振动的振幅为 $A_2=A_1\cos\alpha$.

25. 光的电磁说

光的干涉、衍射和偏振现象都证明光是一种波,到 19 世纪中期,光的波动说已经得到公认,但光的本质问题仍然没有解决. 19 世纪 60 年代,英国物理学家麦克斯韦提出了电磁场理论,预言了电磁波的存在,并从理论上演绎出电磁波的传播速度跟光速相同.在此基础上,麦克斯韦提出:光是一种电磁波.这就是光的电磁理论.

1888 年,德国物理学家赫兹用实验证实了电磁波的存在,并且证明了电磁波也跟光波一样具有反射、折射、干涉、衍射等现象.他还测出了一定频率的电磁波的波长,计算出了电磁波的波速,其结果跟麦克斯韦关于电磁波的波速等于光速的预言一致,从而给麦克斯韦的光的电磁场理论以有力的实验证明.

可见光、红外线、紫外线、X 射线、γ 射线都是电磁波,它们与无线电波在本质上是相同的,只是由于频率的变化,引起了质变,使它们具有了不同的特性.

电磁波按其性质的不同一般可分为六个主要区域,分别是:无线电波、红外线、可见光、紫外线、X 射线、γ 射线,如图 12.90 所示.

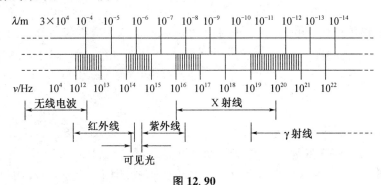

图 12.90

电磁波谱的作用及产生机理如下表所示:

电磁波谱	无线电波	红外线	可见光	紫外线	X 射线	γ 射线
产生机理	振荡电路中自由电子运动	原子外层电子受激发			原子内层电子受激发	原子核受激发
特性	波动性强	热效应	引起视觉	化学作用和荧光效应	贯穿作用强	贯穿本领最强
应用	无线电技术	加热、遥感	照明、摄影	感光技术医用消毒	检查探测医用透视	工业探伤医用治疗

典型例题

例 24 用惠更斯原理可以证明光的折射定律.

【解析】 如图 12.91 所示,一束平行光 ab 照射到两种介质的界面 MN 上,如图 12.91 所示,

设 MN 上为介质 1,MN 下为介质 2,光在这两种介质中传播的速度分别为 v_1 和 v_2,光线 a 在介质 1 中多走的时间为:

$$t_a = \frac{AC}{v_1} = \frac{AB\sin i}{v_1}$$

光线 b 在介质 2 中多走的时间为:

$$t_b = \frac{BD}{v_2} = \frac{AB\sin r}{v_2}$$

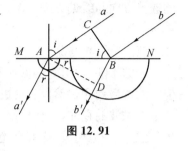

图 12.91

因为 $t_a = t_b$,所以有:

$$\frac{\sin i}{\sin r} = \frac{v_1}{v_2} = n$$

例 25 已知双缝相距 0.2 mm,双缝到屏幕的距离为 1 m,测得第三级明纹与中央明纹中心位置之间的距离为 9 mm. 求所用光的波长. 所用装置不变,若所用光的波长为 $4\,000$ Å,求相邻条纹的间距.

【解析】 由公式 $x = \frac{kl\lambda}{d}$ 得:

$$\lambda = \frac{dx}{kl}$$

将 $x = 9$ mm,$d = 0.2$ mm,$l = 1$ m 和 $k = 3$ 代入上式得所求波长为:

$$\lambda = 6\,000 \text{ Å}$$

由于条纹间距满足:

$$\Delta x = \frac{l\lambda}{d}$$

将 $\lambda = 4\,000$ Å,$d = 0.2$ mm,$l = 1$ m 代入上式可求出条纹间距:$\Delta x = 2$ mm.

例 26 (华约)在杨氏双缝干涉实验中,如果单色光源 S 从如图 12.92 所示的中轴位置沿垂直于 SO 的方向向上移动一段微小的距离,则中心干涉条纹向何方向移动?相邻明条纹间的间距如何变化? ( )

A. 相邻明条纹间的间距不变;中心干涉条纹向上移动
B. 相邻明条纹间的间距变大;中心干涉条纹向下移动
C. 相邻明条纹间的间距不变;中心干涉条纹向下移动
D. 相邻明条纹间的间距变小;中心干涉条纹向上移动

图 12.92

【答案】 C

【解析】 根据相邻条纹的间距公式

$$\Delta x = \frac{L\lambda}{d}$$

由于 L,λ,d 都不变,则相邻明条纹的间距 Δx 不变. 单色光源 S 从如图 12.92 所示的中轴位置沿垂直于 SO 的方向向上移动一段微小的距离,根据中央明纹的光程差为零,中央明条纹应该向下移动,选项 C 正确.

例 27 (北约)图 12.93 为杨氏双缝干涉实验装置,光源 S 为单色面光源,波长为 λ,单缝 A 的中心位于双缝 B 和 C 的垂直平分线上,B 与 C 相距为 d,单缝与双缝相距为 r,接收屏 P 与双缝相距为 R,$R \gg d$,$r \gg d$,问:

(1) 接收屏上的干涉条纹间距是多少？

(2) 设单缝 A 的宽度 b 可调，问 b 增大为多少时干涉条纹恰好第一次消失？

(3) 接(2)问，条纹恰好消失时，固定 A 的宽度 b，为了使干涉条纹再次出现，试问 d、r、R 三个参量中应调节哪些量？

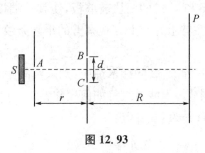

图 12.93

【解析】 (1) 接收屏上的干涉条纹间距是 $\Delta x = \dfrac{R\lambda}{d}$.

(2) 因为缝宽 A 的增大，缝边缘的点发出的光到达 B 和 C 会产生一定的光程差，当这个光程差等于 $\dfrac{\lambda}{2}$ 时，接收屏上的条纹就会消失. 设缝 A 边缘的点为 A'，即当 $\overline{A'B} - \overline{A'C} = \dfrac{\lambda}{2}$ 时，接收屏上的条纹就会消失. $\overline{A'B} - \overline{A'C} \approx \dfrac{d}{r} \cdot \dfrac{b}{2}$，因此当缝宽增加到 $b = \dfrac{r}{d}\lambda$ 时，条纹消失.

(3) 若要条纹再出现，需将缝宽极限 b 增大. 由(2)可知，需要增大 r 或者减小 d.

例 28 （卓越）利用光的干涉可以测量待测圆柱形金属丝与标准圆柱形金属丝的直径差（约为微米量级），实验装置如图 12.94 所示. T_1 和 T_2 是具有标准平面的玻璃平晶，A_0 为标准金属丝，直径为 D_0；A 为待测金属丝，直径为 D；两者中心间距为 L. 实验中用波长为 λ 的单色光垂直照射平晶表面，观察到的干涉条纹如图 12.95 所示，测得相邻条纹的间距为 ΔL.

(1) 证明 $|D - D_0| = \dfrac{\lambda L}{2\Delta L}$.

(2) 若轻压 T_1 的右端，发现条纹间距变大，试由此分析 D 与 D_0 的大小关系.

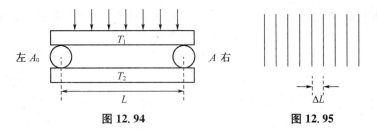

图 12.94　　　　图 12.95

【解析】 (1) 设标准平面的玻璃平板之间的夹角为 θ，则有
$$\tan\theta = \dfrac{|D - D_0|}{L}$$

根据薄膜干涉条件，
$$\Delta L \cdot \tan 2\theta = \lambda$$

由于 θ 很小，
$$\tan 2\theta = 2\theta, \quad \tan\theta = \theta$$

联立解得

$$|D-D_0| = \frac{\lambda L}{2 \cdot \Delta L}$$

(2) 若轻压 T_1 的右侧,发现条纹间距 ΔL 变大,说明 $|D-D_0|$ 减小, $D > D_0$.

例29 折射率分别为 1.45 和 1.62 的两块玻璃板,使其一端接相触.形成 $6'$ 的尖劈.将波长为 5 500 Å 的单色光垂直投射在劈上并在上方观察劈的干涉条纹.

(1) 试求条纹间距.

(2) 若持整个劈浸入折射率为 1.52 的杉木油中,则条纹间距变为多少?

(3) 定性说明当劈浸入油中后,干涉条纹将如何变化?

【解析】 (1) 相长干涉的条件为:

$$2nh + \frac{\lambda}{2} = k\lambda$$

相邻明条纹间的高度差为:

$$\Delta h' = h_2 - h_1 = \frac{\lambda}{2n}$$

对于空气劈,$n = 1$,则:

$$\Delta h' = h_2 - h_1 = \frac{\lambda}{2}$$

由于劈的棱角十分小,故条纹间距 Δx 与相应的厚度变化之间的关系为:

$$h_2 - h_1 = \Delta h \approx \alpha \Delta x$$

由此可得:

$$\Delta x = \frac{\lambda}{2\alpha} = \frac{5\,500 \times 10^{-10}}{2 \times 0.1 \times \frac{\pi}{180}}\ \text{m} = 0.158\ \text{mm}$$

(2) 浸入油中后,条纹间距 $\Delta x'$ 变为:

$$\Delta x' = \frac{\lambda}{2n\alpha} = \frac{\Delta x}{n} = \frac{0.158}{1.52}\ \text{m} = 0.104\ \text{mm}$$

(3) 浸入油中后,两块玻璃板相接触端,由于无额外程差,因而从暗条纹变成明条纹.据(2)的计算可知,相应的条纹间距变窄,观察者将见到条纹向棱边靠拢.

例30 利用劈尖状空气隙的薄膜干涉可以检测精密加工工件表面质量,并能测量表面纹路的深度.测量的方法是:把待测精密加工工件放在显微镜的工作台上,使待测表面向上,在工作表面放一块具有标准光学平面的玻璃,使其光学平面向下,如图 12.96 所示,将一条细薄片垫在工件和玻璃板的右侧,形成劈尖状空气隙.用波长为 λ 的单色平行光垂直照射到玻璃板上,通过显微镜可以从上方观察到干涉条纹,如果由于工件表面不平,观察中看到如图 12.97 所示弯曲的干涉条纹.

(1) 请根据条纹的弯曲方向,说明工件表面的纹路是凸起还是下凹?

(2) 求凸起的高度(或下凹的深度).

【解析】 (1) 出现明纹的条件是:

$$\delta = 2x + \frac{\lambda}{2} = k\lambda \qquad ①$$

图 12.96　　　　　图 12.97

同一条干涉条纹对应的厚度应相同(所以又称等厚干涉),由于越向右空气膜越厚,而弯曲部分是向左弯的,所以弯曲部分所对应的空气膜的厚度较大,该处是下凹的.

(2) 由①式可知,相邻条纹所对应的空气膜的厚度差为: $\Delta x = \dfrac{\lambda}{2}$.

由图 12.96 可知, $\Delta x = b$, 条纹向左弯了 a, 显然有以下的比例关系:

$$\dfrac{\lambda/2}{b} = \dfrac{h}{a} \qquad ②$$

可以表示为 $h = \dfrac{a\lambda}{2b}$.

例 31　一平凸透镜的凸面曲率半径为 1.2 m,将凸面朝下放在平玻璃板上,用波长为 650 nm 的红光观察牛顿环.求第三条暗环的直径.

【解析】　第三条暗环对应的 k 值为 3, 其半径为:

$$r_3 = \sqrt{kR\lambda} = 1.5 \times 10^{-3} \text{ m} = 1.5 \text{ mm}$$

所以,第三条暗环的直径为 $d_3 = 3.0$ mm.

例 32　用钠黄光 ($\lambda = 589.3$ nm) 观察迈克尔逊干涉仪的等倾圆条纹,开始时视场中共看到 10 个亮环,中心为亮斑,然后移动干涉仪一臂的平面镜,先后看到共有 10 个亮环缩进中央,而视场中除中心为亮斑外,还剩下 5 个亮环.试求:

(1) 平面镜移动的距离;
(2) 开始时中心亮斑的干涉级次;
(3) 移动平面镜后最外一亮环的干涉级次.

【解析】　(1) 由于有 10 个亮环缩进中央,所以"空气膜"的厚度将减小,

$$-\Delta d = N \cdot \dfrac{\lambda}{2} = 10 \times \dfrac{1}{2} \times 5.893 \times 10^{-7} \text{ m} = 2.946\,5 \times 10^{-6} \text{ m}$$

(2) 设开始时中心亮斑的干涉级次为 k, 有:

$$2d = k\lambda$$
$$2d\cos\theta_i = (k-10)\lambda$$

得:

$$\cos\theta_i = \dfrac{k-10}{k}$$

θ_i 为视场边缘的视场角.平面镜移动 Δd 后有:

$$2(d - \Delta d) = (k-10)\lambda$$

$$2(d-\Delta d)\cos\theta_i = (k-15)\lambda$$

得

$$\cos\theta_i = \frac{k-15}{k-10}$$

由此求得 $k = 20$.

（3）移动后中心级次为 $k-10 = 10$，移动后最外亮环级次为 $k-15 = 5$.

强化训练

35. 若用两根完全相同的细灯丝代替杨氏实验中的两个狭缝，能否观察到干涉条纹？为什么？

【解析】 观察不到干涉条纹，因为它们不是相干光源.

36. 试分析一下等倾干涉条纹可能是什么形状？

【解析】 因为等倾干涉图样定位于无限远处，使用透镜则呈现于透镜的焦面上. 又因为等倾干涉条纹是以相同角度入射和出射的平行光在光屏上会聚点的轨迹. 如果屏面与焦面重合，则干涉条纹为同心圆环. 若屏面不与透镜光轴相垂直，干涉条纹的形状可能是椭圆、双曲线等圆锥截线.

37. 在观察薄膜干涉时常说使用面光源，这是为什么？能否使用点光源呢？

【解析】 在观察薄膜干涉时，可以使用点光源. 使用面光源可以增大干涉条纹的对比度.

38. 某一个星球表面附近的大气的折射率随着高度的增加而减小，具体的规律为：$n = n_0 - \alpha h$. 其中 α 为一个正的常数. 这个星球的半径为 R. 则在什么样的高度，光可以在绕这个星球的圆周上传播？

【解析】 如图 12.98 所示，不难看出，波前始终和水平面垂直. 先取两条光线，这两条光线组成一条光的通道，这两条光的高度差为 Δh，离地面的高度为 h_0.

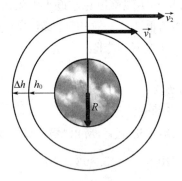

图 12.98

令

$$\Delta h \ll h_0 \qquad ①$$

离此星球表面高度为 h_0 的光线绕行一圈所用的时间为：

$$t = \frac{2\pi(R+h_0)}{v_1} = 2\pi(R+h_0) \cdot \frac{n_0 - \alpha h_0}{c} \qquad ②$$

而此星球表面 $R + h_0 + \Delta h$ 的另一条光线所用的时间为：

$$t = \frac{2\pi(R+h_0+\Delta h)}{v_2} = 2\pi(R+h_0+\Delta h) \cdot \frac{n_0 - \alpha(h_0+\Delta h)}{c} \qquad ③$$

两条光线所用时间相等并考虑到关系①式可以得到:
$$h_0 = \frac{1}{2}\left(\frac{n_0}{\alpha} - R\right)$$

【总结】 这种现象被称为是圆折射,上述结论在实际中是可以被观察的,比如人们已发现在金星上存在着这种现象.

39. 在杨氏实验装置中,两小孔的间距为 0.5 mm,光屏离小孔的距离为 50 cm. 当以折射率为 1.60 的透明薄片贴住小孔 S_2 时,发现屏上的条纹移动了 1 cm,试确定该薄片的厚度.

【解析】 在小孔 S_1 未贴以薄片时,从两小孔 S_1 和 S_2 至屏上 P_0 点的光程差为零. 当小孔 S_2 被薄片贴住时,零光程差点从 P_0 移到 P 点,按题意,P 点相距 P_0 为 1 cm,P 点光程差的变化量为:
$$\delta = \frac{d}{r_0} y = \frac{0.5}{500} \times 10 \text{ mm} = 0.01 \text{ mm}$$
P 点光程差的变化等于 S_2 到 P 的光程差的增加,即
$$\delta = nt - t$$
这里 t 表示薄片的厚度,设空气的折射率为 1,则:
$$(n-1)t = \frac{d}{r_0} y$$
$$t = \frac{d}{(n-1)r_0} y = \frac{0.5}{0.6 \times 500} \times 10 \text{ mm} = 1.67 \times 10^{-2} \text{ mm}$$

40. 如图 12.99 所示,在杨氏双缝干涉实验中,如果线光源 S 到双缝所在平面的距离为 R,双缝间距为 d,干涉光的波长为 λ. 当线光源向下移动时,则光屏上的干涉条纹将向哪个方向移动?如果光源 S 有一定的宽度,则此宽度 D 至少多大时屏上的条纹消失?

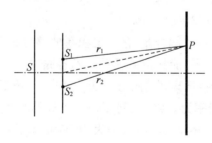

图 12.99

【解析】 当 S 向下移动时条纹将向上移动. 设某光源 S' 在 S 的正下方 $\frac{D}{2}$ 处,则其到 S_1 与 S_2 的光程为 $\Delta = d \cdot \frac{D/2}{R}$,当 $\Delta = \frac{\lambda}{2}$ 时,在 S 的干涉明纹处正好是此光源的干涉暗纹.

所以 $d \cdot \frac{D/2}{R} = \frac{\lambda}{2}$,

即 $D = \frac{\lambda R}{d}$.

不难看出,当缝宽满足上式时,屏上的条纹消失.

41. 透镜表面通常覆盖一层氟化镁(MgF_2)($n = 1.38$)透明薄膜,为的是利用干涉来降低

玻璃表面的反射.为使波长为 632.8 nm 的激光毫不反射地透过,这覆盖层至少有多厚?

【解析】 从实际出发,可以认为光垂直入射于透镜表面.当某种波长的光在氟化镁薄膜上下表面的反射相干相消时,我们认为该波长的光毫不反射地透过.薄膜干涉光程差公式

$$\Delta = 2n_2 d\cos i_2 \pm \frac{\lambda}{2}.$$

相干相消满足:

$$2n_2 d\cos i_2 \pm \frac{\lambda}{2} = \left(k + \frac{1}{2}\right)\lambda$$

式中,$i_2 = 0$,$\cos i_2 = 1$,由于氟化镁膜上表面是折射率为 1.0 的空气,下表面是玻璃,玻璃折射率大于氟化镁的折射率,所以光程差公式中无 $\pm \frac{\lambda}{2}$ 一项,上式可简化为 $2n_2 d = \left(k + \frac{1}{2}\right)\lambda$,计算膜最小厚度,取 $k = 0$,得膜最小厚度

$$d = \frac{\lambda}{4n_2} = \frac{632.8 \times 10^{-6}}{4 \times 1.38} \text{ mm} = 1.146 \times 10^{-4} \text{ mm}$$

42. 登山运动员在登雪山时要注意防止紫外线的过度照射,尤其是眼睛更不能长时间被紫外线照射,否则将会严重地损坏视力.有人想利用薄膜干涉的原理设计一种能大大减小紫外线对眼睛伤害的眼镜.他选用的薄膜材料的折射率为 $n = 1.5$,所要消除的紫外线的频率为 8.1×10^{14} Hz,那么它设计的这种"增反膜"的厚度应满足的条件是什么?厚度至少是多少?

【答案】 1.2×10^{-7} m

【解析】 为了减少进入眼睛的紫外线,应该使入射光分别从该膜的前后两个表面反射形成的光叠加后加强,因此光程差应该是波长的整数倍,因此膜的厚度至少是紫外线在膜中波长的 1/2.紫外线在真空中的波长是 $\lambda = c/\nu = 3.7 \times 10^{-7}$ m,在膜中的波长是 $\lambda' = \lambda/n = 2.47 \times 10^{-7}$ m,因此膜的厚度至少是 1.2×10^{-7} m.

43. 集成光学中的劈状薄膜光耦合器.它由沉积在玻璃衬底上 Ta_2O_5 的薄膜构成,薄膜劈形端从 a 到 b 厚度逐渐减小到零.能量由薄膜耦合到衬底中.为了检测薄膜的厚度,以波长为 6 328 Å 的氦-氖激光垂直投射,观察到薄膜劈形端共展现 15 条暗纹,而且 a 处对应一条暗纹.Ta_2O_5 对 6 328 Å 激光的折射率为 2.20,试问 Ta_2O_5 薄膜的厚度为多少?

【解析】 由于薄膜的折射率比玻璃衬底的大,故薄膜上下表面反射的两束光之间有额外光程差 $\frac{\lambda}{2}$,因而劈状薄膜产生的暗条纹的条件为

$$\delta = 2nh + \frac{\lambda}{2} = (2k+1)\frac{\lambda}{2} \quad (k=0,1,2,\cdots)$$

在薄膜的 b 处,$h = 0$,$k = 0$,$\delta = \frac{\lambda}{2}$,所以 b 处对应的是暗条纹.第 15 条暗纹在薄膜 a 处,它对应于 $k = 14$,故

$$\delta = 2nh + \frac{\lambda}{2} = \frac{29}{2}\lambda$$

所以 a 处薄膜的厚度为

$$h = \frac{14\lambda}{2n} = \frac{14 \times 632.8 \times 10^{-6}}{2 \times 2.20} \text{ mm} = 0.002 \text{ mm}$$

44. 沿 x 轴正方向传播的两列平面波,波长分别为 $5\,890$ Å 和 $5\,896$ Å. $t=0$ 时刻两波的波峰在 O 点重合,试问:

(1) 自 O 点算起,沿传播方向多远的地方两波列的波峰还会重合?

(2) 在 O 点由 $t=0$ 算起,经过多长时间以后,两列波的波峰又会重合?

【解析】 (1) 两列波 $t=0$ 时刻在 O 点波峰与波峰相重合,设传播距离为 x 时波峰与波峰又重合,则距离 x 必是两波长 $\lambda_1 = 5\,890$ Å 和 $\lambda_2 = 5\,896$ Å 的公倍数,即

$$x = (k+n)\lambda_1 = k\lambda_2$$

由上式

$$k = n\frac{\lambda_1}{\Delta\lambda} = \frac{n}{3} \times 2\,945$$

式中,k 和 n 都是整数,取 $n=3, k=2945$,得最小公倍数

$$x_m = n\frac{\lambda_1 \lambda_2}{\Delta\lambda} = 2\,945\lambda_2 \approx 0.173\,6 \text{ cm}$$

即两波传播 x_m 距离时波峰与波峰再重合. 而且,以后每传播距离 x_m,两波的波峰和波峰都会重合,这是光波的空间周期性决定的.

(2) 光波具有时间周期性,两光波的时间周期分别为 $T_1 = \frac{\lambda_1}{c}$ 和 $T_2 = \frac{\lambda_2}{c}$. 两光波在 O 点 $t=0$ 时刻波峰与波峰相重合,当扰动时间间隔是这两个周期的公倍数时,波峰与波峰会再重合. 仿照上面的讨论,可以求出这个时间的公倍数. 但是简单的方法是,利用时间周期和空间周期的相互关系,可以直接求得两波峰再次相重合的时间间隔为

$$t_m = \frac{x_m}{c} \approx 5.787\,9 \times 10^{-12} \text{ s}$$

45. 已知契形平面玻璃的折射率 $n=1.518$. 用读数显微镜测出 21 条干涉条纹的间距为 1.844 mm,所用激光波长 $\lambda = 0.632\,8$ μm. 求:玻璃两表面的夹角.

【解析】
$$\Delta l = \frac{1.844}{20} = 92.2 \text{ μm}$$

$$\theta = \frac{\lambda}{2n\Delta l} = \frac{0.6328}{2 \times 1.518 \times 92.2} = 7'46''$$

46. 一油膜覆盖在玻璃板上,油膜的折射率为 1.30,玻璃的折射率为 1.50. 用单色平面光波垂直照射油膜,若其波长连续可调,可观察到 $5\,000$ Å,$7\,000$ Å 这两个单色光在反射中消失. 求油膜的厚度.

【解析】 由于油膜的厚度比玻璃小,所以在油膜的前后表面上将同时发生半波损失,两个相消的单色光应满足下式:

$$2nd = (2k+1)\frac{\lambda}{2} \quad (k=0,1,2,3,\cdots)$$

$$d = \frac{(2k_1+1)\lambda_1}{4n}$$

$$d = \frac{(2k_2+1)\lambda_2}{4n}$$

$$d = 6.73 \times 10^3 \text{ Å}$$

47. 用 $\lambda = 0.5\ \mu m$ 的准单色光做牛顿环实验. 借助于低倍测量显微镜测得由中心往外数第 9 个暗环的半径为 3 mm. 试求牛顿环装置中平凸透镜凸球面半径 R 和由中心往外数第 24 个亮环半径.

【解析】 第 9 个暗环的 $m = 9$, 第 24 个亮环的 $m = 23.5$. 由
$$r_m \propto \sqrt{m}$$
规律可求得第 24 个亮环半径
$$r_{23.5} = \sqrt{23.5}\,(3/\sqrt{9})\ \text{mm} = 4.85\ \text{mm}$$
可求出凸面半径
$$R = n_2 r_m^2 / m\lambda = (1 \times 3^2)/(9 \times 5 \times 10^{-4})\ \text{mm} = 2\ \text{m}$$

48. 利用牛顿环的干涉条纹, 可以测定凹曲面的曲率半径. 方法是将已知曲率半径的凸透镜, 其凸面置于待测凹面镜上, 两镜面之间即形成劈尖形空气层, 如图 12.100 所示. 当单色平行光垂直照射时, 可以观察到明暗相间的干涉环. 设凸面和凹面的曲率半径分别为 R_1 和 R_2, 照射光的波长为 λ, 证明第 k 级暗环的半径 r_k 满足下列关系式 $r_k = \sqrt{\dfrac{R_1 R_2}{R_2 - R_1} k\lambda}\ (k = 0, 1, 2, 3, \cdots)$.

图 12.100

【解析】 如图 12.101 所示, 小圆 O_1 为凸面的曲率圆, 大圆 O_2 为凹面的曲率圆. 在小圆即凸面上取一点 P, 过此点作轴线的垂线, 垂足为 Q, $PQ = r$, 对于 O_1, 由射影定理, 有:
$$r^2 = PQ^2 = h_1 \cdot 2R_1 \qquad \text{①}$$

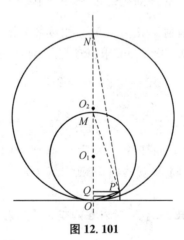

图 12.101

同理不难得到:
$$r^2 = PQ^2 = h_2 \cdot 2R_2 \qquad \text{②}$$

由①、②两式可得空气层的厚度 Δh 与距中心轴线的关系 r 的关系为:
$$\Delta h = h_1 - h_2 = \left(\dfrac{1}{R_1} - \dfrac{1}{R_2}\right)\dfrac{r}{2} \qquad \text{③}$$

若出现暗纹, 则光程差要满足:

$$\delta = 2\Delta h + \frac{\lambda}{2} = (2k+1)\cdot \frac{\lambda}{2} \quad (k=0,1,2,3\cdots)$$

所以

$$\Delta h = k\lambda \quad ④$$

由③、④两式可得：

$$r_k = \sqrt{\frac{R_1 R_2}{R_2 - R_1} k\lambda}$$

49. 如图 12.102 所示，用波长为 $\lambda = 0.6~\mu m$ 的光做杨氏双缝干涉实验，P 为屏上第五级亮纹所在位置. 现将一块折射率为 $n=1.5$ 的玻璃片插入光源 S_1 发出的光束途中，则 P 点变为中央亮条纹的位置，求玻璃片的厚度.

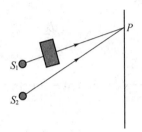

图 12.102

【解析】 没插玻璃片之前两光束的光程差为：

$$\delta = r_2 - r_1 = 5\lambda$$

插玻璃片之后两光束的光程差为：

$$r_2 - (r_1 - d + nd) = r_2 - r_1 - d(n-1) = 0$$

$$0.5d = 5\lambda$$

$$d = 10\lambda = 6~\mu m$$

50. 在焦距为 10 cm 的凸透镜的主轴上有一波长为 $\lambda = 5~200$ Å 的单色光源，且离凸透镜 15 cm，沿主轴截开透镜，使其相距 0.4 mm，用黑纸挡住分开的缝，如图 12.103 所示，则在离透镜 $L = 50$ cm 的屏上可以观察到干涉条纹. 求干涉条纹的数目 N.

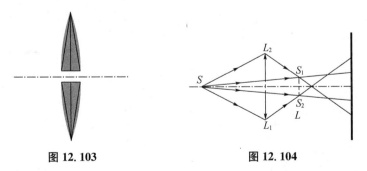

图 12.103　　　　图 12.104

【解析】 如图 12.104 所示，点光源 S 经透镜上、下两半后分别成像于 S_1'、S_2'. 由透镜成像公式：

$$\frac{1}{s'} - \frac{1}{s} = \frac{1}{f'}$$

代入已知条件,并注意到符号法则：$s = -15$ cm, $f' = 10$ cm. 可得：
$$s' = 30 \text{ cm}$$

S_1' 和 S_2' 间的距离 d' 可以由几何关系求出：
$$\frac{d'}{d} = \frac{s' + (-s)}{-s}$$

代入数据算得：
$$d' = 1.2 \text{ mm}$$

屏上两束光重叠的范围为：
$$d'' = \frac{d}{-s}(-s + L)$$

S_1' 和 S_2' 是相干光源. 其条纹间距：
$$\Delta x = \frac{l\lambda}{d}$$

这里的 l 为光源的像到屏的距离.
$$l = L - s' = 50 \text{ cm} - 30 \text{ cm} = 20 \text{ cm}$$

条纹的数目为：
$$N = \frac{d''}{\Delta x} = 20 \text{ 条}$$

第十三章 近代物理学

知识地图

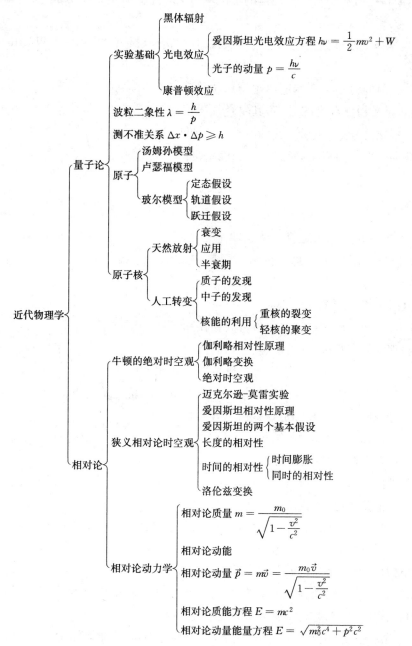

第1节 量子论

考点梳理

1. 黑体辐射的实验定律

(1) 斯特藩-玻尔兹曼定律(参考前述热学内容)

1879年,斯特藩从实验观察到黑体的辐出度与绝对温度 T 的四次方成正比,即:

$$J = \sigma T^4$$

1884年玻尔兹曼从理论上给出这个关系式. 其中 $\sigma = 5.670\,32 \times 10^{-8}$ W/(m² · K⁴).

(2) 维恩位移定律

关于黑体辐射的另一个基本定律是维恩位移定律,这个规律表示,随着黑体温度的升高,其单色辐出度(某一频率附近的辐出度)最大值所对应的波长 λ_m 按照与 T 成反比的规律向短波方向移动,如图13.1所示. 即:

$$\lambda_m = \frac{b}{T}$$

$$b = 2.897 \times 10^{-3} \text{ m} \cdot \text{K}$$

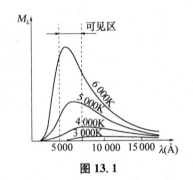

图 13.1

斯特藩-玻尔兹曼定律和维恩位移定律是黑体辐射的基本定律,现在广泛应用于高温测量、遥感、红外追踪等.

2. 光电效应的实验规律

在1886—1887年,赫兹在证实电磁波的存在和光的麦克斯韦电磁理论的实验过程中,已经注意到:当两个电极之一受到紫外光照射时,两电极之间的放电现象就比较容易发生. 然而当时赫兹对这个现象并没有继续研究下去. 直到电子发现后,人们才知道这是由于紫外光的照射,使大量电子从金属表面逸出的缘故. 如图13.2所示,把一块碱金属(例如锌板)连接在灵敏验电器上,用弧光灯照射擦得很亮的锌板,结果验电器的指针张开了一个角度,表示锌板经照射后带了电,进一步检验知道锌板带的是正电. 这说明在弧光灯的照射下,锌板中有一部分自由电子从表面飞了出去,锌板中缺了电子,于是带正电. 在光(包括不可见光)的照射下,从物体发射电子的现象叫做光电效应. 发射出来的电子叫做光电子.

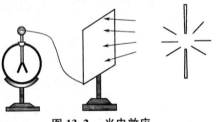

图 13.2 光电效应

研究光电效应的实验装置如图13.3所示,阴极 K 和阳极 A 封闭在真空管内,在两板之间加一可变电压,用以加速或阻挡放出来的电子. 光通过石英小窗 W 照到电极 K 上,在光的作用下,电子从电极 K 逸出,并受电场加速而形成电流,这种电流称为光电流.

首先在入射光的强度与频率不变的情况下,电流-电压的实验曲线如图13.4所示.

曲线表明,当加速电压 U 增加到一定值时,光电流达到饱和值,这是因为单位时间内从阴极

K 射出的光电子全部到达阳极 A. 若单位时间内从电极 K 上击出的光电子数目为 n，则饱和电流 $I = ne$.

另一方面，当电位差 U 减小到零，并逐渐变负时，光电流并不降为零，就表明从电极 K 逸出的光电子具有初动能. 所以尽管有电场阻碍它运动，仍有部分光电子到达电极 K. 但是当反向电位差等于 U_C 时，就能阻止所有的光电子飞向电极 A，光电流降为零，这个电压叫做遏止电压. 它使具有最大初速度的电子也不能到达电极 A. 如果不考虑在测量遏止电压时回路中的接触电势差，那么我们就能根据遏止电压 U_C 来确定电子的最大速度和最大动能，即

$$\frac{1}{2}mv_m^2 = eU_C$$

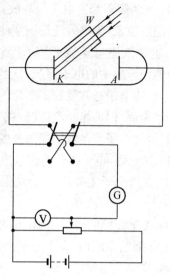

图 13.3　光电效应实验

在用相同频率不同强度的光去照射电极时，得到的电流-电压曲线如图 13.5 所示. 它表示出对于不同强度的光，U_C 是相同的，这说明同一种频率不同强度的光所产生的光电子的最大初动能是相同的.

此外，用不同频率的光去照射电极 K 时，实验结果是频率愈高，U_C 愈大. 并且与 U_C 成直线关系，频率低于极限频率的光，不论强度多大，都不能产生光电子，不同的材料，极限频率不同.

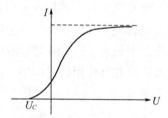

图 13.4　光电效应中光电流和电压的关系

总结所有的实验结果，光电效应的规律可归纳为如下几点：

(1) 饱和电流 I 的大小与入射光的强度成正比，也就是单位时间内被击出的光电子数目与入射光的强度成正比.

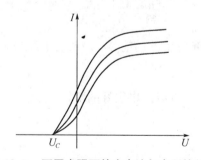

图 13.5　不同光强下的光电流与电压的关系

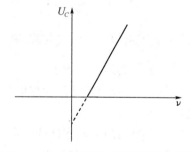

图 13.6　截止电压与入射光的频率的关系

(2) 光电子的最大初动能（或截止电压、遏止电压）与入射光的强度无关，如图 13.6 所示. 只与入射光的频率有关，频率越大，光电子的能量就越大.

(3) 对某一种金属来说，只有当入射光的频率大于某一频率 ν_0 时，电子才能从金属表面逸出，电路中才会有光电流，这个频率 ν_0 叫做截止频率（极限频率，红限频率或红限）. 如果入射光的频率 ν 小于截止频率（即 $\nu < \nu_0$），那么，无论光的强度有多大，都没有光电子从金属表面逸出.

(4) 光的照射和光电子的释放几乎是同时的,在测量的精度范围内 10^{-9} s 观察不出这两者间存在滞后现象(光电效应第四定律),这就是常说的光电效应的瞬时性.

3. 光电效应与波动理论的矛盾

光能使金属中的电子释放,从经典理论来看,是不难理解的. 我们知道金属里面有大量的自由电子,这些电子通常受到正电荷的引力作用,而被束缚在金属表面以内,它们没有足够的能量逸出金属表面. 但因光是电磁波,在它的照射下,光波中的电场作用于电子,迫使电子振动,给电子以能量,使电子有足够的能力挣脱金属的束缚而释放出去. 因此按照光的电磁理论可以预测:

(1) 光愈强,电子接受的能量愈多,释放出去的电子的动能也愈大.

(2) 释放电子主要决定于光强,应当与频率等没有关系. 但是,实验测量的结果却并不如此.

(3) 关于光照的时间问题,波动观点更是陷于困境. 从波动观点来看,光能量是均匀分布的,在它传播的空间内,由于电子截面很小,积累足够能量而释放出来必须要经过较长的时间,和实验事实完全不符.

4. 光子说

为了解释光电效应的所有实验结果,1905 年爱因斯坦推广了普朗克关于能量子的概念. 前面已经指出普朗克在处理黑体辐射问题时,只是把器壁的振子能量量子化,腔壁内部的辐射场仍然看作是电磁波. 然而爱因斯坦在光电效应的研究中指出:光在传播过程中具有波动的特性,而在光和物质相互作用的过程中,光能量是集中在一些叫做光量子(简称光子)的粒子上. 从光子的观点来看,产生光电效应的光是光子流,单个光子的能量与频率成正比,即:

$$\varepsilon = h\nu$$

式中,h 是普朗克常数,$h = 6.63 \times 10^{-34}$ J·s.

把光子的概念应用于光电效应时,爱因斯坦还认为一个光子的能量是传递给金属中的单个电子的. 电子吸收一个光子后,把能量的一部分用来挣脱金属对它的束缚,余下的一部分就变成电子离开金属表面后的动能,按能量守恒和转换定律应有:

$$h\nu = \frac{1}{2}mv^2 + W$$

上式称为爱因斯坦光电效应方程. 其中 $\frac{1}{2}mv^2$ 为光电子的动能,W 为光电子逸出金属表面所需的最小能量,称为逸出功或脱出功.

光子说对于光电效应的结论即光电效应的四个定律可以作出很好的解释.

5. 光子的质量和动量

在狭义相对论中,质量和速度的关系为:

$$m = \frac{m_0}{\sqrt{1 - \frac{v^2}{c^2}}}$$

m_0 为静止质量,光子永远以不变的速度 c 运动,因而光子的静止质量必然等于零,否则 m 将为无穷大. 因为相对于光子静止的参照系是不存在的,所以光子的静止质量等于零也是合理的. 而原子组成的一般物质的速度总是远小于光速的,故它们的静止质量不等于零. 在 m_0 是否等于零这一点上光子和普通的物质有显著的区别. 在狭义相对论中,任何物体的能量和动量的关系为：
$$E^2 = m_0^2 c^4 + p^2 c^2$$

光子的静止质量为 0，故光子的动量为：
$$p = \frac{h\nu}{c}$$

或
$$p = \frac{h}{\lambda}$$

光子既然具有一定的能量，就必须具有质量．但是光子以光的速度运动，牛顿力学便不再适用．按照狭义相对论质量和能量的关系式 $E = mc^2$，就可以决定一个光子的质量：
$$m = \frac{h\nu}{c^2}$$

光电效应明确了光的行为像粒子，并且可用动量 p 和能量 ε 来描述粒子的行为；在光和物质相互作用过程中，光子是整体在起作用．另一方面，在讨论衍射和干涉现象时，需要把光作为波动来处理，于是用波长 λ 和频率 ν 来阐明问题．

波动特征和粒子特征是互相对立的，但并不是矛盾的．对于电磁波谱的长波段，表示其波动特征的物理量 λ 较大，ν 较小，而表示其粒子特征的物理量 ε 和 p 较小，因而容易显示波动特征．反之，对于电磁波谱的短波段，表示其波动特征的物理量 λ 较小，ν 较大，而表示其粒子特征的物理量 ε 和 p 较大，因而容易显示粒子特征．

6. 康普顿效应

按照光子理论，一个光子与散射物中的一个自由电子发生碰撞，光子将沿某一方向散射，即康普顿散射的方向．光子与电子之间碰撞遵守能量守恒和动量守恒，电子受到反冲而获得一定的动量和动能，因此散射光子能量要小于入射光子能量，这就是康普顿效应．由光子的能量与频率间的关系 $\varepsilon = h\nu$ 可知，散射光的频率要比入射光的频率低，因此散射光的波长 $\lambda > \lambda_0$．如果入射光子与原子中被束缚得很紧的电子碰撞，光子将与整个原子做弹性碰撞（如乒乓球碰铅球），散射光子的能量就不会显著地减小，所以观察到的散射光波长就与入射光波长相同．图 13.7 为光子与自由电子弹性碰撞的示意图．应用相对论质量、能量、动量关系，有：

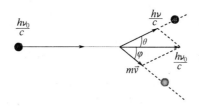

图 13.7

$$h\nu_0 + m_0 c^2 = h\nu + mc^2$$
$$m\vec{v} = \frac{h\nu_0}{c}\vec{n}_0 - \frac{h\nu}{c}\vec{n}$$

式中，m_0、m 为电子的静质量和质量，$m = \dfrac{m_0}{\sqrt{1-\left(\dfrac{v}{c}\right)^2}}$．将上式第二式写成分量式

$$mv\cos\varphi = \frac{h\nu_0}{c} - \frac{h\nu}{c}\cos\theta$$

$$mv\sin\varphi = \frac{h\nu}{c}\sin\theta$$

解以上联立方程组,消去 φ,即得

$$\Delta\lambda = \lambda - \lambda_0 = \frac{2h}{m_0 c}\sin^2\frac{\theta}{2} = 2\lambda_c \sin^2\frac{\theta}{2}$$

式中,$\lambda_c = \frac{h}{m_0 c} = 2.43 \times 10^{-12}$ m,λ_c 叫做电子的康普顿波长. 对应的是和电子静能相等的入射光子的能量. 上式表明 $\Delta\lambda$ 与散射物质的性质无关.

7. 光的波粒二象性

能说明光的波动性的物理现象有:光的干涉、光的衍射、光的偏振,然而黑体辐射、光电效应和康普顿效应等又说明了光具有粒子性. 这就是说,光具有波和粒子这两方面的特性,这称为光的波粒二象性. 光既是粒子,也是波,这在人们的经典观念中是不容易接受的. 但是,用统计的观点可以把两者统一起来. 光是由具有一定能量、动量和质量的微观粒子组成的,在它们运动的过程中,在空间某处发现它们的概率却遵从波动的规律.

8. 德布罗意提出物质波

由光的波粒二重性人们自然会想到,既然光子具有波和粒子两方面的性质,那么其他微观粒子是否也具有这两方面的性质呢?1924 年德布罗意提出,兼有波和粒子两方面性质,不只是光子的特性,而是光子和一切实物粒子共同的本性. 他指出,一个质量为 m、以速率 u 做匀速运动的实物粒子,从粒子性看,可以用能量 E 和动量 p 描述它,从波动性看,可以用频率 ν 和波长 λ 描述它,这两个方面以下列关系相联系:

$$E = h\nu, \quad p = \frac{h}{\lambda}$$

1927 年戴维孙和革末用电子衍射证实了德布罗意假说. 后来证实了不仅电子具有波动性,其他微观粒子,如原子、质子和中子等也都具有波动性. 利用电子的波动性,制成了高分辨率的电子显微镜;利用中子的波动性,制成了中子摄谱仪. 这些设备都是现代科学技术中进行物性分析不可缺少的.

9. 汤姆孙模型和卢瑟福模型

1897 年,汤姆孙通过研究阴极射线发现了电子. 金属受热、光或电场的作用会发射电子,这表示电子是原子的组成部分. 在正常情况下物质总是显示电中性的,而电子是带负电的,这说明原子中除了电子以外还包含带等量正电的部分. 另外,由于电子的质量比整个原子的质量小得多,可以断定原子的质量主要是由除电子以外的其余部分提供的. 那么质量很小的电子和质量很大的正电部分是如何组成原子的呢?1903 年,汤姆孙提出,原子中正电荷和质量均匀分布在原子大小的弹性实心球内,电子就像西瓜里的瓜子那样嵌在这个球内,这种模型被称为"西瓜模型".

1909 至 1911 年,英国物理学家卢瑟福(1871—1937)做了 α 粒子轰击金箔的实验,根据汤姆孙模型计算的结果,α 粒子穿过金箔后偏离原来方向的角度是很小的,因为电子的质量很小,不到 α 粒子的七千分之一,α 粒子碰到它,就像飞行着的子弹碰到一粒尘埃一样,运动方向不会发

生明显的改变.而正电荷又是均匀分布的,α粒子穿过原子时,它受到的原子内部两侧正电荷的斥力相当大一部分互相抵消,使α粒子偏转的力不会很大.然而实验却得到了出乎意料的结果.绝大多数α粒子穿过金箔后仍沿原来的方向前进,少数α粒子却发生了较大的偏转,并且有极少数粒子偏转角超过了90°,有的甚至被弹回,偏转角几乎达到180°.实验中产生的粒子大角度散射现象,需要有很强的相互作用力,除非原子的大部分质量和电荷集中到一个很小的核上,否则大角度的散射是不可能的.

为了解释这个实验结果,卢瑟福在1911年提出了如下的原子核式结构学说:在原子的中心有一个很小的核,叫做原子核,原子的全部正电荷和几乎全部质量都集中在原子核里,带负电的电子在核外空间里绕着核旋转.原子核所带的单位正电荷数等于核外的电子数,所以整个原子是中性的.电子绕核旋转所需的向心力就是核对它的库仑引力.

原子的核型结构模型表明,原子是由原子核和绕核旋转的电子所组成.但是按照经典物理学理论,当带电粒子做加速运动时要辐射电磁波.同时,由于电磁能量的不断释放,原子系统的能量不断减少,电子的轨道半径将随之不断减小.所以,经典物理学理论对于原子的核型结构必定会得到以下两点结论:(1)原子不断地向外辐射电磁波,随着电子运动轨道半径的不断减小,辐射的电磁波的频率将发生连续变化.(2)原子的核型结构是不稳定结构,绕核旋转的电子最终将落到原子核上.

经典物理学理论的上述结论与实际情况是不符的.首先,在正常情况下原子并不辐射能量,只在受到激发时才辐射电磁波,即发光.原子发光的光谱是离散性的线光谱,而不是经典物理学理论所预示的连续谱.另外,实验表明,原子的各种属性都具有高度的稳定性,并且同一种原子若处于不同条件下,其属性总是一致的.而这种属性的稳定性正说明原子结构的稳定性.

10. 玻尔模型

卢瑟福的原子核型结构的建立和氢原子光谱规律的发现,都为玻尔提出量子化轨道模型奠定了基础.玻尔模型包括以下三个假设:

(1) 定态假设:原子存在一系列不连续的稳定状态,即定态,处于这些定态中的电子虽做相应的轨道运动,但不辐射能量.

(2) 轨道假设:做定态轨道运动的电子的角动量L的数值只能等于$\hbar = \dfrac{h}{2\pi}$的整数倍,即:

$$L = m_e v = n\hbar$$

这称为角动量量子化条件,其中m_e是电子的质量,n称为主量子数.

(3) 跃迁假设:当原子中的电子从某一轨道跳跃到另一轨道时,就对应于原子从一定态跃迁到另一定态,这时才辐射或吸收一相应的光子,光子的能量由下式决定:

$$h\nu = E_A - E_B$$

式中,E_A和E_B分别是初态和末态的能量,$E_A < E_B$表示吸收光子,$E_A > E_B$表示辐射光子.

11. 玻尔模型对氢原子的应用

氢原子核所带正电荷为e,电子在它提供的电场中做圆周运动,如果电子的轨道半径为r,运动速率为v,由库仑定律和牛顿第二定律,可以写出下面的关系:

$$\frac{e^2}{4\pi\varepsilon_0 r^2} = m_e \frac{v^2}{r}$$

式中,m_e是电子的质量,又由量子化条件:

$$L = m_e v = n\hbar$$

由以上两式可以得到氢原子中电子的轨道半径和运动速率：

$$r_n = \frac{\varepsilon_0 h^2 n^2}{\pi m_e e^2}$$

$$v_n = \frac{e^2}{2\varepsilon_0 h n}$$

式中, n 可取从 1 开始的一系列正整数. 这表明, 半径满足式 $r_n = \frac{\varepsilon_0 h^2 n^2}{\pi m_e e^2}$ 的轨道是电子绕核运动的稳定轨道. 对应于 $n=1$ 的轨道半径 r_1 是最小轨道的半径, 称为玻尔半径, 常用 a_0 表示, 其数值为：

$$a_0 = r_1 = \frac{\varepsilon_0 h^2}{\pi m_e e^2} = 5.291\,772\,49 \times 10^{-11} \text{ m}$$

这个数值与用其他方法估计的数值一致. 所以氢原子系统的总能量：

$$E_n = \frac{1}{2} m_e v^2 - \frac{e^2}{4\pi\varepsilon_0 r} = -\frac{m_e e^4}{8\varepsilon_0^2 h^2 n^2}$$

可见, 原子的一系列定态的能量是不连续的, 这种性质就称为原子能量状态的量子化, 而每一个能量值称为原子的能级. 上式就是氢原子的能级公式. 通常氢原子是处于能量最低的状态, 这个状态称为基态, 或正常态, 对应于主量子数 $n=1$, 能量为 E_1. $n>1$ 的各个稳定状态的能量均大于基态的能量, 称为激发态, 或受激态. 处于激发态的原子会自动地跃迁到能量较低的激发态或基态, 同时释放出一个能量等于两个状态能量差的光子, 这就是原子发光的道理.

根据玻尔理论对于原子发光的论述, 若原子处于能量为 E_n 的激发态, 电子是在主量子数为 n 的轨道上运动, 当它跃迁到主量子数为 $k(<n)$ 的轨道上时, 所发出光子的频率为：

$$\nu = \frac{E_n - E_k}{h} = \frac{m_e e^4}{8\varepsilon_0^2 h^3} \left(\frac{1}{k^2} - \frac{1}{n^2} \right)$$

对应的波数为

$$\frac{1}{\lambda} = \frac{m_e e^4}{8\varepsilon_0^2 h^3 c} \left(\frac{1}{k^2} - \frac{1}{n^2} \right) = R \left(\frac{1}{k^2} - \frac{1}{n^2} \right)$$

式中, $R = \frac{m_e e^4}{8\varepsilon_0^2 h^3 c}$, 将有关数据代入可以得到 $R = 1.097\,373 \times 10^7 \text{ m}^{-1}$, 显然这个数值与实验值符合得很好.

12. 原子光谱

(1) 连续光谱

连续分布的包含有从红光到紫光各种色光的光谱叫做连续光谱. 炽热的固体、液体和高压气体的发射光谱是连续光谱. 例如电灯丝发出的光、炽热的钢水发出的光都形成连续光谱.

(2) 明线光谱

只含有一些不连续的亮线的光谱叫做明线光谱. 明线光谱中的亮线叫做谱线, 各条谱线对应于不同波长的光. 稀薄气体或金属的蒸气的发射光谱是明线光谱. 明线光谱是由游离状态的原子发射的, 所以也叫原子光谱. 不同气体光谱的亮线位置不同, 这表明不同气体发光的频率是不一样的. 图 13.8 给出了氢的几条谱线.

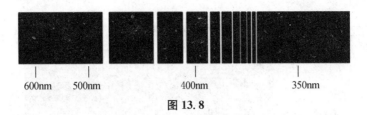

图 13.8

人们早在了解原子内部结构之前就已经观察到了气体光谱,不过那时候无法解释为什么气体光谱只有几条互不相连的特定谱线.

玻尔理论很好地解释了氢原子的光谱.当原子从高能级跃迁到低能级时,辐射光子的能量等于前后两个能级之差.由于原子的能级不连续,所以辐射的光子的能量也不连续.从光谱上看,原子辐射光波的频率只有若干分立的值.按玻尔理论计算得到的氢原子光谱中谱线的位置和实际观测符合得很好,而且预言了当时没有观测到的一些谱线.

尽管玻尔的量子理论在氢原子问题上取得了很大成功,但是由于这个理论是经典力学与量子化条件相结合的产物,必然存在自身无法克服的局限性.例如,玻尔理论虽然对氢原子光谱作了很好的解释,但对于氢以外的其他元素的原子光谱,如碱金属原子光谱的双重线、其他元素原子光谱的多重线等,却无法解释.又例如,对氢原子光谱的解释只限于谱线的频率,而关于谱线的强度、偏振性和相干性等问题,却没有涉及.

由于不同原子的结构不同,能级也就各不相同,它们可能辐射的光子也就具有不同的波长,所以每种元素光谱中的谱线分布都与其他元素不一样(图 13.9).这样我们就可以通过光谱的分析知道发光的是什么元素.这是这种分立的线状谱又叫做原子光谱的另一个原因.

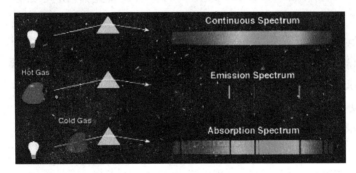

图 13.9

(3) 吸收光谱

高温物体发出的白光(其中包含连续分布的一切波长的光)通过物质时,某些波长的光被物质吸收后产生的光谱,或具有连续谱的光波通过物质样品时,处于基态的样品原子或分子将吸收特定波长的光而跃迁到激发态,于是在连续谱的背景上出现相应的暗线或暗带,叫做吸收光谱,如图 13.10 所示.例如,让弧光灯发出的白光通过温度较低的钠气(在酒精灯的灯芯上放一些食盐,食盐受热分解就会产生钠气),然后用分光镜来观察,就会看到在连续光谱的背景中有两条挨得很近的暗线.这就是钠原子的吸收光谱.

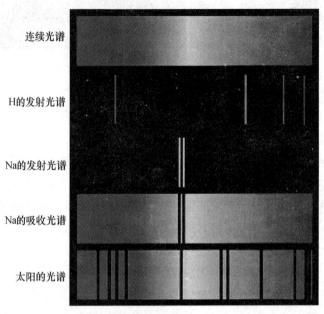

图 13.10

值得注意的是,各种原子的吸收光谱中的每一条暗线都跟该种原子的发射光谱中的一条明线相对应. 这表明,低温气体原子吸收的光,恰好就是这种原子在高温时发出的光. 因此,吸收光谱中的谱线(暗线),也是原子的特征谱线,只是通常在吸收光谱中看到的特征谱线比明线光谱中的少. 每种原子或分子都有反映其能级结构的标识吸收光谱. 研究吸收光谱的特征和规律是了解原子和分子内部结构的重要手段.

光谱分析的技术在科学研究中有广泛的应用. 一种元素在样品中的含量很少,也能观察到它的光谱. 因此光谱分析可以用来确定样品中包含哪些元素,这种方法十分灵敏,利用光谱分析还能确定遥远星球的物质成分.

13. 放射现象

目前已知的各种原子核绝大多数是不稳定的,自发地变化,转变为另一种原子核,同时还要释放出一定的粒子流,这种性质称为放射性. 不稳定核素的自发变化,称为原子核的放射性衰变,简称衰变. 核素在衰变过程中释放出来的粒子流,称为射线. 具有放射性的同位素,称为放射性同位素. 放射性同位素有天然的,也有人工的. 放射性衰变的种类主要有以下几种:

α 衰变:放出氦核($^4_2$He) 的过程. $^A_Z X \to ^{A-4}_{Z-2} Y + ^4_2 He$(核电荷数少 2,质量数少 4)

β 衰变:放出 β 粒子$^A_Z X \to ^{A}_{Z+1} Y + ^0_{-1} e$(核电荷数加 1,质量数不变,一个中子变质子)

γ 衰变:也就是 γ 跃迁,是放出波长很短的电磁辐射的过程.

自发裂变:原子核在没有粒子轰击或不加入能量的情况下自发地裂变为两个或多个质量相近的原子核.

种类	α射线	β射线	γ射线
组成	高速氦核流	高速电子流	光子流(高频电磁波)
带电量	$2e$	$-e$	0
质量	$4m_p$	$m_p/1840$	静质量为零
在电磁场中	偏转	与α射线反向偏转	不偏转
穿透本领	最弱	较强	最强
对空气的电离作用	很强	较弱	很弱
在空气中的径迹	粗短直	细长曲	最长
通过胶片	感光	感光	感光

14. 半衰期

放射性元素的原子核有半数发生衰变所需的时间叫半衰期. 半衰期具有绝对性和统计性, 绝对性指半衰期由核内部本身的因素决定, 跟原子所处的物理或化学状态无关, 统计性指半衰期是大量原子核衰变时的统计规律, 个别原子核经多长时间衰变无法预测.

15. 原子核的人工转变

原子核的人工转变是指高速运动的粒子轰击原子核, 使原子核发生转变. 原子核心的人工转变是产生另一种新核的方法.

16. 质子的发现

卢瑟福发现质子的实验是用α粒子轰击氮原子核, 核反应方程是 $^{14}_{7}N + ^{4}_{2}He \rightarrow ^{17}_{8}O + ^{1}_{1}H$, α粒子进入氮核, 形成复核 $^{18}_{9}F$, 复核不稳定, 衰变时放出质子, 即 $^{14}_{7}N + ^{4}_{2}He \rightarrow ^{18}_{9}F(复核) \rightarrow ^{17}_{8}O + ^{1}_{1}H$

17. 中子的发现

卢瑟福预见中子的存在, 后英国物理学家查德威克发现了中子, 核反应方程式 $^{9}_{4}Be + ^{4}_{2}He \rightarrow ^{12}_{6}C + ^{1}_{0}n$, 中子是一种不带电, 穿透力很强的粒子, 其质量与质子质量差不多.

18. 原子核的组成

原子核是由质子和中子组成, 质子和中子统称核子. 质子和中子可以相互转化, 如:

$$^{1}_{1}H \rightarrow ^{1}_{0}n + ^{0}_{1}e, \quad ^{1}_{0}n \rightarrow ^{1}_{1}H + ^{0}_{-1}e$$

原子序数 = 核电荷数 = 原子核外电子数; 中子数 = 质量数 - 质子数.

19. 人工放射性同位素的发现

(1) 同位素: 是质子数 Z 相同而中子数 N 不同的核素, 它们在周期表上占据同一个位置. 自然界存在的元素往往是由几种同位素所组成, 并且各种同位素的含量有一定的比例, 这种比例称为同位素的丰度. 例如, 自然界存在的氧有三种同位素, 即 $^{16}_{8}O$、$^{17}_{8}O$ 和 $^{18}_{8}O$, 它们的丰度分别为 99.759%、0.037% 和 0.204%. 又例如, 自然界存在的铀也有三种同位素, 即 $^{238}_{92}U$、$^{235}_{92}U$ 和 $^{234}_{92}U$, 它们的丰度分别为 99.274%、0.720% 和 0.006%.

(2) 放射性同位素: 具有放射性的同位素叫做放射性同位素, 如 $^{30}_{15}P$ 就是磷的一种同位素, 具有放射性. 1934 年, 居里夫妇用 α 粒子轰击铝箔时, 发现了放射性同位素和正电子, 核反应方程式为:

$$^{27}_{13}Al + ^{4}_{2}He \rightarrow ^{30}_{15}P + ^{1}_{0}n, \quad ^{30}_{15}P \rightarrow ^{30}_{14}Si + ^{0}_{1}e$$

$^{0}_{1}$e 为正电子,质量与电子相同带一个单位正电荷的粒子,其产生的实质是质子衰变成中子时产生的,方程为 $^{1}_{1}$H → $^{1}_{0}$n + $^{0}_{1}$e.

(3) 放射性同位素的应用

① 促进生物变异

② 作为示踪原子

③ 确定时间

④ 利用 γ 射线的很强的穿透能力

⑤ 作为电离剂

(4) 因为各种射线对人体组织都有破坏作用,所以在使用、运输和存放放射性物质时,必须注意防护. 一般的防护措施有:

① 室内应有良好的通风条件;

② 用铅或其他致密物质来屏蔽 γ 射线和 X 射线,用水或石蜡来屏蔽中子射线;

③ 放射源与工作人员之间应保持最大距离;尽量减少受照射的时间.

20. 核力和核能

(1) 核力

核力是使核子组成原子核的作用力,属于强相互作用力的一类. 原子核中有中子、质子,质子是带正电的,所以质子之间会互相排斥. 是非常强大的核力将它们吸引在一起,使它们在非常小的区域形成原子核. 核力是短程力,只有在原子核尺度上才显现出来.

(2) 原子核的结合能

我们已经知道,原子核中的核子是依靠核力的作用紧密地结合在一起的,显然,若要把它们分散开来,外界必须为克服核力而做功. 反之,孤立核子若结合成原子核,必定要放出一定的能量,这部分能量与先前为拆散它们外界所做的功是相等的. 孤立核子组成原子核时所放出的能量,就称为原子核的结合能 B. 为了比较不同原子核的稳定程度,我们引入核子的平均结合能 ε,定义为原子核的结合能与原子核内所包含的总核子数之比,即:

$$\varepsilon = \frac{B}{A}$$

核子的平均结合能也称为比结合能. 核子的平均结合能越大,原子核就越稳定. 图 13.11 为核子平均结合能 ε 随质量数 A 的变化,此图称为核的结合能图. 由图可见,较轻的核和较重的核的核子平均结合能较小,稳定性较差,而中等质量的核的核子平均结合能较大,都在 8 MeV 上下,所以最稳定. 可以设想,如果将结合能小的核转变为结合能大的核,必定会释放出能量. 这就是我们在下面将要讨论的结合能的释放.

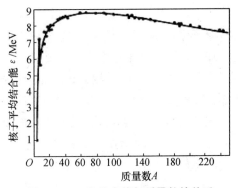

图 13.11 比结合能与质量数的关系

21. 结合能的释放和利用

(1) 重核裂变

由上面的比结合能图可以看出,重核的核子平均结合能比中等核的核子平均结合能小,若能设法将重核分裂为两个或三个中等核,必定会释放出一定量的结合能.

在裂变过程中不仅释放出大量的能量,而且伴随着中子的发射.发出的中子数有多有少,平均起来,每个 $^{235}_{92}$U 核裂变产生的中子为 2.5 个.这些中子又可以去诱发其他 $^{235}_{92}$U 核发生裂变,使裂变过程得以自持地继续下去,形成所谓链式反应,从而才可能在短时间内释放出大量的能量.但是,链式反应得以自持地进行,不仅需要有一定纯度的裂变物质如 $^{235}_{92}$U,还需要满足该裂变物质必须大于一定的临界体积或临界质量.如果体积不大,即使对于一块很纯的 $^{235}_{92}$U,中子很容易从表面逸出,使自持反应无法进行.

原子弹的爆炸就是快速进行的未加控制的链式反应.链式反应也可以有控制地缓慢进行,这就是在核反应堆中发生的过程.

(2) 轻核聚变

宇宙中能量的主要来源就是原子核的聚变,太阳和其他恒星向外界辐射的能量就是轻核聚变的结果.要使氘核发生聚变,必须使氘核相互接近到"接触"的距离,氘核是带正电的,为了克服它们之间的库仑斥力,外界必须向氘核提供足够的能量.在分析了各种可能提供能量的方式之后得出结论,向氘核提供能量的合适方法就是加热.理论估计,实现聚变的温度应在 10 keV(相当于 10^8 K).在如此高的温度下原子都被电离了,物质都以等离子态的形式存在.氘核将以极高的速率做热运动,互相碰撞而发生聚变.这种在高温下进行的轻核聚变也称为热核反应.

22. 爱因斯坦质能方程

(1) 凡具有质量的物体都具有能量,物体的质量和能量间的关系为 $E = mc^2$,这就是爱因斯坦质能方程.

(2) 若原子核质量亏损 m,对应释放的能量为 $\Delta E = \Delta m c^2$.

(3) 质量亏损并不是质量损失(消失),与质量守恒定律也并不矛盾,而是亏损的质量以能量形式辐射出去了.

(4) 在核能的计算中 c 的单位取国际单位制,此时若 Δm 的单位为 kg,能量的单位为 J,当 Δm 的单位为 u(原子质量单位)时,1 u 相当于 931.5 MeV 的能量关系,然后据此进行计算.

典型例题

例 1 (卓越) 如图 13.12 所示,A 和 B 两单色光,以适当的角度向半圆形玻璃砖射入,出射光线都从圆心 O 沿 OC 方向射出,且这两种光照射同种金属,都能发生光电效应,则下列说法正确的是 ( )

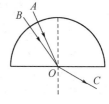

图 13.12

A. A 光照射该金属释放的光电子的最大初动能一定比 B 光的大
B. A 光单位时间内照射该金属释放的光电子数一定比 B 光的多
C. 分别通过同一双缝干涉装置,A 光比 B 光的相邻亮条纹间距小
D. 两光在同一介质中传播,A 光的传播速度比 B 光的传播速度大

【答案】 AC

【解析】 由光路图可知,A 光折射率较大,A 光频率较高,由光电效应方程可知,A 光照射该金属释放的光电子的最大初动能一定比 B 光的大,选项 A 正确.由于从题述不知两束光的强度,不能判断 A 光单位时间内照射该金属释放的光电子数是否比 B 光的多,选项 B 错误.根据双缝干涉条纹间隔公式可知,两束光分别通过同一双缝干涉装置,A 光比 B 光的相邻亮条纹

间距小,选项C正确.由 $n=\dfrac{c}{v}$,两光在同一介质中传播,A 光的传播速度比 B 光的传播速度小,选项 D 错误.

例2 (北约)一个具有放射性的原子核 A 放射一个 β 粒子后变成原子核 B,原子核 B 再放射一个 α 粒子后变成原子核 C,可以肯定的是 ( )

A. 原子核 A 比原子核 B 多 2 个中子

B. 原子核 A 比原子核 C 多 2 个中子

C. 原子核为 A 的中性原子中的电子数,比原子核为 B 的中性原子中的电子数少 1

D. 原子核为 A 的中性原子中的电子数,比原子核为 C 的中性原子中的电子数少 1

【解析】 写出衰变方程

$$_x^y A \rightarrow\, _{x+1}^{y} B +\, _{-1}^{0}\text{e}$$

$$_{x+1}^{y} B \rightarrow\, _{x-1}^{y-4} C +\, _{2}^{4}\text{He}$$

A 的中子数为 $y-x$,B 的中子数为 $y-x-1$,C 的中子数为 $y-x-3$,所以选项 A 和 B 均错误.中性原子的电子数即为原子核内的质子数,所以 C 正确.

例3 (卓越)如图 13.13,在光电效应实验中用 a 光照射光电管时,灵敏电流计指针发生偏转,而 b 光照射光电管时,灵敏电流计指针不发生偏转,则 ( )

A. a 光的强度一定大于 b 光的强度

B. 电源极性可能是右边为正极,左边为负极

C. 电源极性可能是左边为正极,右边为负极

D. 发生光电效应时,电流计中的光电流沿 d 到 c 方向

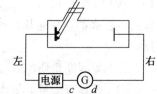

图 13.13

【答案】 BC

【解析】 在光电效应实验中用 a 光照射光电管时,灵敏电流计指针发生偏转,而用 b 光照射光电管时,灵敏电流计指针不发生偏转,根据光电效应知识可知,a 光频率一定大于 b 光,a 光的强度不一定大于 b 光的强度,选项 A 错误.若 b 光频率低于极限频率,用 b 光照射光电管时不产生光电效应,电源极性可能是右边为正极,左边为负极,用 b 光照射光电管时,灵敏电流计指针也不发生偏转,选项 B 正确.若 a 光频率足够高,即使电源极性左边为正极,右边为负极,产生的光电子也能够形成电流,灵敏电流计指针发生偏转,选项 C 正确.发生光电效应时,电流计中的光电流沿 c 到 d 方向,选项 D 错误.

例4 (华约)一铜板暴露在波长 $\lambda=200$ nm 的紫外光中,观测到有电子从铜板表面逸出.当在铜板所在空间加一方向垂直于板面、大小为 $E=15$ V/m 的电场时,电子能运动到距板面的最大距离为 10 cm.已知光速 c 与普朗克常数 h 的乘积为 1.24×10^{-6} eV·m,则铜板的截止波长约为 ( )

A. 240 nm　　B. 260 nm　　C. 280 nm　　D. 300 nm

【答案】 B

【解析】 由动能定理,$-eEd=0-E_{k0}$,解得从铜板表面逸出光电子的最大初动能为 $E_{k0}=1.5$ eV.由爱因斯坦光电效应方程

$$E_{k0}=\dfrac{hc}{\lambda}-W$$

$$W = \frac{hc}{\lambda_0}$$

联立解得

$$\lambda_0 = 264 \text{ nm}$$

例5 （北约）以下选项正确的是 （　　）

A. 在α粒子散射实验中,有大量的粒子具有一个很明显的偏转角

B. β衰变辐射的粒子是因为电子跃迁产生的

C. 化学反应不会改变放射性元素的半衰期

D. 比结合能越小,原子核中核子结合得越牢固,原子核越稳定

【答案】 C

【解析】 在α粒子散射实验中,绝大多数粒子不发生偏转,选项B错误.β衰变辐射的粒子是原子核内的中心转化为质子和电子,电子从原子核内辐射出来的,选项B错误.半衰期是原子核的本身性质,与原子核所处的物理化学状态无关,化学反应不会改变放射性元素的半衰期,选项C正确.比结合能越大,原子核子结合得越牢固,原子核越稳定,选项D错误.

例6 （华约）根据玻尔原子理论,当某个氢原子吸收一个光子后 （　　）

A. 氢原子所在能级下降　　　　B. 氢原子电势能增大

C. 电子绕核运动的半径减小　　D. 电子绕核运动的动能增加

【答案】 B

【解析】 根据玻尔理论,当某个氢原子吸收一个光子后,氢原子能量增大,能级升高,电势能增大,电子绕核运动的半径增大,选项AC错误,B正确.电子绕核运动,库仑力提供向心力,有

$$k\frac{e^2}{r^2} = m\frac{v^2}{r}$$

可得

$$E_k = \frac{1}{2}mv^2$$

半径变大,动能变小,选项D错误.

例7 （北约）现用电子显微镜观测线度为 d 的某生物大分子的结构.为满足测量要求,将显微镜工作时电子的德布罗意波长设定为 $\frac{d}{n}$,其中 $n > 1$.已知普朗克常量 h、电子质量 m 和电子电荷量 e,电子的初速度不计,则电子动量可表示为_____；显微镜工作时电子的加速电压应为_____.

【答案】 $\dfrac{nh}{d}$　$\dfrac{n^2h^2}{2med^2}$

【解析】 由德布罗意物质波波长公式可知：

$$\lambda = \frac{h}{p}$$

又

$$\lambda = \frac{d}{n}$$

解得电子动量

$$p = \frac{nh}{d}$$

设显微镜工作时电子的加速电压为 U，由动能定理

$$eU = \frac{1}{2}mv^2 = \frac{p^2}{2m}$$

解得

$$U = \frac{n^2h^2}{2med^2}$$

例 8 （卓越）$_{27}^{60}\text{Co}$ 的衰变方程可以写成 $_{27}^{60}\text{Co} \rightarrow {}_{Z}^{60}\text{Ni} + {}_{-1}^{0}\text{e} + \overline{\nu}_e$，其中 $\overline{\nu}_e$ 是反电子中微子，反电子中微子不带电，质量可视为零. 由衰变方程可知 $Z = $ _____. 如果静止的 $_{27}^{60}\text{Co}$ 发生衰变，实验过程中测量衰变产物中 $_{Z}^{60}\text{Ni}$ 和 $_{-1}^{0}\text{e}$ 的径迹时，由 _____ 守恒定律可知，$_{Z}^{60}\text{Ni}$ 和 $_{-1}^{0}\text{e}$ 的径迹在同一条直线上.

【答案】 28　动量

【解析】 根据 $_{27}^{60}\text{Co}$ 的衰变遵循电荷守恒可得：$27 = Z - 1$，解得 $Z = 28$.

如果静止的 $_{27}^{60}\text{Co}$ 发生衰变，根据动量守恒定律，$_{Z}^{60}\text{Ni}$ 和 $_{-1}^{0}\text{e}$ 的速度相反，径迹在同一条直线上.

例 9 （华约）核聚变发电有望提供人类需要的丰富清洁能源. 氢核聚变可以简化为 4 个氢核（$_1^1\text{H}$）聚变生成氦核（$_2^4\text{He}$），并放出 2 个正电子（$_1^0\text{e}$）和 2 个中微子（$_0^0\nu_e$）.

(1) 写出氢核聚变反应方程；

(2) 计算氢核聚变生成一个氦核所释放的能量；

(3) 计算 1 kg 氢核（$_1^1\text{H}$）完全聚变反应所释放的能量；它相当于多少质量的煤完全燃烧放出的能量？（1 kg 煤完全燃烧放出的能量约为 3.7×10^7 J）. 已知：$m_\text{H} = 1.672\ 621\ 6 \times 10^{-27}$ kg，$m_\text{He} = 6.646\ 477 \times 10^{-27}$ kg，$m_e = 9.109\ 382 \times 10^{-31}$ kg，$m_{\nu_e} \approx 0$，$c = 2.997\ 924\ 58 \times 10^8$ m/s.

【解析】 (1) $4_1^1\text{H} \rightarrow {}_2^4\text{He} + 2_1^0\text{e} + 2_0^0\nu_e$

(2) 发生一次核反应的质量亏损为

$$\Delta m = 4m_\text{H} - m_\text{He} - 2m_e$$

放出能量为

$$\Delta E = \Delta m c^2$$

解得：

$$\Delta E = 3.79 \times 10^{-12} \text{ J}$$

(3) 1 kg 氢核（$_1^1\text{H}$）完全聚变反应所释放的能量

$$E = \frac{1}{4m_\text{H}} \Delta E$$

代入数据得：

$$E = 5.67 \times 10^{14} \text{ J}$$

相当于完全燃烧煤的质量为

$$M = \frac{E}{q} = 1.5 \times 10^7 \text{ kg}$$

例 10 （北约）氢原子模型中，轨道的量子化条件为：$2\pi r_n = n\lambda_n$，其中 r_n 为 n 级轨道半径，λ_n 为 n 级的物质波的波长. 已知电子电量 e、静电力恒量 k、电子质量 m、普朗克常数 h.

(1) 求第 n 级的电子轨道半径.

(2) 求第 n 级的电子运动周期.

(3) 偶电子素的量子化条件为 $2\pi(2r_n) = n\lambda_n$ (偶电子素是指反电子与电子构成的体系,它们绕两点中心做圆运动),求偶电子素中第 n 级得电子轨道半径 r_n.

【解析】 (1) 由
$$k\frac{e^2}{r_n^2} = m\frac{v^2}{r_n}$$
$$2\pi r_n = n\lambda_n$$
$$mv = \frac{h}{\lambda_n}$$

解得第 n 级电子轨道半径
$$r_n = \frac{n^2 h^2}{4\pi^2 k e^2 m} \qquad ①$$

(2) 由
$$k\frac{e^2}{r_n^2} = m\left(\frac{2\pi}{T}\right)^2 \qquad ②$$

由①、②式可得第 n 级电子的运动周期
$$T = \frac{n^3 h^3}{4\pi^2 m k^2 e^4}$$

(3) 由
$$k\frac{e^2}{(2r_n)^2} = m\frac{v^2}{r_n}$$
$$2\pi(2r_n) = n\lambda_n$$
$$mv = \frac{h}{\lambda_n}$$

解得偶电子素中第 n 级电子轨道半径
$$r_n = \frac{n^2 h^2}{4\pi^2 k e^2 m}$$

例 11 在磁场中,一静核衰变成为 a、b 两核,开始分别做圆周运动. 已知 a 和 b 两核圆周运动的半径和周期之比分别为 $R_a : R_b = 45 : 1$,$T_a : T_b = 90 : 117$. 此裂变反应质量亏损为 m.

(1) 求 a 和 b 两核的电荷数之比 $q_a : q_b$;

(2) 求 a 和 b 两核的质量数之比 $m_a : m_b$;

(3) 求静核的质量数和电荷数;

(4) 求 a 核的动能 E_{ka}.

【解析】 (1) 由
$$qvB = \frac{mv^2}{R}$$

可得
$$R = \frac{mv}{qB}$$

静核衰变动量守恒
$$m_a v_a = m_b v_b$$

联立解得:
$$R_a : R_b = q_b : q_a$$

所以 $q_a : q_b = 1 : 45$

(2) 带电粒子在匀强磁场中运动周期

$$T = \frac{2\pi R}{v} = \frac{2\pi m}{qB}$$

a 和 b 两核的质量之比

$$\frac{m_a}{m_b} = \frac{q_a}{q_b} \cdot \frac{T_a}{T_b} = \frac{2}{117}$$

（3）由电荷与质量之比，可设

$$m_a + m_b = 119 m_0$$

$$q_a + q_b = 46 q_0$$

其中 m_0, q_0 为定值，单位分别为一个原子质量单位和一个单位正电荷，可推测 $m_0 = 2, q_0 = 2$，此时静核为 $^{238}_{92}U$，则此衰变为 $^{238}_{92}U$ 的 α 衰变.

（4）a 粒子的动能 E_{ka} 满足：

$$E_{ka} = \frac{1}{2} m_a v_a^2 = \frac{p_a^2}{2 m_a}$$

同样 $E_{kb} = \frac{p_b^2}{2 m_b}$，其中 p_a, p_b 为两核动量.

由动量守恒可知：

$$p_a = p_b$$

于是有

$$\frac{E_{ka}}{E_{kb}} = \frac{m_b}{m_a} = \frac{117}{2}$$

由

$$\Delta m c^2 = E_{ka} + E_{kb}$$

解得

$$E_{ka} = \frac{117}{119} \cdot \Delta m c^2$$

例 12（卓越）质量分别为 m_1、m_2，半径为 r 的两个球发生弹性斜碰，已知碰撞前 m_2 静止，m_1 速度水平向右，大小为 v_0. 碰撞瞬间，球心连线与 m_1 速度方向夹角为 $30°$. 求：

（1）碰撞之后两球的速度；

（2）现考虑一个光子和一个静止的电子发生碰撞，光子出射方向与入射方向夹角（散射角）为 θ，求光子在碰撞前后波长的改变量. 已知电子的质量为 m，普朗克常数为 h，光速为 c.

【解析】 如图 13.14 所示，两球碰撞时相互作用力沿两球心的连线方向，故碰撞过程中 m_1 垂直于两球连心线方向上的速度 $v_\perp = v_0 \sin 30°$ 不变.

而在两球连心线方向上，两球发生弹性正碰，即小球 m_1 以沿连心线方向的速度 $v_1 = v_0 \cos 30°$ 与静止的小球 m_2 发生弹性正碰，该方向上动量和机械能均守恒，有：

$$m_1 v_1 = m_1 v_1' + m_2 v_2'$$

$$\frac{1}{2} m_1 v_1^2 = \frac{1}{2} m_1 v_1'^2 + \frac{1}{2} m_2 v_2'^2$$

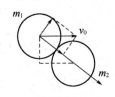

图 13.14

解得

$$v_1' = \frac{\sqrt{3}(m_1 - m_2)}{2(m_1 + m_2)} v_0$$

$$v_2' = \frac{\sqrt{3}\,m_1}{m_1+m_2}v_0$$

所以碰撞后 m_1,m_2 两球的速度分别为：

$$v_1 = \sqrt{{v_1'}^2 + v_\perp^2} = \frac{\sqrt{m_1^2+m_2^2-m_1m_2}}{m_1+m_2}v_0$$

夹角 α 满足

$$\tan\alpha = \frac{v_\perp}{v_1'} = \frac{\sqrt{3}(m_1+m_2)}{3(m_1-m_2)}$$

$$v_2 = v_2' = \frac{\sqrt{3}\,m_1}{m_1+m_2}v_0$$

（2）由物质波的波长公式 $\lambda = \dfrac{h}{p}$ 和光速 $c=\nu\lambda$ 可知入射光子的动量 $p_\lambda = \dfrac{h\nu}{c}$，设碰撞前、后电子的能量分别为 E_0 和 E，碰撞后电子的动量为 p，碰撞过程中系统的动量守恒，能量守恒.

由动量守恒矢量三角形和余弦定理得（图 13.15）

$$p^2 = p_\lambda^2 + p_{\lambda'}^2 - 2p_\lambda p_{\lambda'}\cos\theta$$

其中，$p^2 = m^2 v^2$，而 $m = \dfrac{m_0}{\sqrt{1-\dfrac{v^2}{c^2}}}$，即 $p^2 = \dfrac{m_0^2 v^2}{1-\dfrac{v^2}{c^2}}$，

所以有：

$$\frac{m_0^2 v^2}{1-\dfrac{v^2}{c^2}} = \left(\frac{h\nu}{c}\right)^2 + \left(\frac{h\nu'}{c}\right)^2 - 2\frac{h\nu}{c}\cdot\frac{h\nu'}{c}\cdot\cos\theta \quad ①$$

由能量守恒得：

$$h\nu + E_0 = h\nu' + E$$

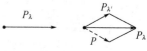

图 13.15

其中，电子碰撞前的静止能量

$$E_0 = m_0 c^2$$

电子碰撞后的能量

$$E = \frac{m_0 c^2}{\sqrt{1-\dfrac{v^2}{c^2}}}$$

所以

$$h\nu + m_0 c^2 = h\nu' + \frac{m_0 c^2}{\sqrt{1-\dfrac{v^2}{c^2}}} \quad ②$$

解①、②两式可得

$$\frac{c}{\nu'} - \frac{c}{\nu} = \frac{h}{m_0 c}(1-\cos\theta)$$

再以 $c = \nu\lambda$，有

$$\lambda' - \lambda = \frac{h}{m_0 c}(1-\cos\theta) = 2\lambda_c \sin^2\frac{\theta}{2}$$

$$\lambda_c = \frac{h}{m_0 c}$$

强化训练

1. 关于物质波,正确的认识是 ( )

   A. 只要是运动着的物体,不论是宏观物体还是微观粒子,都有相应的波动性,这就是物质波

   B. 只有运动着的微观粒子才有物质波,对于宏观物体,不论其是否运动,都没有相对应的物质波

   C. 由于宏观物体的德布罗意波长太小,所以无法观察到它们的波动性

   D. 电子束照射到晶体上得到了电子束的衍射图样,从而证实了德布罗意的假设是正确的

   【答案】 ACD

   【解析】 波粒二象性是一切实物粒子共同的本性,所以 A 和 C 正确.电子束照射到晶体上可以得到衍射图样,D 也是正确的.

2. 一光电管阴极对于波长 $\lambda = 4.91 \times 10^{-7}$ m 的入射光,发射光电子的遏止电压为 0.71 V,当入射光的波长为多少时,其遏止电压变为 1.43 V?(电子电量 $e = 1.6 \times 10^{-19}$ C,普朗克常数 $h = 6.63 \times 10^{-34}$ J·s)

   【解析】 由于光电子出射的动能为:

   $$\frac{1}{2}mv^2 = h\nu - W \qquad ①$$

   设遏止电压为 U_0,则:

   $$eU_0 = \frac{1}{2}mv^2 \qquad ②$$

   又

   $$\nu = \frac{c}{\lambda} \qquad ③$$

   所以:

   $$eU_0 = h\nu - W = \frac{hc}{\lambda} - W \qquad ④$$

   同理:

   $$eU'_0 = \frac{hc}{\lambda'} - W \qquad ⑤$$

   由 ④、⑤ 两式并把 $\lambda = 4.91 \times 10^{-7}$ m,$U_0 = 0.71$ V,$U'_0 = 1.43$ V,$h = 6.63 \times 10^{-34}$ J·s,$c = 3 \times 10^8$ m/s,代入可得:

   $$\lambda' = 3.82 \times 10^{-7} \text{ m}$$

3. 一台二氧化碳气体激光器发出的激光功率 $P = 1.5 \times 10^3$ W,出射的光束截面积 $A = 1.00$ mm²,试问当该光束垂直射到一物体平面上时,可能产生的压强的最大值为多少?

   【解析】 每个光子的能量为 $h\nu = \frac{hc}{\lambda}$,单位时间内激光器发射的光子数为:

   $$\frac{P}{h\nu} = \frac{P\lambda}{hc}$$

当单位时间、单位面积上的光子数为：

$$n = \frac{P\lambda}{Ahc}$$

当光压最大时，每个光子对照射平面的冲量为：

$$\Delta p = 2p = \frac{2h}{\lambda}$$

故光压：

$$P = n \cdot \Delta p = \frac{2P}{Ac} = 10 \text{ Pa}$$

4. 波长 $\lambda_0 = 0.01$ nm 的 X 射线与静止的自由电子碰撞，现在从和入射方向成 $90°$ 角的方向去观察时，散射 X 射线的波长多大？反冲电子的能量和动量分别是多大？

【解析】 散射后 X 射线波长的改变为：

$$\Delta \lambda = \lambda - \lambda_0 = \frac{h}{m_0 c}(1 - \cos\theta) = \lambda_c$$

$$\lambda = \lambda_0 + \lambda_c = 0.012\ 4 \text{ nm}$$

反冲电子获得的动能等于入射光子损失的能量

$$E_k = h\nu_0 - h\nu = hc\left(\frac{1}{\lambda_0} - \frac{1}{\lambda}\right) = 2.4 \times 10^4 \text{ (eV)}$$

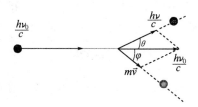

图 13.16

如图 13.16 所示，当 $\varphi = 90°$ 时：

$$p_e \cos\varphi = \frac{h}{\lambda_0}$$

$$p_e \sin\varphi = \frac{h}{\lambda}$$

$$p_e = 8.5 \times 10^{-23} \text{ kg} \cdot \text{m} \cdot \text{s}^{-1}$$

$$\theta = 38°44'$$

5. 电子显微镜中的电子从静止开始通过电势差为 U 的静电场加速后，其德布罗意波长是 0.4 Å，则 U 为多少？

【解析】

$$\lambda = \frac{h}{p} = \frac{h}{\sqrt{2mE_k}} = \frac{h}{\sqrt{2meU}}$$

$$U = \frac{h^2}{2me\lambda^2} = \frac{(6.63 \times 10^{-34})^2}{2 \times 9.1 \times 10^{-31} \times 1.6 \times 10^{-19} \times (0.4 \times 10^{-10})^2} \text{ V} = 943 \text{ V}$$

6. 在 $^{9}_{4}\text{Be}$ 核和 $^{4}_{2}\text{He}$ 核内核子的平均结合能分别为 6.45 MeV 和 7.07 MeV，要把 $^{9}_{4}\text{Be}$ 核分裂为两个 α 粒子和一个中子，必须耗费多大能量？

【解析】 反应过程可以写为：

$$^9_4\text{Be} \rightarrow 2^4_2\text{He} + ^1_0\text{n}$$

若将 ^9_4Be 核分解为 9 个核子，外界需提供的能量为

$$\Delta E_1 = 9\bar{\varepsilon}_0 = 58.05 \text{ MeV}$$

将其中 8 个核子结合成 2 个 ^4_2He 核所释放出来的能量为

$$\Delta E_2 = 8\bar{\varepsilon}_0 = 8 \times 7.07 \text{ MeV} = 56.56 \text{ MeV}$$

所以，要把 ^9_4Be 核分裂为两个 α 粒子和一个中子外界必须耗费的能量为

$$\Delta E = \Delta E_1 - \Delta E_2 = 1.49 \text{ MeV}$$

7. 计算 $^{232}_{90}\text{Th}$ 原子核的核子平均结合能. 已知 $^{232}_{90}\text{Th}$ 的原子质量为 232.038 21 u，氢原子 M_H 和中子 n 的质量分别为 1.007 830 u 和 1.008 665 u.

【解析】 $^{232}_{90}\text{Th}$ 核的质量亏损为

$$\Delta m = ZM_\text{H} + (A-Z)m_\text{n} - M_X$$

其中，$Z = 90, A = 232, M_X = 232.038\,21 \text{ u}, M_\text{H} = 1.007\,830 \text{ u}, m_\text{n} = 1.008\,665 \text{ u}$. 将这些数据代入上式可算的质量亏损，为

$$\Delta m = 1.896\,92 \text{ u}$$

核子的平均结合能为

$$\bar{\varepsilon}_0 = \frac{\Delta mc^2}{A} = \frac{1.896\,92 \times 931.501}{232} \text{ MeV} = 7.616\,32 \text{ MeV}$$

8. 一个质子和一个 μ^- 子组成一个 μ 原子，求这个 μ 原子的玻尔半径.

【解析】 由质子和电子组成的原子的波尔半径为：

$$r_1 = a_0 = \frac{\varepsilon_0 h^2}{\pi m_e e^2}$$

其中，m_e 是电子的质量. 对于 μ 原子，上面的关系仍成立，只是将电子的质量 m_e 用 μ 子的质量 m_μ 代替即可. 因为

$$m_\mu = 206.768\,3 m_e$$

所以 μ 原子的波尔半径为：

$$r_\mu = \frac{a_0}{206.768\,3} = \frac{5.291\,773 \times 10^{-11}}{206.768\,3} \text{ m} = 2.559\,28 \times 10^{-13} \text{ m}$$

9. 在用铀-235 作燃料的核反应中，铀-235 核吸收一个动能约为 0.025 eV 的热中子（慢中子）后，可发生裂变反应，放出能量和 2~3 个快中子，而快中子不利于铀-235 的裂变. 为了能使裂变反应继续下去，需要将反应中放出的快中子减速. 有一种减速的方法是使用石墨（碳-12）作减速剂. 设中子与碳原子的碰撞是对心弹性碰撞，问一个动能为 $E_0 = 1.75 \text{ MeV}$ 的快中子需要与静止的碳原子碰撞多少次，才能减速成为 0.025 eV 的热中子？

【解析】 设中子和碳核的质量分别为 m 和 M，碰撞前中子的速度为 v_0，碰撞后中子和碳核的速度分别为 v 和 v'，因为碰撞是弹性碰撞，所以在碰撞前后，动量和机械能均守恒，又因 v_0、v 和 v' 沿同一直线，故有：

$$mv_0 = mv + Mv'$$

$$\frac{1}{2}mv_0^2 = \frac{1}{2}mv^2 + \frac{1}{2}Mv'^2$$

解上两式得：

$$v = \frac{m-M}{m+M}v_0$$

因 $M = 12m$,代入上式得:

$$v = -\frac{11}{13}v_0$$

负号表示 v 的方向与 v_0 方向相反,即与碳核碰撞后中子被反弹. 因此,经过一次碰撞后中子的能量为:

$$E_1 = \frac{1}{2}mv^2 = \frac{1}{2}m\left(-\frac{11}{13}\right)^2 v_0^2$$

于是:

$$E_1 = \left(\frac{11}{13}\right)^2 E_0$$

经过 $2,3,\cdots,n$ 次碰撞后,中子的能量依次为: $E_2, E_3, E_4, \cdots, E_n$,有:

$$E_2 = \left(\frac{11}{13}\right)^2 E_1 = \left(\frac{11}{13}\right)^4 E_0$$

$$E_3 = \left(\frac{11}{13}\right)^6 E_0$$

……

$$E_n = \left(\frac{E_1}{E_0}\right)^n E_0 = \left(\frac{11}{13}\right)^{2n} E_0$$

因此:

$$n = \frac{1}{2} \cdot \frac{\lg(E_n/E_0)}{\lg(11/13)}$$

已知 $\dfrac{E_n}{E_0} = \dfrac{0.025}{1.75 \times 10^6} = \dfrac{1}{7} \times 10^{-7}$,代入上式得:

$$n = \frac{\lg\left(\frac{1}{7} \times 10^{-7}\right)}{2\lg\left(\frac{11}{13}\right)} = \frac{-7 - \lg 7}{2(-0.072\,55)} = \frac{7.845\,1}{0.145\,1} \approx 54$$

故初能量 $E_0 = 1.75$ MeV 的快中子经过近 54 次碰撞后,才成为能量为 0.025 eV 的热中子.

第 2 节 相 对 论

○ 考点梳理

23. 爱因斯坦的两个基本假设

(1) 相对性原理:一切物理定律在所有惯性系中的形式保持不变,这也叫爱因斯坦相对性原理,是对伽利略相对性原理的进一步推广.

(2) 光速不变原理:光在真空中总是以确定的速度 c 传播. 也就是说,光速具有各向同性,光速与频率无关,与光源运动无关,与观察者所处惯性系无关.

24. 由时空的均匀性和爱因斯坦的两个基本假设可以得到洛伦兹变换:

$$正变换\begin{cases} x' = \gamma(x - vt) \\ y' = y \\ z' = z \\ t' = \gamma\left(t - \dfrac{v}{c^2}x\right) \end{cases}$$

$$逆变换\begin{cases} x = \gamma(x' + vt') \\ y = y' \\ z = z' \\ t = \gamma\left(t' + \dfrac{v}{c^2}x'\right) \end{cases}$$

进而得到时间膨胀公式和长度收缩公式

$$\Delta t' = \sqrt{1 - \dfrac{v^2}{c^2}}\,\Delta t$$

$$l = \sqrt{1 - \dfrac{v^2}{c^2}}\,l_0 = \dfrac{l_0}{\gamma}.$$

由洛伦兹变换，我们不难得到：在 S' 中以速度 v' 沿 x' 轴运动，那么在 S 系中测得的该质点的速度应为：

$$正变换\begin{cases} v'_x = \dfrac{v_x - v}{1 - \dfrac{v_x v}{c^2}} \\[6pt] v'_y = \dfrac{v_y}{1 - \dfrac{v_x v}{c^2}}\sqrt{1 - \dfrac{v^2}{c^2}} \\[6pt] v'_z = \dfrac{v_z}{1 - \dfrac{v_x v}{c^2}}\sqrt{1 - \dfrac{v^2}{c^2}} \end{cases}$$

$$逆变换\begin{cases} v_x = \dfrac{v'_x + v}{1 + \dfrac{v'_x v}{c^2}} \\[6pt] v_y = \dfrac{v'_y}{1 + \dfrac{v'_x v}{c^2}}\sqrt{1 - \dfrac{v^2}{c^2}} \\[6pt] v_z = \dfrac{v'_z}{1 + \dfrac{v'_x v}{c^2}}\sqrt{1 - \dfrac{v^2}{c^2}} \end{cases}$$

25. 在相对论动力学中相对论质速公式：

$$m = \dfrac{m_0}{\sqrt{1 - \dfrac{v^2}{c^2}}}$$

相对论动量式：

第十三章 近代物理学

$$\vec{p} = m\vec{v} = \frac{m_0 \vec{v}}{\sqrt{1-\frac{v^2}{c^2}}}$$

相对论动力学基本方程

$$\vec{F} = \frac{\Delta \vec{p}}{\Delta t} = \frac{\Delta\left(\frac{m_0 \vec{v}}{\sqrt{1-\frac{v^2}{c^2}}}\right)}{\Delta t}$$ 质量能量方程：

$$E = mc^2$$

动量能量方程：

$$E = \sqrt{m_0^2 c^4 + p^2 c^2}$$

相对论动能：

$$E_k = mc^2 - m_0 c^2 = \frac{m_0 c^2}{\sqrt{1-v^2/c^2}} - m_0 c^2$$

典型例题

例 13 有两个宇宙飞行器，它们的相对速度是 3×10^4 m/s，问在一个飞行器中的时钟经过了一秒钟时，另一个宇宙飞行器中的观察者认为自己快了多少？

【解析】 一个飞行器中的时钟经过了一秒，即原时为 1 s. 对于另一个飞行器中的观察者而言，由于：

$$\Delta t = \frac{\Delta t'}{\sqrt{1-\left(\frac{v}{c}\right)^2}}$$

所以另一个宇宙飞行器中的观察者认为自己快了：

$$\Delta t - \Delta t' = \frac{\Delta t'}{\sqrt{1-\left(\frac{v}{c}\right)^2}} - \Delta t' = \frac{1}{\sqrt{1-\left(\frac{3\times 10^4}{3\times 10^8}\right)^2}} - 1 = 5\times 10^{-9} \text{ s}$$

【答案】 5×10^{-9} s

例 14 在高能宇宙射线中有一种叫做 μ 子的粒子，我们已经测得它的平均寿命约为 $\tau_1 = 2.67\times 10^{-5}$ s，可是我们在实验室中产生的 μ 子的平均寿命为 $\tau_2 = 2.2\times 10^{-6}$ s，已知实验室中产生的 μ 子的速度很小，我们可以认为是静止的.

(1) 求高能宇宙射线中的 μ 子的速度.
(2) 若在地面上可以检测到 μ 子，请估算 μ 子产生之处离地面的最大高度.

【解析】 (1) 由 $$\Delta t' = \sqrt{1-\frac{v^2}{c^2}}\Delta t$$

上式中 $\Delta t' = \tau_2 = 2.2\times 10^{-6}$ s，$\Delta t = \tau_1 = 2.67\times 10^{-5}$ s.

所以：$v = 0.997c$.

(2) $h_{\max} = v\tau_1 = 0.997\times 3\times 10^8 \times 2.67\times 10^{-5}$ m $\approx 8\ 000$ m.

【答案】 $0.997c$ 8 000 m

例 15 宇宙飞船以 $0.8c$ 速度远离地球(退行速度 $v = 0.8c$)，在此过程中飞船向地球发出两光信号,其时间间隔为 t_E.求地球上接收到它发出的两个光信号间隔 t_R.

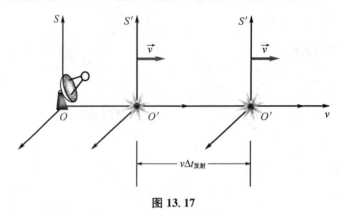

图 13.17

【解析】 如图 13.17 所示,令宇宙飞船为 S' 系,地面为 S 系.则 S 系中测得发出两光信号的时间间隔为:

$$\Delta t_{\xi} = \frac{\Delta t_E}{\sqrt{1-v^2/c^2}} = \frac{\Delta t_E}{\sqrt{1-\beta^2}}$$

接收两光信号的时间间隔为:

$$\Delta t_R = \Delta t_{\xi} + \frac{v\Delta t_{\xi}}{c} = \Delta t_{\xi}\left(1+\frac{v}{c}\right) = \Delta t_E\sqrt{\frac{1+\beta}{1-\beta}} = 3\Delta t_E$$

例 16 (北约)两个相向运动的惯性系 S、S',一个惯性系的观察者看另外一个惯性系的物理过程 ( )

A. 惯性系 S 看惯性系 S',物理过程是变快
B. 惯性系 S 看惯性系 S',物理过程是变慢
C. 惯性系 S' 看惯性系 S,物理过程是变快
D. 惯性系 S' 看惯性系 S',物理过程是变慢

【解析】 一个惯性系的观察者观测另外一个惯性系的物理过程,都是变慢了.选项 BD 正确.

例 17 (北约)固定在地面上的两激光器 A 和 B 相距为 L_0,有大木板平行贴近地面以速度 $v = 0.6c$ 相对地面沿 AB 连线方向高速运动.地面参考系某时刻,两激光器同时发射激光在运动木板上形成点状灼痕 A' 和 B'. 此后,让大木板缓慢减速至静止后,测量两灼痕的间距为 $L =$ _____ L_0.随原木板高速运动的惯性参考系的观察者认为,两束激光不是同时,应存在发射时间差 $\Delta t' =$ _____ L_0/c.

【解析】 地面上观察者看到 AB 的间距为 L_0,由相对论运动的长度缩短效应,大木板观察者看到 AB 的间距为 $L_0\sqrt{1-\left(\frac{v}{c}\right)^2} = \frac{4}{5}L_0$,大木板缓慢减速至静止后测量两灼痕的间距与大木板观察者看到 AB 的间距相同,即为 $L_0\sqrt{1-\left(\frac{v}{c}\right)^2} = \frac{4}{5}L_0$.

在地面上同时不同地发生的两个事件,在随原木板高速运动的惯性参考系的观察者认为是不同时、不同点发生的两个事件,时间差为

$$\Delta t' = \frac{\frac{v}{c^2}L_0}{\sqrt{1-\left(\frac{v}{c}\right)^2}} = \frac{3L_0}{4c}$$

【答案】 $\frac{4}{5}$ $\frac{3}{4}$

例 18 （北约）如图 13.18 所示，相距 L 的光源和光屏组成一个系统，并整体浸没在均匀的液体当中，液体折射率等于 2. 实验室参照系下观察此系统，问：

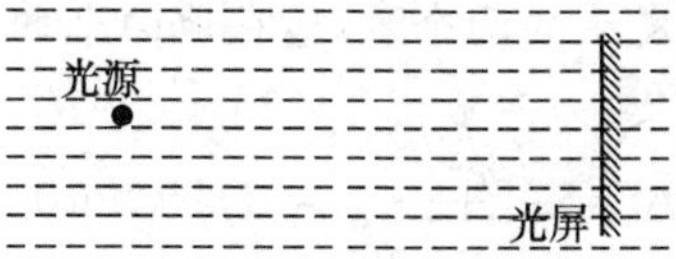

(1) 当液体介质速度为零的时候，光源发出光射到光屏所需时间是多少？

(2) 当液体介质沿光源射向光屏的方向匀速运动，且速度为 v 时，则光从光源到光屏所需时间为多少？

(3) 当液体介质沿垂直于光源与光屏连线的方向匀速运动，且速度为 v 时，再求光从光源到光屏所需时间.

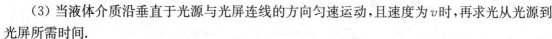

图 13.18

【解析】 (1) 折射率为 $n=2$，则光在介质中的速度为 $v_1 = \frac{c}{n} = \frac{c}{2}$，介质自身速度为 0 时，有：

$$t_1 = \frac{L}{v} = \frac{2L}{c}$$

(2) 根据相对论速度变换式，光相对实验室的速度

$$v_2 = \frac{\frac{c}{2}+v}{1+\frac{\frac{c}{2}v}{c^2}} = \frac{c^2+2vc}{2c+v}$$

光相对于介质的速度

$$v_2 - v = \frac{c^2-v^2}{2c+v}$$

光从光源到光屏的时间为

$$t_2 = \frac{L}{v_2-v} = \frac{L(2c+v)}{c^2-v^2}$$

(3) 将介质运动方向看成 x 方向，则光射向光屏方向看做 y 方向，根据相对论速度变换公式，在 y 方向上，有：

$$v_3 = \frac{\frac{c}{2}\sqrt{1-\frac{v^2}{c^2}}}{1-\frac{\frac{c}{2}\cdot 0}{c^2}} = \frac{c}{2}\sqrt{1-\frac{v^2}{c^2}} = \frac{1}{2}\sqrt{c^2-v^2}$$

则 y 方向上运动距离 L 所需的时间为

$$t_3 = \frac{L}{v_3} = \frac{2L}{\sqrt{c^2-v^2}}$$

【答案】 (1) $\dfrac{2L}{c}$ (2) $\dfrac{L(2c+v)}{c^2-v^2}$ (3) $\dfrac{2L}{\sqrt{c^2-v^2}}$

例19 一列长为 500 m 的高速行驶的火车,速度为 $\dfrac{3}{5}c$,在火车的前后两处遭雷击,车上的人看来是同时发生的,地面上的人看来是否同时?何处雷击在前,提前多少时间?

【解析】 分别建立固着于地面和火车的参照系.正方向与火车的运动方向相同.车上同时发生的两个事件,在地面上的人看来是不同时发生的.在火车的后端雷击先发生.提前量为:

$$\Delta t = \dfrac{\dfrac{v}{c^2}l_0}{\sqrt{1-\dfrac{v^2}{c^2}}} = 1.25 \times 10^{-6} \text{ s}.$$

例20 当电子的运动速率达到 $v = 0.98c$ 时,其质量 m 等于多少?此时电子的动能 E_k 等于多少?

【解析】 此时,必须先计算电子的相对论质量,有:

$$m = \dfrac{m_0}{\sqrt{1-\dfrac{v^2}{c^2}}} = \dfrac{m_0}{\sqrt{1-(0.98)^2}} = 5.03 m_0$$

式中,m_0 为电子静止质量,$m_0 = 9.11 \times 10^{-31}$ kg,所以:

$$m = 5.03 \times 9.11 \times 10^{-31} = 45.82 \times 10^{-31} \text{ kg}$$

在高速时,电子质量的增加是非常显著的.此时电子的动能也必须按相对论计算,则

$$\begin{aligned}
E_k &= mc^2 - m_0 c^2 = (5.03 m_0 - m_0)c^2 \\
&= (5.03 - 1)m_0 c^2 = 4.03 m_0 c^2 \\
&= 4.03 \times 9.11 \times 10^{-31} \times (3 \times 10^8)^2 \\
&= 330.42 \times 10^{-15} \text{ J}
\end{aligned}$$

强化训练

10. 在约定惯性系中 S' 系相对 S 系的速率 $v = 0.6c$,在 S 系中观察一事件发生的时空坐标为 $t = 2 \times 10^{-4}$ s,$x = 5 \times 10^3$ m,则该事件发生在 S' 系中的时空坐标为多少?

【解析】 $$x' = \gamma(x - vt) = -3.88 \times 10^4 \text{ m}$$

$$t' = \gamma\left(t - \dfrac{vx}{c^2}\right) = 2.38 \times 10^{-4} \text{ s}$$

11. 长为 2.5 m 的汽车,以 30 m/s 的速度沿直线道路行驶.试估算立在路旁的观察者测得该车长度缩短了多少.

【解析】 长为 2.5 m 的汽车应是在运动参照系中的测量,即是原长,$l_0 = 2.5$ m,汽车运动后在路旁的人,即处于静止参考系的人所观察的车长为:

$$l = \dfrac{l_0}{\gamma} = l_0 \sqrt{1 - v^2/c^2}$$

车子缩短的长度为:

$$\begin{aligned}
l_0 - l &= l_0 - l_0 \sqrt{1 - v^2/c^2} = l_0(1 - \sqrt{1 - v^2/c^2}) \\
&= 2.5 \times \left(1 - \sqrt{1 - \dfrac{(30)^2}{(3 \times 10^8)^2}}\right) = 1.25 \times 10^{-14} \text{ m}
\end{aligned}$$

【总结】 速度如果不大,相对论效应不是很明显,完全可以忽略.

12. 设火箭上有一天线,长为 $l_0 = 1$ m,以 45°角伸出火箭外,设火箭沿水平方向以 $v = \frac{\sqrt{3}}{2}c$ 的速度飞行时,问:地面上的观察者测得这天线的长度和天线与火箭体的交角各为多少.

【解析】 由于沿速度方向长度收缩,对于运动坐标系中的观察者来说,天线沿速度方向的长度为 $\frac{\sqrt{2}}{2}$ m,垂直于运动方向上的长度也为 $\frac{\sqrt{2}}{2}$ m. 对于静止参照系中的观察者来说,由于沿速度方向的长度为:

$$l = \frac{l_0}{\gamma} = l_0\sqrt{1 - v^2/c^2} = \frac{\sqrt{2}}{2} \times \sqrt{1 - \frac{\left(\frac{\sqrt{3}}{2}c\right)^2}{c^2}} = \frac{\sqrt{2}}{4} \text{ m}$$

垂直于速度方向的长度不变,所以地面上观察者测得的天线的长度为:

$$\sqrt{\left(\frac{\sqrt{2}}{2}\right)^2 + \left(\frac{\sqrt{2}}{4}\right)^2} \text{ m} = \frac{\sqrt{10}}{4} \text{ m}$$

设地面上观察者测得的天线与火箭体的交角为 θ:

$$\tan\theta = \frac{\frac{\sqrt{2}}{2}}{\frac{\sqrt{2}}{4}} = 2$$

即 $\theta = \arctan 2$.

【总结】 必须注意到和速度方向垂直的方向的长度不变.

13. 一列火车的某一节车厢的长度为 10 m,在这节车厢的前端和后端分别站着两个人.当这列火车以 0.6c 的速度通过站台时,站台上的人突然看到车厢中的两人同时向对方开了枪.问在车上的人看来,是谁先开枪.两人开枪的时刻间隔多少?

【解析】 解法一(同时的相对性):站台上认为同时发生的时事件,在火车的人看来,站台是向火车后端运动的,由于"运动前端钟更慢",且慢的时间间隔为:

$$\Delta t = \frac{\frac{v}{c^2}l}{\sqrt{1 - \frac{v^2}{c^2}}}$$

上式中的 l 是站台上的人认为的火车的长度,所以,

$$\Delta t = \frac{\frac{v}{c^2}l_0}{\sqrt{1 - \frac{v^2}{c^2}}} \cdot \sqrt{1 - \frac{v^2}{c^2}} = 2 \times 10^{-8} \text{ s}$$

车后端(是运动的前方)时间比前端的事件慢了 2×10^{-8} s. 或者列车前端的时间比后端快了 2×10^{-8} s. 即火车上的人看来,前端的人比后端的人先开枪. 前端的人提前的时间为 2×10^{-8} s.

解法二(构造光事件法):站台上的人要认为是同时,必须是列车两端同时发出的闪光同时传到他,车上的人看此事件是否同时发生的标准是两个光信号时否同时传到火车的中点. 我们不难发现,这时在站台上的人看来,前端发出的光先经过列车的中点,后端的闪光后到列车的中

点，站台上的两个光信号到中点的时间间隔为：

$$\Delta t = \frac{\frac{l_0}{2}}{c-v} \cdot \sqrt{1-\frac{v^2}{c^2}} - \frac{\frac{l_0}{2}}{c+v} \cdot \sqrt{1-\frac{v^2}{c^2}}$$

在车上的人看来，时间间隔 $\Delta t' = \Delta t \sqrt{1-\frac{v^2}{c^2}} = 2\times 10^{-8}$ s，前端的人比后端的人先开枪。前端的人提前的时间为 2×10^{-8} s。

【总结】 本题的解法二也是一种重要的解法。而且也容易让人理解。

14. 封闭的车厢中有一点光源 S，在距光源 l 处有一半径为 r 的圆孔，其圆心为 O_1，光源一直在发光，并通过圆孔射出。车厢以高速 v 沿固定在水平地面上的 x 轴正方向匀速运动，如图 13.19 所示。某一时刻，点光源 S 恰位于 x 轴的原点 O 的正上方，取此时刻作为车厢参考系与地面参考系的时间零点。在地面参考系中坐标为 x_A 处放一半径为 $R(R>r)$ 的不透光的圆形挡板，板面与圆孔所在的平面都与 x 轴垂直。板的圆心 O_2、S、O_1 都等高，起始时刻经圆孔射出的光束会有部分从挡板周围射到挡板后面的大屏幕（图中未画出）上。由于车厢在运动，将会出现挡板将光束完全遮住，即没有光射到屏上的情况。不考虑光的衍射。试求：

（1）车厢参考系中（所测出的）刚出现这种情况的时刻。

（2）地面参考系中（所测出的）刚出现这种情况的时刻。

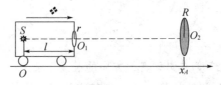

图 13.19

【解析】 （1）相对于车厢参考系，地面连同挡板以速度 $\bar{c}$ 趋向光源 S 运动。由 S 发出的光经小孔射出后成锥形光束，随着离开光源距离的增大，其横截面积逐渐扩大。若距 S 的距离为 L 处光束的横截面正好是半径为 R 的圆面，如图 13.20 所示，则有：

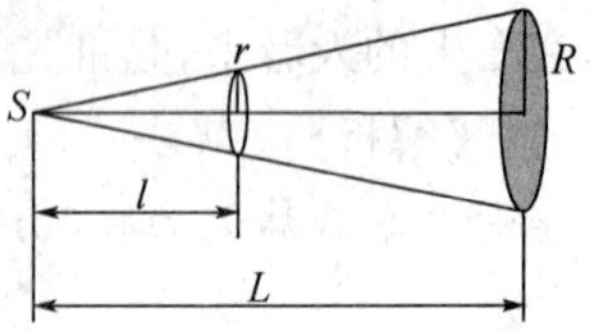

$$\frac{r}{l} = \frac{R}{L}$$

图 13.20

可得：

$$L = \frac{Rl}{r} \qquad ①$$

设想车厢足够长，并设想在车厢前端距 S 为 L 处放置一个半径为 R 的环，相对车厢静止，则光束恰好从环内射出。当挡板运动到与此环相遇时，挡板就会将光束完全遮住。此时，在车厢参考系中挡板离光源 S 的距离就是 L。在车厢参考系中，初始时，根据相对论，挡板离光源的距离为

$$x_A' = x_A \sqrt{1-(v/c)^2} \qquad ②$$

故出现挡板完全遮住光束的时刻为

$$t = \frac{x_A \sqrt{1-(v/c)^2} - L}{v} \qquad ③$$

由①、③式得：
$$t = \frac{x_A\sqrt{1-\frac{v^2}{c^2}}}{v} - \frac{Rl}{rv} \quad ④$$

(2) 相对于地面参考系，光源与车厢以速度 v 向挡板运动. 光源与孔之间的距离缩短为：
$$l' = l\sqrt{1-\frac{v^2}{c^2}} \quad ⑤$$

而孔半径 R 不变，所以锥形光束的顶角变大，环到 S 的距离即挡板完全遮光时距离应为
$$L' = \frac{Rl'}{r} = \frac{Rl}{r}\sqrt{1-\frac{v^2}{c^2}} \quad ⑥$$

初始时，挡板离 S 的距离为 x_A，出现挡板完全遮住光束的时刻为：
$$t = \frac{x_A - L'}{v} = \frac{x_A}{v} - \frac{Rl}{rv}\sqrt{1-\frac{v^2}{c^2}} \quad ⑦$$

15. 站在地面上的人看到两个闪电同时击中一列以匀速 $v = 70$ km·h^{-1} 行驶的火车前端 P 和后端 Q. 试问车上的一个观察者测得该两个闪电是否同时发生？他在车上测出这列火车全长为 600 m.

【解析】 根据洛伦兹变换式，可得：
$$t_2 - t_1 = \frac{(t'_2 - t'_1) - \frac{v}{c^2}(x'_2 - x'_1)}{\sqrt{1-\frac{v^2}{c^2}}}$$

令地面为 K 系，车为 K' 系. 站在地面上的人看到两个闪电同时击中火车，即 $t_2 - t_1 = 0$. 将已知数据代入上式得：$t'_2 - t'_1 = -1.3 \times 10^{-13}$ s，可见后端 Q 比前端 P 迟发生闪电.

16. (卓越) 通过荧光光谱分析可以探知元素的性质，荧光光谱分析仪是通过测量电子从激发态跃迁到基态时释放的光子频率来实现的. 激发态的原子可以采用激光照射基态原子的方法来获得. 现用激光照射迎着激光而来的一离子束，使其电子从基态跃迁到激发态，已知离子质量为 m，电荷量为 $e(e > 0)$，假设该离子束处于基态时的速度分布如图 13.21 所示，V_0 为该离子束中离子的最大速度 ($V_0 \ll c$).

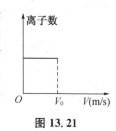

图 13.21

(1) 速度为 V 的离子束迎着发射频率为 ν 的激光运动时，根据经典多普勒效应，接收到此激光的频率为 $\nu' = \nu\left(1 + \frac{V}{c}\right)$，其中 c 为光速. 设波长为 λ_0 的激光能够激发速度 $V = 0$ 的基态离子，若要激发全部离子，试推断激光的波长范围.

(2) 若用电压为 U 的加速电场加速处于基态的离子束，试推断离子束的速度分布的范围是变大了还是变小了；加速后的基态离子束再被激发，那么激光的波长范围与(1)问的结论相比如何变化.

【解析】 (1) 因为波长为 λ_0 的激光能够激发速度 $V = 0$ 的基态离子，因此，以速度为 V 运动的离子若要被激发，该离子接收到的激光波长 (即固定于以速度 V 运动的参考系上测到的激光波长) 也必须是 λ_0. 由经典多普勒效应，迎着激光以速度 V 运动的离子束接收到激光的频

率为
$$\nu' = \nu\left(1 + \frac{V}{c}\right)$$

所以离子被激发的频率是
$$\nu' = \frac{c}{\lambda_0} \qquad ①$$

设激发速度为 V 的离子束的激光波长为 λ，则
$$\lambda = \lambda_0\left(1 + \frac{V_0}{c}\right) \qquad ②$$

若要激发全部离子，激光的波长范围为
$$\lambda_0 \leqslant \lambda \leqslant \lambda_0\left(1 + \frac{V_0}{c}\right) \qquad ③$$

(2) 设初速度为 V 的离子经加速电场后的速度为 V'，由动能定理得：
$$eU = \frac{1}{2}mV'^2 - \frac{1}{2}mV^2 \qquad ④$$

$$V' = \sqrt{V^2 + \frac{2e}{m}U} \qquad ⑤$$

原来速度为零的离子加速后的速度最小，速度为 V_0 的离子加速后的速度最大，设加速后速度分布的范围为 $\Delta V'$，则
$$\Delta V' = \sqrt{V_0^2 + \frac{2e}{m}U} - \sqrt{\frac{2e}{m}U}$$

整理得
$$\Delta V' = \frac{V_0^2}{\sqrt{V_0^2 + \frac{2e}{m}U} + \sqrt{\frac{2e}{m}U}} \qquad ⑥$$

加速前离子的速度分布范围为
$$\Delta V = V_0 - 0$$

所以
$$\Delta V' < \Delta V \qquad ⑦$$

离子束经加速电场后，速度分布的范围变小了．

设(1)问中激光的波长范围为 $\Delta \lambda_0$，
$$\Delta \lambda_0 = \lambda_0\left(1 + \frac{V_0}{c}\right) - \lambda_0 = \frac{\lambda_0}{c}V_0 \qquad ⑧$$

设经加速电场加速后所需激光的波长范围为 $\Delta \lambda$，综合②、⑤、⑥式得
$$\Delta \lambda = \frac{\lambda_0}{c}\Delta V' \qquad ⑨$$

由⑦、⑧、⑨式得
$$\Delta \lambda < \Delta \lambda_0 \qquad ⑩$$

为激发经加速电场后的全部离子，激光的波长范围变小．

本题的第一问也可以从如下角度进行考虑：

运动的离子束受迎面而来激光照射而被激发所需的能量应小于激发静止离子所需的能量. 速度为 V 的离子被激发所需的激光能

$$h\nu = h\nu_0 \left(1 - \frac{V}{c}\right) \tag{⑪}$$

由 $c = \lambda \nu$ 得

$$\frac{c}{\lambda} = \frac{c}{\lambda_0}\left(1 - \frac{V}{c}\right) \tag{⑫}$$

整理得

$$\lambda = \lambda_0 \frac{1}{\left(1 - \dfrac{V}{c}\right)}$$

$$\lambda = \lambda_0 \frac{1}{1 - \dfrac{V^2}{c^2}}\left(1 + \frac{V}{c}\right)$$

由于 $V \ll c$, 因此激光器的波长为

$$\lambda = \lambda_0 \left(1 + \frac{V}{c}\right) \tag{⑭}$$

若要激发全部离子,可变激光器的波长范围为

$$\lambda_0 \leqslant \lambda \leqslant \lambda_0\left(1 + \frac{V_0}{c}\right) \tag{⑮}$$

17. 一个质量为 M 的静止粒子, 衰变为两个静止质量为 m_1 和 m_2 的粒子, 求这两个粒子的动能.(考虑相对论效应)

【解析】 令两粒子的动能分别为 E_{k1} 和 E_{k2} 由相对论能量守恒得到:

$$Mc^2 = E_{k1} + E_{k2} + m_1c^2 + m_2c^2 \tag{①}$$

由相对论动量和能量的关系:

$$E^2 = p^2c^2 + m_0c^2 = (E_k + m_0c^2)^2$$

得到:

$$p^2 = \frac{E_k^2}{c^2} + 2m_0 E_k$$

由相对论动量守恒 $p_1^2 = p_2^2$ 得到

$$\frac{E_{k1}^2}{c^2} + 2m_1 E_{k1} = \frac{E_{k2}^2}{c^2} + 2m_2 E_{k2} \tag{②}$$

联立①、②两式解得:

$$E_{k1} = \frac{c^2}{2M}\left[(M - m_1)^2 - m_2^2\right]$$

$$E_{k2} = \frac{c^2}{2M}\left[(M - m_2)^2 - m_1^2\right]$$

18. 静止质量为 m_{10} 的粒子 A 以速度 v_1 与静止质量为 m_{20} 的静止的粒子 B 发生完全非弹性碰撞,求复合粒子的静止质量和速度.

【解析】 设复合粒子的静止质量为 m_0, 速度为 v, 根据相对论动量守恒有

$$\gamma_1 m_{10} v_1 = \gamma m_0 v \tag{①}$$

由相对论能量守恒有
$$\gamma_1 m_{10} c^2 + m_{20} c^2 = \gamma_0 c^2$$

或

$$\gamma_1 m_{10} + m_{20} = \gamma m_0 \qquad ②$$

$$\gamma_1 = 1/\sqrt{1-\left(\frac{v_1}{c}\right)^2} \qquad ③$$

$$\gamma = 1/\sqrt{1-\left(\frac{v}{c}\right)^2} \qquad ④$$

由以上四式可解得：

$$m_0 = \sqrt{m_{10}^2 + m_{20}^2 + \frac{2 m_{10} m_{20}}{\sqrt{1-\left(\frac{v_1}{c}\right)}}}$$

$$v = m_0 v_1 / \left[m_{10} + m_{20} \sqrt{1-\left(\frac{v_1}{c}\right)} \right]$$